新史学

观 古 今 中 西 之 变

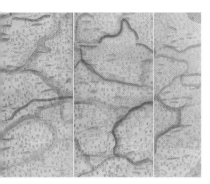

胡恒 著

# 皇权不下县？

清代县辖政区与基层社会治理

北京师范大学出版集团
BEIJING NORMAL UNIVERSITY PUBLISHING GROUP
北京师范大学出版社

本成果受到中国人民大学『统筹支持一流大学和一流学科建设』经费的支持

# 序

    历史地理学是一门包罗万象的二级学科，既是历史学的专业，也是地理学的组成部分。它的学科体系，笔者归纳为理论与方法、历史人文地理、历史自然地理、历史地理文献、历史地图编绘五大部分①，据统计目前已有 28 个分支②。

    追溯历史地理学的渊源，它脱胎于沿革地理。沿革地理专注于疆域、政区、水道等专题探索，起源很早③，至宋代已形成一项独立的研究④，清代日臻完善，民国以来逐渐形成了现代科学意义上的历史地理学。尽管目前历史地理学已经很发达了，沿革地理部分仍很活跃。

    就以传统政区研究而言，以往都侧重于大的研究。这个"大"，包括两层意思：一是时间上的整个朝代研究，二是地域上的大尺度研究。不可否认，政区沿革研究目前已经取得了很大进步。政区研究从朝代尺度转换到年代尺度，是周振鹤先生的贡献⑤；从全国研究走向区域研究虽

---

    ①  拙著《中国历史地理学·综述》第一章，济南，山东教育出版社，2009。

    ②  侯甬坚：《历史地理学的学科特性及其若干研究动向述评》，载《历史地理学研究的新探索与新动向：庆贺朱士光教授七十华秩暨荣休论文集》，西安，三秦出版社，2008。

    ③  专指地理的"沿革"，始见于《三辅黄图》。说见史念海《班固对于历史地理学的创建性贡献》，载《中国历史地理论丛》1989 年第 3 辑。

    ④  侯仁之院士认为：沿革地理"至宋代已形成一项独立的研究，代表性著作有王应麟的《通鉴地理通释》"，说见《中国大百科全书·地理学卷》第 276 页"历史地理学"条，北京，中国大百科全书出版社，1990。

    ⑤  从周振鹤的《西汉政区地理》，到他主编的多卷本《中国行政区划通史》。周振鹤还著有《中华文化通志·地方政治制度志》、《中国地方政治制度史》两书，普及读物有《中国历代行政区划的变迁》、《体国经野之道》等。

然起步很早，但往往与地方史难解难分，而实际上从全国视野来观察具体某某郡县沿革的研究并不深入。所以，尽管政区研究成果很多，但与历代地理总志、正史地理志、地方志、舆地图的丰富程度相比，显然远远未达到极限。有人认为，既然政区研究领域如此成熟，应该去加强、甚至开辟其它分支领域，而不必留恋于旧有领域；但笔者认为，政区研究是一个在更高起点上有望取得更大成就的学术领域。

就目前而言，政区研究仍然存在薄弱环节。大而言之，有三：一是古今结合不够，二是县以下研究不足，三是边疆区域的政区研究薄弱。在此，只对前两个现象略说一二。作为一种社会现象，当今政区的因袭、变迁，与历史时期一脉相承，学科划分人为地割断了作为一个整体的政区演变史：研究古代政区属于历史学，研究现代政区属于地理学。历史学是文科，地理学是理科，于是同一个研究对象分属了文、理两科，显然不合理。我们今天研究政区，要进行古与今的无缝对接①。因此，从政区沿革到政区地理，还有漫长的道路。

再说县以下政区。按照《宪法》规定的政区层级，目前实行省、县、乡三级制。省级政区包括普通的省和直辖市、自治区、特别行政区，县级政区包括普通的县、自治县、市和部分市辖区，乡级政区则主要是乡、镇。当代政区可以研究到乡镇，甚至行政村；但因史料的局限，历史政区研究成果绝大部分都是县级及其以上的研究，县以下研究实属凤毛麟角，尽管可能会有汉唐宋元明清京师或大都会附近的乡里复原研究，但此类研究永远无法覆盖整个国家。因此，从经世致用的角度来看，成为一个古为今用的瓶颈。

笔者二十世纪八九十年代在复旦大学求学，那时的历史地理学学科以沿革地理见长；后来，又在华东师范大学中国行政区划研究中心从事地理学博士后研究，得以窥见政区研究古今结合之门径。现代政区的研究，领域非常宽广，不仅有对省市县乡的理论研究，也有特定区域的政区规划，更有大量县以下的研究。以理论而言，改革开放以来的设市模式实践，有切块设市、整县改市两种主要模式，是否存在第三种模式？

---

① 拙文《政区研究应该打破古、今界限》，《江汉论坛》2005 年第 1 期。

答案是肯定的。刘君德教授撰文认为，可以进行县下设市的尝试①。

先哲有言："一切历史都是当代史"。面临现实的困惑，必然要追溯历史上的源头。那么，历史上的县辖政区，又是何种情景？

十余年前，胡恒考入人民大学历史系本科，我给他们班大三时讲授历史地理学概论课。胡恒学习很用功，善于思考问题，经常提问，与我探讨，体现出对历史地理学的浓厚兴趣，后来读研、读博一直在我名下。曾记得还在他读研时，我去参加某兄的学位论文答辩，论文指导教师是刘君德教授。该学兄的研究主题是当代县以下政区研究，论文非常出色；但少量涉及历史时期情况往往语焉不详，主要原因是对历史文献的隔膜，对历史场景的生疏。显然，要求非历史学专业的学者一下子对历史文献了如指掌、引用驾轻就熟、研究熟能生巧，恐怕是不可能的。事后，刘君德教授跟我说，人民大学能不能展开对历史上的县辖政区的研究？当时，我就一口承应了。

回北京之后，与胡恒说起这件事，他兴趣很浓。因县辖政区也是一个宏大命题，历史时期的研究也要分时段、分地域、分性质的研究。事有凑巧，本世纪初启动的国家清史纂修工程，笔者有幸参加邹逸麟教授主持的《清史·地理志》工作，承担三省撰文。为了锻炼学生的学术能力，我安排三位研究生撰写山西，胡恒分工山西中部。笔者知道，以往一些学者参加集体项目，往往完工了事，做完之后就不再去思考；但胡恒并非那样，他一边研究、一边思考，待山西文稿完成之时，一些考证也完成了，进而若干篇论文的构思也在酝酿之中，真是应验了竺可桢先生"既出成果、也出人才"的高见。于是，硕士论文的选题在时段上选择了有清一代，专题上选择了巡检司，地域则覆盖全国。由于问题意识强烈，提出问题又解决问题，加上文献功夫很在行，当年被评为清史所优秀硕士学位论文。

对同一个学术领域的持续关注，深入研究，必然会有收获。读博期间，胡恒又提出对"皇权不下县"命题的质疑。本来这是一篇课堂作业，受到杨念群教授青睐，刊发于《新史学》第5卷《清史研究的新境》。由

---

① 刘君德：《县下辖市：尝试一种新的政区制度》，《决策》2005年第4期。

此而一发不可收拾，全面、系统研究了清代县辖政区，在《史学月刊》、《中国历史地理论丛》等刊物发表了几篇有分量的论文，于是写成了博士学位论文。三年前的博士学位论文答辩，一致获得好评。

本书就是以博士论文为基础而进一步探索的结晶。他以历史地理学与相关学术领域紧密结合的视阈，聚焦少有人涉足的清代"县辖政区"专题，大海捞针式地爬梳地理志书、档案、实录、政书等史料，对"县辖政区"做出精湛的实证分析，质疑"皇权不下县"更是振聋发聩，从而推出对清代基层社会治理全新的阐释，其论述不仅大大推进了该专题的学术进步，而且翻新了学术界"行政区划"要素理论，结论更具有强烈的现实借鉴意义。

更多的评议，就不用笔者叨絮了，留给读者自己去评判。笔者要强调的是，像胡恒这样按部就班，一步一个台阶地读书、研究，基础扎实又肯用功，善于思考又勤于翻检档案的，日后必有所成。

是为序。

华林甫

2015 年 5 月

# 目 录

绪 论 ……………………………………………………………… 1

  一、为什么要提出县以下区划的研究 ……………………… 1

  二、"县辖政区"的提出及其对"皇权不下县"论说之意义 ……… 7

  三、既有研究、史料评述与总体思路 ……………………… 16

第一章 清代州县"分防"制度与县辖政区的类型 …………… 27

  一、定额观念与清代地方行政中的"分防"制度 ………… 27

  二、清代县辖政区的类型 …………………………………… 31

第二章 清代县辖政区的设置、变革及其空间分布 …………… 50

  一、宋元明时期县辖政区的萌芽 ………………………… 50

  二、清代县辖政区的设置与变革 ………………………… 54

  三、县辖政区的空间分布:以巡检司为中心 …………… 86

第三章 京畿之地:京县大兴、宛平的佐杂分防与地方治理 …… 94

  一、大兴、宛平的分防佐杂官设置及辖地变迁 ………… 94

  二、分防佐杂官与地方社会 ……………………………… 101

  三、唯一的一部巡检司志——《齐家司志略》 ………… 105

第四章 次县辖区:"司"的设立与明清广东基层行政 ……… 108

  一、明代粤东之盗、巡检司及其与保甲之关系 ………… 109

  二、佐治乡都:清代捕巡各官的分辖与"司"的设立 …… 120

  三、闲曹与冗官?——捕巡官员及其行政实践 ………… 136

  四、"司"作为一种地域观念的呈现 …………………… 147

  五、"司"、"汛"关系蠡测:文武协同下的地方治理体系 …… 155

  六、余 论 ………………………………………………… 161

附：捕属再考 ················································· 162

第五章　分司细故：《南部档案》所见县丞、巡检司及其政务运行
　　　　················································· 166
　　一、清代南部县辖政区的设置与变迁 ··············· 167
　　二、县辖政区行政职能的行使及与地方社会的关系 ··· 173
　　三、南部县辖政区的"典型性"与"普遍性"：再论佐杂的司法
　　　　权限 ·········································· 185

第六章　市镇管理：基于江南苏松二府佐杂分防为例的商榷 ··· 195
　　一、明清市镇中的"国家"存在——一个问题史的回溯 ··· 195
　　二、佐杂官的分防及其辖地——以苏松二府为中心 ····· 198
　　三、走出江南：关于佐杂分防与市镇管理的新认识 ····· 211

第七章　经征钱粮：福建、甘肃分征佐贰的形成及其运作 ··· 216
　　一、福建"分征县丞"的设置及其成因 ················· 217
　　二、"经征钱粮"所引起的知县、县丞权力分野 ········· 224
　　三、分征县丞与分守县丞 ························· 230
　　四、甘肃佐贰分防趋势及其成因 ··················· 235
　　五、经征钱粮与分征佐贰职责之完备 ··············· 239
　　六、"分县志"、"分州志"的编修与地域观的形成 ······· 246
　　七、佐贰分征的个别授权与有限分布 ··············· 251

第八章　辖区转换：州县置废与县辖政区 ··············· 254
　　一、新县设置与县辖政区：清末设省中的新疆与东三省 ··· 255
　　二、改土归流、地区开发与云贵县辖政区 ··········· 268
　　三、清代州县裁撤、善后处置与县辖政区 ··········· 279
　　四、佐杂分防与新县、旧县的地域融合 ············· 294

第九章　清代佐杂的新动向与乡村治理的实际 ··········· 301
　　一、何谓"皇权不下县" ··························· 301
　　二、县以下的职官体系及其性质 ··················· 308
　　三、国家在乡村的政权建设始于何时？——基于中国本土
　　　　实践的考察 ···································· 316

第十章　清代县辖政区实践与当代"县下辖市"改革臆想 ………… 324

　　一、当代"县下辖市"改革的讨论 ……………………………… 324

　　二、清代"县辖政区"的实践经验分析 ………………………… 327

　　三、"县下辖市"改革臆想 ……………………………………… 328

附录　《清史稿·地理志》分防佐杂项校正 ……………………… 331

征引文献 ………………………………………………………………… 364

后　记 …………………………………………………………………… 389

# 图表目录

表 2-1：清初财政收支状况

表 2-2：雍正朝巡检司数量年度变化

表 2-3：雍正年间移设乡村州县佐贰数量变化

表 2-4：广东佐杂设立与卫所裁并举例

表 2-5：雍正末分防乡村之佐贰

表 2-6：光绪朝东北、新疆、台湾巡检司数量变化

表 2-7：宣统三年全国巡检出身统计

表 2-8：嘉庆、宣统朝各省区巡检司数量比较

表 2-9：宣统末县属巡检设置率

表 3-1：光绪《顺天府志》《邨镇》部分所载佐杂官的统辖情况

表 3-2：光绪《顺天府志》所载大兴县佐杂官统辖村镇情况

表 4-1：《明史·地理志》广东各府、直隶州巡检司数量

表 4-2：《筹海图编》所记广东沿海巡检司

表 4-3：明代广东省南海县巡检司

表 4-4：清代广东佐贰移驻时间

表 4-5：嘉庆二十五年广东州厅县佐杂官及分防数量

表 4-6：光绪时期广东全省佐杂及其分防辖地

表 4-7：咸丰四年南海县各堡实征米总数

表 4-8：香山县社仓贮谷数量

表 4-9：广东部分方志中捕巡辖区图一览

表 4-10：广东部分州县汛塘与县辖政区数量比较

表 4-11：清代巡检司弓兵员额举例

表 5-1：清代南部县课井及帮输井数量变化

表 5-2：南部县富村驿巡检司官役清册

表 6-1：震泽县典史、二巡检司分辖区

表 6-2：吴江县巡检司辖地

表 7-1：乾隆十六年福建分征县丞养廉银变化

表 7-2：福建分征县丞移驻时间

表 7-3：福建省分征县丞、州同及所属州县征解之地丁银对比

表 7-4：宣统三年福建县丞分布及其性质

表 7-5：甘肃分征佐贰设置时间

表 7-6：现存清代分县志一览

表 7-7：民国初甘肃省分征佐贰撤并改隶一览

表 7-8：清代蠲免钱粮中的佐杂辖区

表 8-1：明代巡检司升县

表 8-2：光绪《会典事例》中府属巡检一览

表 8-3：东北三省由县辖政区升州县一览

表 8-4：清至民国贵州部分县辖政区沿革

表 8-5：清代撤并未复之县

表 8-6：清代省而复置之县

表 8-7：旧县被裁后佐杂官的移驻情况

表 8-8：清代乡学设置

表 9-1：各省佐杂官分驻乡村数量


图 1：清代分防趋势与新式政区、准政区的萌生

图 2：清初朝邑县大庆关位置示意图

图 3：雍正朝巡检司数量年度变化图

图 4：雍正五年会泽县分防图

图 5：清末巡检司分布图

图 6：宣统三年江苏各府巡检司数

图 7：清末江苏各区域巡检司及地域范围比例

图 8：宣统三年顺天府城属范围

图 9：1820 年广东省分防佐杂分布图

图 10：《广东全省舆图局饬发绘图章程》中关于"司"的绘法的规定

图 11：四川南部县辖政区示意图

图 12：《震泽镇巡检司所辖全图》

图 13：福建内地分征县丞分布图

图 14：甘肃省分征佐贰分布图

图 15：《呼图壁县丞图》

图 16：《柯坪县丞图》

图 17："永北直隶厅经历"官印

图 18："镇雄州分防彝良州同"官印

图 19：《苗蛮图册》中所绘罗斛之地"葫芦苗"

图 20：广东香山县小黄圃巡检司印

# 绪 论

## 一、为什么要提出县以下区划的研究

区域研究的兴起是二十世纪八十年代以来史学研究转向的显著特征之一，学界抛弃了过往拘泥于政治史的宏大叙事，转而试图通过个案或区域研究寻找到一条呈现"整体历史"的路径，构建起中国史学自身的解释模式。对"区域"作出何种界定，成为研究者需要优先处理的问题之一。行政区域作为中国历史上长期存在且具有较高稳定性的区域类型，便成为众多研究者的首选①，以省区为范围进行的明清社会经济史研究论著不胜枚举，尽管这一研究方法未尝没有争议②。政区变动所引发的

---

① 如杨国桢就认为"选择清代行政区域作为社会经济区域划分的基础，既是学理的，又是功利的。它比以自然地理区或经济区、人文社区为基础，具有更强的综合性、比较性和效益性，更符合本学科研究的要求，最为合理可行"，见其《清代社会经济区域划分和研究架构的探索》一文，载叶显恩主编：《清代区域社会经济研究》，38页，北京，中华书局，1992。

② 比较重要的挑战来自施坚雅在《中华帝国晚期的城市》中所展现的以市场为基础，将中国分为若干大区的"巨区理论"；近年来，部分学者呼吁以流域为中心展开区域研究，引起了学术界相当程度的重视，见王尚义、张慧芝：《关于创建历史流域学的构想》、《流域问题研究的创新和不足》、《科学研究解决流域问题》，《光明日报》2009年11月19日、21日、25日。

地方社会变迁也成为观察国家与社会互动的一种视角①。由此看来，对行政区划的研究，不单单具有沿革地理的意义。

以地方行政制度史与历史政区地理这两大研究领域而言，县及其以上行政层级的研究论著可谓汗牛充栋，其基本框架已搭建完毕，研究精细程度也日益推进②，但对县以下区划的研究则显得甚为薄弱，所呈现的面貌远不如前者那样清晰，且有限的研究通常聚焦于被统称为"乡里"的制度史梳理，利用的材料也多以律令条文为主，对实际运行状态的探析则较为少见；宏观勾勒较多，而精细的个案研究则较为匮乏，尤其是对这些"乡里"组织的"空间性"，即其是否具有地域性，其地域范围的由来和演变关注较少③。究其原因，大概有三：一是县以下的区划及其组织不像县以上的政区类型规整，由于缺乏制度上的严格安排，随意性很大，一县之内的区域组织层级关系就可能存在多种形式，相邻两县的区域组织甚至名目都有差异，给研究增加了很大的难度；二是缺乏系统性记载，保存至今的文献资料，对于县及其以上层级的行政组织记载是相对完整的，而对于县以下基层组织的记载非常琐碎，更不要说它们的具体空间范围了，资料上也呈现时间和空间上的断裂，甚至是清代这一

---

① 代表性论文有：张伟然：《归属、表达、调整：小尺度区域的政治命运——以"南湾事件"为例》，《历史地理》第二十一辑，上海，上海人民出版社，2006；李嘎《雍正十一年王士俊巡东与山东政区改革》、谢湜：《清代江南苏松常三府的分县和并县研究》，《历史地理》第二十二辑，上海，上海人民出版社，2007；乔素玲：《基层政区设置中的地方权力因素——基于广东花县建县过程的考察》、陈贤波：《明代中后期粤东增设新县的地方政治背景——以万历〈普宁县志略〉为中心》，《中国历史地理论丛》2010 年第 1 期；胡恒：《关于清代县的裁撤的考察——以山西四县为中心》，《清史研究》2011 年第 2 期；程森：《雍正年间山西民众"闹县"与县级政区调整——以临晋分县为例》，《清史研究》2014 年第 1 期等。

② 该领域的研究，20 世纪 90 年代以前以谭其骧主编的《中国历史地图集》八大册为代表，近期则有周振鹤主编的《中国行政区划通史》系列丛书，已接近全部出版。

③ 现有研究思路大致趋向于两种取向：一种是制度史研究，如闻钧天《中国保甲制度》（上海，商务印书馆，1935）、赵秀玲《中国乡里制度》（北京，社会科学文献出版社，1998），侧重于被概之以"乡里"的制度衍变；一种是基层组织史研究，以台湾学者戴炎辉《清代台湾之乡治》一书为代表（台北，联经出版事业公司，1979），该书对清代台湾乡治组织进行了系统而细致的研究。

以史料丰富著称的时期也面临同样的问题①；三是对研究者的知识结构要求较高，县以下区划的组成方式与土地制度、赋役制度、人口制度、地方治理模式都有着紧密的联系，研究者必须对中国乡村的基本制度有一个较为全面、透彻的了解，才有望进入这一领域。

任何一个县级政区毫无疑问都是由更小的村落、基层组织组合而成的，缺少这些区划的"细胞"，根本就谈不上县及其以上任何层级的区划。因此，对县以下区划的讨论，将是从最根本上揭示县级政区构成的必由之路。大量地方性材料尤其是若干县级文献、档案资料早已证明，基层社会曾广泛存在着大量极其复杂的组织形态，其设置目的不同，功能有异，既以治安为名而设立的，也有代表赋税征收的各种单元，其中相当部分具有地域划分的性质。其名称纷歧错出，即以明清而言，诸如"乡"、"堡"、"圩"、"图"、"社"、"铺"、"地方"、"司"、"里"等名目迭现，这些组织名目应当如何理解？哪些是具有地域形态的划分？哪些在实际运行，哪些仅仅徒具名目？其地域形态是何时形成的，如何演变？不同地域形态之间又如何统摄？以上都是亟须深入研究的问题。

对于基层区划，近年来已有一些研究者关注到这一问题，并做了一些很有启发意义的研究。余蔚《宋代的县级政区和县以下政区》鲜明提出"县以下政区"的概念，他注意到宋代已开始出现为数不多的将主簿、县尉派驻到县驻地以外的其他地区，从而引发县域政治地理结构变化的案例；由县尉和同样负责治安的巡检划区而治的现象已较为常见。这两种举措致使国家直接控制的层级向下延伸，在镇、场、寨、堡等县以下区域建立"官治"，尤其是镇被列为正式政区②。这一研究已注意到至少从宋代开始，县以下开始出现正式"官治"机构并分划辖区的现象。黄

---

① 周振鹤曾提到，"《中国行政区划通史》……不研究县以下的区划。但这并非表示县以下区划的研究不重要，只是因为研究起来有诸多困难，而文献资料的不足是最重要的困难之一。这种困难并不只发生在中古时期，甚且对明代的都图制度，目前学术界的研究也都远不够深入。"见周振鹤、陈琍：《清代上海县以下区划的空间结构试探——基于上海道契档案的数据处理与分析》，《历史地理》第二十五辑，上海，上海人民出版社，2011。

② 余蔚：《宋代的县级政区和县以下政区》，《历史地理》第二十一辑，上海，上海人民出版社，2006。

忠怀《明代县以下区划的层级结构及其功能》探讨了明代县以下基本的层级类型及各类区划的功能，并注意到南北差异，即北方以乡——社二级制为主，南方以乡——都——图三级制为主①，但显然这一宏观性研究还远不足以揭示县以下区划区域差异的复杂性。吴滔《明清江南基层区划的传统与市镇变迁——以苏州地区为中心的考察》着眼于诠释作为市场体系的市镇如何在明清两代与基层区划融为一体，勾画出市镇辖区逐渐被建构的过程。该文的突出贡献在于摆脱了纠缠于基层区划之上的制度演进与组织架构，从基层组织的地域范围入手，聚焦于制度安排下的基层区划与市场因素形成的市镇区域之间互动与融合的复杂过程②。另文《清至民初嘉定宝山地区分厂传统之转变——从赈济饥荒到乡镇自治》将研究视角投向清初救荒活动中划分的以市镇为核心的"厂"的管辖区。"厂"这一非制度性区划逐渐演变成事实上的地方行政区划，并在清末民初筹办自治中得以确立③。吴滔的研究提醒我们在制度史研究中，决不可忽略的是地方传统，尤其是那些非制度性安排而产生的区域划分在特定的地域社会中依然可能实际运行并得到有效认可。游欢孙接续吴滔的研究，讨论了从清末民初地方自治运动直至民国时期商业市镇如何一步步通过制度变迁由依附走向独立、由支离走向完整的政区实体化过程④。张研《清代县以下行政区划》一文中界定的"县以下行政区划"指的是里甲、保甲等法定社区与乡、都等传统自然社区，对于认识基层区划如何通过行政编组建构起县级区域有一定的理论价值⑤；另文《对清代州县佐贰、典史与巡检辖属之地的考察》将州县佐贰、典史、巡检

① 黄忠怀：《明代县以下区划的层级结构及其功能》，《史学月刊》2003 年第 4 期。

② 吴滔：《明清江南基层区划的传统与市镇变迁——以苏州地区为中心的考察》，《历史研究》2006 年第 5 期。

③ 吴滔：《清至民初嘉定宝山地区分厂传统之转变——从赈济饥荒到乡镇自治》，《清史研究》2004 年第 2 期。

④ 游欢孙：《地方自治与近代江南县以下行政区划的演变——兼论商业市镇的政区实体化》，《中国历史地理论丛》2011 年第 2 辑。

⑤ 张研：《清代县以下行政区划》，《安徽史学》2009 年第 1 期。

辖地作为一个独立问题讨论①，代表了区划史研究向县以下延伸的趋势，尽管其研究结论因材料来源较为单一而需要重新讨论。

如果说以上研究大体还只是从现象上揭示了县以下各类地域单位的存在及其形成的制度背景的话，周振鹤、陈琍的《清代上海县以下区划的空间结构试探——基于上海道契档案的数据处理与分析》则直面难度最大的乡、保、区、图、圩等清代县以下区划的界址问题。作者认识到以往对县以下区划的研究，以历代县志为主要文献资料，虽能粗略反映其层级和幅员，然而无法给出其四至方位和彼此间明确的界线。要将县以下行政区划研究推向深入，必须要开发新的史料、运用新的技术。为此，作者寻找到上海道契资料，其中大量而系统地记载了道契分地所处地区的保、图、圩信息，经过一定的数据处理与考证，将道契档案所载的一块块分地重新在地图上定位，进而得到各分地所属保、图、圩的空间信息。这一研究无疑是目前为止最小尺度的区划范围的考证，对这一领域的研究具有示范意义，但它对材料的精度要求无疑也是非常高的。

正是因为县以下区划空间结构的呈现迄今为止仍不够清晰，以致学界在涉及到中国史一些关键问题的解释上仍然是较为模糊的。笔者拙见，至少有以下几个问题值得重视：

第一，皇权是如何通过地域空间的安排与王朝下的普通民众发生"关系"的。按照通常的看法，多数历史时期代表皇权的最低一级行政机构是县级政府。两千年来县在行政建制上虽无太大变化，然而由于人口的增长和经济的发展，行政管理的职能愈来愈繁重，这就决定了任何一个县级政权必然要通过适当的地域与制度安排实现"条块"分割，才能达到有效管理的目的。这个"条块"包括但不止于传统上所说的"乡里"、"保甲"、"里甲"等制度。这些制度条文的演变虽有案可稽，然而制度的规定是一回事，实际施行又是一回事。这些或按照地域、或按照人户、或按照税粮征收来编排的组织如何与土地、村庄地界相协调，还是十分模糊的。另一方面，历代政府对县以下区划的制度安排均有较大的差异，其地方控制模式也极为不同，这比县以上行政体系的变迁对普

---

① 张研：《对清代州县佐贰、典史与巡检辖属之地的考察》，《安徽史学》2009年第 2 期。

通民众而言更有意义，影响也更显著。

第二，近代基层区划的起源问题。中国乡镇一级政权已成为当代国家行政体系的重要一环，这一行政体系的形成，通常被认为始于1909年颁布的《城镇乡自治章程》。这一行政制度的转变在中国历史发展进程中具有转折性的意义。美国学者杜赞奇在《文化、权力与国家：1900—1942年的华北农村》提出"国家政权的内卷化"这一概念，认为20世纪前半期国家权力向基层社会扩张的现代化进程导致基层乡绅社会的破坏①。国家权力的扩张在很大程度上就表现为在基层社会建立行政机构，缩短了国家与家庭之间的"管辖距离"，便于推行直接而强有力的统治。因此，弄清此次行政变革的实际以及由此直至今天的县以下政权结构与空间变迁，具有重要的理论价值。可以想见的是，这一始于1909年的县以下地方行政制度建设，绝非无源之水，它必然与中国历史时期长期存在的各类区域单位有着紧密的联系，或是直接借用，或是重新组合，其间所引起的地方社会变迁应当是极为显著的。但可惜的是，对这一问题直接而有价值的探讨，笔者仅见及吴滔前已提及的两篇论文，更大范围的讨论还付之阙如。即使是1909年以后各地广泛出现的"区"以及在此之前中国为建立起现代警察制度所划分的各类"警区"，基本还未引起重视。

第三，行政区划的边界性质问题。今天，我们在地图上所看到的边界只是人们创造出来的一条线段而已，实际上并不存在这样一条带有实体性质的、隔断政区的界线。大家对这样一条线段的存在早已习以为常，各类地图集上也基本都绘有政区边界，部分地图集还绘制出了县界，甚至包括更低一级区划的边界。边界往往都在一定比例尺的地图上才能存在，在一张假想中可以无限放大的地图上，边界是否依然可以成一条几何曲线，是很成疑问的。笔者生活在豫东南的一个小乡村，在20世纪90年代村里"分地"时，家里所分集体农地共有三块，彼此相隔遥远，邻近于三个村落，其余各家也大体类似于此，各村之间实际管辖的农地实际上呈现出错综复杂的交错状态，要想在村与村之间划出一条村界，几乎是不可能的。由此，笔者臆想传统时期土地私有，买卖亦是常有之事，

---

① 杜赞奇：《文化、权力与国家：1900—1942年的华北农村》，南京，江苏人民出版社，2003。

一家土地坐落于不同位置，呈现"高度分散性"应当是离实际情况不远的判断，一县之人购买别县之地，从而出现"人地分离"的现象在明清史料中也常常可以见到。那么，严格意义上，如"以人系地"，县与县之间将是彼此交叉，甚而在界线附近是交错分布的，可能很难划出一条闭合的几何曲线出来。由此，应当如何理解明清地方志书中明确绘出的若干都图、乡堡界线？其对地域的界定是以何为标准？另外，在解释边界划定的原则时，周振鹤曾总结为两条：山川形便与犬牙交错。但这一原则主要是根据高层政区的边界特征总结出来的，尤其是犬牙交错原则的典型案例都是如陕西汉中等省界交错地带，那么，在县级乃至更小尺度的区划上，其划定边界的原则是否具有独特性，这也必须建立在对县以下区划的研究基础上。

中国历史和社会的复杂性决定了研究县以下区划问题必须从区域入手，解决区域的问题并不必然地代表对其他区域问题的解决具有绝对的借鉴意义。因为相对于有过国家制度安排的县及其以上政区而言，县以下从未有过明确的、统一的地域划分体系，反而大多是历史时期国家管控与社会自发展的混合状态下的产物。这一区划形态不仅有现实的调整，更有历史长期的积淀，其复杂性显而易见。

## 二、"县辖政区"的提出及其对"皇权不下县"论说之意义

县以下区划研究的困境之一在于固有的行政区划概念并不包含这一层级，故除张研等少数学者以外，较少直接使用"行政区划"这一概念，而是使用"基层区划"、"辖属之地"、"县以下政区"等，而其研究范围往往上至明清时期的佐杂辖地，下至地方里甲、保甲等基层组织辖地，更像是一个县下区划单元的大杂烩。傅林祥对巡检司等清代代表官治体系的佐杂辖地较早提出"次县级政权与辖区"概念以与其他基层地理单元区分开来①，已敏锐地注意到县以下各类区划的性质与功能存在较大的差

---

① 傅林祥：《清代的次县级政权与辖区》，载孙进己主编：《东北亚历史地理研究》，郑州，中州古籍出版社，1994。

异,不宜同等看待,从而大大深化了对这一问题的认识。概念上的混乱是县以下区划研究薄弱的诱因之一,然而,行政区划史研究的实际又迫切要求向县以下延伸,从而解决县级行政区划的组成与结构问题。

走出上述困境的思路在于充分认识到县及其以上区划与县以下区划的本质区别。关于行政区划的概念,学界的探讨已较为成熟。以周振鹤所论最有深度,他认为政区构成要有两个界定,必要条件是一个行政区划必须有一定的地域范围,有一定数量的人口,存在一个行政机构;充分条件则是这个行政区划一般都处在一定的层级之中,有相对明确的边界,有一个行政中心;正式的行政区划一般符合上述充分必要条件,但在特殊情况下,只要符合必要条件者也是行政区划①。刘君德等区分了政区、行政区划两个概念,认为"政区"是一个静态的概念,通常是指一个国家的地方行政机关所辖的区域;而"行政区划"则是一个动态的概念,指的是国家根据行政管理的需要,将领土划分为不同层次结构的区域这一过程②。要构成一种行政区域,需要具备以下几项要素:一定规模人口和面积的地域空间、一个设有相应行政机构的行政中心、一个明确的上下级隶属关系的行政等级、一个与行政建制相对应的行政区名称③。

上述两种定义中,言而未及的是构成政区,必须在"行政职能"上比较完整,否则便只能称作"准政区"或者"虚级政区",如周振鹤提及的政区形态不完善的北宋的路,"一级行政组织的权力分散在几个机构中",使得"路成为虚的一级政区"。又比如中央政府或某一级地方政府的派出机构形成的管辖区,如民国时期行政专员督署所形成的"专区",也是虚级行政区划。所谓的虚级,"说到底主要还是处于行政组织的职能不完备而言,实际上对行政区划而言,在地理上总是实的一级"。

笔者看来,上述两种定义将人口、地域、行政机构、层级等政区要素纳入其中,并考虑到行政职能的完善与否,具有很强的包容性。不仅

---

① 周振鹤:《行政区划史研究的基本概念和学术用语刍议》,《复旦学报》2001年第3期。

② 刘君德等:《中国政区地理》,3页,北京,科学出版社,1999。

③ 刘君德:《中国行政区划的理论与实践》,5～6页,上海,华东师范大学出版社,1996。

适用于当代，也适用于历史时期。不论是具有全部行政职能的区域划分可以被归入政区的行列，那些具有相对单一职能的区域划分同样可以以"准政区"、"虚级政区"的形式存在，如汉代的州制、清代的道制、民国的设治局等职能并不完善的区域划分形态，同样可以被包容在"行政区划"这一大概念下讨论其管辖范围与职能权限。

　　一般而言，清末新政以后，在全国普遍设置"区"级建置并通过民国、新中国时期的剧烈变动，形成今日乡镇体制。在这一时期内，县以下的区域划分是被纳入到"行政区划"的研究范围内的，并由此产生了行政区划领域的乡镇体制改革、县辖市改革等诸多讨论。然而，对清末新政之前直至秦汉，中国历史上所存在过的众多带有地域划分形态的基层组织大多未被视作"行政区划"。这可能是因为这些基层组织有的并非是地域单元而是人户编组，但这并非最关键的因素，因为历史时期毕竟存在其他众多地域单元，即使是人户编组，最终也有不少都被限定在一定的地域单元里，更关键的理由恐怕是对照以往县下区划的研究对象——保、甲、乡、都等，明显不完全符合有关行政区划的界定。除了前已论及的保、甲、乡、都等名目各异的区域性质还难断定，是否实际运行更需仔细甄别以外，这些区域本身并无职官系统存在，也是它们被划归到行政区划研究对象的障碍之一。这些基层区划一般都没有行政中心，也并不处于一个明确有上下级隶属关系的行政等级中，同时基层区划一般并不负有全面之责，它们或者是出于自然地域上的安排，或者是出于赋税征收，或者是出于治安目的而建立，行政功能单一。无疑，利用现有的行政区划概念研究县以下区划具有理论上的缺陷与不足，其适用性是有疑问的。

　　费孝通在论及历史上国家与社会的关系时，曾意识到县以上与县以下管理方式上的区别，因此提出"传统中国政治双轨制"的思路，"一方面是自上而下的皇权，另一方面是自下而上的绅权和族权，二者平行运作，互相作用，形成了'皇帝无为而天下治'的乡村治理模式"①，由此引发了国内外学界对传统中国士绅阶层功能和结构、皇权与绅权、国家与地方

---

　　① 费孝通：《再论双轨政治》，收入《乡土重建》，载《费孝通文集》第四卷，343～364页，北京，群言出版社，1999。

精英的权力关系等诸多命题的讨论。其实，对于整个历史时期中国行政区划体系而言，亦以县级政区为分界，呈现明显的"双轨制"。县以上是国家按照一定的地域结构和人员构成将疆土划分为层级分明的各种区域，并通过委派职官的形式进行管理。县以下的区划则基本缺少直接委派的职官，亦缺少制度性安排，故显凌乱而随意，各种组织兼而并存，层级亦较混乱，在清代表现得尤为明显。

在现有的定义下，县以下的区域划分是被排除在"行政区划"讨论之外的。要回答县以下组织及其辖地是否构成县以下区划，就必须暂时放开上述关于"行政区划"的定义。因为这些定义并非历史时期就有的，而是后人通过对当代及历史时期的行政建制特点所作的一种归纳和概括。回到创制"行政区划"一词的本义去，所谓行政区划，无非是国家出于行政管理的需要而对国家的土地和人口进行的一种区域划分，其最关键的在于两点：一是政治性，它是一种行政行为，故而可将行政区划与出于研究方便而创造的各类地理分区、人文分区区分开来，也与官方和民间自发形成的各类区域形态相区分，如南方、北方就不能称为行政区划；二是地域性，这种行政行为的结果必定是划分出一定的地域范围。如果仅仅是人户划分、经济划分，同样不能称为行政区划，如明清里甲组织中，那些严格按照"十户一牌、十牌一甲、十甲一里"编制，未与地域空间相融合的"里甲"就不具有严格的地域性。

从"政治性"和"地域性"这两个行政区划的初始涵义再来看清代县以下的行政区划，会得到一些不同认识：

行政区划一定要具有行政机构吗？所谓行政区划，是出于行政管理需要而进行的区域划分，这种划分的结果并不一定要设立行政机构，而且没有行政机构并不代表这一区域在行政上毫无意义。如清末各地大兴团练，对基层区域进行了划分，广东顺德县，"光绪十年甲申时法攻越南，筹办团防，因创议分县属为十团，募勇以时训练。事定后勇虽裁撤而厥制相沿。光绪末划分自治区域，十区之名遂定"①。"团"即是国家出于治安管理的需要而设立的地域单元，虽未设立行政机构，但实际上起

---

① 民国《顺德县志》卷1《舆地略·十区缘起》。

到"行政"上进行"区划"的效果。

行政区划一定要职责完善吗？对于县及其以上层级而言，要找到行政职能完善的区划并不困难，然而在历史时期，由于行政资源的有限性，国家从来不曾也很难完全深入乡村，更没有在基层普遍建立起一级行政机构，但这并不代表国家行政能力未渗透入乡村。这种渗透也许并不深入，也许并不普遍，但很难否定它的存在。这种渗透并不是通过在县以下建立一级职责完善的行政机构而实现的，而是通过各类不完善的区域划分来完成对基层的资源汲取。如历史时期长期为征税和治安两大任务而对基层作出的种种划分，这其中既包括对人的编排，也包括地域的划分。职责虽不齐全，但很难否认这是国家出于行政管理的需要而进行的一种区域划分，不应当被排斥在行政区划研究之外。其实，对于县及其以上层级所公认的政区而言，所谓"刑名钱粮"亦非必备条件，如果深入到政区行政运行内部而不是仅仅局限于对政区名称的探讨的话，会发现政区运行有着更为复杂的一面，这是一个更加宏大的命题，本处不拟展开，仅举一个很小的事例来说明。光绪三十三年时，江西省曾于萍乡县上栗市仿照湖南古丈坪厅设"上栗市厅抚民同知"，可见是新设了厅级建置，管辖萍乡县"西北界连湘省之安乐、钦风、归三乡"，然而，该厅并不全然负有"刑名钱粮"全责，而是"所辖地方命盗词讼案件，统归审理；解勘钱粮，仍令州县照旧经管"①，也就是说该三乡之地的刑名与钱粮分归上栗市抚民同知与萍乡知县行使。从某种角度讲，该三乡既属萍乡县，又属上栗市厅，因为各自都在该区域行使了若干行政职权，但从另一角度讲，该三乡既不属萍乡县，又不属上栗市厅，因为二者均未有全部行政职责，在管辖区域内都有同级行政机构的进入。这也在一定程度上反映了"行政区划"作为一个高度概括性的概念与各地具体实践操作中的差异，也提醒我们将"刑名钱粮"作为判断行政区划存在与否的绝对条件，往往会限制对基层区划复杂性的认识。即使是公认的县及其以上政区也未必尽皆具有全面之责，譬如清代台湾府澎湖厅，厅属命案要转台湾县审理，本身不具备命案审理

---

①　中国第一历史档案馆藏录副奏折（以下简称"录副"）：光绪三十三年六月二十三日两江总督端方等奏，档号：03-5095-034。以下凡未特别指出者，均为中国第一历史档案馆所藏档案。

权，但这并不妨碍清人、今人都明确认定澎湖厅的存在。

可以说，行政区划概念所拟定的具有"全面之责"对县及其以上层级的政区基本适用，但对县级以下的区域就无能为力了，因为这样负有全面行政职能的行政单位大多不存在。因此，在处理县以下区划时，笔者倾向于扩大"行政区划"一词的涵义，将县以下的各类地域单元纳入研究范围，并将县以上的区划与县以下的区划看作既有关联又存在本质差异的两种区域形态。对于县以下，由于历史时期特殊的管理方式，国家从来未曾建立起职责完善的行政机构，因此，关于"行政区划"的概念应尽量照顾到县以下的特殊性，不宜以县以上区划的特征直接拿来予以限定，而应简化标准，但凡符合"行政性"和"地域性"两项标准，都可以被视作"政区"。如此，将既能继续沿用在学界已得到广泛认同的"行政区划"这一概念，不致因研究层级不同而有所割裂，又能通过对最低一级基层区划的研究丰富"行政区划"一词的内涵。

根据笔者对清代县以下政区的理解，县以下政区可大致可分为两类：

一是由于州县僚属官的分辖而形成的政区。一些学者注意到明清基层行政除知县之外的佐杂官员，如县丞、主簿、巡检司、典史等，除典史外，大多在清代分防于乡村，从探讨其行政职能入手，对清代以降的中国基层行政给予新的解读。这些数量庞大的佐杂官员进入乡村后呈现出鲜明的区域性特征，甘肃、福建存在可以"征比钱粮"的分征县丞，四川南部县的县丞、巡检司在其辖境内享有有限度的司法权力，而长江三角洲一带的佐杂官员渐有成为"地方主官"的趋势，遍布全国的佐杂官员在清代大量出现具有辖区并享有相当程度行政权力的记载。学者一般称之为"分防制度"、或是"次县级政权与辖区"。这类僚属官驻扎于县城或县城之外，分辖部分乡村，具有行政机构和管辖区域，其行政职能或近似于知县，或仅有治安之责，但在地理上都具有一定的管辖范围。这些捕巡辖区既非传统意义上的"全能政府"，又非黄宗智所言的"半正式行政"①，而是介乎两者之间，其长官具有朝廷命官的性质，故而区别于保

---

① 黄宗智：《集权的简约治理——中国以准官员和纠纷解决为主的半正式基层行政》，载《经验与理论：中国社会、经济与法律的实践》，414～438页，北京，中国人民大学出版社，2007。

甲长、地方等职役，又往往不具有钱粮、命案全责，与知州、知县不同。

一是地方上形成的各类县以下政区。近年来，随着乡村史研究的深入，学界对乡村与县衙之间的权力运行机制有了更细致的认识。黄宗智注意到居于县衙门和民间社会调解机制之间的乡保的作用，提出了存在于国家与社会之间的"第三领域"①。但乡保只是沟通县与乡村之间的各类机制之一，各地所广泛存在的堡、图、社等要更为复杂多样，沟通机制也颇有差异，其中有的属地域单元，但没有行政机构。这种类型的县以下政区在历史时期广泛存在，地域名称也尤为复杂。

其中分辖僚属官辖区，并非每一县都有，也并非每一县的区域都由两个或更多僚属官分割，其中不少县份是僚属官管理县域一部分，而知县在统辖全县的法理基础上，专管另外的部分区域，因此，僚属官辖区相当于从县的区域内单独划出一个辖区，由僚属官进行管理，形成知县——僚属官——乡村三级管理，类似于一县之内的"特别行政区"。笔者借鉴地理学界如贺曲夫等人研究今日行政区划的做法，将其命名为"县辖政区"，但又重新给予概念上的界定②。贺曲夫是将秦至唐中期具有行政区划特点的县下行政组织和清末至民国时期以地方自治和城乡分治为特色的县下行政组织看作古代县辖政区的类型，该书的界定属于本文所称的"地方上形成的各类县以下政区"一类，笔者仅将具有正式官僚机构或官僚人员的地域性管辖区视为"县辖政区"，与贺曲夫的界定几乎完全不同。由于在全国范围内，县辖政区的数量和辖区远远不足以分割所有疆土，且在职能上多数并不完整，也未在行政上被明确为县下不可逾越的一级，因此不构成一级行政区域，这是需要特别指出的。

利用"县辖政区"的概念，有利于与现有行政区划层级概念相衔接，形成自上而下的有序体系。关于行政区划的概念与层级，周振鹤最有研

① 黄宗智：《集权的简约治理——中国以准官员和纠纷解决为主的半正式基层行政》，载《经验与理论：中国社会、经济与法律的实践》，414～438页，北京，中国人民大学出版社，2007。
② 史卫东、贺曲夫：《中国的"统县政区"与"县辖政区"的历史发展与当代改革》，南京，东南大学出版社，2010。关于县辖政区的部分，贺曲夫以《县下辖市与推进自治：我国县辖政区的发展与改革研究》为名，由中国经济出版社2012年出版。

究。他根据政区所处的管理层级，将其定名为在基层的县级政区、统辖县级政区的统县政区、统县政区之上的高层政区。县级政区是我国行政区划体系中最为稳定的一级政区，也是皇帝直接任命行政官员的最低一级政区，所以将其定位为基层政区①。毋庸讳言，上述概念的确立是周振鹤对中国行政区划史深入研究基础上慎重提出的，具有极强的概括性，至今得到包括历史地理学、行政区划研究领域在内的广泛认可。将"县辖政区"的概念纳入其中，一方面是完善了整个行政区划体系自最高层到最底层的完整性，另一方面用"县辖"的概念，构建了"统县——县级——县辖"的层级体系，体现了"县"这一最稳定的政区形式在政区架构中的中枢作用。

作为清代县辖政区，根据笔者现有掌握的材料，它具备以下特点：

第一，县辖政区管辖范围必须小于所在州县，但允许跨越州县界。驻在县城，但以全县为权力行使范围的僚属官辖区不是县辖政区。县辖政区有的是跨界而设，或设于两县交界，甚或三县、四县交界，这些都可以算作是县辖政区。

第二，县辖政区着重在"县辖"，也即是该辖区的僚属官必须从属于州县。这里所说的"县"，指的是县级政区，包括县、直隶州本州、散州、散厅等。各类土巡检司、土县丞、土吏目等，因其由土司自行承袭，也不属于县辖政区。

第三，县辖政区的长官既可以是分驻乡村的职官，也可以是驻于县城的典史、吏目等官。分驻乡村者往往具有一定的分防区域，但清代驻于县城的典史、吏目等官有的也管辖县城周边乡村，因此驻地在县城还是乡村，按照清代文献的说法，是"同城"或是"分防"与其是否构成县辖政区没有必然的对应关系。

第四，县辖政区必须有一定的专管区域。僚属官中有一部分虽然分驻乡村，但系专管某项具体事务，如水利、桥梁等，不分辖一定的区域，自然也不是县辖政区。

第五，县辖政区不必具有全面的职责，或仅仅具有治安之权，或进

① 周振鹤：《行政区划史研究的基本概念与学术用语刍议》，《复旦学报》2001年第 3 期。

而具有若干词讼之权，抑或具有刑名钱粮等全面之责，都是县辖政区的一种。

傅林祥提出的"次县级政权与辖区"概念，笔者之所以没有采用，其原因有二：一是这类辖区除了在广东等个别区域实现了全部分割县级政区疆土外，其他地区并未有大规模存在的明确证据，更重要的是在国家的典章制度中也未正式承认这一级政区的存在，在司法上也未构成明确的一级审级，因此，就全国层面而言称作"次县级"或许并不妥当。当然，在广东这一特殊地域，巡检司、分防县丞、主簿及典史、吏目几乎分割了整个广东全省疆土，整个辖区也得到官方与民间的认可，是适用于"次县级政权与辖区"这一概念的，笔者在第四章广东部分的探讨中使用了这一概念；二是"次县级政权与辖区"将府的同知、通判也纳入其中，笔者认为府的同知、通判品级已高于州县，而且多数分防同知、通判虽然驻扎在县以下的地方，但其所管区域除了个别情况小于县外，不少还兼管附近数个州县的捕务，其辖区甚至要大于县，将其称为"次县级"恐怕并不妥当，称作"次府级"或许更合适一些。

讨论清代县辖政区的设置，不可避免地要触及县以下社会组织形态的问题，也不可避免地要与学界在讨论基层社会时所形成的若干"中层理论"发生"接触点"，如"皇权不下县"等，它业已成为研究传统基层社会具有较大影响的理论之一，不少论著不加辨析地予以引用。但其实这个词语出现甚晚，它是农村政策研究者温铁军在 20 世纪 90 年代提出的①。这一概念的提出并未经过科学的论证，而是作为解决农村问题的历史依据所提出的。"皇权不下县"五字连用虽是温铁军最早提出的，但这一基本思想则早已有人论及。早在二十世纪三四十年代，吴晗与费孝通针对皇权与绅权的讨论中，费孝通就曾提出"传统中国政治双轨制"，吕思勉也提到"中国官治，至县而止"②。"皇权不下县"是否适用于清代以前的基层社会，暂不予以讨论。仅就清代社会而论，这一理论所面临的挑战是显而易见的，佐杂官作为国家正式职官，它所具有的皇权象征意义是

---

① 温铁军这一思考较早公开刊登在《半个世纪的农村制度变迁》(《战略与管理》1999 年第 6 期)，当时称"皇权不下县"。

② 《吕思勉读史札记》，1097 页，上海，上海古籍出版社，1982。

无可置疑的。自清代以来，由于佐杂官的大量进驻乡村，并进而分划辖区，构成县辖政区的设置体系。这一关键性机制的形成与发展，改变了皇权介入基层社会的形式，"皇权不下县"论说在清代是否适用？这些进驻村镇，从而直接与基层社会建立联系的佐杂官员，他们如何管理辖区内各类事务、行政运作实态、与绅士阶层的关系如何，将是重新检讨清代基层社会治理模式的关键所在。本书将在对清代全国范围内的县辖政区设置及其与地方社会关系的梳理基础上，尝试从理论与实践方面对"皇权不下县"之说予以辨析。必须特别指出的是，以往对"皇权不下县"的辩驳不是没有，包括有些学者认为这一问题并无意义，皇权无处不在，不可能存在外化于皇权的地方，但其实这是对"皇权不下县"及其相关论说的误读，特别是将该论说所限定的狭义的"皇权""偷换"成广义的"皇权"，实际上并不是基于同一概念的讨论，换言之，"靶子"错了（详参本书第九章）。

## 三、既有研究、史料评述与总体思路

关于县辖政区的研究，20 世纪 90 年代初曾有过讨论，近些年又引起学术界的关注。现有研究可被归纳为四种视角，择要论述如下：

一是官僚制度史视角，侧重其类型、职能、选任等。傅林祥《清代的次县级政权与辖区》、《清雍正年间的次县级行政机构及其职能探析》①将这类辖区称作"次县级政权与辖区"，并拟定了次县级行政机构的判断标准，分析了它们的种类、分布及职能等。张振国《清代地方佐杂官选任制度之变革》对佐杂官的缺分、等第、选任及其迁转进行了考察②，左平《清代县丞初探——以〈清代南部县衙档案〉为中心》是对县丞群体的专门研究之作③。此外，还有申立增《清代州县佐贰杂职研究》④、张浩《清代

① 傅林祥：《清雍正年间的次县级行政机构及其职能探析》，《清史研究》2011年第 2 期。

② 张振国：《清代地方佐杂官选任制度之变革》，《历史档案》2008 年第 3 期。

③ 左平：《清代县丞初探——以〈清代南部县衙档案〉为中心》，《史学月刊》2011 年第 3 期。

④ 申立增：《清代州县佐贰杂职研究》，首都师范大学 2006 届硕士论文，未刊。

巡检制度研究》①等，也是从官僚制度史角度切入的优秀学位论文。

二是历史地理学视角，探讨其沿革、辖区、分布等。张研《对清代州县佐贰、典史与巡检辖属之地的考察》以广东为重点，考察了州县佐贰、典史与巡检辖地情况，认为它们并不构成一级行政区划，其理由是这些佐杂职官在辖属之地不能负全面之责；数量过少，也没有典型代表性。鲁延召《海防地理学视野下官富巡检司建置沿革研究——基于广东新安县的考察》讨论了广东新安县官富巡检司的建制沿革问题②。

三是社会经济史视角，侧重在县辖政区与市镇管理、社会治理之间的关系。林绍明、张研、任放、张海英等均注意到分防佐杂官的存在并将之与市镇管理联系起来③。赵思渊《明清苏州地区巡检司的分布与变迁》④、《屏盗之迹、拯民之恫：明清苏州地区的巡检司》⑤对此提出质疑，认为巡检司驻扎市镇的现象是出于建制维持成本的考虑，并不必然说明巡检是管理市镇的手段。日本学者太田出《清代江南三角洲地区的佐杂"分防"初探》探讨了清代江南三角洲佐杂分防与以市镇为核心的区域社会的关系⑥。贺跃夫《晚清县以下基层行政官署与乡村社会控制》指出清代巡检司、县丞署在乡村社会控制体系中的地位殊堪重要，晚清佐杂官缺的减少与皇权、绅权间复杂的关系有关⑦。

---

①　张浩：《清代巡检制度研究》，东北师范大学 2007 届硕士论文，未刊。

②　鲁延召：《海防地理学视野下官富巡检司建置沿革研究——基于广东新安县的考察》，《中国历史地理论丛》2014 年第 3 辑。

③　林绍明：《明清年间江南市镇的行政管理》，《华东师范大学学报》1987 年第 2 期；张研：《清代市镇管理初探》，《清史研究》1999 年第 1 期；任放：《学术规范与中国经济史研究——以明清长江中游市镇经济研究为例》，收入《人文论丛》2003 年卷，武汉，武汉大学出版社，2003；张海英：《明清江南市镇的行政管理》，《学术月刊》2008 年第 7 期。

④　赵思渊：《明清苏州地区巡检司的分布与变迁》，《中国社会经济史研究》2010 年第 3 期。

⑤　赵思渊：《屏盗之迹、拯民之恫：明清苏州地区的巡检司》，《中国社会历史评论》第 11 卷，天津，天津古籍出版社，2010。

⑥　［日］太田出：《清代江南三角洲地区的佐杂"分防"初探》，《中国社会历史评论》第 2 卷，天津，天津古籍出版社，2000。

⑦　贺跃夫：《晚清县以下基层行政官署与乡村社会控制》，《中山大学学报》1995 年第 4 期。

　　四是法律史视角，侧重探讨佐杂的司法责任。李凤鸣《清代州县官吏的司法责任》一书专辟一章通过案例对佐杂官的司法责任进行探究①，有助于消除对佐杂官不参与司法实践的误解。更具体研究的是吴佩林，他在《万事胚胎于州县乎：〈南部档案〉所见清代县丞、巡检司法》中以《南部档案》中诉讼案件为据，证实县丞、巡检司实享有司法裁判权②。茆巍《万事胚胎始于州县乎？——从命案之代验再论清代佐杂审理权限》由命案检验入手，认为佐杂在州县之下发挥着一级审判机关的作用③。

　　此外，还有对山东、台湾、广州、上海、山西等地区的个案研究④。总体而言，对县辖政区的研究已取得较大成绩，在若干问题上取得共识，但仍需细化和深入。

　　第一，就研究范围而论，对佐杂官群体概括性研究多，分类佐杂官研究少。除巡检司引起较多关注外，研究县丞者只有寥寥一两篇论文，而对主簿、州同、州判的专门研究论著迄今未见。

　　第二，就研究区域而言，全国性的宏观描述多，区域研究少，又多集中在江南、台湾和南部县等局部地区。即使是全国性的研究，也不是建立在对各个区域全面、具体的研究基础之上，故现有研究大多局限于地方性材料，提出的问题与研究结论大同小异，基本上以梳理沿革、探讨其职能为核心内容，且对其职能的描述大体都是缉捕盗贼、参与社会管理等几个方面，缺少区域特色和比较视角。

---

　　①　李凤鸣：《清代州县官吏的司法责任》，上海，复旦大学出版社，2007。

　　②　吴佩林：《万事胚胎于州县乎：〈南部档案〉所见清代县丞、巡检司法》，《法制与社会发展》2009 年第 4 期。

　　③　茆巍：《万事胚胎始于州县乎？——从命案之代验再论清代佐杂审理权限》，《法制与社会发展》2011 年第 4 期。

　　④　李克勤：《清代广州府属巡检司研究》，《广东史志》1994 年第 3 期；尹章义：《新庄巡检之设置及其职权与功能——清代分守巡检之一个案研究》，载氏著《台湾开发史研究》，台北，联经出版集团公司，1987；傅林祥《古代上海地区的次县级行政机构》，《上海市历史博物馆馆刊》第一辑，2002；孙同霞《明清山东巡检司制度考略》，曲阜师范大学 2008 届硕士论文；杜汇：《清代山西地区的佐杂分防与基层社会控制》，山西大学 2013 届硕士论文；胡仲恺、徐林：《明清广州府巡检司设置变迁初探》，《兰台世界》2013 年第 6 期；韩虎泰：《晚清广州府巡检司的地域分布特征初探——以〈宣统三年冬季职官录〉的记载为中心》，《地方文化研究》2014 年第 1 期。

第三，就史料利用来看，除关于南部县巡检司、县丞的研究利用到地方档案外，其他研究主要是利用《清实录》、政书、方志中的资料，这些记载又多简略。中国第一历史档案馆所藏大量关于佐杂官置废、迁徙的原始档案，记载翔实可靠，以往研究者基本少有寓目，这使得现有研究多停留在律令条文的梳理层面，未能走向"活的制度史"研究，也影响了对佐杂权限属于非正式还是官方授权等若干基本问题的判断。

第四，就研究视角而言，社会管理模式的变迁不应当仅关注于乡里制度、乡绅社会等命题，还应注意行政机构驻地的变动及辖区的划定。对县辖政区设置及由此带来的明清社会管理模式转型，县辖政区与人口增长之间的关系，以及县辖政区所引起的乡村社会变迁等方面，现有研究尚缺少足够关注。

此外，在一些具体的关键问题上，仍有较多有待澄清之处，如几乎所有关于清代巡检司、县丞的研究，都注意到其存在明确辖地，那么，其何时具有辖地便成为一个极其关键的问题，只有确定关键的时间节点，才能回答清代基层治理政策是何时发生转变的。可惜的是，除了极个别文章认识到这一问题，对其做了一定的探讨，尤其是那些在清代才开始分防的县丞、主簿辖地是何时形成的这一类比较容易从其沿革变迁就可以回答的问题外，对那些常规的、明清一直延续下来的巡检司等辖区的形成，简单视作一个自然的延续，换言之，将明清巡检司辖区视作同一性质，进而上溯，推测其在明代也具有同样的辖区，由此带来的问题是，既然明代巡检司的数量要远远大于清代，那么，似乎明代对基层社会渗入的力度要比清代更强，这与历史实际并不相符。对这一问题缺乏精细的考证，事实上也导致了对明清基层治理政策转型的真实意义的忽略。另外，像典史这类驻扎在县城，在明清几乎都未曾分防的管理监狱的官员何时具有辖区，是最难找到直接证据的问题，也从无人尝试回答。笔者仅见及申立增《清代州县佐贰杂职研究》一文曾注意到这一问题，并查找到广东方志中的两条明确记载，将乾隆二年确定为全国性分辖制度建立的开始，但显然与清代档案文献的记载不符（详细辨析见本书第四章广东部分），这一问题仍然需要深入探讨。

再譬如关于佐杂的司法功能，学界利用南部县档案及《刑案汇览》等资料，确信巡检司、县丞等具有一定的司法权力，但关于这些权力属于制度性的还是非制度性的，由于未查阅中央一级档案中关于这些职官权限是如何规定的，因而，难免做出一些不太准确的判断。还有一些学者依据"集粹法"收集了各个区域的一些典型案例，将佐杂的司法功能予以夸大，似乎清代存在一个几乎无所不能，几乎构成独立审级的佐杂群体，也是不符合佐杂官"常态"的一个结论。

要对清代佐杂官及其职能做一个合理的判断，就必须广泛收集史料。史料的无限扩充和区域比较的视野是避免夸大或降低佐杂分辖制度功能的可能路径。这些县辖政区广布州县，于中央而言，是控制基层社会的有效手段之一，其任命经由吏部或督抚调补，故官方档案略有所记；于地方而言，掌扼险要，其职能略同于一"小知县"，故方志所记又有加详。当然，其数量之多、分布之广、变迁之复杂、关涉资料之分散，使得搜集、整理、排布其史料颇为困难。今兹就其最关紧要者约略分为八类，略加评说。其一曰档案类；其二曰实录、政典类；其三曰总志类；其四曰史志类；其五为职官名录类；其六为方志类；其七为实物类；其八为文集、年谱类等。

1. 档案类。主要是两类，一是中央档案，包括各类朱批及录副奏折、起居注、上谕等，是本项研究最原始可靠的史料，《实录》亦赖以成文，其史料价值在诸种文献中为最高，但资料较琐碎、分散，而且不成系统，所奏请的内容是否允准也很难直接通过档案本身得到体现，还必须从别的史料来加以验证。一般而言，研究基层社会问题，方志等地方性材料才能反映一些历史的细部，然而，对清代佐杂官员及其辖区而言，往往在地方志中一无所记，但恰恰在宫中档、录副奏折及吏科史书中才保存了比较详细的记载，而且，其中关于其权限的规定尤为明晰，这是本项研究比较特殊的一个方面，也是本书的核心资料来源。近年来，清代档案的大量出版及数字化工作，为本项研究提供了很大的便利；二是地方档案，主要是南部县档案、巴县档案、淡新档案等，尤其是南部县档案中，保留了大量巡检司、县丞的司法文书，为探讨这些县辖政区的司法职能提供了最可宝贵的资料。

2. 实录、政典类，主要是清十一朝《实录》及《宣统政纪》，五朝《大

清会典》及所附《则例》、《事例》,清三通及《清朝续文献通考》,《皇朝政
典类纂》等。其中《实录》记载了绝大多数的职官变迁与分防的案例,是本
项研究所利用到的一项系统性材料。《会典》及《则例》、《事例》是中央政
府所编制的一代政典,特别是最后成书的光绪《会典事例》记事至光绪后
期,关于佐杂的资料又集中于《吏部·官制》,涵盖光绪末全国各府、州、
县佐杂的分布及之前佐杂裁、置、移设状况,在诸种文献中最为齐备,
但由于其记事多依《实录》,于《实录》之外鲜有补充,故仍有较多遗漏,
且时间建置错误之处委实不少,记载也极为简略;《清三通》中的《清朝通
典》记有各省佐杂官数目,为不少研究清代地方官制史的著作引用①,但
其实它所反映的仅仅是乾隆中期的状况,而《清朝续文献通考》虽非官修,
但刘锦藻较多择取清末资料,有关佐杂官员者集中于《职官志》,虽不甚
多,但对于研究清末佐杂的变迁极有裨益。《皇朝政典类纂》修于光绪末,
《职官志》中关于佐杂的资料多取自《会典事例》,但亦有取自邸抄的罕见
史料。

　　3. 总志类。这里的总志,确切地讲就是指三部《一统志》及《皇朝地
理志》。清代曾三修《一统志》,分别形成康熙初修《大清一统志》、乾隆
《钦定大清一统志》、嘉庆《重修一统志》②,分防佐杂资料主要分布在各
省"统部"下的"职官"和各府下的"关隘"中。分防佐杂入《一统志》始于康
熙《一统志》,康熙二十五年成立《一统志》馆,徐乾学受命掌管《一统志》
的编纂,他拟定出的《大清一统志凡例》,曰:"建官设署,所以经理此土
也。有民而不能治,与无民同;有田而不能使耕,与无田同;有险而不
能获守,与无险同。唐虞之州,十有二,师成周之乡老、乡大夫、州长、
党正、族师、闾胥、比长,皆为此也。今督抚藩臬,下至州县之校官巡
驿,皆志之,而衙署所在,即附焉"③,"巡驿"之"巡"即是指巡检司,
"驿"指驿丞。乾隆年间重修《一统志》,杨椿更提出"佐贰分防及巡检所

　　①　如刘子扬:《清代地方官制考》,北京,紫禁城出版社,1995。
　　②　关于三次《大清一统志》的纂修经过,可参牛润珍、张慧:《〈大清一统志〉纂
修考述》,《清史研究》2008 年第 1 期。
　　③　《憺园文集》卷 35,据《清人文集地理类汇编》第 1 册,243~244 页,杭州,
浙江大学出版社,1990。

辖，皆今之要地，宁详毋略"①。嘉庆重修《一统志》，以前两部《一统志》作为蓝本，被公认是清《一统志》中质量最好的一部。它关于分防佐杂的资料主要集中于两部分：各省《统部》下记载嘉庆二十五年时各个统部佐杂官建置，个别统部如安徽等还追溯清初至嘉庆二十五年时佐杂官的沿革；各府《关隘》下为每个分防佐杂列一条目，标出其名称、位置、沿革及相关史事。总体而言，嘉庆《一统志》中的佐杂资料丰富、考订精审、断限明确，可资佐证，尤其是进行嘉庆二十五年年度全国佐杂官的静态分布是一项极好的系统性资料。当然，即以嘉庆《一统志》之体大思精，诚不能无误，如山西省代州直隶州遗漏广武城巡检司、湖南省永顺府误入道光朝新置的古丈坪巡检司、安徽省凤阳府怀远县洛河镇与宁国府宣城县黄池镇巡检系同一官缺重出，江苏省误将属东台之富安场巡检司属宝应县等，但为数甚少。台北故宫庋藏三种《皇朝地理志》，华林甫将其分为甲、乙、丁本，并分析各书所反映的年份，指出甲本反映的最晚年份是光绪三十四年，定稿于光绪末、宣统；乙本成书在道光之前，丁本反映的是光绪末年的政区沿革，丁本是甲本的母本，丁是源、甲是流②。各省资料断限亦不一，其内容所反映的时间则因省而异：最早的是光绪二十八年以前，而最晚的则是光绪三十三年以前③。笔者核对其中江苏一省，发现有的信息还相当滞后，像光绪八年移江苏省苏州府太湖厅用头巡检驻下扬湾，据《皇朝地理志》抄写的《清国史·地理志》仍作用头巡司。

4.《清史稿·地理志》，包括《清史稿·地理志》及其各类稿本。《清史稿·地理志》中的佐杂官材料取自《清国史·地理志》者当不少，又增补了若干光绪末、宣统间的新资料，像宣统三年四月甲申拟设的新疆温宿府柯坪巡检它已经记载了④，但其误处甚多，详见本书附录部分。其各类

① 杨椿：《上〈一统志〉馆总裁书》，《孟邻堂文钞》卷 2，据《清人文集地理类汇编》第 1 册，251 页。

② 华林甫：《关于〈皇朝地理志〉的几点初步认识》，台湾《故宫学术季刊》第二十四卷第三期，2007 年春季。

③ 刘铮云：《〈清史稿·地理志〉府州厅县职官缺分繁简订误》，台湾中研院《历史语言研究所集刊》第六十五本第三分，1994。

④ 《宣统政纪》卷 53 宣统三年四月甲申，944 页，北京，中华书局，1987。

稿本现藏台北故宫，共 77 册①，其中大量关于佐杂官的记载不见于正式刊布的《清史稿》定本，多属于各省撰稿人及前期总纂秦宥衡的编纂成绩，《清史稿校注》曾利用部分稿本校注《清史稿·地理志》本文②。《清史稿·地理志》中的佐杂官记载对分析宣统三年前后全国层面静态的佐杂官分布及与其他时段的比较提供了一种系统性资料。

5. 职官名录类。主要包括《爵秩全览》、《搢绅全书》及内阁印铸局宣统三年冬季所印制的《职官录》等。《职官录》计分八册，其中第五册至第八册为各省地方文职人员资料，主要包括各职官的缺分、当任官员姓名、出身，以及各地的赋税、风俗、学校、土产等资料。《爵秩全览》、《搢绅全书》一类的小册子多由北京琉璃厂的书肆每年分春、夏、秋、冬四季发行，与《职官录》的性质几乎完全一样，现存所知最早的是顺治十八年《缙绅册》③。此类职官名录记载某年某季全国包括佐杂在内的所有职官及其籍贯、出身、上任之年的册子，对于职官变动的反应也极快，如宣统三年九月裁撤奉天锦州府安东县太平司巡检④，宣统三年夏季的《大清搢绅全书》还记有该巡检，到了冬季的《职官录》便没有了。因此，对研究动荡不安、档册无存的晚清佐杂沿革而言，各类职官名录当引起特别的重视。当然，《爵秩全览》、《搢绅全书》均为民间所编，资料的准确性难以保证，《职官录》虽为内阁印制，但可以肯定的是它也是参考各类民间职官名录而得，疏漏是难免的，利用时要特别注意甄别，如《职官录》光绪十年升直隶厅的丰镇厅依然归属大同府等。

6. 方志类。清代注重编修方志，省、府、州、厅、县甚至乡镇都有编修方志的传统，因此对于研究县级佐杂职官而言，方志是无法绕过的，

---

① 拙文《〈清史稿·地理志〉纂修考》，《文史》2011 年第 1 辑。

② 如湖南长沙府湘潭县下"黄茅巡司，乾隆二十六年置，后迁县东涞州市"。《清史稿校注》称"涞州市"，"按清史馆唐恩溥辑湖南地理志稿作'株洲市'"，2452 页。

③ 《中国古籍善本目录·史部·职官类》及国家图书馆馆藏目录检索系统；刘铮云称"最早的发行时间不得而知。在本所傅斯年图书馆所藏的本子中，以乾隆二十九年夏季宝名堂发行的《职官迁除全书》为最早"，见刘铮云上揭文。国家清史编纂委员会刊行的《清代缙绅录集成》是比较易用的一个汇本，但其中主要依据清华大学图书馆藏本，缺漏甚多。

④ 《宣统政纪》卷 63 宣统三年九月丁丑，1168 页。

有些为官书所不载的职官之裁废移置，求之方志，往往有得。就佐杂而言，方志中的材料多集中于《疆域》、《公署》、《职官》、《列传》等部分，有些在地方上较有影响的佐杂官还可能会立传。当然，清代方志浩如烟海，资料极为分散，且方志中建置、废弃年代往往并不准确，需要与各类官书相互比照，方可利用。

7. 实物类。即与佐杂官相关的官印、碑刻、匾额。数量虽少，但对于研究佐杂官于基层政权中所起的作用不啻是极珍贵的史料，如关于京师顺天府齐家司的碑刻就为确定其辖区提供了直接依据；各类经历、县丞、巡检司官印则为确定县辖政区的正式名称提供了最可靠的依据。

8. 文集、年谱类。清人文集浩如烟海，其中保存了大量档案和方志所不记录的内容，如福建分征县丞设置过程中县吏与乡绅之间的拉锯正是依赖于文集的记载才得以呈现。同时，像个别出色的佐杂官也会留下相对比较丰富的记载，如曾担任过江苏省震泽县平望司、太湖厅甪头巡检司的暴式昭就因政绩突出、清廉自守，故而留下时人的各种题咏，为了解巡检司在地方所从事的政务范围及其在地方治理中的作用，留下了最直接的记录①。关于佐杂官群体的专门文集有两部，一部是《佐杂谱》，为光绪十八年补用直隶州州同李庚乾有鉴于社会对佐杂官群体的轻视而特意从文献中辑录的嘉言懿行；一部是《佐贰须知》，不著撰人，介绍了佐贰为官诸多注意事项。年谱亦记载了不少细节性史料，如关于广东的佐杂官，年谱中就有较丰富的资料，有的保留了巡检司等官处理民间事务的行政文书，可补方志之不足。

总体思路方面，本书将在系统、全面收集清代档案、实录、政书文献的基础上，着力于探讨如下问题：

1. 对清代县辖政区的形成与发展过程，即作为一种全国层面的制度设计，其制度渊源何在，在清代又经历怎样的制度变革，在民国时期的消失等状况进行长时段的梳理。对全国层面基本制度的梳理，以往饱受诟病的地方在于其对制度条文的重视与实际运行状态的忽略。但笔者以为，这种批评有一定合理性，但又不可绝对，以为律令条文不重要。事

---

① 中国人民政治协商会议安阳市委员会文史资料委员会、中国人民政治协商会议滑县委员会文史资料委员会编：《〈暴方子〉事迹题咏集》，内部资料，1997。

实上，非经律令条文的梳理，地方行政实践中对制度的"背离"便天然地失去用于比较的对象。况且，即使是制度条文，也有"惯例"和"特例"之分，"特例"在某种情况下也将构成"惯例"和"成案"，尤其是清代制度设计中可以"援引为例"。在江南地区县辖政区的研究中，笔者就注意到一些学者从区域研究中归纳出的一些看起来背离了制度设计的行政实践，如果查找中央档案，回到真正的"制度"本身，非但不是一种"违背"，反而正是一种"遵守"。因此，笔者以为在区域研究大行其道的今天，对典章制度的梳理不是不重要了，反而是更加重要了。

2. 清代县辖政区的空间分布。清代县辖政区的分布有其空间差异，而其背后代表着清代对不同区域的差异化治理。对一种形成原因较为复杂的历史现象给出一种令人信服的解释并非易事，本书将尝试提供若干可以切入的角度。

3. 清代县辖政区的类型及区域差异。作为一个在整个清代存在于除西藏、青海、内外蒙古之外几乎所有区域的一种制度，其存在形式不可避免地存在着区域差异，仅仅对其制度变迁做出概要式的梳理显然并不能真正认识制度的实践本身，因此，选择若干典型个案进行深入分析便是必然的研究选择。然而，在人文社会科学的研究中，样本如何选择，选择的"典型"是否会抹杀"普遍"早就成为聚讼不已的问题。本书无意于给出一个确切的答案，而只想强调在研究区域问题之初，本书便一直将全国各个区域的资料进行无差异化的收集和整理，在此基础上，选择笔者自认为代表不同区域不同类型的若干案例。这些案例或者分布在极为特殊的地域，或者虽分布于不同地域但却具有近似的特点，也有一些是清代针对某一类行政问题而做出的特殊制度设计，这其中包括京师顺天府大兴、宛平两个政治核心区的县辖政区设置，也包括最普通的县级单位之一的四川南部县县丞、巡检司的政务运行机制，在笔者看来，清代多数区域的县辖政区皆与南部县县丞、巡检司相仿。既有以福建、甘肃为代表的以分征钱粮为其典型职能的县辖政区，也有以清末新疆、东三省、清初陕北以及清代民国时期的云南、贵州为代表的以地区开发进而设置县级政区为旨归的县辖政区；既有以广东省为代表的覆盖省下几乎全部区域，构成县下一级行政机构的县辖政区，也包括以若干被裁废之州县转而以设置县辖政区形式实现辖区转换的特殊制度；对江南地区学术界通常的将县辖政区设置与市镇管理联系起来的思路也予以重新讨论。本书虽尽量涵盖清代县辖政区的所有类型，但作为一种变通性极强的制度设计，若干县辖政区未被包含于上述类型或许也是存在的。

4. 本书所关心的重点问题在于清代县辖政区设置与地方治理之间的关系。笔者并未使用"地方控制"这一概念①，是因为"控制"一词所带有的自上而下的强制性色彩，带有太多"专制主义"话语体系下的表达。若回到历史现场，尤其是从行政建制的角度出发，就会发现作为国家管控地方最重要的行政机构的建置很多来自于当地人的建言，同样的，撤销行政机构也会引发地方社会"群体性事件"，因此，"政权建设"与"专制主义"之间并非天然可以画上等号。因此，笔者将使用更为中性的"治理"一词，以显示行政机构建制之于地方社会的积极面向。本书试图通过清代县辖政区的设置及与前代的比较研究，探讨明清社会管理模式的差异及其转型，并着力于探究县辖政区置废所引发的基层社会变迁。

5. 历史地理学的功用之一便是"经世致用"，谭其骧、侯仁之、史念海三位前辈学者早已用自身的研究实践为后来者提供了典范。行政区划的研究更是一门贴近现实的"活的"学问，而当代"县辖市"的改革讨论正与历史时期的县辖政区有着某种程度的类似之处，对清代县辖政区行政实践经验的总结在一定程度上也可为当今行政体制改革提供某种镜鉴。

就具体方法而言，本书将以历史地理学与社会史研究为视角，注重吸收传统沿革地理长于考证的特点；注意尽可能地利用档案资料，尤其是县级档案；注意制度规定与实际运行之间的背离性；力图将传统政区研究与区域史、社会史研究相结合，避免将政区研究与区域社会发展割裂开来的倾向；注重表格运用、地图绘制在本项研究中的重要性。

---

① 如萧公权的经典著作《中国乡村：论十九世纪的帝国控制》(*Rural China: Imperial Control in the Nineteenth Century*)，张皓、张升译，台北，联经出版事业公司，2014。

# 第一章　清代州县"分防"制度与县辖政区的类型

## 一、定额观念与清代地方行政中的"分防"制度

清代在地方行政制度上承袭自明，但其中又具有清代特色。关于这一点，边疆地区讨论得较为充分，如关于东北、新疆将军辖区与府州厅县二元管理体制、蒙古地区的盟旗制，充分反映了作为少数民族入主中原的清朝政权"修其教不易其俗，齐其政不易其宜"的边疆行政管理特色。

在内地，清代对明代遗留的行政体制作了较大幅度的调整，大体而言，其变革方向可归纳为集权、优化与分权：

**省制**。明代布政使司、按察使司、都指挥使司所构成的"三司"体制以职能来分割省级行政长官的权力，导致了统制力的缺失，尽管明代出现了总督、巡抚，试图统一事权，但并未"定制化"，始终未能摆脱差遣的地位。至清代，通过对督抚的调整，逐渐形成一省一巡抚，数省一总督的定制，从而实现一省之内的事权集中，同时通过督抚相互牵制的权力分割系统，在更高一层内达成了解决确保统制力与权力分割之间的矛盾的课题，意味着省级地方行政制度的更高的完成①。督抚辖区的调整和稳定并与布政使司辖区逐步重叠，可以视作对明代两者辖区交叉行使的复合型管理方式的"集中"，从而将督抚、布政使的民政、军政统归于一套行政系统中。

以上属于集权之举。这也就意味着从明到清，在高层政区上又经历

---

① ［日］真水康树：《明清地方行政制度研究——明两京十三布政使司与清十八省行政系统的整顿》，58～64页，北京，北京燕山出版社，1997。

了一次由"分离制"向"完整制"的回归。

**州制**。明代的府尤其是各省首府，面积往往过于庞大，如果算上属州，层级也比较复杂，最多的有省——府——属州——县四级制。清代调整的手段有两个：一是建立直隶州，将领县过多的府不断析出直隶州，从而使得各府级单位管辖的范围保持在可控水平上。直隶州建立以后，其管辖范围较府为小，设置也较为灵活，与府之间可因地方形势变化而实现有序升降并形成一定的操作模式；二是属州的消失，清初将明代属州所领之县或升为直隶州属县，或者直属于府，从而实现了地方行政制度中"四级制"彻底转变为"三级制"①。

**卫所**。有赖于谭其骧、顾诚等诸位先贤的卓越研究，"明代的实土卫所构成一种地理单元"已成定论。由明入清以后，卫所陆续被裁并，或废入临近州县，或置为新县，其流风余绪深刻影响着清代行政区划与基层社会变迁。目前已有关于潼关卫、蔚州卫等极为深入细致的个案分析②。

以上属于优化之举。广建直隶州，减少了府级政区的管理半径，从而使得明代幅员广阔的府及其辖地得以分解，提高了行政效率；对于属州及其领县的剥离，使得属州这一县级单位不必在处理本州辖地的基础上，关注于力不从心的属县监察之责，属州转变为不领县的纯粹的县级政区，这是优化地方行政层级的举措。而卫所之制的废除，与军制变迁有关，但又何尝不是疆土管理体制的优化之举，也是顺应明代中期以后卫所民化的发展趋势。

不为人所知的还有"分防"制度开始在清代地方行政中发挥着愈来愈突出的作用。

第一，省的分防形成的道制。清代将明代名目繁多、事务单一、区域重叠的复合型"道制"调整为以专业道为补充，主要由分守道、分巡道组成的结构，各自划分独立区域，并将其品级、治所固定，职能渐由单一而趋于复合，成为省与府级政区间一个重要的承转机构。在内地与边

---

① 属州的消失情况，可参华林甫：《清前期"属州"考》，载刘凤云等编：《清代政治与国家认同》，北京，社会科学文献出版社，2012。

② 关于卫所研究概况，可参见邓庆平《卫所与州县——明清时期蔚州基层行政体系的变迁》的《前言》部分，中研院《历史语言研究所集刊》第八十本第二分，2009。

疆交界，汉人与少数民族杂处的地带，"道"实际上起着"准政区"的作用，这其中至少包括山西蒙古交界的归绥道、直隶蒙古交界的口北道、新疆的镇迪道、台湾建省以前的台湾道以及东北建省以后更为独立的道。道制调整也是一种事权集中，除了保留若干必需的专业道之外，清代对明代遗留的数目繁多的各类职能单一的"道"进行了归并，尤其是康熙六年对"道"的大规模裁撤是这一层级调整的关键①。

第二，府的分防形成了厅制与同知、通判的分辖。最晚从明末开始，与知府同城的僚属官，主要有同知、通判开始分防到府城以外。这种分防具有多重性质，一种是单独划分一定辖区，将辖区内刑名、钱粮诸事宜全部交予其管理，构成新的政区形式——厅。形势特别紧要的，将其直属布政使司，称作直隶厅，而仍属知府管理者称散厅。除此之外，还有一类同知、通判虽然也具有一定的辖区，然而在辖区内所具有的行政职能较为单一，不具备完整的钱粮和命案专责，仍需由附近州县代征钱粮、审理命案，不构成"厅"的行政建置，这类同知、通判辖区往往被称作"分府"。

第三，州县的分防形成了佐杂分辖之制。这主要集中于州县以下行政组织的调整，其意义不亚于对县及其以上层级的调整。清代的僚属官，包括典史、县丞、主簿、巡检、州同、州判、吏目等，无论分防与否，都可能划定一定的辖区。在辖区内，行政职能较为完善的几乎与州县没有任何区别，尤其是在边疆地区，州县佐杂设立具有极强的独立性；次一级的可以具备刑名或钱粮中的一项，如甘肃、福建等地的分征县丞等；最多的还是具有弹压地方及处理民间细事之权，在司法上构成一个民间细事的"分辖区"，以《南部档案》中所记载的富村驿巡司和新镇坝县丞为典型。以往知县作为"亲民之官"的功能被部分消解，在广东等地区，更由于局部地区佐杂设置的密度之高，使得知县成为"治官之官"，诚如乾隆《震泽县志》中所设想的那样，"粮长管其都，圩长管其圩，县之佐贰咸令分管地方，往来巡视，而正官总揽其纲，考其殿最，如此则法归于一而民免侵渔之患矣"②，从而使得清代的基层社会治理模式与前代有了本质区别。

---

① 傅林祥：《清康熙六年前守巡道制度的变迁》，《历史地理》第二十五辑。
② 乾隆《震泽县志》卷28《经略一·治水一》。

以上属分权之举,也构成了于清代正式形成的分防制度。府的分防形成了厅这一新的政区形式,对于直隶厅或散厅而言,将一府之中较紧要之区,单独划割,交予与知府同城事简的同知或通判,是将正印官之权分予僚属官。同时,那些不构成厅的同知、通判辖区同样延长了知府对地方事务的管理幅度,并分流出一部分权力使得其能够相对独立地行使。同样,对于州县佐杂分防之制而言,将州县之境最紧要地区的部分管理权交予僚属官,是减轻正印官职责之举,所谓"佐杂人员虽无治民专责,然分防地面,弹压稽查,以辅印官之不逮"①。

多个层级分防体制的形成与清代"定额"理念存在极大的关系。清代本着"量入为出"的财政理念,在赋税制度上长期呈现"定额化"的趋势②。定额观念并不仅仅体现在赋税上,同样体现在官员数量和政区设置上。在经历了雍正年间大规模的政区改革以后,刑部右侍郎杨超奏请酌停州县之改隶、佐贰之添设③。至乾隆六年,清廷正式下令保持职官尤其是佐杂官员数额定制,"从前各省佐杂等官,各督抚有奏请添设、改隶,责任转无专属,请嗣后倘各省需用人员,止准于通省内随时改调,不得奏增糜费"④。如此一来,追求政区稳定和官员定额成为清代政治的一种理念,除了清末台湾、东北、新疆设省的确需要大量设置新的政区以外,其他时间,对新设政区,非极其必要,清朝统治者并不鼓励。然而,地方政治形势随时变化,理应因地制宜而不拘泥。在此种情况下,既要兼顾清代地方行政的"定额观念",又有随时新置政区的"刚性需求",尤其是考虑到清代人口的剧增和地区开发的日益成熟,这种矛盾更是愈来愈突出。唯一可行的办法只能是将原驻在府州县的佐贰官分防,如此则既满足了增设管理层次的需求,又不致有增加冗员之忧。

---

① 中国第一历史档案馆藏朱批奏折(以下简称"朱批"):无署名,光绪二十二年《奏为特参紫阳县毛坝关主簿张兆华延安府照磨高凤仪蠹政害民请旨革职事》,档号:04-01-12-0573-067。

② 何平:《论清代定额化赋税制度的建立》,《中国人民大学学报》1997年第1期。

③ 雍正十三年十月二十日刑部右侍郎杨超奏,《宫中档雍正朝奏折》第25辑,278~279页。

④ 《清高宗实录》卷143乾隆六年五月癸未,1056页。

　　这一分防体制的形成代表着清代在县政治理中广泛存在的分权理念，以往知县作为"亲民之官"的功能被部分转移。这一分防的规模是惊人的，可以想见，清代存在着的数以千计的州县分防区以及它背后所代表的国家权力进入乡村社会的尝试，必定会在清代的乡村世界产生相当程度的连锁反应。追踪这些看似并不起眼的"微员"及其在乡村社会的活动，或许正是解读清代乡村治理模式与前代相比呈现出的特殊性之所在。

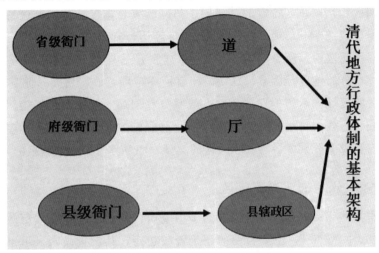

**图 1　清代分防趋势与新式政区、准政区的萌生**

## 二、清代县辖政区的类型

　　历代州县机构，除设有知县等正印官以外，往往都设有一定数量的僚属官作为佐助。清承明制，根据《大清会典》的记载，其僚属官分为三类：佐贰官、杂职官、首领官，主要是："州佐贰为州同、州判，县佐贰为县丞、主簿，所管或粮、或捕、或水利。凡府州县之佐贰，或同城、或分防。其杂职内之巡检皆分防管捕，或兼管水利。……厅首领有经历、知事、照磨，州首领有吏目，县首领有典史。厅无司狱者，即以首领兼司狱。州县首领即为管狱官，兼与巡检分管捕务"。[1] 其中分防地方的佐

---

① 　嘉庆《大清会典》卷 4《吏部》，115～116 页，台北，文海出版社，1990。

杂官往往都具有一定的辖区，部分与知州、知县同城的佐杂官也可能具有一定的辖区。以上共同构成了清代州县的"分防制度"，其辖区也成为"县辖政区"。

依据清代州县政府的基本类型，县辖政区可分为州属政区、县属政区、厅属政区三类。其中，县辖政区的类别又与佐杂的设置有关，故州属、县属、厅属县辖政区中既有重复，又有区别。三者之中，共有的是巡检辖区，州属政区特有的是州同、州判、吏目辖区，县属政区特有的是主簿、典史辖区，厅属政区特有的是经历、知事、照磨辖区。此外，还有驿丞兼巡检衔所管等辖区。这些僚属官有一定的分防区域，"各县设立佐贰，分防地段，因县治辽阔，印官稽察难周，故特划分界址"①，但其在分防区域内承担的职能不一，或系分管刑名、或系分征钱粮、或仅管治安、或兼司科举，但都在不同程度上由分防而衍生了其他相应的行政职权。以下分别就各种县辖政区的类型、职掌作一个宏观概括的勾勒。

（一）常川分防的巡检司辖区

作为官称一词出现的"巡检"始于中晚唐，五代时已呈现按行政级别分层设置的特点②，主要行使的还是警政功能，其设置尚未显示出设于县级政区以下的特点，而是隶属于更高层级的军政系统。宋代时，巡检的设置开始分化，不仅县及其以上政区中设有该官职，州县也开始设置，或管盗、或管盐，其职能不一而足③。巡检设置的普遍化导致了其作为县以下最重要警政系统的形成，而且部分巡检还出现了专管县属某个具体区域的情形，其实已经在相当程度上显示了县辖政区的雏形。元代巡检司设置较为突出捕盗的警政功能，李治安认为这一职能的转变是明清巡检司职掌的开端④。其实，这一判断应用于明代或许大体不违事实，但明清之间巡检司功能存在巨大的差异，关于这一点，历来论著均有忽

① 朱批：道光二十八年闽浙总督刘韵珂奏，档号：04-01-12-0469-032。
② 刘琴丽：《五代巡检初探》，《史学月刊》2003 年第 6 期。
③ 苗书梅：《宋代巡检初探》，《中国史研究》1989 年第 3 期。
④ 李治安：《元代巡检司考述》，收入《来新夏教授学术研讨会纪念集》，乌鲁木齐，新疆人民出版社，2002。

略。明代历来被认为是巡检司发展的高峰①，其原因自然在于明代统治者高度重视巡检司在弹压地方、维持治安中不可或缺的作用，所谓的"遏之于未萌"②，其判断依据是巡检司设置数量历代最高，其弓兵配备也是前所未有、后未所见。但是如果深入到巡检司及其在地方区域中实际发挥的作用，也许清代才是巡检司功能最为完整、职掌最为全面的时期，较明代尚过之。关于这一点，依赖于大量明清方志尤其是"南部档案"、"巴县档案"所保留的丰富记载，才集中揭示了这一点，后文将有详细揭示。

清代巡检司，或简称巡司，或称巡政厅③，大体可划分为两类：一类直属于州县政府、一类是专职巡检司，如管河巡检、盐巡检等。后一类职责一般是管理河堤、盐务等，其上级直属机构是河道总督、盐运使等，并不具备地方之责，一般不具备县辖政区的功能，不在本文研究范围之内④。需要分析的是直属于厅州县的巡检及其辖区。

巡检司按照制度规定不与正印官同城，故大多分防地方，一般均有一定的管辖区，并在管辖区内行使治安乃至更多职责，"掌捕盗贼，诘奸宄"，或设于州县关津险要之处⑤，或设于市镇发达之区⑥，或设于人口

---

①　王伟凯：《试论明代的巡检司》，《史学月刊》2006 年第 3 期。

②　顾炎武著、黄汝成集释：《日知录集释(外七种)》卷 8《乡亭之职》，627 页，上海，上海古籍出版社，1985。

③　阿拉善档案：宣统三年阿拉善亲王塔旺布里甲拉《为讯究山西保德州民人越界偷挖甘草事致山西包头镇巡政厅》，档号：101-09-0032-091。包头镇巡政厅即是指山西萨拉齐厅包头镇巡检司，嘉庆十四年自昆都仑移设者(《清仁宗实录》卷 212 嘉庆十四年五月壬午，848 页)。

④　盐巡检数量极少，仅有七员而已，山西河东盐池的盐池司、长乐司、圣惠司三巡检司，"专司巡缉私盐，不理民事"，故乾隆二十九年将其考核大计之权交由运司考覈而非州县，并称此是"照两淮盐务巡检之例"(见《清高宗实录》卷 724 乾隆二十九年十二月庚辰，1064 页)，两淮盐务巡检即白塔河、乌沙河。此外长芦盐场张家湾巡检司有无辖区不明，惟一明确有辖区且受州县节制的是广东上川盐巡检。

⑤　《清史稿》卷 116，3359 页，北京，中华书局，1976。

⑥　鄂尔泰：《议州县不必设副官乡官疏》："查得设官分职，专司而外，原有佐理，如州牧县令以下，设有州同、州判、吏目、县丞、主簿、典史等官，而县分大者，则添设县丞为之征比钱粮、审理词讼；乡镇多者则分设巡检为之缉捕匪类、查拿盗贼"，徐栋编：《牧令书》卷 2，《官箴书集成》第七册，65 页，合肥，黄山书社，1997。

繁多之域①。对这些州县紧要之地的弹压,是巡检分防的主要目的,也在一定程度上减少了知县、知州"鞭长莫及"之虞,如福建福鼎县杨家溪巡检,驻扎㧑城,辖该县八都至十五都地方②;盛京奉天府宁远州以凉水河为界,"河以东,州判管辖;河以西,巡检管辖"③。

也有一些分防巡检,并不专管地方而只有某一项具体职责者,如山西永宁州青龙渡巡检,"不管村屯,专司口岸,所管三处:一曰后河底,对岸由绥德州吏目稽查;一曰黑蛇沟,对岸为杨家店;一曰军铺湾,对岸为宋家川,皆由吴堡典史带管"④,可见该巡检虽分驻县城之外,但只是分管黄河渡口、"查收税务"⑤,而无分辖地,故不属于"县辖政区"的一种。又如山东黄县黄山馆巡检,初"仅稽查海口,无地方之责,呼应不灵",乾隆五十一年始将"黄山馆本社及附近之官庄、马亭、小阜庄、北马等五社地方,分拨该巡检管辖"⑥,至此方成为县辖政区。

另有一类是管河之员如管河州同、州判等职,这类官员主要负责河防修筑维护,其辖制机构为河道总督等官,不直属于州县地方,故一般并无地方之责。后因维护河防,需要州县政府协助,而这些官员因无地方之责,往往呼应不灵,故有的地区奏请将上述各员俱加巡检衔,令管地方事,一般官衔为"某某州同(或州判及其他)兼管巡检事",其本职仍是州同等事,之所以加巡检衔,是为与地方方便协调之用,并非是新设一巡检司,如乾隆十五年工部会议,"直隶河员驿丞有兼巡检衔者,俾其呼应灵而公事易集,乃因地制宜之意。今附近永定河各村庄不服河员管辖,必待州县派调约束,每致缓不及事,应请将十八汛内之河员俱令兼

① 冯桂芬《复乡职议》提议"满五千家(地广人稀之县量减)设一巡检",部分反映了清代影响巡检司设置的人口因素,盛康辑:《清朝经世文续编》卷28《吏政十一·吏胥》,沈云龙主编《中国近代史料丛刊》第835册,32页,台北,文海出版社,1966。

② 《清高宗实录》卷170乾隆七年七月丁卯,163~164页。

③ 《清高宗实录》卷348乾隆十四年九月癸丑,803页。

④ 《汾州府上准中丞条议》,《与我周旋集》文集二《西河文集》,清乾隆五十八年清祜堂刻本,收入《四库未收书辑刊》第9辑第23册,137~138页。

⑤ 乾隆三十三年六月二十八日山西巡抚兼管提督苏尔德奏,《宫中档乾隆朝奏折》第31辑,181页。

⑥ 《清高宗实录》卷1248乾隆五十一年二月甲申,775页。

巡检衙，将附近村庄分拨管辖，更于河工要务有益。其南岸之下七工、北岸之上七工两把总所管汛内村庄，统归七工之县丞、主簿管辖，一切事宜俱照兼衙之巡检成例遵行。仍责令该管道厅及各该州县稽查，如有汛员越分干预及藉端滋扰等弊，即行详揭请参"①，该年，永定河"十八汛员俱兼巡检衙，分管附堤十里村庄"②。又如直隶元城县主簿，管漳、卫二河事宜，后奏请移驻小滩镇，令兼管巡检事务，其益处是"既可就近防河，又可弹压地方，洵为一举两得"③。

此外，驿丞一般"例难经管民事"④，但兼管巡检衙者也具有一定的分防辖地，如易州分驻紫荆关之上陈驿驿丞兼巡检职衙，所管为"紫荆之八十六村"⑤。乾隆年间直隶总督那苏图奏请将永平府所辖村庄分隶均匀，"将迁安县沙河堡八十七村庄、卢龙县附近沙河堡等六村庄归七家岭驿丞兼巡检管辖；抚宁县深河堡四十村庄、临榆县小车家七十七村庄归榆关驿丞兼巡检管辖。沿途解犯，亦责令该驿丞收递，并请添建铺房各八间。"⑥山西"襄垣县褫亭驿、武乡县权店驿、辽州南关驿，各止驿马十余匹。各驿距该管州县遥远，印官不能兼顾，遇解犯送饷，均由驿丞照料。第附近山村，民情刁悍，驿员非其管辖，呼应不灵。应请各给巡检兼衙，褫亭驿附近村庄五十三处、权店驿附近村庄二十六处，各拨该驿丞管理。至南关驿离州属村庄窎远，中隔武乡县所管处所，难以分拨。且该驿驻扎即系武乡地方，应将武乡所辖与南关附近村庄三十处，拨该驿丞管理。该驿向隶辽州，今管武乡村庄，所有驿务，统归武乡县知县管理，各驿丞仍照旧管理一切。其查点保甲、缉拿盗逃等件，许解印官审理"⑦，具有了县辖政区性质。事实上，除了驿丞兼巡检衙一般具有辖区之外，其他佐杂职官一旦兼巡检衙，往往也具有一定辖区，并有弹压

---

① 乾隆《永定河志》卷15《奏议六》，《故宫珍本丛刊》第238册，海口，海南出版社，2001。

② 乾隆《永定河志》卷2《职官表》分防汛员。

③ 录副：嘉庆十九年十二月初二日直隶总督那彦成奏，档号：03-1564-008。

④ 《清高宗实录》卷167乾隆七年五月甲戌，114页。

⑤ 《清世宗实录》卷135雍正十一年九月乙酉，735页。

⑥ 《清高宗实录》卷280乾隆十一年十二月乙丑，653页。

⑦ 《清高宗实录》卷514乾隆二十一年六月庚子，493~494页。

地方之责，如河南怀庆府清化镇设有税课司大使，雍正十二年经王士俊奏请加巡检衔，"稽查匪类，以专责成"，加衔之前，"抽收税务，不与民事"，加衔之后，"始令管理地方"①。

和典史、县丞、主簿设于县，州同、州判设于州不同，巡检司可设于厅、州、县等所有县级政区之下，故其数量最多，设置最为广泛。州县下所设巡检，一般都是在州县城以外，极少有例外的情况。但厅的巡检就有所不同，既有与厅城分治者，也有与同知、通判同城的。这类巡检名称一般与厅名相同，如山西归绥道所属诸厅，基本上都有同名巡检分布，如和林格尔厅就有和林格尔巡检司。这一现象明显与《大清会典》中所言的"巡检皆分防地方"相矛盾，其原因在于厅的设置本身就是由府的佐贰官辖地演变而来，最初设置时并不存在与正印官同城的问题。待到同知、通判辖地演变为正式的政区形式"厅"，僚属官也就因循而置了，《大清会典》沿袭了旧有的记载，尽管清代的情况已有所变化。设于厅城的巡检一般都兼有典史衔，这意味着如果该厅并未设置分治的巡检，那么驻于厅城的巡检司其职责将同时具有缉捕和监狱两项重责，而其职能行使将以全厅为范围，故也不属于县辖政区。如乾隆十九年山西布政使多伦在奏请于归化城等处设立巡检司时称："直隶热河、八沟、塔子沟、喀喇河屯等处理事同知、通判驻扎地方俱设有巡检，专司缉捕等事，今归化城所属各协情形实与热河各处相等。奴才愚见，应请于归化城及和林格尔、托克托城、萨拉齐、昆都仑、清水河、善岱七协理通判驻扎之处各设巡检一员，俾其专管监狱，兼司缉捕。如有疏防、盗窃及越狱案件，俱将巡检照典史例参处"②，可见，与同知、通判同城之巡检司其职任类似于州县中的吏目、典史等官。

## (二)分县辖区——县丞

县丞在僚属官中品级仅次于知县，正八品，故在僚属官中地位最高，号称"二衙"或"分县"。《醒世恒言续编》第四十卷《坐怀不乱终友托》中秦凤仪选授广西融县县丞，其友石不磷临行嘱托，"官不论大小，好歹总之

---

① 录副：乾隆二十九年三月十二日河南巡抚阿思哈奏，档号：03-0052-049。
② 录副：乾隆十九年十月初九日山西布政使多伦奏，档号：03-0051-025。

要为国家干一番事。如今二衙不过是水利、清军、管粮三事。若是水利，每年在农工歇时，督率流通堤防，使旱时有得车来，水时有得泄去，使不至饥荒，是为民，也是为国；清军为国家足军伍，也不要扰害无辜；管粮不要纵歇家包纳，科敛小民；不要纵斗斛、踢斛、淋尖，鱼肉纳户，及时起解，为国也要为民"①。这段文字所说主要是指驻于县城，作为僚属官的"县丞"所具有的几项主要职责。

县丞除与知县同城的之外，还有众多分防县丞，这类县丞统辖州县部分区域，如顺天府宛平县县丞驻于庞各庄，"将附近之六十九村并归该县丞稽察，除词讼案件仍不得擅受外，所有盗贼、邪教、娼赌、斗殴等事，均责成该县丞就近查拿，解县审办。如有盗窃案件并将该县丞作为协缉开参，归于南路同知管辖"②；保定府束鹿县县丞原驻县城，无所事事，嘉庆十六年将其移驻小章村，改为分防县丞，"将附近之张古等六十村庄并归该县丞弹压"③；又如山东兰山县，"即将该县丞移驻兰陵集地方，将附近之兰陵、底阁、洪山、罗滕、甘露沟等五保各村庄拨归该县丞管辖。除命盗重案仍饬报本县验勘审详外，其余鼠窃、奸匪、私盐、私宰、赌博、打降及编查保甲，稽查递县等事，即令该县丞就近查缉，分别送县审究。所管地方遇有失察疏防等情，即将该县丞查参，以专责成"④；安徽宣城县，"该县县丞职司巡盐，驻扎县城，距湾址七十里之遥，缉私本不得力，并请将宣城县县丞移驻湾址分防，即以巡检管辖之黄池等镇改归县丞管辖，定为宣城县分防县丞"⑤，自县城移驻乡村之后才分管一定辖区。在广东，县丞辖区也往往被称作"戎属"⑥。今中国第一历史档案馆中还保存有陕甘总督那彦成进奏时所附的"陕西平利县镇坪

①　听风堂主人选编：《醒世恒言续编》，671 页，北京，北京十月文艺出版社，1994。

②　录副：嘉庆二十年五月二十三日兼管顺天府尹刘镮之、顺天府尹费锡章奏，档号：03-1568-037。

③　录副：嘉庆十九年十二月初二日直隶总督那彦成奏，档号：03-1564-008。

④　录副：乾隆六十年六月三十日山东巡抚玉德奏，档号：03-0276-004。

⑤　录副：嘉庆二十二年十二月初五日安徽巡抚康绍镛奏，档号：03-1702-094。

⑥　如光绪《广州府志》卷 9《舆地略一·都堡》三水县："戎属：乡一"，指的是该县西南镇县丞辖地。

分防县丞地舆图"①。

分防县丞大多具有一定辖区，只有具有分管辖区，其权责才好界定并便于管理，但似乎个别分防县丞也不分管地面，如云南昆明县，"云南巡抚郭一裕疏称：昆明县县丞移驻板桥驿，应毋庸分管地方"②，但为例较少。

县丞中兼管河衔者，和管河主簿一样，一般不具有地方之责，如大名府大名县卫河县丞，"驻扎离城五里之旧县地方，管河河务之处，别无事事"，直到移驻龙王庙并兼巡检事后，方统辖附近村庄③。直隶魏县裁撤以后，大名县添设管河县丞管理漳河事宜，但"此缺系管河，并无地方之责，不足以资弹压，将该县丞改为分防，除户婚、田土、词讼一概不准干预外，其盗贼、匪徒、赌博、奸拐、斗殴等事，责成该县丞就近查拿，解县审办，似于地方大有裨益"④，可见管河县丞与分守县丞在是否分辖地方上有本质的区别，管河县丞只有兼巡检衔才能分管地方。

此外，县丞从典章制度而言，是县的属官，州、厅是不设的。然而，清代基层行政实践中，厅似乎也可辖属县丞一职，但比较少见。如河南南阳府淅川厅，道光十二年奏请将南阳县县丞移驻荆子关，归厅管辖⑤。光绪末湖北新设夏口厅，将汉阳县县丞移驻厅属刘家庙，"改为夏口厅分防县丞，由部另颁夏口厅县丞条记，所有通济门外地方，统归该县丞汛地，饬令编查保甲、实力弹压巡稽"⑥。

## （三）主簿辖区

按照驻地不同，主簿可简单分为两类：

① 录副：道光四年四月十四日陕甘总督那彦成等呈奏折附件，档号：03-2503-008。镇坪县丞即道光四年裁洋县袁家庄县丞所改设者，见光绪《续修平利县志》卷3《建置》所附"原奏"。

② 《清高宗实录》卷535乾隆二十二年三月癸丑，746页。

③ 录副：嘉庆十九年十二月初二日直隶总督那彦成奏，档号：03-1564-008。

④ 录副：乾隆五十九年七月初八日直隶总督梁肯堂奏，档号：03-0269-012。

⑤ 录副：道光十二年五月二十八日河南巡抚杨国桢奏，档号：03-2624-018；咸丰《淅川厅志》卷1《公廨》。

⑥ 录副：光绪二十六年十月十九日湖广总督张之洞奏，档号：03-5094-004。

一类是分防主簿。这类主簿其钤记格式一般是"×县分防××地主簿",其辖制衙门是县,如山西省太谷县范村镇,"人稠地广,倍盛于前城,不可无分驻之员,应将高山城巡检裁汰,以之移政于太谷县范村镇,另设主簿一员驻扎该镇,兼管附近村庄,凡有打降、赌博、盗窃、窝娼等事,许其就近拘拿,详县究治。并令该主簿编查保甲,遇有失事疏防,责其承缉,按限查参。其命盗等案及户婚、田土词讼仍归该县审理"①。又如河南内黄县主簿,"令其分驻楚旺镇,除命盗、户婚、田土案件,照例仍归该县审理,不准擅受外,其余漕盐船只、舵水人夫、窃取财物及宿娼、聚赌、酗酒、打降并附近村庄抢窃、私贩等案,均责成该主簿就近稽查缉捕,分别移县究办"②。又如山东省,"历城县中公集移驻之员应令分管一百零四庄,庄多事繁,泰安县安驾庄系通衢大镇,人犯、饷鞘络绎,均属最要之区,恐巡检微员不足以资弹压,应请将该二处俱改设主簿,并定为在外升调之缺",而其所管仍是"凡奸匪、盗赌、打降、窝娼、私宰、私贩、私铸等事,令其查拿,遇饷鞘、人犯到境,就近防护"③。个别主簿也自称分县,如吉林新安镇所设分防主簿,1981年在吉林长岭县出土的一块铸字的铁板上写着"大清光绪二十九年巧月吉立 知新安镇分县事马 兼制"④。

一类是在城主簿。在城主簿一般是知县僚属官,或随时听令知县差遣,或有专项事务,如甘肃省皋兰县主簿,专管黄河浮桥事宜⑤,据称"该主簿本职专管移造浮桥,并抽收木税,再无别项事"⑥,其条记名称即为"皋兰县主簿管理河桥"⑦,这类一般不属于县辖政区的范畴。当然,

① 录副:乾隆四十三年三月六日山西巡抚巴延三奏,档号:03-0053-042。
② 朱批:嘉庆十九年四月二十六日河南巡抚方受畴奏,档号:04-01-03-0005-013。
③ 朱批:乾隆三十七年十月十七日山东巡抚徐绩奏,档号:04-01-13-0049-020。
④ 丁一:《新安镇设置过"分防主簿"》,《长岭文史》第4辑,长岭县政协文史资料委员会编辑,1999。
⑤ 《清高宗实录》卷989乾隆四十年八月丁酉,200页。
⑥ 录副:嘉庆九年五月初七日陕甘总督惠龄奏,档号:03-1464-086。
⑦ 《清高宗实录》卷1008乾隆四十一年五月已卯,542～543页。

在城主簿偶尔也可以辖属近城地带，成为县辖政区，如乾隆二十六年江苏巡抚陈宏谋曾提到，"吴淞江巡检驻扎法华镇，分管八保，地方辽阔，请将该巡检原管近城二十五保，归在城主簿管辖；附近海滨二十三保归本县管塘县丞统辖。"①

主簿中有一类头衔为管河主簿者，既有驻于州县城者，也有驻于县城之外的。一般情况下，该类主簿负责河防，所管乃河道修筑、维护等事，并无地方之责，且属各省河臣而非州县管理，如沛县管河主簿，"查山东伽河所属之沛县河道长四十八里，系江南地境，因其北界鱼台，故设主簿一员，隶于山东总河，凡运河催漕以及修防堤岸，悉遵东省成规，甚为顺便，臣管见所及，请将直隶之清河、故城管河县丞二员改照江南沛县主簿之例，归并山东河臣管辖。"②宛平县主簿，"永定河北岸堤工系宛平县主簿经管，计长四十七里有奇"，主要是管理河道，不辖村庄③。比较典型的例子是开封府祥符县，邻近黄河，"系省会首邑，庶务尤繁，虽向有县丞、主簿，均系专管河务之员，止能在汛修防，不克分理邑务"④。另外还有一类州县所在水利事宜较重之区，所设主簿并不属于河员，仍属州县管理，但令其专司水利事务，也无地方之责，如湖南省岳州府巴陵县，"滨江带湖，水汛绵长，境内陂塘、港汊、水道甚多"，"每逢秋末冬初，印捕官督夫修筑，湖水涨发之后，专员住宿堤所，昼夜抢护，更无暇办理别项公事。今责之典史兼司水利，而典史有管理监狱、巡缉，匪小之任，往往顾此不能顾彼"⑤，因此奏请添设主簿，专司水利。可知该员不属河员之列，兼司水利，并无地方之责。也有一些虽专司水利，仍分辖地方者，山西省阳曲县，"请于该处适中之兰村地方复设主簿一员，专司水利疏蓄事宜，即将附近兰村等二十五村庄拨归该主簿管辖，遇有失事疏防，照例参缉。此外打降、赌博、窝窃、窝娼等事，

---

①　《清高宗实录》卷 650 乾隆二十六年十二月乙丑，278 页。

②　录副：乾隆二十八年一月十二日巡视东漕吏科给事中明善奏，档号：03-1001-005。

③　《清高宗实录》卷 1130 乾隆四十六年五月癸未，111 页。

④　录副：乾隆九年二月二十二日河南巡抚硕色奏，档号：03-0074-029。

⑤　朱批：乾隆四年五月二十六日湖广总督德沛奏，档号：04-01-12-0015-042。

许其就近查拿解县审办，钱粮、词讼仍归该县管理，不得违例擅受"①。

## (四)无分防之名而有分防之实——典史辖区

典史一般都是与知县同城者，极少有分驻县城之外的。即使有特殊缘故而分驻的，日后一般也会迁回县城以符定制。如云南会泽县，典史原分驻者海，嘉庆十六年就令其移回县城②。典史的职责一般专司监狱，虽属知县僚属官，以制度论，应该不时有差委事件，但因监狱责重，故往往委派他员办理，如乾隆二十四年，山东恩县奏请添设四女寺县丞时称："独恩县以冲疲难之缺并无佐贰，止有典史一员，专司监狱，例难差委"③，甘肃皋兰县奏请添设主簿管理河桥时，也称："该县地居省会，政务殷繁，县丞分驻红水，典史职司监狱，在佐杂既不能分理，知县又难以兼顾，应请添设主簿一员管理河务"④。此外，典史往往还兼理一县捕务⑤，这是与监狱之责相关的捕盗职能，侧重于维持社会治安。

然而，正是这些负有州县监狱重责的典史，在清代文献中，往往记载了他们与巡检、主簿等佐杂官分领辖地的状况，尤其是在广东地区，几乎所有驻于县城的典史均具有分辖区，与巡检、主簿、县丞等一样，成为县辖政区的一种(详见本文第四章)。这就改变了我们对于分防区的认识，即并非分驻地方者方有分辖区，驻于县城同样也可能具有分辖区。典史分辖的局面，可能并非每县都如此，尤其是对那些仅有一知县、一典史配备的县份，典史职能所行使的范围以县为单元，本质上应被视作知县的僚属官。但在全国多个省份，这类典史分辖县域一部分的情况屡见记载：

江西德化县，乾隆二年，"吏部议准。原任江西巡抚俞兆岳疏称：德化县城子镇巡检，原管辖之城子镇并赤松、南昌二乡，归德化县典史巡

---

① 朱批：道光八年十月十四日山西巡抚卢坤奏，档号：04-01-01-0696-024。

② 录副：嘉庆十六年正月二十六日云贵总督伯麟、云南巡抚孙玉庭奏，档号：03-1466-004。

③ 录副：乾隆二十四年九月二十日山东巡抚阿尔泰奏，档号：03-0994-109。

④ 录副：乾隆四十年六月十日陕甘总督勒尔谨奏，档号：03-0146-010。

⑤ 录副：乾隆二年二月直隶总督李卫奏，档号：03-0056-005。

查。其城子镇巡检改德化县大姑塘巡检，兼管附近之仁贵乡。从之。"①

福建霞浦县，乾隆七年"吏部议准。原署闽浙总督策楞疏称福鼎县潋城地方，原属霞浦县管辖。迨乾隆四年添设县治，始归福鼎县管理。所有杨家溪巡检现驻潋城地方，应归福鼎县管辖，将福鼎之八都至十五都，责令该巡检弹压稽查。其原辖之六、七两都，地属霞浦，应归于霞浦县典史巡查。并请将杨家溪衔名，改为潋城司，铸给印信。从之。"②此年霞浦县另有杯溪巡检司，故文中"霞浦县典史巡查"的范围绝非霞浦全县，而是专指典史辖区。又浦城县，设附城县丞、典史各一员，巡检司三：庙湾、溪源、高泉，近城之登云等里归县丞管辖，西北隅及近城之右平等里归典史管辖，北乡长乐等里归庙湾巡检管辖，南乡人和等里归溪源巡检管辖，其东乡之高泉等里并西乡之上相等里归高泉巡检管辖，"各就分辖地段，稽查巡缉"③。

广西苍梧县，乾隆八年"苍梧县罗粒司巡检仅辖须罗、平乐二乡。须罗乡事务，可归毗连之长行乡管理。平乐乡与该县典史所辖之吉阳、平政相连，其事务可归该县典史管理。罗粒司巡检亦属可裁。"④

甘肃高台县，乾隆九年，"户部议覆。甘肃巡抚黄廷桂疏称：高台县三清湾屯田地亩，碱重砂多，收成歉薄。每岁官役俸工养廉、渠长工食并渠道岁修等项，所收不敷所用，请改归民种升科。其原设之主簿并额设屯长渠长口食、岁修银两，一并裁汰。又柔远、平川二屯，应改归高台县典史管理。"⑤因高台县尚有毛目县丞一员，故高台县典史所辖必非全县之境，其性质仍属于县辖政区。

湖北蕲水县，乾隆十一年，"湖北巡抚开泰疏称：蕲水县地方辽阔，有上、下、南、北、永福五乡，周三百余里，向由典史稽查巡缉，不免顾此失彼。查有巴河、兰溪巡检二员，堪以就近分管。应将附近巴河之

---

① 《清高宗实录》卷 39 乾隆二年三月癸丑，702 页。

② 《清高宗实录》卷 170 乾隆七年七月丁卯，163～164 页。

③ 台北故宫博物院藏录副奏折：同治二年七月一日福建巡抚徐宗干奏，http://catalog. digitalarchives. tw/dacs5/System/Exhibition/Detail. jsp？OID = 389656(2011/02/09)。

④ 《清高宗实录》卷 183 乾隆八年正月癸未，364 页。

⑤ 《清高宗实录》卷 212 乾隆九年三月己丑，727 页。

北乡归巴河巡检专汛，附近兰溪之永福乡归兰溪巡检专汛，其上、下、南三乡，仍令典史照旧管理。从之。"①如果说乾隆十一年前，蕲水县典史可称作县僚属官，那么此年与巡检分区而治之后，具有了县辖政区的性质。又如湖北黄梅县，"县属三十六镇，典史分管三十镇，清江巡检分管五镇，新开口巡检止管一镇，繁简悬殊。且典史所管汛地，有远至一百余里者，巡缉难周，请将典史分巡三十镇内，与新开镇附近之蔡山、塅塘、太白三镇，改拨新开口镇巡检管辖"②。

湖南，乾隆四十年，署理湖广总督陈辉祖等曾奏请将驿丞改为巡检，将附近地方分拨管辖，另外"吏目、典史其分管地方，饬令各州县划定疆界，另行造册咨部"③。可见，湖南地区典史、吏目划分辖区是官方有目的推行的一次行动，其分管区是普遍存在的。

直隶天津县，乾隆二十九年，"吏部议准。直隶总督方观承奏称：天津县西沽叠道，经理须员，就近请归北仓大使管理。其拨夫修垫等事，必得兼衔弹压。查西沽旧有巡检，原管七十六村庄，嗣裁归典史。应令北仓大使兼西沽巡检，其印信即照兼衔铸给。裁仓夫四名，改设弓兵，添设攒典一名。典史所管村庄，酌拨管辖。"④

江苏东台县，乾隆三十九年设富安场巡检，与典史分地巡查，将民地、灶地划分界址，"南属巡检，北归典史，各就所辖之地随时巡缉。遇有疏防处分，各照地界开参"⑤。

台湾彰化县，光绪十八年将县丞由南投移驻鹿港，"缉捕界址应即以鹿港沿海一带之马芩、二林、深耕、线西四保归该县丞分防，余境仍由彰化县典史专管，其南北投二保与鹿港界不毗连，应统归台湾县典史管辖，以专责成"⑥。

---

① 《清高宗实录》卷 269 乾隆十一年六月壬午，492～493 页。

② 《清高宗实录》卷 278 乾隆十一年十一月丁酉，633 页。

③ 朱批：乾隆四十年十月二十四日署理湖广总督陈辉祖，护理湖南巡抚敦福奏，档号：04-01-01-0333-002。

④ 《清高宗实录》卷 709 乾隆二十九年四月丁未，922～923 页。

⑤ 乾隆三十九年七月十三日两江总督高晋奏，《宫中档乾隆朝奏折》第 36 辑，78 页；《清高宗实录》卷 967 乾隆三十九年九月戊辰，1149 页。

⑥ 录副：光绪十八年八月初六日台湾巡抚邵友濂奏，档号：03-5093-041。

浙江山阴县，光绪三十一年奏请于山阴、萧山交界之临浦镇设县丞，将山阴四十都之一、二、三图，四十一都之一、二图，四十二都之一、二、三图，四十三都之一、二、三、四图，共计四都十二图，统归县丞分防，以萧山十七都之一、二、三图，共计一都三图，划归县丞兼辖。设此县丞之前，"凡分防地方原有山阴典史、萧山渔浦巡检"①，可见原山阴典史亦有分缉辖区。

广东大埔县，"白猴、同仁、岩上三甲向系典史分管，固该典史有监狱之责，不免常同赴乡，恐有贻误，应请将该县属之大产司巡检移驻适中之白猴地方，即将白猴、同仁、岩上三甲等处拨归该巡总管理，庶足以各专职守。"②巡检分辖之前，该三甲是归典史分管。

可以看出，典史分管若干辖区在多个省区都曾出现，并非是施行于某一地域的个别案例。乾隆二十年，吏部曾议奏，"各省开参疏防，多未画一，请嗣后失事地方，系吏目、典史管辖，将吏目、典史查参；如系巡检管辖，止将巡检查参。从之"③。可见，典史、吏目等典狱官巡查地方专责是具有一定普遍性的。

典史辖区有专门名称，广东地区称为"捕属"。而在江南等地，又被称作"四境"④，其缘由是"典史俗称四衙，故其所辖地称四境"⑤。

## (五)吏目辖区

吏目与典史类似，都是管理监狱之官，只不过典史设在县下，而吏目属州。"各省遇有州缺，设立吏目一官，所以专司监狱捕务，与各省县缺设立典史无异"⑥。吏目一般均在州城居住，每州均设有一员，部分有一定辖区。如广西太平府思明土州，康熙六十年改土归流，该地直属太

① 录副：光绪三十一年三月初九日浙江巡抚聂缉椝奏，档号：03-5440-031。
② 录副：嘉庆二十四年四月十一日两广总督阮元、广东巡抚李鸿宾奏，档号：03-1467-029。
③ 《清高宗实录》卷497乾隆二十年九月壬辰，248页。
④ 民国《续修江都县志》卷1《地理考第一》。
⑤ 《甘棠小志》卷1《记建置第一》。
⑥ 朱批：嘉庆八年闰二月二十二日直隶总督颜检奏，档号：04-01-02-0005-010。

平府管辖，原设之吏目仍予保留，其管辖的即是原思明土州，"专司捕务"①。湖北随州，"总随之境，为百里者六，幅员辽阔，号称难治，故多设巡检司以资分辖，明初有唐县镇、梅坵二巡检司，正统中增置出山、合河二司。国朝乾隆三十九年，又增置州同一员分驻祝林总，而移出山司于高城为高城司。嘉庆初裁唐县镇巡检改设州判，与吏目所辖地方，共为六总"，其中吏目所辖为"安居店、淅河店、洛阳店"等处②；湖北兴国州共设两巡检、一吏目，吏目原系管辖全州捕务，乾隆二十四年时建立巡检、吏目分辖体制，除拨予富池、黄颡口巡检管辖区以外，其"丰叶、伏近、长庆、永伏、修善、上阳、辛慈口、吉口、宣教、辛兴、下阳、辛从庆、修净、下双迁、上双迁仍令吏目稽查"③；山西永宁州吏目、巡检共三员，乾隆三十三年奏请该州所属村庄"分定疆界、各为巡缉，以专责成"④。乾隆十八年，"又覆准：凡遇报到人命，印官公出，同城并无佐贰，而地方广袤，相距邻封遥远，按系吏目、典史分辖地方，即饬该吏目、典史验立伤单，申报印官覆验"⑤。可见吏目与典史一样，部分是"分辖地方"者。

极个别吏目是分驻县城之外的。如四川天全土司，雍正七年改土归流，改设天全州，设置吏目一员，驻扎碉门⑥。这是因为碉门系雅州府天全州通"番地"三路之一，"碉门要害，尤为巨防也"⑦。

也有少属吏目是管理河防的，并无地方之责。如霸州清河吏目，属清河道管辖⑧，经管永定河"北岸六工"，原管"堤长三十里"，后改为十

---

① 《清圣祖实录》卷292康熙六十年五月乙亥，842页。

② 乾隆《随州志》卷1《疆域》。同治《随州志》卷3《疆域》中随州吏目所辖同于乾隆《随州志》所载。

③ 《清高宗实录》卷584乾隆二十四年四月辛酉，480页。

④ 乾隆三十三年六月二十八日山西巡抚兼管提督苏尔德奏，《宫中档乾隆朝奏折》第31辑，181页。

⑤ 乾隆《大清会典则例》卷124《刑部》。

⑥ 《清世宗实录》卷80雍正七年四月辛巳，48页。

⑦ 顾祖禹著、施和金点校：《读史方舆纪要》卷72四川雅州府，3385页，北京，中华书局，2005。

⑧ 《清世宗实录》卷49雍正四年十月戊寅，746页。

八里①。乾隆年间，直隶永定河吏目也曾兼巡检衔，分管附近村庄，"南北岸同知分管堤工：南岸长一百五十四里，北岸长一百五十五里四分。两岸原各辖九汛，乾隆十六年改移下口，裁去下三汛。南岸同知辖州判、县丞六员，北岸同知辖主簿、吏目六员，乾隆十五年奏准沿河各汛均兼巡检衔，分辖附近十里村庄"②，至此，永定河附近吏目也成为县辖政区之一种。至嘉庆八年，因吏目司职监狱，管理河务与典例不符，霸州、沧州吏目等均改为巡检，"专司河务，不得干预地方事"③，则不再属于县辖政区。

综合以上各类情况，吏目分辖区主要职司是捕盗等警政职能，这也是由其本职典狱、捕务衍生而来的。

### (六)州同、州判辖区

州同、州判属于知州的佐贰官，其分辖地往往被称作"分州"，与县丞、主簿类似，既有驻于州城，也有分防地方的。驻于州城的往往肩负典狱之责，且分管全州捕盗事宜。雍正三年曾令将州属各县盗案，有州同者归州同兼理，无州同者归于州判兼理④。直隶州州判往往还兼理属县若干事务，如湖南靖州州判，乾隆五年"令兼管城步、绥宁二县瑶务"⑤。

分防地方者一般均具有一定的管辖区域。"州同、州判乃系佐贰，听候差委之员，其与知州同城者原毋庸给予关防"，其意为州同、州判并无一定职任，故无需关防。而分防地方者有固定管辖区域，必须给予关防，方于政事有益而便责成。乾隆二十六年广西巡抚熊学鹏在奏请给予河池州分防州同关防时称："河池州州同分防三旺，瑶壮杂处，该员办理地方

---

① 乾隆《永定河志》卷 6《工程考》。

② 乾隆三十八年《永定河事宜碑》，乾隆《永定河志》卷 19《附录·碑记》

③ 朱批：嘉庆八年闰二月二十二日直隶总督颜检奏，档号：04-01-02-0005-010。

④ 《清世宗实录》卷 27 雍正二年十二月壬午，416 页。

⑤ 《清高宗实录》卷 114 乾隆五年四月癸酉，670 页。

一切事宜，职任甚重"①，州同不仅具有管辖区域，且"办理地方一切事宜"。乾隆元年奉天府长宁县裁入永吉州，"但距永吉六百余里，归州管理，该州势难兼顾，不无鞭长不及，似应就长宁县所有衙署改设州同一员，抚绥管束，一切征收、审验等事俾之就近办理，仍属永吉州兼辖，庶为妥协"②。乾隆五十年，江西宁州州同移驻渣津，"稽查弹压，实有裨益。除一切命盗、奸拐重案以及户婚、田土等项仍由该知州准理外，凡系匪类、宵小、打降、赌博、私宰等事，责令就近查拿审讯，移州究拟归结"③。清东陵在遵化州马兰峪一带，事关皇室风水，乾隆四十七年将分防之石门镇州同除原管二十八村外，再拨给二十里以内五十一村归其专辖，"遇徭役、命盗等事，仍归遵化州办理"④。州判与州同情况类似，如甘肃秦州，乾隆二十二年移州判驻三岔镇，"附近各堡钱粮，即归该州判征收，仍照旧兼理捕务"⑤。乾隆二十六年直隶延庆州州判"本任无专管事务，请移驻居庸关，改为延庆州分防州判，兼管驿务。卫备衙署作为州判衙署，地丁钱粮令新设之延庆州州判就近代征。"⑥州判设立以后，所管辖地有时被称作"汛地"，如光绪三十四年直隶赤峰直隶州请于乌丹城设立州判，"汛地如何划分、权限如何订定以及廉俸役食津贴银数，一切未尽事宜均俟命下之日分别酌拟奏明"⑦。

当然，州判、州同与县丞、主簿差别之处在于州判、州同中既有属于散州者，又有属于直隶州者。属于散州者，且分防散州下若干区域的，自然属于县辖政区的一种。但属于直隶州的州同、州判，其本身除了管理本州若干事务以外，还要兼管属县，因此，其中既有管辖区域局限于

① 朱批：乾隆二十六年十二月初八日广西巡抚熊学鹏奏，档号：04-01-12-0110-058。

② 朱批：乾隆二年四月初十日奉天府府尹宋筠奏，档号：04-01-01-0013-015。

③ 朱批：乾隆五十年八月二十四日暂署江西巡抚舒常奏，档号：04-01-01-0411-006。

④ 《清高宗实录》卷1151乾隆四十七年二月戊子，426页。

⑤ 《清高宗实录》卷550乾隆二十二年十一月辛丑，1026页。

⑥ 《清高宗实录》卷653乾隆二十六年四月壬辰，94页。

⑦ 朱批：光绪三十四年十二月初三日热河都统廷杰奏，档号：04-01-12-0669-110。

本州直辖部分以内的县辖政区，也有兼管属县的非县辖政区。如山西解州直隶州州判本驻解州治，"并无专办事件，且解州系直隶州，其州判例辖属县，若将该州判移驻运城，凡遇山水暴涨渠堰各工有冲刷危险，应行抢修之处，解州及夏、安二邑皆其所辖，即可就近传唤乡保购料雇夫，加紧抢修"①，可见，移驻运城以后的解州直隶州州判其所管仍为解州本州及夏、安邑两县，不属县辖政区。如果直隶州同时设有吏目和州判，也可能在地域上有一定分工，如江西宁都直隶州，吏目专管本州捕务，而州判则分管两个属县瑞金、石城的捕务②，当然也都不属县辖政区。

(七)厅知事、司狱、照磨

无论直隶厅还是散厅，都各有本管区域，故从地域角度而言，其亲辖地仍应算作县级政区的一种。厅的僚属官主要有知事、司狱和照磨等。因为厅的设置本身就是一种资源节约机制，较为灵活，职官配备往往仅有同知、通判一员另加驻于厅城的僚属官一员，或是司狱、知事、照磨，或者即设巡检一员，兼司狱事，其所管范围仍是以整个县级政区为单位的，故往往并不属于县辖政区的一种，如广东佛冈直隶厅，仅设同知、司狱二官③，但在《广东舆地图说》中记载："司狱属大乡十九：九围堡、黄田堡、天降坪堡、田心堡、黄华堡、渭江堡、小坑堡、龙蟠堡、龙潭堡、龙溪堡、观音堡、观音乡、虎山乡、高台乡、独石乡、白石乡、西田堡、神迳堡、迳头堡"④，似乎该司狱有单独管辖区，而同知分管另外地域。然而细查《佛冈直隶军民厅志》记载，该厅以观音山为镇山，山之阳为吉河乡，统十三堡：渭江堡、九围堡、田心堡、黄田堡、天降坪堡、黄华堡、小坑堡、龙蟠堡、龙潭堡、龙溪堡、神迳堡、西田堡、观音堡，山之阴有六乡：观音乡、独石乡、白石乡、迳头乡、虎山乡、高台乡⑤。

---

① 录副：乾隆二十七年九月二十九日山西巡抚明德、河东盐政萨哈岱奏，档号：03-0107-005。

② 录副：乾隆十九年三月十六日江西巡抚范时绶奏，档号：03-0088-081。

③ 道光《佛冈直隶军民厅志》卷2《秩官志》。

④ 光绪《广东舆地图说》卷1佛冈直隶厅部分。

⑤ 道光《佛冈直隶军民厅志》卷1《建置志·乡里》。

两相比较，除了一为迳头乡、一为迳头堡外，其他完全一致，可见《广东舆地图说》中的"司狱属大乡十九"，其实正是佛冈厅的管辖范围，故此司狱辖地并非县辖政区的一种。但需要注意的是除了司狱以外，还设有其他僚属官如巡检司的厅，也有可能司狱与巡检司分地而治，这方面的例子较少，广东连山直隶厅有一个难得的直观的事例，该厅除司狱外，还设巡检司一员驻宜善，司狱所属有：沙坊半乡、上吉乡、沙田乡、和睦乡、大富乡、茅铺乡、禾峒乡、上草乡，而宜善巡检司所辖大乡有：省峒、高乡峒、七星峒、治坪峒、石田峒、枫峒、宿塘峒、凉峒、上帅峒①。该司狱辖地即具有了县辖政区的性质。

厅知事中有些分防者具有一定辖区，如光绪二十八年吉林添置绥芬厅分防穆棱河知事②，宣统元年又以其地升改为穆棱县③。此外还有湖南凤凰直隶厅知事驻得胜营、云南永北直隶厅知事驻金沙等。云南永北直隶厅初为永北府，有知府亲辖之地，乾隆二十八年因金沙地方"距城一百五十里，实为南北往来之孔道，兼系渡口要津，民俗刁悍，奸狯错处，每多滋事"，故奏请将知事移驻，"并附近各村命盗重案仍归该府审结外，其户婚、田土、斗殴等细务，应即令就近审理，详府完结"④，永北府改为直隶厅后，该知事仍隶新设同知。

厅照磨中分驻在厅城外的极少。吉林长春厅曾于光绪八年添置农安分防照磨，这一照磨辖地后于光绪十五年置为农安县，属新升之长春府，该照磨随即移驻府辖之朱家城地方⑤。至少在光绪八年至十五年间，农安照磨属长春厅，有一定辖区，属于县辖政区的一种。

---

① 光绪《广东舆地图说》卷 11 连山直隶厅。

② 《光绪朝朱批奏折》第一辑《官制》光绪二十八年八月二十九日吉林将军长顺奏，365 页。

③ 录副：宣统元年闰二月十二日东三省总督徐世昌、署理吉林巡抚陈昭常奏，档号：03-7472-006。

④ 乾隆二十八年九月初六日云贵总督吴达善奏，《宫中档乾隆朝奏折》第十九辑，15 页。

⑤ 光绪《吉林通志》卷 12《沿革志下》长春府条。

# 第二章　清代县辖政区的设置、变革及其空间分布

## 一、宋元明时期县辖政区的萌芽

宋元时代，各知县的僚属官如果按照驻地的不同可分为两类：一类是基本上与正印官同城的主簿、县丞、典史、县尉等官，一类是分防在外的巡检司。这两类僚属官在地方治理上到底存在怎样的空间关系，其管辖半径是以全县整个空间为范围还是仅仅辖属县境以内的部分区域，正是区分其仅仅是僚属官还是可以作为分辖官的关键所在。这里无法用每一个县以下的职官设置及其职权行使范围来验证，只能就制度规定和部分典型案例来做一说明，以显示制度上的设计及整体的职责状态。

巡检司在宋代的情况比较复杂，既有跨府州的巡检，又有设于县以下的巡检，前者地位尊崇，类似于跨府州的机构，不是本书关注的对象。而后者正是在宋元时代得到发展并在明清时期奠定了巡检司在整个行政体系中的位置。本书关注的正是这类属于县级政区管理，驻扎于县之下的巡检司。

余蔚已找到很精确地描述巡检、县尉分划地界的事例。南宋嘉泰元年置婺州东阳县尉，规定"东阳一十四乡，合分为两扇，两尉共管九乡，巡检管五乡"，存在县尉与巡检分界管理的现象。宋神宗元丰四年曾规定县尉、巡检分地而治，"诸县尉惟主捕县城及草市内贼盗，乡村地分并责巡检管勾，其余职事皆仍旧"①。《庆元条法事类》中记载："诸乡村巡检、

---

① 余蔚：《宋代地方行政制度研究》，41页，复旦大学2004届博士论文。

县尉每月遍诣巡捕[地界阔远处所，巡尉更互分巡]，于要会处置粉壁，州给印历，付保正、副掌之，巡尉所至，就粉壁及印历，亲书到彼月日、职位、姓名，书字仍与本身历对行抄转[本身历候巡遍赍赴州印押，州限当日给还]主管官逐季点检。"可见，巡检、县尉各自有分地巡查的区域，但巡检、县尉恐怕主要还是负责辖区内的治安，于治安以外的并无太多涉及，仍见于《庆元条法事类》的记载，"诸巡检不得辄勾保户及以捕巡为名迎送，即因巡捕，不得以家属自随及带兵甲入州城或馆驿市肆要会处"①，并不统辖地方。

值得注意的是尽管制度上主簿、县丞应与知县同城，但在宋代时，出现了个别分驻在县城之外的例子。余蔚曾注意到淳熙中福清县海口镇由"主簿监盐仓兼镇务"，嘉定八年兴元府"复汉阴县丞一缺，治于激口镇，使之催理税赋，受接民讼"，同时也有县尉派驻镇上的案例，如鄂州蒲圻县新店市镇、绍兴府诸暨县枫桥镇、兴国军永兴县通山镇等，均曾派驻县尉管理。这些县以下的行政派出机构既具有一定的辖地，又有地方管理之责，出现了与清代"县辖政区"极为类似的现象，可被视作萌芽状态。只是这种分驻县级佐贰官到县以下的情况还不普遍，是"非常态"的行政安排，其例甚少。

元代巡检司因宋金遗制，分布甚广。依地域与职司分三类：第一类是州县以下负责捕盗治安的，大多数设在乡、镇、寨或"墟市"，个别还设"盐榷之司"所在地；第二类是少数民族居住的边远洞蛮，时与"蛮夷长官"并设，带有一定的镇抚和羁縻性质；第三类是沿江沿海所设，主要适用于沿江沿海及岛屿的巡逻管辖，三类总数约 130 个②。元代巡检一个突出的特点是元政府为缓解学官升转的困难，将儒士出身的学官选注为以捕盗为主要职责的巡检官，不少儒生为了摆脱升迁的泥潭，自愿弃文从武，一些人还在巡检任上取得了明显的政绩，成为中国制度史发展中一个很有意思的插曲③。其职能据《元典章》记载，县尉、巡检均是专

---

① 以上见谢深甫：《庆元条法事类》卷 7《职制门四·巡警》，77 页，北京，中国书店，1990。

② 前揭李治安：《元代巡检司考述》。

③ 申万里：《元代学官选注巡检考》，《中央民族大学学报》2005 年第 5 期。

一的巡捕官①，又严禁巡检接受民词②。据李治安的研究，元代巡检司一般"不与管民官一同画字勾当"，不过问州县庶政，专一捕盗，在"遐荒之地，县长贰久缺"的场合下，巡检或可以暂时"摄县事"。巡检司捕获盗贼和受理凶杀案件预审完毕，须即时牒申县衙，听候县官继续鞫问，县长贰究竟如何处理，巡检司往往难以干涉③。

明代是巡检司发展的高峰。洪武初年，为稳固地方统治，明太祖在全国各地大量增置巡检司。洪武中期以后，随着政权的稳固，对非要地的巡检司进行了大量裁撤，其中洪武十三年十月一次就裁撤 354 个④，足可见洪武初年巡检司数量之多。万历时仍存巡检司 1252 处，其数量为明代国家行政机构之最。

明代的巡检司是有辖地的，但其性质值得在研读文献的基础上重新讨论。明代巡检司设置数量之多，大概是无异议的，其源于朱元璋对巡检司的重视。洪武二十六年定立章程，"凡天下要冲去处立巡检司，专一盘诘往来奸细及贩卖私盐犯人、逃军、逃囚、无引、面生可疑之人，须要常加提督。或遇所司呈禀设置巡检司，差人踏勘，果系紧关地面，奏闻准设，行移工部盖造衙门，吏部铨官，礼部铸印，行移有司。照例于丁粮相应人户内金点弓兵应役"⑤。王伟凯在考察了明代巡检司的职能后，认为"与其他朝代不同，明代巡检司仅与里甲、老人相互配合，并不代辖村庄……作为明王朝实施基层社会控制的手段，里甲和老人的职责是对有固定住所的固定人口进行有效管理，而巡检司除了监视，盘查固定人口外，主要职责是对流动人口进行全面防控"⑥。结合洪武二十六年的巡检司章程，其职能的确更多地体现在"流动人口"的监视和管控上。

---

① 《元典章》刑部卷十三，典章五十一《县尉巡检巡捕》，陈高华等点校，第 3 册，1701~1702 页，中华书局、天津古籍出版社联合出版，2011。

② 《元典章》刑部卷十五，典章五十三《巡检不得接受民词》，陈高华等点校，第 3 册，1750 页。

③ 李治安：《元代行省制度》，776 页，北京，中华书局，2011。

④ 朱国桢：《皇明史概》卷 4 洪武十三年十月戊午，219 页，台北，文海出版社，1984。

⑤ 万历《大明会典》卷 139《兵部二十二》。

⑥ 王伟凯：《试论明代的巡检司》，《史学月刊》2006 年第 3 期。

王伟凯的这一判断相当重要,可惜在以往的研究中并未得到足够的重视。洪武二十六年后,关于巡检司的制度变革也不断地证明了这一点。据《大明会典》:

> 凡各处巡检司纵容境内隐藏逃军,一岁中被人盘获十名以上者,提问如律;
>
> 凡运粮、马快、商贾等船经由津渡,巡检司照验文引,若豪势之人不服盘诘,听所司拿送巡河御史郎中处究治;
>
> 凡各处巡检司弓兵并老人里甲人等获解内外卫所逃军及囚徒无引人并贩卖私盐犯人等项,到部审问明白①。

再如明代吕坤曾说,"而今作巡检的,弓兵不问壮衰,器械不求坚利,武艺全不操演,囚盗全不缉拿,却又索弓兵常例,甚者一半折乾。扰害居民,刁难过客……是增一巡检,添一伙强贼。一豪无益于地方,万分有害于黎庶。"②嘉靖《建宁县志》曾记载巡检司陋规的来源,"又照别处巡司衙门抽税私盐、牛货,盘诘往来客商,小有税钱,其官卑禄薄,在所不免。"③均显示了巡检司对"流动人口"的管控。

巡检司虽主要是对"流动人口"进行监管,但出于考成的需要,特别是有的县巡检司数量较多,必须划地巡查,由此形成了巡检司的管辖区域问题。在明代文献中,记载巡检司具体分辖区域的案例较多,有的称其为"信地",如嘉定县;"国初有四巡检司,曰顾迳、江湾、吴塘、刘家港。自刘家港割隶太仓,邑止三司。万历初复裁吴塘司,而以各守信地分属二司。初制司设弓兵百人,后以渐汰至六十人,今每司止二十四名。"其下分列两巡检司的"信地"范围:

> 江湾巡检司信地　　南翔、江湾、大场、真如、安亭、黄渡、纪王、殷行、栅桥

---

① 万历《大明会典》卷139《兵部二十二》。

② 吕坤:《吕坤全集·实政录》,王国轩、王秀梅整理,909页,北京,中华书局,2008。

③ 嘉靖《建宁县志》之《建置志第二》。

顾泾巡检司信地　　罗店、娄塘、月浦、杨行、广福、外冈、葛隆、新泾、徐行、青浦①

又如正德《姑苏志》记载墩台二百三十四，各隶于巡检司之下②。但巡检司恐怕主要还是以军事职能为主而与民事无太大关系，即使有，也非制度上的普遍规定。乾隆《长洲县志》就谈到了明清巡检司之间的不同，"巡检始宋代，即古游徼。明初重之，实兼武事。本朝裁损弓兵，已与武备无关"③。对于巡检司试图巡视地方的行为也早有限定，如江西兴国县，"非大警报，巡检不许巡堡"④。值得注意的是明代为了专门管理地方治安事宜，设置了专门的捕盗官，一般是主簿、县丞、典史这样的官员充任，但后期逐渐过渡到以典史为主⑤。这些捕盗官统辖其下的巡检司，共同负责捕务。

有个别地区志书记载了佐杂官与地方基层组织之间的辖区划分似乎存在统辖关系，目前已知的如：南海县，据万历《南海县志》，南海县下共设有六名巡检司，将全县分割完毕(详参本书第四章)；吴江县，据弘治《吴江县志》卷四记载，吴江县共设有八名巡检司，其下各辖若干都，将全县二十九都分割完毕(详见本书第六章)等。似乎明代末期，佐杂官开始具有了民事意义上的辖区，只是还仅仅是一些极个别的案例。

## 二、清代县辖政区的设置与变革

### (一)顺治、康熙年间裁撤冗员

明清鼎革之际，清始入主中原，夹满洲习俗并渐次采纳明代制度，成满汉杂糅之新体制，此单就中央机构杂用满员、汉员而言，于地方行政制度，则多仍因明代而未有大的调整。此际虽值戎马倥偬，然制度之

---

① 万历《嘉定县志》卷15《兵防》。
② 正德《姑苏志》卷25《兵防》。
③ 乾隆《长洲县志》卷8《职官》。
④ 同治《兴国县志》卷33《艺文》。
⑤ 如光绪《平湖县志》卷10《职官》所记"主簿……明初掌巡捕事，故民壮归巡捕衙统率，至万历间改归典史"。

推行均有条不紊。对于州县行政体制而言，有鉴于明代州县官员冗繁，顺治三年，谕令"精兵简政"，以省开支、以纾民困：

> 谕吏部。朝廷设官治民，而冗员反致病民。各府设推官一员，其挂衔别驻推官尽行裁革。大县设知县、县丞、典史各一员。小县设知县、典史各一员。一切主簿，尽行裁革。原管职事，大县归并县丞，小县归并典史。其裁过推官、主簿，赴部改选。至各府同知、通判各冗员可裁者，通察具奏①。

细揣奏令，其中涉及州县等基层政权的机构设置。依此，每县均设知县、典史二员，县丞则依据县份行政事务繁简程度设立，主簿一职则尽行裁撤，每县仅有两至三人的正式行政人员，可谓极其精简。但这项看似"整齐划一"的制度安排并未得到有效遵循，如主簿一职，原定尽行裁撤，但就在顺治八年，规定县丞、主簿、典史、驿丞等官，由吏部酌量选授②。可见，该谕令尽裁主簿，只以二三正式行政人员担负整县行政事务，略显操之过急，后不得不加以纠正。

这一时期裁减冗员的尝试并非出于有前瞻性的制度考虑，而是其时财政收支状况使然。清初入关以后，政权尚不稳固。赋税全额征收本已困难，加之各地灾荒频仍，不免有蠲免田赋、以揽人心的政治行为，再加之连年统一战争，军费支出庞大，财政困难一直是困扰清政府的中心问题之一。以顺治十一年为例，其时每年财政节余仅有二百六十万四千六百两，但还要考虑到原额地丁中尚有临时水旱灾害蠲免及小民拖欠数目，难以全额征收。而支出方面，除必要的行政费用及军费支出外，还有非预算支出之项，如每遇出征，需用银米及采买物料、饲养马匹、草豆、赏赍等项③，因此，"入不敷出"是清初财政的基本格局。

清政府考虑裁减的冗员主要是非紧要州县的佐杂官。明代州县体制设计中，州县衙门的佐杂官员为数不少，且除了巡检司以外，其余各员均与知县同城而治，甚或同署办公，大多只有一些临时性的行政安排而

---

① 《清世祖实录》卷 25 顺治三年四月辛丑，216 页。
② 《清世祖实录》卷 55 顺治八年三月壬辰，438 页。
③ 《清世祖实录》卷 84 顺治十一年六月癸未，666 页。

缺少专责。清初顺康年间陆续裁撤了大量佐杂官员，最多的一次是康熙三十九年，一次性裁撤冗官 336 员，其中多数属州县佐杂官①。这一时期，对佐杂职官的合并成为新的趋势，康熙二十五年改广西山角、山枣驿丞为巡检②，使驿站、治安事务合于一身，或以驿丞兼巡检，或以巡检兼驿丞，至雍正、乾隆时，成为裁汰佐杂冗员的重要手段之一。

表 2-1　清初财政收支状况

| 数额类别 | 名目 | 数额（两） | 比例 |
|---|---|---|---|
| 收入 | 原额地丁银 | 31 645 668 | 92.1% |
| | 盐课关税 | 2 720 400 | 7.9% |
| 支出 | 荒亡蠲免 | 6 394 000 | 18.6% |
| | 地方存留 | 8 371 696 | 24.4% |
| | 起解各部寺 | 2 076 086 | 6.0% |
| | 各省镇兵饷银 | 11 518 400 | 33.5% |
| | 陕西、广东、湖广等处兵饷 | 1 800 000 | 5.2% |
| | 王公、文武满汉官兵俸饷 | 1 901 100 | 5.5% |
| | 工食 | 299 800 | 0.9% |
| 剩银 | | 2 604 600 | 7.6% |

资料来源：《清世祖实录》卷 84 顺治十一年六月癸未，666 页。

这一时期，困扰佐杂官员有效行使行政职能的问题还有俸禄。佐杂官员俸禄低微，以致难顾身家性命，更遑论积极工作。康熙帝就曾谈到："直隶各省州县官或革职、或被参解任、或身故者，妻子尚能回籍。其县丞、主簿、典史、驿丞等微员，革职、解任、身故者，无力回籍。羁留异乡，不免冻馁，甚至有全家死亡者。即使犯罪至死，亦与妻子无涉，甚属可悯。且如各地方鳏寡孤独，不能度日，尚设立养济院，以育养之。此等微员，理应抚恤。"③后令督抚设法使佐杂微员及其家眷返回原籍。

---

①　《清圣祖实录》卷 199 康熙三十九年五月癸巳，20 页。
②　《清圣祖实录》卷 127 康熙二十五年七月辛卯，352 页。
③　《清圣祖实录》卷 261 康熙五十三年十二月戊子，575 页。

以上所论乃是佐杂职官的概况。具体到县辖政区这一层次，仍大体遵循明代旧制，但出现了一些微妙的变化。

就巡检司而言，按制度规定当居于州县城之外，明清皆同。据吕进贵的研究，明代巡检职官虽小，但各有其专辖的防守信地，如此方能彰显巡检之职专，而其在辖区内的功能主要是巡逻盘诘、巡缉私盐、缉捕盗贼、协同防御①，多属警政领域。清初延续了明代制度，巡检司仍具有一定的辖区，是一种职能较为单一的县辖政区类型，如山东省泰安州，康熙六十年山东巡抚李树德疏言："泰安州徂徕山前大小数十村庄，地属山区，民多强悍，应委官兵弹压。查徂徕山前楼德庄在各村适中之地，请将泰安州巡检带兵六十名，移驻其地"②。

巡检司本系文职，弓兵数额少，遇到小股流贼还可应付，若遇到"大盗"，难以处理。因此，清代在地方上亦设有武职系统的千总、把总，与文职系统的巡检司等捕盗官协同防御，如广东番禺县市桥镇，本设有虎门协都司一员、千把总各一员，带兵三百驻守，为便于文武协同，另移沙湾司巡检同驻市桥镇防御③。遇有巡检难以控驭之地，清政府还往往迁移更高级别的佐贰官驻扎，如江西饶州府浮梁县景德镇，"离县四十里，巡检位卑，不能控制。请移该府同知驻扎弹压。应如所请。从之"④。

佐贰官是县级政府机构的重要成员，他们往往与知县同城而治，制度上未曾令其分居于县城之外，这在明代以前基本上如此。以《明会典》为例，其中关于各县官员配备的记载是，"正官知县一员，县丞一员，主簿一员。后县丞、主簿因事添设，无定员"⑤，并未显露出任何制度上"圆融"的余地，整部《大明会典》、《明史·地理志》中也未记载一例关于县丞、主簿移驻县城之外的记载。即使有个别由于种种原因居住于城外，

① 吕进贵：《明代的巡检制度——地方治安基层组织及其运作》，《明史研究丛刊》之6，宜兰，明史研究小组，2002。

② 《清圣祖实录》卷291康熙六十年三月乙丑，829页。

③ 《清圣祖实录》卷258康熙五十三年四月乙酉，552页。

④ 《清圣祖实录》卷158康熙三十二年三月丁未，742页。

⑤ 万历《大明会典》卷4《吏部三》。

也是出于地方便宜从事，未得到中央吏部的特别授权与认可，这一佐贰官与知县同城而治的局面至康熙年间以前仍在延续。康熙《大清会典》中关于县丞、主簿的记载依然是"县丞、主簿，因事添革，无定员"①。

到了清初，这一驻地结构出现了微妙的变化。《清实录》中，县丞第一次设于县城之外出现于康熙二十九年，时密云设立县丞一员驻扎石匣，"管理马匹廪给事务"②。《清实录》所记载的康熙年间州同移驻事件亦仅有一例，山西蒲州与陕西朝邑县疆界相连，百姓每每为田土而争斗，且朝邑县治在黄河以西，而其所属王家庄、大庆关皆在黄河以东，难以治理，故将同州州同移驻大庆关、潼关千总移驻王家庄，以资防御③。同州州同的移驻与陕西、山西交界处的特殊地形有关。明代陕西朝邑与山西蒲州以黄河为界，大庆关在朝邑县东三十里、黄河之西，万历二十六年黄河西徙，大庆关一带反而居于黄河之东，与朝邑县隔河而望④，俗谓"三十年河东、三十年河西"。大庆关一带居民因"关浸于河，孑遗之人，无所归命"，黄河改道前，该地居民有三千七百余家，"风物佳美"，改道以后，"居人发屋四窜，今才二百余家"，且该地自古与潼关为入晋首道，交通位置重要，然而清初"潼关卒戍不遗余力"⑤，而大庆关一带却无官司理，故康熙年间移驻州同驻此，既为控扼奸匪，又为管理该地居民。由于地形因素而与本治相隔之区，是移驻佐贰管辖的因素之一。

整体而言，清初出于节省财政支出的考虑，裁撤了大量佐杂职官。与此同时，不断调整巡检司的驻地，以适应区域政治、经济地位的升降。一个有趣的问题是佐贰官的驻地出现了微妙的变化。县丞、州同等本与知县、知州同城而治，协助处理粮务、水利等具体事务，但自康熙年间开始，个别佐贰官开始移驻于乡村，但其中多是便宜之计，还未升为制度上的规范，其例亦甚少。

①　康熙《大清会典》卷5《吏部三》，45页，北京，线装书局，2006。
②　《清圣祖实录》卷148康熙二十九年九月丙辰，642页。
③　《清圣祖实录》卷261康熙五十三年十一月乙丑，573页。
④　康熙《朝邑县后志》卷1《关津》。
⑤　以上均引自万历《续朝邑县志》卷1《地形志》。

**图 2　清初朝邑县大庆关位置示意图**①

## (二)雍正年间分防制度的重大变化

雍正即位以后，实行了摊丁入亩、秘密立储等重要制度。对政区变革，雍正一朝进行了较大规模的调整。根据李尚英等人的研究，雍正年间政区变动的总特征是：其一，省一级政区未作大的改动，主要调整府、直隶州等统县政区；其二，府州县的调整主要是增设而极少废撤；其三，扩大了同城分治的现象②。以上研究确当而无异议，对于客观认识雍正

①　底图来自《朝邑县乡土志》中收录的《朝邑县境全图》，图中地名回溯至康熙年间。

②　李尚英：《雍正行政区域的变化》，《商鸿逵教授逝世十周年纪念文集》(北京，北京大学出版社，1995)，此据李尚英著《清代政治与民间宗教》，北京，中国工人出版社，2002。

帝改革行政体制的功绩很有裨益。但以上所论均是针对县及其以上行政层级的调整、变革,其实,在此之外,雍正一朝对县以下管理体制同样进行了较大规模的调整,其意义不亚于对县以上层级的政区变革——这就是对县的僚属官驻地及其辖区的调整。

清初对佐杂官员的裁撤,使得佐杂数量急剧减少。至雍正初期,延续了顺、康两朝对佐杂职官的裁撤趋势。雍正二年,吏部尚书田从典曾奏请继续裁汰直隶各省佐贰首领等冗员,"可兼者令其兼理,可汰者即行裁汰,现任者准其终任,以后不必选补"①,随后湖北、湖南均奏报了裁汰冗员的计划②;三年裁直省首领、佐贰等缺,其中州县佐杂就有:直隶仓大使一员、江南县丞一员、巡检四员、驿丞四员,江西县丞一员、巡检三员、驿丞十三员,浙江县丞一员、巡检二员、驿丞一员,湖北州同一员,湖南巡检二员,山东巡检、经历二员、县丞十八员,山西州同三员、州判三员、巡检一员、驿丞三员,广东巡检一员、驿丞三员、河泊所官一员,广西巡检二员、驿丞三员,云南州判一员、云龙州吏目一员③。其结果是各县官员多止正印官及首领官各一,难以兼理政务,如四川一省,"川省现在之一百一十四州县,除正印官外,仅有州同二员,吏目、典史共一百一十一员,巡检二员。是州同、典史、巡检既属缺少,而州判、县丞、主簿,通省全未设立",以致"巡防差遣,在在乏员",又正值"丈量等务,协办尤多",因此奏请查明"某州县应添某项佐杂,某处系属扼要,应设巡检或分驻州同、州判、县丞弹压巡缉"④。可见,清初裁撤佐杂之剧烈产生了较大制度弊端,其势不足弹压地方,必须增置以便佐理政务。到了雍正七年以后,雍正帝对县下佐贰官的设置政策发生了转折性的变化,主要表现是驻地频繁变动,尤其是佐贰官开始由同城

---

① 雍正二年二月十六日吏部尚书田从典《请裁汰直隶各省佐贰首领等冗员》,《清代吏治史料》第 1 册,77~80 页。

② 雍正二年八月初五日湖南巡抚魏廷珍《请准将湖南各属巡检应行裁并裁员》,雍正二年八月初九日湖广巡抚纳齐喀《请将湖北各属冗员裁汰》,均见《清代吏治史料》第 1 册,224~226 页。

③ 《清世宗实录》卷 38 雍正三年十一月辛酉,563~564 页。

④ 雍正七年四月二十四日四川布政使赵弘恩奏,《宫中档雍正朝奏折》第 9 辑,9~10 页。

而转为分防乡村,且出现了佐贰官与巡检司大量增置的新局面。以下分为三个方面来分述这一时期县以下管理体制改革。

第一,巡检司的调整与变革。雍正、乾隆两朝是巡检司高速增长期,其中尤以雍正朝增长得最为迅速,短短 13 年,共增设巡检司 142 个,移驻 75 个,除去裁汰的 43 个,净增 99 个。在清代整个巡检司数量保持基本稳定的背景下,雍正朝显得格外醒目。当然,雍正朝并非一直保持高速增长,雍正七年以前新设的很少,裁汰的很多,总体数量还处在缩减时期,但七年以后,整个巡检司数量急剧增长,见表 2-2:

表 2-2　雍正朝巡检司数量年度变化

| 时间 | 增设 | 裁汰 | 移驻 | 增减额 |
|---|---|---|---|---|
| 雍正元年 | 0 | 0 | 1 | 0 |
| 二年 | 2 | 1 | 0 | ＋1 |
| 三年 | 1 | 16 | 3 | −15 |
| 四年 | 2 | 0 | 0 | ＋2 |
| 五年 | 6 | 3 | 2 | ＋3 |
| 六年 | 5 | 4 | 0 | ＋1 |
| 七年 | 23 | 5 | 9 | ＋18 |
| 八年 | 34 | 2 | 13 | ＋32 |
| 九年 | 22 | 1 | 15 | ＋21 |
| 十年 | 2 | 0 | 6 | ＋2 |
| 十一年 | 20 | 6 | 6 | ＋14 |
| 十二年 | 23 | 4 | 19 | ＋19 |
| 十三年 | 2 | 1 | 1 | ＋1 |
| 总计 | 142 | 43 | 75 | ＋99 |

资料来源:《清世宗实录》及光绪《会典事例》卷 26～30。

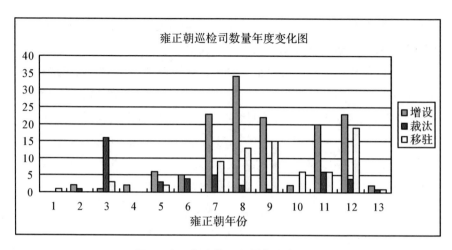

**图3　雍正朝巡检司数量年度变化图**

　　巡检司的增设与移驻与以下几种因素有较大关系：

　　(1)行政区划变动。雍正朝是清代行政区域变化最大的时期，和康熙朝相比，除州减少45个外，府、直隶州、直隶厅、厅、县各增加32、35、9、27、111个①。巡检司的变化趋势与之同步。新设一政区时，往往相应配置整套行政班子，巡检司是其中重要的佐杂官，如雍正五年云南东川府巧家营设置会泽县，即在离府百里之处补地方设立巡检司，管辖五龙、毕七等处，又在远在江外的则补地方添设巡检司，管辖阿木、可徂、普毛、杉木箐等处。② 雍正六年云南设乌蒙府附郭县永善县，除设知县、教谕、典史等官外，于鲁甸盐井渡地方设立巡检司③。雍正朝裁汰、移驻巡检司的数量也较多，分别达43、75个，这多基于当地行政管理的需要，也有因政区改革而裁汰或移驻的，如广东海丰县旧设东海滘巡检一员，雍正九年时裁甲子、捷胜二所置陆丰县，原东海滘地方建立县治，添设知县、典史各一员，按照清朝制度，巡检司不与正印官同城而治，故该巡检司移驻甲子城，改为甲子巡检④。也有一些新设政区就是由原巡检司辖区升格而来，如雍正十一年裁义州巡检置义州等，也

　　① 李尚英：《雍正行政区域的变化》，收入氏著《清代政治与民间宗教》。

　　② 《清世宗实录》卷59雍正五年七月辛巳，908页。

　　③ 《清世宗实录》卷66雍正六年二月戊戌，1011页。

　　④ 《清世宗实录》卷105雍正九年四月乙亥，387页。

造成巡检官缺的裁汰。

(2)管理难度增大，巡检司难以兼辖。在县以下重要战略要地，巡检司微员不足弹压之处，往往移驻更高品级官员治理，而将巡检司改驻别地，如河南南阳府，原设南召县，顺治十六年裁南召县并入南阳县，原南召县治仅设巡检司一员治理，但该地"界连万山，路通山陕湖广，五方丛杂，实属要区"，巡检司已不足以治理，故移设南阳府通判驻此，而将此巡检司另设南召、嵩县适中地带的李青店①。

(3)裁置驿丞后改置巡检。清代改革驿传事务，将其改归州县管理，故自清初开始，不断裁撤驿丞。也有一些驿站所在，必须添置官员经管，故将驿丞改置为巡检，一来可以协助办理驿务，二来巡检有地方专责，弹压地方。故清初往往裁撤驿丞添置巡检，或新设巡检兼驿丞衔。这一措施，使州县驿务、警务得以统于一人之手，有助于减少冗员，提高行政效率，如广东阳江县太平驿，雍正九年裁撤驿丞，驿务改归知县经管，但于太平地方亦新设一巡检司②。又如雍正十二年福建总督郝玉麟奏请移驻增改佐贰案中，南安县大盈驿、仙游县枫亭驿、宁化县石牛驿驿丞俱改为巡检，仍兼管驿务③。也有一些驿丞并未裁撤，但令其兼巡检衔，以便于兼管捕务，如河南信阳州明港驿，向设有驿丞，但各有专司，于缉捕均非其司，故请兼巡检衔，稽查匪类④。

第二，县丞、主簿等佐贰官开始大量移驻乡村。康熙年间县丞、州同出现了两例移驻于县下的案例。到了雍正时期，这一进程明显加快，但又存在雍正七年之前及之后的差别。根据《清实录》不完全的统计，雍正元年至六年，共移驻乡村 19 员，平均每年移驻 3 员，七年至十二年间共移驻 78 员，平均每年移驻 11 员。可见雍正七年以后，佐贰官移驻乡村的趋势愈加明显。这一统计上的规律也得到了史料的证实。据乾隆十八年闽浙总督喀尔吉善、福建巡抚陈宏谋在奏请定分防县丞拣选题补之

---

①　《清世宗实录》卷 61 雍正五年九月癸亥，931 页。

②　《清世宗实录》卷 105 雍正九年四月己亥，387 页。

③　《清世宗实录》卷 144 雍正十二年六月庚戌，800～801 页。其中宁化驿改设巡检后，"管辖会同、新村二里，兼管驿务"，见乾隆《汀州府志》卷 16《公署》。

④　《清世宗实录》卷 144 雍正十二年六月丁巳，802～803 页。

例时追忆到"雍正七年三月内钦奉谕旨：各省佐贰微员有地方职掌紧要，新设新移者，查明具奏，交部注册，遇有缺出，拣选题补，永著为例"①，雍正七年的确有一个根据地方形势紧要新设、新移佐贰官员的政治安排。其移驻原因大致有以下几种：

表 2-3　雍正年间移设乡村州县佐贰数量变化

| 年份 | 县丞 | 主簿 | 州同 | 州判 |
|------|------|------|------|------|
| 雍正元年 | 0 | 0 | 0 | 0 |
| 二年 | 2 | 0 | 3 | 0 |
| 三年 | 1 | 0 | 0 | 1 |
| 四年 | 1 | 1 | 1 | 0 |
| 五年 | 0 | 2 | 1 | 3 |
| 六年 | 1 | 0 | 1 | 1 |
| 七年 | 4 | 0 | 3 | 0 |
| 八年 | 5 | 1 | 3 | 1 |
| 九年 | 8 | 1 | 0 | 0 |
| 十年 | 5 | 0 | 3 | 2 |
| 十一年 | 9 | 2 | 0 | 1 |
| 十二年 | 16 | 2 | 3 | 1 |
| 十三年 | 2 | 0 | 1 | 1 |
| 总计 | 58 | 9 | 19 | 11 |

资料来源：《清世宗实录》。

（1）因地方紧要，添置佐贰巡缉。如台湾县罗汉门地方，其"雄踞万山之中，土地宽沃，内控生番，外屏郡治，北通大武垄以出北路，南通阿猴林散出南路，为奸宄出没、南北往来要害，即朱一贵起乱之所。一贵在罗汉门招匪竖旗，而后出掠岗山。今岗山添设守备，而罗汉门弃置

① 乾隆十八年五月二十二日闽浙总督喀尔吉善、福建巡抚陈宏谋奏，《宫中档乾隆朝奏折》第五辑，436 页。

空虚；所谓不遏其源而遏其流者也"①，故雍正九年移驻县丞分驻。其添置缘由与巡检司并无二致。

(2)与卫所裁并有关。作为军管型政区，明代卫所构成一种地理单元并与之形成了相应的政治、经济、教育体系②。清初对卫所制度进行了重大变革，总体上不断归并到附近州县中。这一卫所制度在清初的变化已引起众多学者关注，并进行了大量细致入微的分析③。但少有人注意的是，卫所设置最初与治安有关，一旦裁撤，其设置地的治安将以何种方式得以延续？从雍正年间对卫所具体的裁置来看，佐贰的设立是其中的补偿机制之一。

表 2-4　广东佐杂设立与卫所裁并举例

| 卫所 | 佐杂 | 移驻时间 |
|------|------|----------|
| 甲子所 | 甲子巡检 | 雍正九年 |
| 平海所 | 平海所巡检 | 雍正九年 |
| 大鹏所 | 新安县丞移驻 | 雍正九年 |
| 双鱼所 | 阳江县丞移驻 | 雍正九年 |
| 海口所 | 琼山县县丞移驻 | 雍正七年 |

资料来源：《清世宗实录》。

(3)距县治较远之地。如江西九江府都昌县，"县治偏在西南，其东北地方，离县窎远"④，故奏请移驻县丞于适中的张家岭。河南灵宝县虢略镇、阌乡县文底镇，"距县遥远，易于藏奸"，故移驻二县县丞治之⑤。江苏通州如皋县掘港一带，"港口繁多，县令鞭长莫及"，故设主簿驻此。该地距县治辽远，且盐场众多，私贩往往于此贩卖私盐，曾任掘港主簿

---

① 《平台纪略》附录《台湾水陆兵防疏》，台湾文献丛刊本，71 页。
② 顾诚：《明帝国的疆土管理体制》，《历史研究》1989 年第 3 期。
③ 顾诚：《卫所制度在清代的变革》，《北京师范大学学报》1988 年第 2 期；邓庆平：《卫所制度变迁与基层社会的资源配置——以明清蔚州为中心的考察》，《求是学刊》2007 年第 6 期等。
④ 《清世宗实录》卷 108 雍正九年七月甲戌，431 页。
⑤ 《清世宗实录》卷 144 雍正十二年六月丁巳，802 页。

的黄桐轩曾回忆道："通州各盐场私垦为稻田者甚多，掘港尤甚"①。

这一时期捕巡官员分划辖区的案例逐渐增多。明代陕北与蒙古交界地区的榆林卫，入清以后于雍正年间，由年羹尧奏请改设州同、巡检司等分而辖之②。此外，如贵州永丰州罗斛州判、册亨州同③、云南广西府师宗州邱北州同等等④，皆于雍正年间出现了捕巡官员分设辖区的现象，其职责还颇为广泛，如罗斛州判、册亨州同，雍正七年贵州巡抚奏请将一切命盗案件俱令两员佐贰专司，而知州不过兼辖而已⑤，"其册亨州同、罗斛州判，虽系佐杂，均有钱粮命盗专责，实与州县不殊。"⑥雍正七年时，雍正帝还下了一道谕旨，令"各省佐贰微员有地方职掌紧要，新设新移者，查明具奏交部注册，遇有缺出，拣选题补，永著为例"⑦，所谓"有地方职掌"就是指分辖一定地域的分防佐贰。此时，佐贰微员中领有辖地的情况应当已经不少，故雍正帝才令各省督抚查明上报，给予题补之例。

第三，典史等管狱官辖区的逐渐形成。一般而言，典史负责监狱，均与知县同城而治，太田出在对清代江南佐杂分防的研究中，"完全找不到典史'分防'到农村地方的例子"，并据此判断，"整个明清时代他们可能是长驻县城。这或许是源于其职务的特殊性之故，即与监狱行政有密切关系的狱囚稽查是他们的主要工作"⑧。但在雍正时期，史料中却记载了一例典史分防的事例，极为罕见："云贵总督鄂尔泰疏言：东川一府，地方辽阔，实非一知府、一经历所能遍理。……者海地方，素通乌蒙，暗行不法，应设典史一员，管辖革舍、阿固、伙红等处，驻扎者海。

---

① 张剑：《莫友芝年谱长编》同治四年四月十五日条，358 页，北京，中华书局，2008。

② 雍正二年十月十三日年羹尧题，《清代吏治史料》第 1 册，283～284 页。

③ 《清世宗实录》卷 60 雍正五年八月癸卯，919～920 页。

④ 鄂尔泰：《请复维摩州疏》，乾隆《广西府志》卷 24《艺文一》。

⑤ 《清世宗实录》卷 80 雍正七年四月庚辰，47 页。

⑥ 《清世宗实录》卷 141 雍正十二年三月庚子，783 页。

⑦ 乾隆十八年五月二十二日闽浙总督喀尔吉善、福建巡抚陈弘谋奏疏中的追记，《宫中档乾隆朝奏折》第 5 册，436 页。

⑧ 前揭[日]太田出《清代江南三角洲地区的佐杂"分防"初探》。

……寻定巧家营新设县曰会泽"①。在光绪《东川府续志》中，该典史被称作"分防者海典史"②，不止分驻于乡村，且管辖一定区域。但典史分防终究不符典章制度，故嘉庆十六年又将者海典史移归会泽县城，并移则补巡检驻扎者海③。

**图 4　雍正五年会泽县分防图**

至于普通的驻扎于县城的典史等管狱官是否同样分辖县以下一定区域，是一个非常难以找到直接史料的复杂问题，较之佐贰官分管辖地的变化要更为隐蔽，这是因为佐贰官尚有驻地的移设，从中可以透析该分管区域形成的时间，而首领官除了极个别的之外，都居住于县城，故不得不从一些案例中去推测该制度推行的大概时间。据广东、江南等地的例子，至少在康熙年间，已出现了个别地区典史辖有部分县域的案例，但为数甚少，还未引起太大注意，也未改变典史管理全县捕务的刻板印象。雍正三年时，吏部侍郎沈近思曾奏请将州县吏目、典史改称州县尉，但遭到吏部尚书孙柱反对，其中提到"今之典史官职甚微，与民最亲，其专司捕务，兼掌狱禁。又有批发词讼、差委案件，才干则无稽迟，安静

---

①　《清世宗实录》卷 59 雍正五年七月辛巳，908～909 页。

②　光绪《东川府续志》卷 1《城池》。

③　录副：嘉庆十六年正月二十六日云贵总督伯麟、云南巡抚孙玉庭奏，档号：03-1466-004；光绪《续云南通志稿》卷 27《地理志·衙署下》。

则不致烦扰。"①此时提及典史，还是强调其专司捕务与狱禁，其管辖范围是整个县域，还未显现分管一县局部区域的认识。在乾隆十九年护理浙江巡抚周人骥的奏请严定巡防之法时，曾回顾到"前督臣李卫于雍正四年题准部覆，酌派文武分地巡查，如遇赌博、盗贼、抢劫、私盐诸事，拿获即解印官亲审，遇有疏防，除参印捕官外，仍照巡检例一体参处。"典史等首领官分领一定辖地似乎也是在雍正年间开始逐步得到推广（关于典史辖区的形成，可参第四章最具典型意义的广东省下的考辨）。

雍正年间的佐贰分防使佐贰官群体发生分化，有驻于县城者，亦有移驻于乡村者，随治所变化亦引发职能变迁。但由于这一时段，佐贰分防的进程刚刚开始，数量还未形成绝对优势，不足以改变官员和民间对佐贰职掌的印象。雍正十一年，署理江西布政使宋筠奏请将县丞应办之事造册时还称："惟设官所以任事分职，必当效能，故官无崇卑，均有专责。虽微末如巡检、典史，亦有地方之责任、缉捕之考成。惟县丞一官除管河县丞各有汛地工程外，其他虽有管粮之名，其实粮务与伊全无干涉，此外不过偶供差遣，别无一定职掌，是以地当冲繁之处，有印官办理不遑，分身无术，而县丞则安坐衙斋，逍遥无事。"因此奏请"除词讼不应违例接受及重大繁要之事应归印官办理外，如圩堤、水利、道路、保甲等类似可分任稽查、督修以助县令之不逮"②。官员对县丞职掌的认识仍局限于"除管河县丞各有汛地工程外，其它虽有管粮之名，其实粮务与伊全无干涉，此外不过偶供差遣，别无一定职掌"，故奏请将"圩堤、水利、道路、保甲等类似可分任"。但这种分任只是具体行政事务的分任，其权力行使的范围仍以全县为单位，不具有分防县下辖区的功能。这代表了雍正末官员对于县丞职掌的认识，并未意识到这一时期县丞驻地及其职掌已开始发生了新变化。

根据雍正末、乾隆初所修各省通志，这一时期分防佐贰的分布见表2-5。其中管河主簿、县丞等员虽驻县城之外，其实并无地方之责，故不

① 雍正三年八月二十六日署吏部尚书孙柱《议复吏部侍郎沈近思请将州县吏目典史改称州县尉一事》，《清代吏治史料》第 2 册，488 页。

② 朱批：雍正十一年五月十九日署理江西布政使宁筠奏，档号：04-01-30-0002-026。

属县辖政区，由佐贰分防形成的县辖政区还比较少。尤可注意的是，这类拥有一定区域和特定职责的分防佐贰在边疆地区的云、贵、川、滇、闽省分布较多，似可证明此一制度从边缘地带逐渐展开至中枢之地。

表 2-5 雍正末分防乡村之佐贰

| 省份 | 府 | 县 | 佐贰官称 | 驻地 |
|---|---|---|---|---|
| 直隶 | 顺天府 | 武清 | 县丞 | 杨村 |
| | | | 管河县丞 | 耍儿渡 |
| | | | 管河县丞 | 宋流口 |
| | | | 管河主簿 | 杨村 |
| | | | 管河主簿 | 河西务 |
| | | | 管河主簿 | 淘河 |
| | 河间府 | 交河 | 管河主簿 | 泊头镇 |
| | 天津府 | 青 | 管河主簿 | 北流河镇 |
| | | 静海 | 管河主簿 | 子牙镇 |
| 江苏 | 松江府 | 奉贤 | 县丞 | 高桥 |
| | | 金山 | 县丞 | 朱泾镇 |
| | 淮安府 | 山阳 | 外河县丞 | 清江浦 |
| | | | 外河主簿 | 苏家嘴 |
| | | | 高良涧主簿 | 周家桥 |
| | | 桃源 | 中河主簿 | 重兴集 |
| | | | 北岸主簿 | 崔镇 |
| | 徐州 | 铜山 | 南岸主簿 | 房村 |
| | | 萧 | 主簿 | 郝家集 |
| | | 丰 | 主簿 | 盘龙集 |
| | | 宿迁 | 南岸主簿 | 白洋河 |
| | | | 运河主簿 | 皂河集 |
| | | 睢宁 | 县丞 | 姚家集 |
| | | | 主簿 | 魏家集 |

续表

| 省份 | 府 | 县 | 佐贰官称 | 驻地 |
|---|---|---|---|---|
| 直隶 | 通州 | 如皋 | 州同 | 河基镇① |
| | | | 主簿 | 掘港场 |
| 安徽 | 凤阳 | 定远 | 主簿 | 北炉桥 |
| | | 灵璧 | 管河主簿 | 双沟集 |
| | 颍州 | 阜阳 | 县丞 | 方家集 |
| | 泗州 | | 吏目 | 清阳镇 |
| 山东 | 兖州 | 滕县 | 管河主簿 | 戚城 |
| | | 邹县 | 县丞 | 台儿庄 |
| | | 鱼台 | 管河主簿 | 南阳镇 |
| | | 汶上 | 管河主簿 | 南旺 |
| | | 阳谷 | 管河主簿 | 张秋镇 |
| | | 寿张 | 管河主簿 | 张秋镇 |
| | 东昌 | 堂邑 | 管河主簿 | 梁家浅 |
| | | 博平 | 县丞 | 运河东 |
| | | 清平 | 管河主簿 | 戴家湾 |
| | 曹州 | 单县 | 管河主簿 | 望诸坝 |
| | | 巨野 | 管河主簿 | 大长沟 |
| 河南 | 开封 | 祥符 | 管河南岸主簿 | 程家寨 |
| | | | 管河北岸主簿 | 陈桥 |
| | 怀庆 | 原武 | 管河主簿 | 娄村店 |
| | 陈州直隶州 | | 管粮州判 | 周家口 |
| 陕西 | 汉中 | 宁羌州 | 州同 | 阳平关 |
| 湖北 | 安陆 | 荆门州 | 州同 | 沙阳 |

---

① 雍正十二年添设，见乾隆《江南通志》卷23《公署》。

续表

| 省份 | 府 | 县 | 佐贰官称 | 驻地 |
|---|---|---|---|---|
| 四川 | 重庆 | 巴县 | 县丞 | 白市驿 |
| | | 巴州 | 州判 | 镇龙关 |
| | 叙州 | 富顺 | 县丞 | 自流井 |
| | 叙永直隶厅 | 永宁 | 县丞 | 赤水河 |
| | 龙安 | 平武 | 县丞 | 青川 |
| | 雅州 | 天全州 | 州同 | 始阳 |
| | | | 吏目 | 碉门 |
| | 直隶嘉定州 | 荣县 | 县丞 | 贡黄井 |
| | 直隶绵州 | | 州判 | 丰谷井 |
| | 直隶茂州 | 保县 | 县丞 | 通化 |
| 福建 | 福州府 | 闽县 | 县丞 | 营前 |
| | | 侯官 | 县丞 | 大湖 |
| | | 福清 | 县丞 | 平潭 |
| | 泉州府 | 南安 | 县丞 | 罗溪 |
| | | 同安 | 县丞 | 金门 |
| | 漳州府 | 龙溪 | 县丞 | 华封 |
| | | 漳浦 | 县丞 | 云霄 |
| | 建宁府 | 松溪 | 县丞 | 永和里 |
| | 汀州府 | 宁化 | 县丞 | 泉上里 |
| | | 上杭 | 县丞 | 峰市 |
| | 福宁府 | 宁德 | 县丞 | 周墩 |
| | 台湾府 | 台湾县 | 县丞 | 罗汉门 |
| | | 凤山 | 县丞 | 万丹 |
| | | 诸罗 | 县丞 | 笨港 |
| | 龙岩直隶州 | | 州同 | 溪口 |
| 广东 | 琼州府 | 琼山 | 县丞 | 海口 |

续表

| 省份 | 府 | 县 | 佐贰官称 | 驻地 |
|------|------|------|---------|------|
| 广西 | 桂林府 | 永福 | 县丞 | 鹿寨 |
| | | 全州 | 州同 | 西延 |
| | 南宁 | 崇善 | 县丞 | 恩城 |
| | | 思明土州 | 州同 | 海渊墟 |
| | 庆远府 | 宜山 | 县丞 | 高泉村 |
| | | 河池州 | 州同 | 三旺村 |
| | 思恩府 | 宾州 | 州同 | 三里营 |
| 云南 | 广西府 | 师宗州 | 州同 | 邱北 |
| | 鹤庆府 | 剑川州 | 州判 | 中甸 |
| | 东川府 | 会泽县 | 典史 | 者海 |
| | 昭通府 | 镇雄州 | 州同 | 奎乡 |
| | | | 州判 | 威信 |
| | | 昆阳州 | 州同 | 海口① |
| | 姚安府 | 姚州 | 州判 | 普淜 |
| | 楚雄府 | 南安州 | 州判 | 旧碌嘉县 |
| 贵州 | 平越府 | 黄平州 | 州同 | 旧州 |
| | 都匀府 | 独山州 | 州同 | 三角上屯下土 |
| | | 清平县 | 县丞 | 凯里 |
| | 镇远府 | 镇远 | 县丞 | 邛水司 |
| | | 施秉 | 县丞 | 旧县 |
| | | | 主簿 | 台拱 |
| | 铜仁府 | 铜仁 | 县丞 | 松桃 |
| | 黎平府 | 开泰 | 县丞 | 朗洞 |
| | | 永从 | 县丞 | 丙妹 |

---

① 该员州同并不辖属村庄，只"修理河务"，故乾隆四十二年被裁，见乾隆四十二年十二月二十一日云贵总督李侍尧、云南巡抚裴宗锡奏，《宫中档乾隆朝奏折》第41辑，501页。

续表

| 省份 | 府 | 县 | 佐贰官称 | 驻地 |
|---|---|---|---|---|
| 贵州 | 南笼府 | 永丰州 | 州同 | 册亨 |
| | | | 州判 | 罗斛 |
| | | 普安州 | 州判 | 黄草坝 |

资料来源：雍正《畿辅通志》卷 26《公署》；乾隆《江南通志》卷 22、23《公署》；雍正《山西通志》卷 37、38《公署》；雍正《山东通志》卷 26《公署》；雍正《河南通志》卷 40《公署》；雍正《陕西通志》卷 15《公署》；雍正《湖广通志》卷 15《公署》；雍正《四川通志》卷 28《公署》；雍正《福建通志》卷 19《公署》、卷 20《职官》；雍正《广东通志》卷 17《公署志》；雍正《广西通志》卷 35、36《廨署》；雍正《云南通志》卷 15《秩官》；乾隆《贵州通志》卷 16《秩官》。其他各省修于雍正末、乾隆初的通志俱已查核，因不存在佐贰分防现象，故未列入。

## (三)乾隆前中期县辖政区布局的定型

雍正以后，对佐贰的添设、移改不再有雍正七年至十三年间的频繁程度。雍正末，刑部右侍郎杨超会曾奏请酌停州县之改隶、佐贰之添设。这标志着雍正年间剧烈的政区变动至此已逐步趋向于稳定。

奏为敬陈酌停直省州县之改隶、佐贰之添设以免纷扰，以专责成事。窃惟画野分疆，山川因其定势分猷，效职正佐，自有常员，经制昭垂，法綦美备。我大行皇帝至圣至明，随时制宜，于直省督抚所题改隶州县，增设员弁等案，俱蒙敕部详议，酌量举行，原为一时整饬地方之至，计非谓各直省之州县员弁皆宜不时议改议增也。比年以来，直省督抚或视为照例应行之事，有实宜改设者，亦有无庸改设，督抚因地方无事，有意更张以自表见者，又有新旧督抚意见不合，旋改旋归，迄无一定者。伏思州县之设，大者二三百里，小者百余里，疆宇广狭，布置适宜，案件提解，何缘贻误。况该管员弁才果有余，未必多数十里之地而遂见绌。才若不足，未必少数十里之地而遂见优。改隶一邑则一切刑名钱谷，册籍卷宗须赍造，乘机舞弊，百蠹丛生，展转稽查，急难就绪。添设一官则修理衙署，招募胥吏，动关国帑，文书期会，益见纷繁，冗吏冗员更多供给。又况百姓安于故常，改隶既有投供报册之劳，添官又有送迎悉索之扰。地无定境则奸宄或致潜藏，官数既增，则责任转无专属。臣请敕下直省督抚，嗣后所属州县，除实在离府辽远必须改隶及村镇繁难之地实应添官弹压者，仍准具题外，其余控制既已得宜，一概不准渎奏，则在民之纷扰可免，在官之责任愈专，国帑不致虚糜，地方益臻宁谧矣①。

杨超会此议主要是出于对雍正年间政区变动过于频繁而导致的种种经济、民生问题所作的反思。但此奏并非刻意追求政区稳定，那些"离府辽远必须改隶"者仍可调整，而"村镇繁难之地实应添官弹压者"，仍准新设或移驻佐贰。乾隆六年，清廷正式下令保持职官数额定制，"查设官分职，原有定制。从前各省佐杂等官，各督抚有奏请添设、改隶，责任转无专属，请嗣后倘各省需用人员，止准于通省内随时改调，不得奏增糜费"②。此后，全国佐杂总数保持了大体的稳定。但由于乾隆年间，全国政区调整仍在继续，而佐杂官及其辖区的增设与改隶虽较雍正年间力度稍弱，但在有清一代，仍是调整较为频繁的时期。如果说佐杂官的移驻因不增加官员员额，在制度上不会有任何问题的话，那么乾隆年间新置的佐杂官员，就与驿丞、司狱等职官的逐步裁汰有莫大关系。

巡检司仍是调整的重点之一。雍正年间新置和裁撤的较多，而对于设置不合理之处尚未从根本上调整，如江西一省，"所设巡检多因前明旧制，而地方繁简情形已有今昔异宜。且有衙署无存，历任各员或僦民舍、或侨寓县城，业已离其汛守，不免贻误公事。间有仍驻原处而民人或已迁移他所，徒置闲地，又或久经移驻他处，并无年月可稽而印信尚仍其旧，亦于体制非宜"，因此迫切需要"随时斟酌调剂"③。乾隆年间，共新

---

① 雍正十三年十月二十日刑部右侍郎杨超会奏，《宫中档雍正朝奏折》第 25 辑，278～279 页。

② 《清高宗实录》卷 143 乾隆六年五月癸未，1056 页。

③ 乾隆二十九年十月十八日江西巡抚兼提督衔辅德奏，《宫中档乾隆朝奏折》第二十三辑，11～13 页。

置 137 员，移驻 131 员，裁汰 52 员，净增 85 员①，有清一代中，新置数与净增数仅次于雍正时期。一方面的原因是乾隆年间政区改革的持续进行并相应添设佐贰官尤其是巡检司，如乾隆三十二年江苏设立东台县，时仅设知县、典史二员，三十九年时增设富安场巡检②。另外一个原因是清代裁撤驿丞导致的巡检司增置，乾隆二十年，将驿站钱粮改归州县管理，驿丞一职也因此陆续被裁汰，仅乾隆二十年各省奏裁的就有 124员③。驿丞裁汰以后，驿务如何管理？而驿站往往地处交通要道，又必须设官弹压，当时的对策已考虑到添置或移驻佐贰问题，"其驿站离州县稍远地方，或量移佐杂驻守照管，但直省各驿与州县道里远近、应否需用佐杂及该处佐杂现在有无分驻地方、可否移驻驿站并或州县地方辽阔，佐杂各有专司，仍应酌留驿丞在驿照料之处"④，令各地按地方情形妥善处理。据实际操作的结果，大致有以下三种：

一是裁汰驿丞改设巡检，如乾隆二十年"江苏之龙潭、界首、古城、钟吾、赵村、泗亭、桃山、利国八驿，各设巡检一，仍驻该地方管理。"湖南原有驿丞二十一员，至乾隆四十年裁改为六员，但"各该驿丞专驻之所相距州县均有六七十里至一百二三十里不等，离城既远，牧令每有鞭长莫及之虞，而驿丞只司驿务，地方一切稽查弹压诸事又不便越分管理"，故奏请裁汰驿丞改为巡检，并令其兼管驿务⑤。之所以要裁汰驿丞改设巡检，其初衷是驿丞于制度而言，难以稽查地方。

二是将驿务改归原设之巡检兼管，如乾隆二十年"安徽之池河、固镇、大柳三驿，以各该地方巡检兼管。"

三是移驻巡检司，如乾隆二十年江西攸镇驿以桂源司巡检移驻，湖北丽阳驿以仙居镇巡检移驻，湖南归义驿以新市司巡检移驻，云溪驿以

---

①　据笔者《清代巡检司地理研究》下编考证结果统计，中国人民大学 2008 届硕士学位论文。

②　录副：乾隆三十九年七月十三日两江总督高晋奏，档号：03-0138-108。

③　《清高宗实录》卷 502 乾隆二十年十二月丁未，331 页。

④　乾隆二十年四月十五日署理山东巡抚兼提督衔郭一裕奏，《宫中档乾隆朝奏折》第十一辑，183 页。

⑤　朱批：乾隆四十年十月二十四日署理湖广总督陈辉祖、护理湖南巡抚敦福奏，档号：04-01-01-0333-002。

桃林司巡检移驻，排山驿以归阳市巡检移驻①。

对于那些保留下来的驿丞，清代往往也令其兼巡检衔以便分辖地方，如山西"襄垣县褫亭驿、武乡县权店驿、辽州南关驿，各止驿马十余匹，各驿距该管州县遥远，印官不能兼顾。遇解犯送饷，均由驿丞照料，第附近山村，民情刁悍，驿员非其管辖，呼应不灵，应请各给巡检兼衔。褫亭驿附近村庄五十三处，权店驿附近村庄二十六处各拨该驿丞管理。至南关驿离州属村庄窎远，中隔武乡县所管处所，难以分拨。且该驿驻扎，即系武乡地方，应将武乡所辖与南关附近村庄三十处，拨该驿丞管理。"②当然，和雍正时期相比，这一阶段巡检司的调整与政区变革的关系要弱得多，主要还是基于对已置政区内的巡检司设置进行调整，这也充分反映了雍正时期对巡检司进行的是一个大刀阔斧的革新，而乾隆时期是对雍正时期大规模增置的巡检司进行优化调整。乾隆二年，江西布政使在奏请建造巡检等官衙署时就建议对前期新添置的巡检等官驻地，斟酌形势裁改移设③。乾隆三十二年，江西巡抚奏请移驻县丞时，曾提到二十九年时将通省巡检分别改驻裁汰④。

乾隆年间，县丞等佐贰官纷纷开始从县城移驻乡村。根据《清高宗实录》的统计，新置分防县丞 18 员、裁 2 员，自县城移驻乡村者，由在城县丞转为分防县丞者高达 89 员，在乡村之间移驻之分防县丞 14 员，而自乡村移回县城者仅 1 员。乾隆年间是县丞分防地方的高峰时期。主簿、州同、州判数量不多，乾隆年间也出现了分防地方的趋势，其中新置分防主簿 18 员，自县城移设乡村 3 员，分防主簿于乡村间移设者 1 员；州判新置分防者 5 员，自县城移设乡村者 16 员，分防州判于乡村间移设者 1 员，裁汰 2 员；州同新置分防者 4 员，自县城移驻乡村者 7 员，自乡村

---

① 此处乾隆二十年间事，俱见《清高宗实录》卷 502 乾隆二十年十二月丁未，331 页。

② 《清高宗实录》卷 514 乾隆二十一年六月庚子，493 页。

③ 朱批：乾隆二年七月二十四日江西布政使刁承祖奏，档号：04-01-20-0001-011。

④ 朱批：乾隆三十二年四月二十九日江西巡抚吴绍诗奏，档号：04-01-01-0269-045。

改设它地者1员，裁汰2员①。

佐贰官由县城移驻乡村的原因主要有两个：一是在城县丞"无所事事"，渐渐沦为"闲曹"，如安徽凤阳县，"地广事繁，该县丞与知县同驻一城，无专管事件，应令移驻溪河集，巡缉弹压。"②陕西渭南、富平县，"两邑县丞同城而处，俱无职掌"，因此奏请移驻下邽、美原镇③；二是地方紧要，必须设官弹压。将县丞移驻乡村，并未增加佐贰官缺，但却加强了县域要地的控制，如同署理山东巡抚杨应琚所言"官不新增，地仍旧制，而僻远之区不致藏奸窝匪，稽查日益严密矣"④。浙江于乾隆二十九年一次移驻县丞、主簿等佐贰官九员，其原因正是"是以凡属人烟最密、商贾最繁之处，盗贼乘间窃发，实为防范难周。……因思佐贰各官同居县治，本属空闲，与其分路派巡而多往返之烦，莫若分任方隅以收缉捕之益"⑤。各地县丞移驻所提缘由大抵不出上述两个方面。从乡村转而移回县城的极少，这也是由于更高级别官员进驻的结果，如浙江宁海县亭旁县丞，因该地民情刁悍，南界临海乱山，乾隆二十八年将台州府同知移驻而将县丞撤回⑥。

乾隆初年，捕巡官统有辖地的制度开始扩大至更大范围，而不仅仅如之前那样，通过制度的逐步授权，呈现零散的点状分布，而是逐步对整个县域进行条块分割，多数佐杂官获得了分享县下部分区域的权力。这一过程开始的时间似乎就是在乾隆初年。乾隆二年时，广东曾经奉有"吏部"行文，令厘定捕巡各官辖地（见本书第四章的考证）。值得注意的是，乾隆初年，在广东以外的地区，也出现了类似的记载。同样是乾隆二年，湖北鹤峰州、长乐县，"其佐杂等官各驻要区，虽皆职司巡缉，然

① 据《清高宗实录》统计。

② 《清高宗实录》卷746乾隆三十年十月丁巳，215页。

③ 朱批：乾隆十年二月二十三日署理陕西布政使慧中奏，档号：04-01-01-0117-013。

④ 乾隆十八年四月十二日署理山东巡抚杨应琚奏，《宫中档乾隆朝奏折》第五辑，91页。

⑤ 乾隆二十九年九月十二日浙江按察使李治运奏，《宫中档乾隆朝奏折》第二十二辑，603～604页。

⑥ 《清高宗实录》卷701乾隆二十八年十二月戊戌，837页。

不分汛管理，难免彼此推卸"，故将吏目、州判、县丞、州同、典史等官划地而治①。又如直隶沧州，乾隆元年"奉文分拨吏目、巡检所辖村庄，吏目共辖一百六十九村庄；砖河驿兼衔巡检共辖六十九村庄；李村镇巡检共辖一百一十八村庄；孟村镇巡检共辖一百三十八村庄。"②其中尤可注意的是沧州县下村庄分属吏目、巡检管辖乃是乾隆元年"奉文"，适足与广东方志记载的乾隆二年"吏部"行文相呼应，可见，乾隆初年，似乎的确有过令各省将村庄拨属捕巡官员管辖的统一行动③。

乾隆初年以后，《清实录》中典史与巡检司分设辖区及辖区调整的记载变得较为普遍，但显然并非一声令下，全国推广，而是各省均有一个渐进式推进的过程，时间也并不统一，就是一省之内，各县实施时间也有差异，如湖北省黄梅县，乾隆十一年时已开始对旧有的划分做出调整，"县属三十六镇，典史分管三十镇，清江巡检分管五镇，新开口巡检止管一镇，繁简悬殊。且典史所管汛地，有远至一百余里者，巡缉难周，请将典史分巡三十镇内，与新开镇附近之蔡山、墩塘、太白三镇，改拨新开口镇巡检管辖"④，可见捕巡各官分辖县境早已行之有年，而此年同省的蕲水县则刚刚开始令巡检分辖部分乡都，"湖北巡抚开泰疏称：蕲水县地方辽阔，有上、下、南、北、永福五乡，周三百余里，向由典史稽查巡缉，不免顾此失彼。查有巴河、兰溪巡检二员，堪以就近分管。应将附近巴河之北乡归巴河巡检专汛，附近兰溪之永福乡归兰溪巡检专汛，其上、下、南三乡，仍令典史照旧管理。从之。"⑤推行过程中也曾出现反复，如江西德化县，乾隆二年"吏部议准。原任江西巡抚俞兆岳疏称：德化县城子镇巡检，原管辖之城子镇并赤松、南昌二乡，归德化县典史巡查。其城子镇巡检改德化县大姑塘巡检，兼管附近之仁贵乡。从

① 乾隆《鹤峰州志》卷上《分防》。

② 乾隆《沧州志》卷1《疆域·村庄》。

③ 遗憾的是，迄今为止，笔者已尽可能全部查阅了"中研院"、台北"故宫"、中国第一历史档案馆所藏现存的为数不多的乾隆元年、二年已刊、未刊朱批、录副奏折、吏科题本、军机处随手登记档等，但尚未能查到此次行动的直接奏档。

④ 《清高宗实录》卷278乾隆十一年十一月丁酉，633页。

⑤ 《清高宗实录》卷269乾隆十一年六月壬午，492～493页。

之。"①此举将德化县归属巡检与典史巡查，这是在"吏部"行文之年，似乎是依据统一政令实施的，但这一分辖态势并未持续太久，乾隆四年，新任江西巡抚岳濬奏称，"典史虽司捕务，而城池、监狱甚属紧要，又何能远顾乡镇事宜，日事巡缉?"又奏请复设城子镇巡检，专司城子镇务并管赤松、南昌二乡。② 旋兴旋废的典史分辖乡镇，预示着清初捕巡分辖的试验性，在一些地区也并未完全做强制性的统一规划，充分体现了清代基层治理不拘于条文，"因地制宜"的政治理念。

这一新型管理模式在全国较为普遍的建立时间，笔者认为定在乾隆二十年前后较为妥帖，该年吏部出台了一条重要的处分条例，"吏部疏言：各省开参疏防，多未画一，请嗣后失事地方，系吏目、典史管辖，将吏目、典史查参。如系巡检管辖，止将巡检查参。从之。"③只有各省吏目、典史等典狱官与巡检司等分地而置，且各于所辖区域负有专责到了相当普及的程度，吏部才会专门作出处分条例加以处置。

截至乾隆四十九年，全国各省中分驻乡村的佐杂职官已有一千余名④。其中大多应是县辖政区性质，如果再加上驻于县城但有分辖区的典史、吏目等，县辖政区的数量当更多。

捕巡辖区在乾隆年间的大量涌现并非偶然，清初人口的增殖是一个极为令人瞩目的现象，在县级政区并未显著增加的背景下，州县政府所直接面对的人群急剧增加，人地矛盾较过往朝代更为突出。因此，适当增加管理层次并分区治理变得日趋紧迫。与此同时，清代地方政府架构也发生了重大变迁，幕职的发达和州县官长随等人员非正式地介入到州县活动之中，原本在明代尚与州县官同城办公，分管某一方面具体事务

---

① 《清高宗实录》卷39乾隆二年三月癸丑，702页。

② 朱批：乾隆三年十一月初二日江西巡抚岳濬奏，档号：04-01-01-0024-030；《清高宗实录》卷104乾隆四年十一月丁未，565页。

③ 《清高宗实录》卷497乾隆二十年九月壬辰，248页。

④ 据乾隆《大清一统志》统计。

的捕巡官日益边缘化，面临无事可做的风险①。两重因素的交织，使得捕巡官员分防地方并授予地方之责成为无可奈何的选择。在清代保存至今的众多移设捕巡官员进驻乡村，分管乡堡的奏疏中，几乎毫无例外地要强调两项因素：一是地方紧要，人口众多，成分复杂，其用词多为"五方杂处"、"奸宄潜藏"；一是佐杂官尤其是佐贰官"无所事事"，"几成冗官"。但吊诡的是，恰恰是在政府架构中的边缘化以及由此导致的分防制度使得这些不断被视为"冗官"的捕巡官员获得了"新生"，在有清一代一直被保留，其数量也保持了大体的恒定，并在清代基层治理中发挥了独特的作用。至于这一过程在乾隆年间的基本完成，固然是自清初尤其是雍正以来的地方性实践不断积累的自然延续，另一方面无疑与乾隆皇帝本人注重"基层"的治理思想有莫大关系，笔者注意到乾隆元年，广东曾"令州县巡历乡村"②，在乾隆二年吏部行文令捕巡各官分管地方前后当口，乾隆皇帝还曾亲自下发谕旨，严辞批评了当时的州县官员，"今之州县有司，只以簿书为事。平日安坐衙署，除相验人命、因公踏勘外，足迹不至乡间，以故乡民非有事匍匐公庭，目不睹官长之面，耳不闻官长之训。无论穷檐疾苦，未能周知，即四境情形，亦茫然莫晓"，谕令州县官"有事则在署办理，无事则巡历乡村"③，但州县印官一人之身，又岂能遍察乡里？因此，捕巡各官分管县境，一定程度上是州县官亲自巡历乡村的"替代方案"，是分权、分责之举，故同治《江夏县志》所称"鲇鱼、

① 捕属官员的边缘化命运，由"幕官"变迁可见一斑。幕官如典史等，本来由国家选任，辅助州县官从事政务，但因无法得到主官信任，逐渐被私人雇佣的幕宾取代，大多成为主管巡捕的官员。这一转变开始于嘉靖初年，至万历初年完成，见王泉伟《论明代州县幕官的职权转变》，《史学月刊》2013 年第 9 期。缪全吉亦曾认为"案地方衙门虽有佐杂之官，姑不问其人数不足，但以此辈之出身均系杂流，于明代独重进士之风气下，既无劝于前，又无惩于后。甘就佐杂者，其品性原已可疑，长官何肯假以事权。再佐杂亦受命于朝，非主官所能辟除，官佐既素昧平生，于无可奈何发生之隶属关系中，若官稍假事权，又恐久假不归，以启分庭抗礼之体。因之，明代地方主官鲜有借重佐杂者"，《清代幕府人事制度》，9 页，台北，中国人事行政月刊社，1971。

② 乾隆《南海县志》卷 3《编年》。

③ 中国第一历史档案馆编：《乾隆朝上谕档》第一册，乾隆二年七月十八日，204～205 页，北京，档案出版社，1991。

金口、山陂、浒黄分四汛，各设一巡检司治其地，盖以四境辽阔，知县不能日遍历于乡村，故以耳目寄之，四人各察其所分治之地，以告于知县，岁有丰歉，田有肥饶，民有秀顽，俗有美恶，皆其耳目所闻见。知县复从而审察之，则巨细无遗，可以不劳而理。"①正是这一分权的基层治理理念的完美体现。

## (四)嘉道以后的基本稳定

嘉庆直至光绪初期，由于政区格局的基本稳定，佐杂的裁撤移驻变动较小，基本保持了稳定状态。这一时期，对于县辖政区的主要调整，其原因有以下几种：

一是由于黄河改道引发的管河佐杂的裁汰。咸丰五年黄河在铜瓦厢决口，结束 700 余年夺淮入海的历史，因"防河险而利漕行"而设置的各管河官员，包括江南河道总督及所辖三道二十厅文武员弁数百员无"应办之工"纷纷裁汰。"各厅所属之管河佐杂人员，除扬庄等闸官十员专司启闭，毋庸裁撤外，其宿州等管河州同五缺，高邮州等管河州判三缺，东台等管河县丞十九缺，高良涧等管河主簿二十一缺，阜宁等管河巡检十六缺，均着一并裁撤。"②这些管河佐杂虽未必尽皆属于县辖政区，但比照直隶地区的例子看，有可能部分有分防河道附近村庄之责。

二是由于地方形势变化所导致的驻地调整，所谓"设官分职，必须因地制宜。如有今昔情形不同，自当随时调剂"，如嘉庆十六年，江西临川县清泥巡检司，因"分辖汛地，现在烟户无多，事务甚简"，故令移驻"商贾络绎，民居稠密"，且时有递解人犯经过之东馆地方，"所有该巡检原辖八十一都起至八十七都止，共七都，再将附近东馆地方向归县辖之八十八都起至九十二都止共五都，一并拨归该巡检管辖。凡有盗窃案件，一体责令承缉"③。

---

①　同治《江夏县志》卷 1《图说志·四汛图说》。

②　《清文宗实录》卷 322 咸丰十年六月庚辰，774 页。

③　朱批：嘉庆十六年九月初九日江西巡抚先福奏，档号：04-01-01-0525-030。

## （五）光绪朝边疆地区县辖政区的增置

据贺跃夫、傅林祥的研究，光绪时期政区的大量设置并没有导致巡检司数量的增加，他们认为太平天国以来，随着团练的广泛兴起，地方绅董依赖团练局所等非正式机构，在功能上逐渐取代官方的行政官署，成为晚清乡村社会的主要支配者，从而使晚清基层行政官署萎缩不振。但从表2-6来看，这一判断可能需要稍加修正，贺跃夫的判断来源于湖北、浙江两省的设置和兴废情况，并不完全具备普遍意义，傅林祥所据以得出上述结论的数据来源于光绪《会典事例》，但该书资料断限于光绪二十二年，此年以后裁置资料并无收录，且清末动荡，档册无存，《事例》多有缺漏。由于东北、台湾、新疆相继建省，随着厅州县建置逐步建立，佐杂官也随之设立，这些地区县辖政区数量有所增加，其中部分县辖政区作为设县前的准备步骤也被广泛使用。根据笔者对巡检司一项的统计，可以看出，清末政区变动带来了巡检司这一县辖政区中最大部分的增长。表2-6是依据档案、《实录》、地方志考证后整理出的新的数据。据笔者《清代巡检司地理研究》下编部分的统计，光绪年间新置巡检司61个，裁撤23个，净增38个，是有清一代除雍、乾两朝外，增长最迅速的时期。从该朝新置、裁废、移驻巡检司的地区分布来看，68%的新置巡检司分布在新设政区，而且不少县级政区就是直接从巡检司辖区升格而来①，表明这一时期巡检司的增置

表 2-6　光绪朝东北、新疆、台湾巡检司数量变化

| 省份 | 增设 | 裁汰 | 移驻 | 增减额 |
|---|---|---|---|---|
| 奉天 | 17 | 2 | 5 | ＋15 |
| 吉林 | 14 | 4 | 1 | ＋10 |
| 黑龙江 | 9 | 1 | 1 | ＋8 |
| 新疆 | 4 | 9 | 1 | －5 |
| 台湾 | 0 | 2 | 3 | －2 |
| 总计 | 44 | 18 | 11 | 26 |

资料来源：胡恒：《清代巡检司地理研究》，中国人民大学2008届硕士论文。

———————

①　如光绪二十八年温宿府旧城巡检司所辖升为温宿县，焉耆府属布告尔巡检所辖升为轮台县，吐鲁番厅属辟展巡检所辖升为鄯善县（《清德宗实录》卷504光绪二十八年八月壬辰，651页）

与政区变革之间的密切关系。至于县丞、主簿、典史等官员的增加亦类似于此。

## (六)清末新政后县辖政区制度逐步消亡及其流风余绪

光绪时期，尽管边疆地区的县辖政区有所增加，但在其他政区建制较为稳定的省份保持了总体稳定。这一时期随着捐纳之风的盛行，官缺中出自异途的愈来愈多，导致了整个队伍素质低下，统治集团对其能否起到应有的控制乡里的作用并不十分认可，乾隆皇帝早就指出"此等之人，本系微职，一膺斯任，妄谓得操地方之权。所用衙役，率皆本地无藉之徒，望风应募。遂于管辖之内，欺诈愚民，遇事生风，多方扰累。甚至卑陋无耻，散帖敛分，苛索银钱，官役分肥，于地方并无查察防范之效"①，"佐杂等员，一遇拣选缺出，止凭两司举报，殊非慎重要缺之道。且佐杂微员，或以政迹不须造报，任意纵肆，而该上司亦姑容不即揭报，皆事所或有"②。清末预备立宪开始后，五大臣出洋考察，从中央到地方筹备改革官制，佐杂官被认为是"既不准擅受民事，又初无一定责成，虽号分防，几同虚设，以致民生坐困，立志不修"③，明令要全部革除，并添置裁判、民政、度支等各专业事务官代行原佐杂职能④。宣统年间，各地纷纷上奏裁撤佐杂清单：二年，湖南巡抚奏裁巡检司等佐杂官共二十三缺，认为有的佐杂"名虽佐理分防，实则无所职掌，在昔固称繁要，近今已等闲官"⑤；三年，江西巡抚奏裁同城佐贰杂职教职，其中拟裁直隶州州判一缺，州同一缺，县丞三十二缺、主簿一缺⑥，奉天奏

---

① 《清高宗实录》卷21乾隆元年六月辛卯，512页。

② 《清高宗实录》卷223乾隆九年八月壬寅，881页。

③ 军机处原折《光绪三十三年五月二十七日总司核定官制大臣奕劻等奏续订各直省官制情形折》，中国第一历史档案馆编：《清末筹备立宪档案史料》，503页，北京，中华书局，1999。

④ 录副：光绪三十四年六月初四日掌云南道监察御史俾寿奏，档号：03-5621-028。

⑤ 录副：宣统二年九月初二日湖南巡抚杨文鼎奏，档号：03-7445-040。

⑥ 录副：宣统三年闰六月二十六日江西巡抚冯汝骙呈，档号：03-7440-063。

裁撤知县佐职清单，奏裁承德县、锦县及部分州县典史、吏目等①，湖北奏裁各县属官，除分防县丞、巡检、主簿另行核办外，同城县丞、主簿、州判等先行裁汰②。

因 1912 年清帝退位，帝制结束，故上述拟裁清单大多未即时执行，而是于民国初年陆续被裁汰。但另一种县下广设的"区"及城镇乡区域划分，使中国历史上第一次出现了设于县以下的一级行政区域，代表着中国基层行政区划进入到一个新的历史时期。

关于历代政治制度的变迁，钱穆曾有一段精辟的论述："某一制度之创立，决不是凭空忽然地创立，它必有渊源，早在此项制度创立之先，已有此项制度之前身，渐渐地在创立。某一制度之消失了，它必有流变，早在此项制度消失之前，已有此项制度之后影，渐渐地在变质"③。作为一种县辖政区名称，巡检、分防县丞、分防主簿等虽然于民初不复存在。但作为在县下划分单独行政区这一管理形式其实并未消失，民国初年的"县佐"制度其实就是清代佐贰分辖的另一种变通形式。

民国三年公布《县佐官制》，共六条，其中规定："县设县佐，承县知事之命，掌巡徼、弹压暨其他勘灾、捕蝗、催科、堤防、水利并县知事委托各项事务……县佐以设于该县辖境内之要津堤防为限，不得与县知事同城……县佐驻在地方之警察由该县佐承县知事之命，就近指挥监督之。县佐驻在地方之违警案件，得由该县佐就近处断，仍详报该管县知事，但不得受理民刑诉讼案件"④，其实正与清代佐杂分防本义相同。县佐的设立也借助了清代分防佐杂的渊源，如陕西省呈请设置县佐的呈文中，述及设置缘由时不断强调了前清于此设置过何种佐杂，如"长安县草滩镇，该处北界三原、泾阳两县，地当孔道，商务殷繁，前清设县丞于

---

① 录副：宣统三年二月二十八日东三省总督锡良呈《裁撤知县佐职各缺清单》，档号：03-7440-020。

② 录副：宣统三年五月初六日湖广总督瑞澂奏，档号：03-7454-131。

③ 钱穆：《中国历代政治得失》，5 页，北京，三联书店，2001。

④ 《内务公报》1914 年第 12 期。

表 2-7　宣统三年全国巡检出身统计

| 出身＼省别 | 奉天 | 吉林 | 黑龙 | 直隶 | 江苏 | 安徽 | 山东 | 山西 | 河南 | 陕西 | 甘肃 | 新疆 | 福建 | 浙江 | 江西 | 湖北 | 湖南 | 四川 | 广东 | 广西 | 云南 | 贵州 | 总计 |
|---|---|---|---|---|---|---|---|---|---|---|---|---|---|---|---|---|---|---|---|---|---|---|---|
| 进士 | | | | | | | | | | 1 | | | | | | | | | | | | | 1 |
| 贡生 | | | | 2 | 1 | | | | 1 | 3 | | | 1 | 1 | | | 1 | 1 | | 1 | | | 11 |
| 附贡 | 1 | | 2 | | 5 | 4 | | 2 | 1 | | | | 3 | 3 | 1 | 3 | 1 | 1 | 6 | 4 | | | 37 |
| 增贡 | | | | | | | | | | | | | | | 1 | | | | 1 | | 1 | | 3 |
| 廪贡 | | | | | 1 | 2 | | | 1 | | | | | | | | | | 1 | | | | 5 |
| 廪生 | | | | 2 | 3 | 1 | | 2 | | | | | | 1 | 4 | 1 | 3 | 1 | 1 | 5 | | | 24 |
| 增生 | | 1 | 1 | | | | 3 | 1 | | | | | | 1 | | 1 | | | | | | | 5 |
| 附生 | | 3 | 1 | 2 | 1 | 6 | | 2 | | | | 1 | 3 | 2 | 4 | 1 | 3 | 1 | 7 | 4 | 1 | 1 | 46 |
| 监生 | 9 | 5 | 3 | 42 | 46 | 34 | 19 | 27 | 9 | 9 | 2 | 1 | 40 | 24 | 52 | 52 | 27 | 15 | 87 | 42 | 21 | 5 | 571 |
| 附监 | | | | | 2 | | | | 1 | | | | | 1 | | | | | 1 | | 1 | | 6 |
| 供事 | 3 | | | 3 | 3 | 1 | 1 | 4 | 1 | | | | 1 | 2 | 5 | 3 | 4 | 2 | 4 | 2 | | | 39 |
| 吏员 | 1 | | | 3 | 1 | | | | | | | | | | 1 | | | | 1 | | | | 7 |
| 世袭 | | | | | | | | | | | | | | | | | | | | | 1 | | 1 |
| 总计 | 14 | 9 | 7 | 54 | 63 | 48 | 23 | 38 | 14 | 13 | 2 | 2 | 48 | 34 | 68 | 61 | 39 | 21 | 109 | 58 | 25 | 6 | 756 |

注：1. 资料出处：《职官录》(宣统三年冬季)；

2. 部分或因已裁未设，或资料缺失，出身不明。通计山西2、奉天5、吉林5、直隶7、安徽17、山东4、河南4、陕西4、甘肃2、新疆5、福建11、浙江7、江西12、四川6、云南5、贵州1、湖南8、湖北23、广东41、广西10。

此，民国成立以后仍其旧制"等等①。

县佐制度到 20 世纪 30 年代陆续结束②。但在这十几年的县佐制度施行中，可以看到清末民初在地方行政制度上除了剧烈变革之外，也有继承与延续，而这种制度延续又是以假借名称上的变化来实现的。

## 三、县辖政区的空间分布：以巡检司为中心

清代县辖政区的具体数量恐怕难以精确统计，这主要是因为除了分防在州城、县城之外的巡检司、县丞、主簿等分防官员之外，驻扎在县城的典史、吏目等是否具有辖区，因史料记载的缺略，往往难以厘清，探讨其空间分布更是一个难题。而巡检司基本都是分防在外，其数量可以计量，因此，以巡检司的空间分布来间接反映县辖政区的空间分布，未尝不是一个替代方案。

巡检司的设置与否，一般来讲，是反映该地区治安好坏的标准之一；同时，对于一个地区的治理来讲，当其面积广大，政务繁忙之时，通常的解决办法有两个：分县或是设置佐杂。前者牵涉到县级行政机构的重新设置，且亦受乡绅、官僚的牵制，还牵涉边界划分、学额分配等，往往历经数十年的讨论不得实施，后者则没有上述重重掣牵，易于实施。从某种程度上讲，巡检司的设置同样代表着一个地区开发的程度，也是"分县"难于实施时的一种变通方式。由于各地政治、经济状况的差异，巡检司分布差异极大。

---

① 《内务部呈文并批令(附表)》，《政府公报》1915 年 4 月，1067 号。关于民国县佐制度，参魏光奇：《官治与自治——20 世纪上半期的中国县治》，102～103 页，北京，商务印书馆，2004。

② 内政部曾于 1930 年发文各省，"请将各省以前设置之道尹、县佐一律废除。"但其实个别省份如江苏等汇报，"苏省道尹、县佐，早经废除。此外，并无类似此种行政机构"，见《江苏省政府公报》1930 年第 401 期。

表 2-8　嘉庆、宣统朝各省区巡检司数量比较

| 省区 | 嘉庆朝 | 宣统朝 | 增减额 |
|------|--------|--------|--------|
| 直隶 | 51 | 61 | ＋10 |
| （奉天） | 7 | 19 | ＋12 |
| （吉林） | 4 | 12 | ＋8 |
| （黑龙江） | 0 | 10 | ＋10 |
| 江苏 | 100 | 82 | －18 |
| 安徽 | 65 | 65 | 0 |
| 山西 | 41 | 39 | －2 |
| 山东 | 29 | 27 | －2 |
| 河南 | 19 | 18 | －1 |
| 陕西 | 17 | 17 | 0 |
| 甘肃 | 13 | 4 | －9 |
| 浙江 | 41 | 41 | 0 |
| 江西 | 84 | 80 | －4 |
| 湖北 | 82 | 82 | 0 |
| 湖南 | 68 | 46 | －22 |
| 四川 | 28 | 27 | －1 |
| 福建 | 76 | 59 | －17 |
| 广东 | 150 | 150 | 0 |
| 广西 | 68 | 68 | 0 |
| 云南 | 25 | 30 | ＋5 |
| 贵州 | 8 | 7 | －1 |
| （新疆） | 4 | 7 | ＋3 |
| 总计 | 980 | 951 | －29 |

注：1. 嘉庆朝巡检司数量依《嘉庆重修一统志》各统部下《文职官》所记统计；宣统朝依《职官录》。

2. 为便于比较，将嘉庆末未建省之奉天、吉林、黑龙江、新疆作省级行政单位处理。

3. 土巡检司不在统计之列。

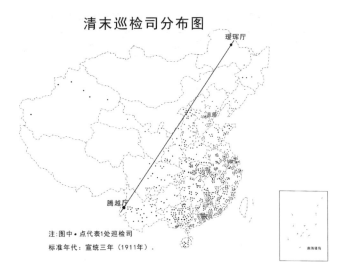

**图 5　清末巡检司分布图**

　　由表 2-8 及图 5，可以看出巡检司有着鲜明的分布特征：

　　1. 东密西疏，南密北疏，存在与胡焕庸人口线相一致的分布线，显示出巡检司分布与人口间的密切关系，但东南密中亦有疏。1935 年时，胡焕庸线东南一带占中国国土面积的 36%，人口则占到全国人口的 96%，而此线西北 64% 的土地面积却养活了 4% 的人口①，这一格局最早就是在清末形成的②。此线东南有巡检司 933 个，占全部巡检司总数的 98%，而西北则仅有 18 个，仅占总数的 2%，设定 1911 年时胡焕庸线两侧的面积与人口比例与 1935 年近似③，其分布之不均衡性较人口更为突出。该线以东、以南巡检司设置各省间也有差异，全国巡检司设置较多的有广东、江苏、湖北、江西、广西、安徽、直隶、福建、湖南九省，除直隶外，其余八省共有巡检司 632 个，占全国总数的 66.5%，绝大多数位于秦岭—淮河线以南，以北则普遍较少，北疏南密。即使是该

　　① 胡焕庸：《中国人口之分布》，《地理学报》1935 年第 2 期。
　　② 葛剑雄：《中国人口发展史》，359 页，福州，福建人民出版社，1991。
　　③ 据 2000 年人口调查数据的分析，人口分布之大势与 1935 年胡焕庸研究对比，仍保持在 96∶4 的水平（葛美玲、封志明：《基于 GIS 的中国 2000 年人口之分布格局研究》，《人口研究》2008 年第 1 期）。而 1935 年离清朝灭亡仅 20 余年，人口、面积分布的基本格局仍不会有太大变化。

线以东、秦岭－淮河线以南的密集分布区，也有稀疏之地。今以设置最为普遍的各省县属巡检设置率①（平均每县设置的数量）为例（见表 2-9），广东、广西、湖北、江苏、安徽平均每县设置一处以上，福建接近每县一处，浙江、湖南基本两县一处，相比之下，贵州、云南、四川三省设置率为 0.1 左右，远低于全国平均的 0.53。

表 2-9　宣统末县属巡检设置率

| 序号 | 省份 | 县数 | 巡检司数 | 设置率 | 序号 | 省份 | 县数 | 巡检司数 | 设置率 |
|---|---|---|---|---|---|---|---|---|---|
| 1 | 直隶 | 104 | 45 | 0.43 | 12 | 浙江 | 75 | 36 | 0.48 |
| 2 | 奉天 | 33 | 15 | 0.45 | 13 | 江西 | 74 | 63 | 0.85 |
| 3 | 吉林 | 18 | 3 | 0.17 | 14 | 湖北 | 60 | 66 | 1.1 |
| 4 | 黑龙江 | 7 | 6 | 0.86 | 15 | 湖南 | 64 | 37 | 0.58 |
| 5 | 江苏 | 60 | 63 | 1.05 | 16 | 四川 | 118 | 14 | 0.12 |
| 6 | 安徽 | 51 | 52 | 1.02 | 17 | 福建 | 57 | 56 | 0.58 |
| 7 | 山西 | 85 | 18 | 0.21 | 18 | 广东 | 79 | 127 | 1.61 |
| 8 | 山东 | 98 | 23 | 0.23 | 19 | 广西 | 49 | 54 | 1.1 |
| 9 | 河南 | 96 | 17 | 0.18 | 20 | 云南 | 41 | 6 | 0.15 |
| 10 | 陕西 | 73 | 8 | 0.11 | 21 | 贵州 | 34 | 2 | 0.06 |
| 11 | 甘肃 | 47 | 3 | 0.06 | 22 | 新疆 | 21 | 2 | 0.10 |

资料来源：宣统末各省县数系据《清史稿·地理志》各省序；巡检司数系据笔者硕士论文考证结果。

2. 广东巡检司设置雄居全国之首，是巡检司分布不均衡格局中的突出特点。嘉庆二十五年共有 150 处，占全国的 15%；宣统三年总数未变，占全国的比例则提高到 16%。而清末广东全省县 79 个，县属巡检司 127 个，平均每县设巡检 1.6 个，是全国平均设置率的 3 倍，从侧面反映出广东治安的严峻形势。清代以来，广东在海内外贸易中的地位愈来愈突出，商品经济发达，走私贸易相当猖獗，且广东滨海临山，岛屿众多，海盗出没，"民风犷悍"②，"染侈靡，游手未尽归民，赌风盛张，无赖或潜为盗。任智健讼，好刀笔"③，素称难治。广东械斗之风炽烈，被列为

---

① 本处仅指属于知县僚属的巡检，故其数目较表 2-8 要少。

② 录副：乾隆六年三月广东按察使潘思矩奏，档号：03-0064-032。

③ 光绪《广州府志》卷 15《舆地略七》。

广东居民的"七好"之一，广东居民也被描述成脾气暴躁和斗殴成习①。乾隆帝就曾感言"向来福建民风好斗，……本日阅广东招册，该省亦颇有械斗案件，尚较闽省为多"②，以治安为职责的巡检司广布州县也就不难理解了。

不仅各省巡检司分布极不平衡，就是一省之内，巡检司的分布也不均衡。以比较典型的江苏省为例，清末各府巡检司设置情况可见下图：

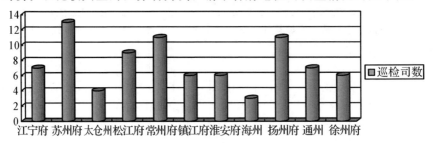

**图 6　宣统三年江苏各府巡检司数**

资料来源：《职官录》(宣统三年冬季)。

笔者试以长江、废黄河河道大致将江苏分为苏南、苏中、苏北三部分，其中苏南包括江宁、镇江、常州、苏州、松江五府，太仓直隶州；苏中包括扬州、淮安二府、通州直隶州、海门直隶厅；苏北包括徐州府、海州直隶州。三者巡检司数量与地域范围的比例如下图：

**图 7　清末江苏各区域巡检司及地域范围比例**

注：清末江苏各府、直隶州、直隶厅地域范围数据来源于侯杨方：中国人口地理信息系统，2014 年 10 月 10 日查询；巡检司数系据《职官录》(宣统三年冬季)。

①　徐珂：《清稗类钞》风俗类《粤人七好》、《粤人好斗》条，1307~1308 页，北京，中华书局，1984。

②　《清高宗实录》卷 1386 乾隆五十六年九月甲戌，599 页。

苏南地域面积占江苏全省面积的 33％，而巡检司所占的比例则高达 60％，与之相比，苏中、苏北合计地域面积占到了 67％，巡检司所占的比例则仅有 40％。宣统二年苏南、苏中、苏北户数占江苏总数的百分比分别为 47％、35％、18％①，巡检司分布的不均衡性较人口分布的差异要更为突出，这可能与苏南发达的市镇经济有关。

解释巡检司地理分布的不均衡性是一项复杂的课题，最好的办法是对每个巡检司设置的因素加以考察，归纳出若干有规律的影响因子，但巡检司官职卑微，官书乃至地方志书所载巡检司之裁、置、移设往往只是一个结果，对其影响因子的考察，不得不限于个别的、有限的事例，笔者仅就所知，略加分析如下：

1. 治安因素。巡检司最重要的职能就是"掌捕盗贼，诘奸宄"，凡民俗犷悍、民风好讼之地，治安形势严峻的地方，往往会设置巡检司进行弹压，故巡检司的设置空间分布及数量变化亦足以反映该地区的治安形势，如广东潮州府留隍司因"民俗强悍"而设②，罗定州东安县西山"夙称盗薮"，移驻巡检司稽查③。

2. 人口因素。从巡检司分布与人口分布的一致性来看，人口是巡检司空间格局形成过程中的重要因素，史料中这样的例子很多，如江西临川县清泥巡检司因所管汛地烟户无多，奏请改驻民居稠密的东馆地方④；山西太谷县高山城因居民稀少，移巡检司驻人稠地广之范村镇⑤。

3. 空间因素。若一县控制半径过大，察查难周，往往需要设置或移驻巡检司以分防地方。所谓"各省设立分防佐贰，原因地方辽远，州县耳目难周，特驻专员，用资巡察"⑥，如广东新宁县广海寨地方"濒临大海，

①　宣统二年人口数据据侯杨方：中国人口地理信息系统，2014 年 10 月 10 日查询。该系统的原始数据来源于王士达《民政部户口调查及各家估计》，北平社会调查所。

②　录副：嘉庆二十四年四月十一日两广总督阮元等奏，档号：03-1467-029。

③　《清世宗实录》卷 110 雍正九年九月戊寅，467 页。

④　录副：嘉庆十六年九月初九日江西巡抚先福奏，档号：03-1693-069。

⑤　录副：乾隆四十三年三月六日山西巡抚巴延三奏，档号：03-0053-042。

⑥　《清宣宗实录》卷 22 道光元年八月癸卯，408 页。

距县辽远"，故移巡检司驻此①；江苏通州三角司巡检，因距所管各沙，"暌隔百有余里"，故就近移驻吕四场②。有的巡检司距离县治相当遥远，如广东合浦县永年司辖境周围三百余里，距县三百六十里③。

4. 区位因素。关津险要、水陆要冲、沿山滨海、县境交界等地，均需设置巡检司以弹压。江西九江府德化县小池口，位于鄱阳湖侧，界连湖北，居民杂处，差使络绎，故移城子镇巡检驻此④；广西桂平县穆乐墟巡检司界联平南、容、藤数县，重山叠嶂，四路交通，为"奸匪"托足之所⑤。此外，县境交界之地往往管理松弛，盗贼出没，巡检司常常驻扎，以弥补空间分割之交叉地带的管理真空，如江苏徐州府驻铜山县双沟镇之四界司，其得名缘由是双沟镇街道"半属安徽灵璧县，半属江苏铜山县，其东又与邳州、睢宁接壤，一镇之中，四州县境地相连，犬牙交错，故有四界之称"⑥。雍正十二年河南添设巡检四员，"滑县老岸镇，往来要道。汝阳县庙湾镇，水陆冲衢。渑池县硖石驿，山谷险要。固始县往流集，吴豫交界，各请设巡检一员，稽查防守"⑦，正典型地代表了四种区位因素。

5. 市镇因素。清代巡检司设于市镇的较多，这是明清巡检司不同于前代的一个突出特点。随着市镇的兴衰，巡检司的驻地也随之发生变化，如江西南城县浟牛市巡检所管之地"市镇零落"，故移驻商贾云集之新丰市⑧；福建崇安县五夫村村庄稠密，烟户繁多，且该地向有常平仓一十五间，贮谷四千余石，故将分水关巡检移驻兼管仓储⑨；湖北广济县龙坪镇系商贾云集之地，故移原驻武穴镇之巡检司驻此⑩。

---

① 《清世宗实录》卷155雍正十三年闰五月戊子，895页。
② 《清高宗实录》卷31乾隆元年十一月己未，627页。
③ 《清高宗实录》卷457乾隆十九年二月庚戌，951页。1952年，合浦划归广西省，1955年还隶广东省，1965年又改隶广西省至今。
④ 《清高宗实录》卷568乾隆二十三年八月乙卯，202～203页。
⑤ 嘉庆《广西通志》卷124《关隘略四·浔州府·桂平县》。
⑥ 录副：乾隆五十六年十二月十二日两江总督长麟等奏，档号：03-0054-03。
⑦ 《清世宗实录》卷144雍正十二年六月丁巳，802页。
⑧ 录副：乾隆五十年八月二十四日暂署江西巡抚舒常奏，档号：03-0197-015。
⑨ 录副：乾隆三十一年九月二十四日闽浙总督苏昌奏，档号：03-0397-065。
⑩ 录副：乾隆二十九年九月十三日湖北巡抚常钧奏，档号：03-1003-081。

　　上述因素并非单独起作用，一个巡检司的设置，往往兼具两种或更多因子。对于巡检司空间分布的不均衡性的解释，可以看作是以上诸因素共同作用下的结果。

# 第三章 京畿之地：京县大兴、宛平的佐杂分防与地方治理

　　自明成祖朱棣迁都北京并设顺天府始，顺天府作为政治统治的核心区域，与常制下的地方行政体制就有了一定的差别，尤其是到了清代，顺天府既设有顺天府尹，又属于直隶总督，是双重管辖体制。顺天府管辖二十余州县，又设立四路同知厅来分辖，这四路同知厅的性质又颇为怪异，其属于顺天府管理，自然应当视作散厅；但同时，四路同知厅又属于直隶省下的霸昌道辖属，自然又应当被视作直隶厅，故在《大清会典》中，四路同知厅既不被列入直隶厅，又未被列入散厅，而是单列，毫无疑问，在京畿之地的制度设计与各普通直省的厅县制度有异。府级制度有异，州县之下管理亦是如此。本章将以顺天府下双附郭县——大兴、宛平为例，探讨其佐杂分防制度与地方治理的关系。

## 一、大兴、宛平的分防佐杂官设置及辖地变迁

　　据《明史·地理志》载，明末时大兴县无巡检司，宛平县巡检司有四：卢沟桥、王平口、石港口、齐家庄。宛平所属巡检司俱设于明初，永乐十一年，"设北京宛平县之卢沟桥、石港口、齐家庄、王平口四巡检司"[①]。以往学界有以永乐十一年为宛平巡检司设置之始的说法，但事实并非如此。《全元文》收录有《送王平口巡检陈允庄序》一文，雍正《畿辅通志》卷42《津梁》载宋元祐四年卢沟桥置巡检司，可见，至迟宋元时代已

---

　　① 《明太宗实录》卷146永乐十一年十二月己巳，1722页，"中研院"史语所校印，1963。

开始在宛平县设置巡检司。

明代宛平所属四巡检司似乎是分界管理的，一个主要的证据是今保存在门头沟区斋堂镇大寨岭上的一块交界碑，为明代所立，碑高 1.2 米，宽 0.42 米，厚 0.3 米，碑文为"王平口巡检司、齐家庄巡检司交界"①。巡检司所从事的职能很可能在于缉捕逃犯，《明英宗实录》记载齐家庄巡检一事："顺天府宛平县齐家庄巡检司巡检贾英奏考满任内所获军囚数少，当谪戍边，缘本司近通西山僻路，上下关口俱有戍守，以故捕获不多。事下行在，吏部覆奏。上以谪戍太重，此情可矜，姑宥复职"②，以捕获军囚为其考绩。现存门头沟碑石中另有一通《石古崖修路碑》，现存王平镇东石古岩村石佛岭，刻于万历六年，共四块，一碑记述修路情况，另三碑记载捐资众善芳名，参与修路的有锦衣卫、司礼监等，还有王平口巡检司等官员及高僧③。巡检司应当在一定程度上参与了地方事务。

但如根据万历年间沈榜所修《宛署杂记》，在《里社》一项中并未记载各巡检司与村落之间的统辖关系来看，巡检司是否由主要负责流动人口而转向土著人口的治理，还不太明确。不过康熙二十二年修纂的《宛平县志》已经明确记载了巡检司所统村落，共分为捕卫南乡、卢沟桥巡检司、石港口巡检司、王平口巡检司、齐家庄巡检司。至此，巡检司与村落之间的关系才得以证实，巡检司与村落间建立统辖关系很可能发生在清初顺康年间。

除了巡检司统辖若干村落外，康熙《宛平县志》提到的"捕卫南乡"，似乎也是一个区划的名称，可是并不存在一个叫作"捕卫"的职官，"南乡"一词也不易理解。但如和光绪《顺天府志》所载作一对比，所谓的"捕卫南乡"应该就是指光绪《顺天府志》中提到的"典史"辖区，所谓"捕"是因典史法定职责是管理监狱，故有"捕厅"之说；"卫"乃是顺天府特殊的五城兵马司管理体系，典史处理地方事务，需与五城兵马司协同，康熙二

---

① 政协北京市门头沟区文史资料委员会编：《京西碑石纪事》，90 页，香港，香港银河出版社，2003。

② 《明英宗实录》卷 37 正统二年十二月壬午，725 页。

③ 刘义全：《京西修路碑》，载中国人民政治协商会议北京市门头沟区委员会文史资料委员会编：《门头沟文史》第 13 辑，374 页，2004。

十五年在清查牙行时，还曾经下令"在京责成顺天府通判、大宛二县、五城兵马司不时严行察拿，照例治罪"①，故在清初有此合称；至于"南乡"，只是一个地理概念而已，标示典史所辖地方主要是县境的南部。

今门头沟区牛角岭古道旁存有一通乾隆四十二年所立《永远免夫交界碑》，记载雍正八年豁免王平口、齐家庄、石港口三司夫役的事，并附有经理人、协办人及王平司所属村庄名录，共计三十八乡约②。该通碑文正是乾隆年间王平口巡检司辖地最精确的一个标示。

嘉庆七年，卢沟桥巡检司改为石景山专汛要缺，仍兼管地方事③，这意味着卢沟桥巡检除了仍旧管理地方，还要兼管永定河部分堤工。

嘉庆二十年宛平县除了典史、四巡检司各有辖地外，又经顺天府尹费锡章等奏请将宛平县县丞迁驻庞各庄：

> 查南路大兴县属尚有旧设巡检三员，分管南路地面，至宛平县卢沟等司均分驻各路，其南路之六十九村庄只有营弁分司缉捕而无文员佐理弹压。臣等督同该管道厅悉心筹议，查有宛平县县丞一员，与知县同城，虽缺分较繁而事无专责，应请移驻庞各庄适中地方，将附近之六十九村并归该县丞稽察。除词讼案件仍不得擅受外，所有盗贼、邪教、娼赌、斗殴等事，均责成该县丞就近查拿解县审办。如有盗窃案件，并将该县丞作为协缉开参，归于南路同知管辖④。

由该段奏疏可知：

1. 嘉庆二十五年以前，宛平县南部六十九村曾不属于宛平县所属佐杂，而由营弁分司负责缉捕，存在一个佐杂分辖上的"真空地带"。直到嘉庆二十五年将县丞移驻庞各庄，才填补了这一空白。

---

① 乾隆《大清会典则例》卷18《吏部·关税》。关于五城兵马司与顺天府的关系，可参李小庆：《五城兵马司与明代京师治安管理》，东北师范大学 2012 届硕士论文，未刊。

② 潘惠楼编著：《京煤史志资料辑考》，66～68 页，北京，北京燕山出版社，2007。

③ 《清仁宗实录》卷 102 嘉庆七年八月庚子，359 页。

④ 录副：嘉庆二十年五月二十三日兼管顺天府尹刘镮之、顺天府尹费锡章奏，档号：03-1568-037。

2. 庞各庄县丞的节制单位直接为南路同知，而非宛平县。一方面该县丞为宛平县丞，另一方面其节制单位为宛平县之上的南路同知，可以说是一种交叉管理的办法。县丞移驻之后，顺天府又请示"南路厅属大兴、宛平二县村庄，其刑名、盗窃处分均以南路同知为督缉，而大兴各司巡检与南路同知并无统属，未免呼应不灵，此次宛平县县丞移驻分防，可否将大兴旧设巡检三员，一体归南路厅考核?"①，嘉庆帝谕内阁，"将宛平县县丞、移驻巡检三员，并着一体归南路同知考覆，以专责成而资整饬。"②实现了大兴、宛平佐杂官——南路同知的监管体系。

到了道光二年，因清厘西山煤窑积弊，清廷将庞各庄县丞移驻门头沟，并将王平口巡检移驻庞各庄③。至此直到清末，其设置格局再未发生变化，形成了一县丞、一典史、四巡检司共同辖属宛平县的格局。各佐杂官所辖村庄见于光绪《顺天府志》中。

表 3-1　光绪《顺天府志》《邨镇》部分所载佐杂官的统辖情况④

| 职官 | 驻地 | 所辖村落 |
| --- | --- | --- |
| 门头沟县丞 | 门头沟 | 黄石港等邨五十有二 |
| 卢沟桥巡检司 | 卢沟桥镇 | 八角等邨七十有奇 |
| 庞各庄巡检司 | 庞各庄 | 里河等邨九十有四 |
| 典史 | 驻城 | 鲁古等邨五十三 |
| 石港巡检司 | 青白石镇 | 傅家台等邨二十有五 |
| 齐家庄巡检司 | 东斋堂 | 西护驾林等邨六十有四 |

① 录副：嘉庆二十年五月二十三日顺天府奏，档号：03-1697-050。
② 《清仁宗实录》卷 306 嘉庆二十年五月丁未，67 页。
③ 录副：道光二年七月初十日兼管顺天府尹卢荫溥、顺天府府尹申启贤奏，档号：03-3617-003；录副：道光十八年七月十三日顺天府尹朱士彦、顺天府府尹曾望颜奏，档号：03-2808-024；《清宣宗实录》卷 37 道光二年六月丙午，651 页。
④ 据光绪《顺天府志》卷 27《邨镇一》考证："邨俗作村，说文无村有邨，从邑屯声，增韵，邨，聚落也，从屯。《一切经音义》引字书'屯亦邨也'，然则邨、屯声谐谊通，顺天人邨亦呼屯，犹存古谊，非仅如各一声之转，亦非因屯田之制，汉兵唐民取以各邨也"，可知"黄邨"、"黄村"，一存古谊，一为俗字，率皆相通。

至于大兴县，一向无巡检司的设置，直到雍正七年才经奏请设置两员巡检司，分驻采育、礼贤①。吏部议论的奏疏尚在，为都察院左副都御史陈良弼所奏，赖此知该二巡检司设置主要是为地方治理尤其是治安考虑：

> 大兴县属采育地方，离京七十五里，周围五十五营，与通州、东安、武清接壤，五方杂处，军民交错，其附近之屯卫、白塔等村回民居其大半，风俗刁悍，命盗时闻，赌博、斗殴严禁不息，虽设有驻防固山一员、守备一员以资弹压，但俱系武弁，民情未能帖服。又大兴所属之礼贤公田等所离京约及百里，村庄八九十处，旗民错处，户口众多，易藏奸匪，且无武职驻扎。该县为都会首邑，公务殷繁，若必须遍历各村，亲身办理，即才堪四应，亦多鞭长莫及之虑。臣请添设巡检二员，一驻采育，一驻礼贤。……雍正七年八月初四日题，初七日奉旨：依议②。

乾隆三十四年又添设黄村巡检司一员③。道光十八年鉴于礼贤镇地方"回民杂处，时有习教盗匪及娼赌私枭等弊"，而"现设巡检一官，职分较微"，故奏请将大兴县县丞移驻于此，同时将礼贤巡检司移驻霸州、永清交界的信安镇，"礼贤司巡检系属选缺，管辖九十八村庄，地方辽阔，……所有巡检原辖村庄改归县丞管辖"④，县丞与巡检司的辖区实现了自然转换。此两巡检司、一县丞的格局一直持续到清末。根据光绪《顺天府志》的记载，除了县丞、巡检司各有辖区外，典史同样管理着一定数量的村庄，与宛平县类似。

---

① 《清世宗实录》卷85雍正七年八月己酉，132页。
② 《清代吏治史料》第4册，雍正七年八月初七日兼吏部尚书张廷玉《请准于直隶大兴县采育礼贤地方各添设巡检一员》，1648～1649页。
③ 《清高宗实录》卷827乾隆三十四年正月辛亥，26页。
④ 录副：道光十八年七月十三日顺天府尹朱士彦、顺天府尹曾望颜奏，档号：03-2808-024。

表 3-2　光绪《顺天府志》所载大兴县佐杂官统辖村镇情况

| 职官 | 统辖村落 |
|---|---|
| 礼贤镇巡检司 | 田家营等邨九十有五 |
| 大兴县典史 | 管邨七十一[即青云店镇，合所管邨四十八。<br>又孙侯屯合邨二十二为二十三] |
| 青云店把总 | 大迴城等邨四十有七 |
| 采育镇巡检司 | 石州营等邨三十有四 |
| 凤河营镇把总 | 沙窝店等邨十有六[隶采育镇] |
| 黄邨镇巡检司 | 三间房等邨三十有八 |

　　大兴县的村落统辖关系颇为怪异，似乎除了文职官的巡检司、典史外，类似把总这样的塘汛官也可以代管村落。如仔细推敲，似乎大兴县的管辖层次可分作三级：县——巡检司、典史——邨，而部分地区又分作四级，如光绪《顺天府志》大兴县下青云店把总辖四十七邨，加上青云店共四十八邨，正是大兴县典史所辖七十一邨中标示的"青云店镇，合所管邨四十八"，形成了县——巡检司、典史——把总——邨的四级体制。第一种情况乃常态，大兴县典史加上礼贤镇巡检司、采育镇巡检司、黄邨镇巡检司把全县辖境分割完毕，而在大兴县典史、采育镇巡检司辖区内，层次又更加丰富了，大兴县典史共管辖村落七十一，其中包含青云店镇把总及其所管村落四十八个；采育镇巡检司下有凤河营镇把总所管邨十六个，再加上凤河营镇本身，共十七个村落，此外该巡检司还直接管辖村落十七个。在其他地区，这样的管辖方式并不多见。

　　另外，必须提及的是大兴、宛平二县对于京城之内的地方是无管辖权的，京师及周边有一个专门的区域名称"城属"，其统辖范围可见下图。京师之内一般是由五城兵马司来管理，雍正、乾隆年间数次厘定城属与大兴、宛平两县的疆界。京师内一度也试图通过设立巡检司的形式来进行管理，这就是所谓的京城巡检。其设置历时很短，此处简述其沿革情况。

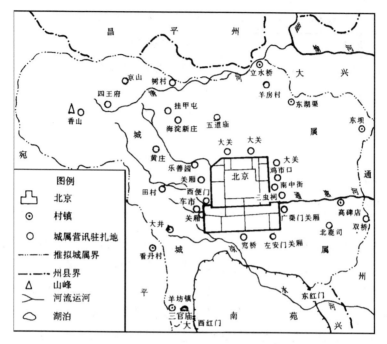

**图 8　宣统三年顺天府城属范围①**

京城自古为辇毂之地，五方之人，云集辐辏，宋代即设有四厢巡检管理治安。清代对于京城的治安倍加关注，五城之内分命满汉御史及兵马司正副指挥协同稽查，又设九门步兵统领查匪缉盗。雍正七年因外城街巷孔多，虑藏奸匪，因而树立栅栏，又复设立五城铺司巡检各一人以掌启闭②，协助稽查盗逃赌斗事项。但巡检设立之初，遇有命盗案件，只许巡检协理而不专擅，以防侵司坊官之权。处理的程序是一面申报该城御史，一面报明该司坊官，以致巡检无实际执法权力，形同虚设。雍正帝敏锐地认识到但令巡检稽查，又止许报明，不得擅自处理，"倘或地方有不法等事必待报明，然后拘拿，遇盗贼则盗贼已逃，遇赌博则赌博已散，遇酗酒则醉者已醒，虽三尺之童，亦知其断不可行者"①，因此命都察院重加审议。虽然明知设立巡检，难收成效，终雍正末，五城巡检始终保留，巡检员缺也增至数十员之多。但巡检本系微职，所用衙役皆本地无赖之徒，扰民生事，起不到查察防范之效，又使司坊官得以推诿卸咎，实属冗设，故乾隆继位之初，就谕令裁撤五城巡检②。

## 二、分防佐杂官与地方社会

大兴、宛平既属京县，其佐杂官设置与其余各省虽有类似之处，但亦有不同，主要在于其官员品级较通常为高，且上升空间更大。乾隆二十六年刑部右侍郎钱汝城、顺天府府尹罗汉源就曾称："大、宛二县县丞附近京城，差遣颇繁，兼办文武乡会试，内委供给，经手钱粮，与外县县丞有间，是以品级亦较外县从优。"③又如门头沟县丞，"如果实系贤能，有守有为，三年期满，臣衙门（指顺天府）会同直隶总督出具考语，移咨吏部，带领引见请旨，即以知县题升。"④

这些佐杂官的职能，依据若干初设时期的行政文书，知其主要是缉捕盗贼，并兼受理若干民间"细故"，如雍正七年设置的大兴县采育、礼贤两巡检司，其职责是："凡稽查保甲、巡缉盗逃以及严拿黄铜、赌博、宰牛等项令其专管，以昭责成。遇有争讼小事，即就近委之审理，仍令该县不时查察，有犯科条即行详揭。"⑤道光五年军机处查拿案犯刘二，因刘二系大兴县礼贤司人，故直接令顺天府并转大兴县，令礼贤司严密

---

① 《雍正朝汉文谕旨汇编》第 2 册，雍正八年七月甲戌，78 页，桂林，广西师范大学出版社，1999。

② 《清高宗实录》卷 21 乾隆元年六月辛卯，511 页。

③ 录副：乾隆二十六年八月二十九日刑部右侍郎钱汝城、顺天府府尹罗汉源奏，档号：03-0104-017。

④ 录副：道光二年七月初十日兼管顺天府尹卢荫溥、顺天府府尹申启贤奏，档号：03-3617-003。

⑤ 《清代吏治史料》第 4 册，雍正七年八月初七日兼吏部尚书张廷玉《请准于直隶大兴县采育礼贤地方各添设巡检一员》，1648～1649 页。

查拿①。嘉庆二十年将宛平县县丞移驻庞各庄时，也提到该县丞的法定权责是"除词讼案件仍不得擅受外，所有盗贼、邪教、娼赌、斗殴等事，均责成该县丞就近查拿解县审办。如有盗窃案件，并将该县丞作为协缉开参，归于南路同知管辖。"②道光二年，移驻门头沟县丞的职责是"责令弹压稽查"③。

依据上述材料，知大兴、宛平二县县丞、巡检司等分防佐杂官对盗贼、邪教等细事或民间争讼小事，有一定的审理权，但缺少独立行使的权力，"词讼事件不得擅受"，且应"解县审办"，不构成一级独立的司法层级。道光元年黄村巡检司因擅受民词，滥刑毙命而受到处罚就是透视分防佐杂官受理案件权限的一个很好的案例。

> 奏为特参违例用刑致毙人命之巡检请旨革职归案严审事。窃照巡检一官分驻地方，原有查拿贼匪娼赌之责，但拿获之后即应呈送该管有司衙门，例不准其擅用刑讯。讵有大兴县黄村巡检孙绳武者，于本年十二月二十一日在村查夜，至该处民人赵荣家内，见有赵荣、赵义、李二、赵皂儿、阮进才、张四六人同赌，当场拿获。该巡检并不申送大兴县讯究，亦不呈送同村驻扎之南路同知衙门核办，竟自将阮进才、张四两人锁押，赵义、赵荣、赵皂儿、李二四人枷号。二十二日晚间又因赵义辱骂不服，责打三十板，仍未疏枷。该犯赵义旋于二十四日午刻殒命。……查该巡检拿获赌犯，并不申送该管衙门究办，辄自违例枷责，已属擅专，乃因赵义被枷不服，又用杖责，仍行枷号，以致赵义因伤身死，更属任性妄为④。

---

① 咨呈：道光五年六月十四日顺天府为礼贤司地方挨查委无刘二其人凭查缉等事给军机处，档号：03-4033-007。

② 录副：嘉庆二十年五月二十三日兼管顺天府尹刘镮之、顺天府尹费锡章奏，档号：03-1568-037。

③ 录副：道光二年七月初十日兼管顺天府尹卢荫溥、顺天府府尹申启贤奏，档号：03-3617-003。

④ 录副：道光元年十二月二十九日大学士兼管顺天府府尹卢荫溥、吏部尚书兼管顺天府府尹申启贤奏，档号：03-2866-059。

后该巡检"照监临官因公非法殴打致死律，杖一百，徒三年"结案①。由该件案件可知巡检按律应在捕获盗贼等情后交由知县审讯，或交南路同知核办，本身无独立的司法审理权。

当然，除了地方治安、民间细事之外，这些佐杂官还深度参与了地方事务，有些还提出过对地方社会极为关键的政策举措。前已提及，今门头沟区牛角岭关城边立有一通《永远免夫交界碑》，记载了王平口巡检司的功绩。碑文如下：

尝观古之循良，其德勒石而名垂竹帛者，未尝不三叹而流涟也。何幸今日恭逢盛世而得沐我县尊黄公之治也，如我宛邑西山一带，村墟寥落，旗人一半联居，石厚田薄，里下走窑度日。一应夫差，家中每叹糊口之艰。距京遥远，往返不堪征途之苦。是以雍正八年间，司主阮公具详上宪，祈免夫差，幸赖县主王公心存抚字，志笃鞠谋，恩准王平、齐家、石港三司夫役，尽行豁免。于是，黎民佩德，兆姓衔恩，一则立碑宛平署前，一则勒石王平通衢。迄今四十余年，瞻仰不胜依依，夫何大差络绎，供役繁兴，忽闻催派之声，复睹颠连之状，呜呼！旷典不容，以再邀殊恩，岂堪以复举？然莫为之前，虽美弗彰；莫为之后，虽盛弗传。玉等不揣冒昧，匍匐陈情，蒙我司主黄公俯察民隐，复赐转申，谨蒙我县尊黄公钧批查王平、齐家、石港，取豁各村夫役之征，久经详免在案。准饬遵照从前详案，豁免三司夫役，毋得再派，以舒民困，噫嘻！玉等何幸而得生我黄公之治下哉！夫公江南镇江府溧阳县人也，讳瑞鼎，字景韩，由孝廉出任，宰任宛平。忆自下车以来，恺悌宅心，精勤莅政，平刑以息讼事，沉冤尽雪，慎密而检署差，弊窦全销。敷施良规，更仆难穷，亿兆铭心，蠲徭为最，虽保赤诚，求不异闻望于当年，而孔迩兴歌，何忍销沉于后世，玉等共竭鄙诚，勒石镌碑，庶昭德扬声用，慰甘棠之遗爱，而兴利革弊，永垂在位之德型矣。

经理人　韩德玉，生员；申九成，生员；孙永祺、刘宪隆、李

---

鹏、马怀印、王文珍

协办人　郝振纲、韩宏谟、牛步霄、刘文明

顺天府庠生刘廷玉、申九成、孙永祺拜撰书丹

时大清乾隆四十贰年岁次丁酉八月谷旦立①

该碑提及雍正八年王平口巡检司阮公曾经奏请宛平知县免除了王平口、齐家庄、石港口三巡检司辖地内的夫役。但之后因差务纷纭，又有供役繁兴，故乾隆四十二年经王平口巡检黄公申详宛平知县，再次确认王平口、齐家庄、石港口各司夫役全部豁免。这是由巡检司主动向知县提出的免除夫役的案例，因其政绩而勒碑纪念，该巡检司作为辖地内地方主官的形象十分典型。

清代京西门头沟一带煤矿业兴盛，道光二年宛平县县丞由庞各庄移驻门头沟，正是为管理煤窑起见。咸丰十年驻门头沟县丞曾谕令清水涧村全盛窑窑户持谕单到宛平知县衙门呈报，并将煤窑人工开造姓名、年貌、籍贯清册按月送县丞衙门②。光绪十二年卢沟桥巡检司也曾经给王家村月严寺山场内通义窑窑主刘殿玉发给谕单，令其试采，"待窑挖见煤斤，即行赴县请照"③。

为有效控制地方，巡检司等还曾负责户籍调查。今宛平县抗日烈士纪念碑东侧有一通王金度所撰《王老爷功德碑》，碑文："宛邑齐家司地方隶籍神京，风气古朴，乡民俱系土著，士农工商各有专业，并无无籍游民，户口素称清白。查系遵照定例，岁终各村乡约具造户口清册，呈司送县，以凭查核。故虽十数年来各直省贼氛窜扰，而京西一带安堵如故，良由上下实力奉行，贼匪无处潜踪，法甚善也。放立法所以剔弊，而弊因以而生，至有不孝胥役，藉端勒索，名为丁钱。每逢年终，穷民迫呼

---

① 部分碑文《京煤史志资料辑考》录入有误，兹据孔夫子旧书网所存碑文拓片校正。

② 《清代宛平县发门头沟清水涧全盛窑谕单》，中国人民大学清史研究所、档案系中国政治制度史教研室合编：《清代的矿业》（下），414～415页，北京，中华书局，1983。

③ "中研院"近代史研究所编：《中国近代史资料汇编·矿务档第一册《一般矿政直隶》部分，398页，1960。

于县尊，司主不知也，即知之而相沿已久，亦不能革。兹逢明司主王大老爷台甫鸣皋，悯愚民之无知，惩胥役之不法，张贴告示，力除此弊，并令将所出告示刊刻于石，永远遵照，而舞弊弓役一并斥革，永不许复充，此诚盛事也，因书此以志不忘。"①这通碑文很细致地反映了巡检司在户口呈报中的中转作用。在查禁民间宗教方面，巡检司也发挥了一定的作用，义和团运动期间，宛平县齐家司巡检所属桑峪地方多有天主教堂，为保民教安谧，齐家司巡检"业令阖属五十余村出具连环保结，以后再不得仇视教民，如以后再有杀害教民情事，即以环保是问"②。

## 三、唯一的一部巡检司志——《齐家司志略》

清代巡检司、县丞所设不知凡几，但纂修志书的则寥寥无几，尤其是巡检司纂修志书的仅知有宛平县齐家司于光绪年间所修《齐家司志略》，后来又有王旭《齐家司续志略》作为补充。作为唯一一部巡检司志，该志虽极为珍贵，但亦久不为人所知。目前也无单行本，只有《门头沟文物志》附录有据北京大学历史系教授杨立久手抄本整理的一份，故而传播亦不广，识者亦甚少，故于此稍作一点介绍。

依笔者所见，最早注意到该志的是民国时期的徐一士，他在1936年《逸经》第四期写了一篇《一个小型方志》的文章介绍了《齐家司志略》及其作者王金度。文中提到他"偶于一小书摊上得一油印小册子，曰'齐家司志略'，寥寥十数页，已黯敝。此书之性质，实一小型之方志"，并指出"此类小型方志，向颇罕见"，"此书叙事虽简，而笔致雅饬可观"③。

全书分为十九部分，舆地、山川三则、城郭二则、村郭、土产、风俗、里社、田赋、衙署、祠宇、经费、形胜、武备、历官、乡贤、陵墓、友弟、节义三则、古迹、齐家司属八景。王旭所续《齐家司续志略》附于

① 刘义全：《宛平县抗日烈士纪念碑迁移》，载中国人民政治协商会议北京市门头沟区委员会编：《门头沟文史》第12辑，2003。

② 林锋源辑：《樊国梁等函牍》，载庄建平主编《近代史资料文库》第6卷，404页，上海，上海书店出版社，2009。

③ 徐一士：《一个小型方志》，《逸经》1936年第4期。

《齐家司志略》后，体例并不完整，补充的内容有：名宦记、续乡贤三则、续乡贤二，另有《重修灵岳寺记》、《大元世古》等篇章。

该志作者王金度在《齐家司志续略》有小传，其即齐家司人，咸丰八年戊午，考中举人，曾在京师教书，"为冀、京兆所称许"，"晚年奉府谕著《齐家司志略》一书"，可见写作该志是奉知府谕令。成书后，"司之巡检呈于府"，得到称许，聘其助修顺天府属诸志，但尚未成行即去世，时在光绪八年，年仅五十四岁。其弟子王旭为光绪年间秀才。

该志对于探究巡检司及其在清代地方行政中的地位和作用具有较大的价值，它再次确认了巡检司辖地的独立性及司属观念的形成。《齐家司志略》卷首即有"舆地"一节，记载了齐家司的辖地，"齐家司系顺天府宛平县分司，地在县之正西，距京师一百六十里。南界房山，北通怀来，西与涿州三坡相连，东与县属之王平司、石港司并相接。南北二十余里，东西七十余里"，在"村郭"一节记载了齐家司"辖属五十八村，以斋堂城为首善"，随后分列诸村，"统计所属村郭，约四千余户，人约两万余口。"同时，按照"司属"梳理名宦、八景、乡贤、节义，正是试图建立齐家司地域认同的举措之一。这一地域认同在碑文、告示的书写中得到体现，如义和团运动时期《马兰村坎字团告示》开篇就写道"京都顺天府宛邑齐家司马兰村虔诚设立义和神团，为此晓谕严规村坊事"[1]；光绪二十三年由举人刘增广所立碑名为《京西宛平县齐家司灵桂川军下村重修龙虎山天仙庙碑记》等[2]。

同时，该巡检司志还保存了许多关于巡检司建置的细节，弥足珍贵，如"祠宇"项记道光二十三年巡检徐麟因平罗营移署于文庙而愤愤不平，"文庙不归俎豆，而以储兵戎，非宜也"，遂移圣象于城之北庵，而"历官"一项，同样记载齐家司徐麟"劝民以务农讲学，谆谆出于至诚"，"节义三则"中记载了乾隆乙未年，齐家司巡检授予西斋堂韩张氏"名重青闺"匾额，授予西胡林村王杜氏"节孝兼全"，奖励列女与孝事。"名宦记"记

---

[1] 笔者于 2008 年 9 月 29 日在河北保定原直隶总督署东花厅所见的义和团设立神团告示的复制件。

[2] 碑文见包世轩：《灵水举人刘增广事略》，载北京市门头沟区委员会文史资料研究委员会编：《门头沟文史》第 4 辑，317 页，1993。

载了光绪十五年巡检司阮兆兰设名宦祠的慷慨之词，"此有司之责也"。巡检不再仅仅是地方的治安维护者，也是地方教化的承担者，在志书修纂中得到证明。

# 第四章　次县辖区："司"的设立与明清广东基层行政

众多研究都注意到清代佐杂分防制度中，广东省是一个极其特殊的存在，[1] 几乎所有州县的全部县域都被数量不等的典史、县丞、主簿、吏目、州同、州判和巡检司分割完毕，其辖区被统称为"司"，构成县下一级行政区域，在同治《广东图说》、光绪《广东舆地图说》中有着极为清晰的记载，这与学界通常认为的直到清末民初随《城镇乡自治章程》的发布才开始在县以下普遍设立一级政权的认识显然是相悖的，与广东之外的其他省区佐杂分防只是点状存在亦大为迥异。这一特殊个案提醒我们，追溯近代县下政区的起源，绝不可以忽略中国固有的传统。早在清代，来华传教士卫三畏就观察到广东附近这一特殊的行政建制，"一些次要的城镇，有较低级的官员（称巡检）管辖，其下划出一部分乡村，称'司'。黄埔及其附近的乡村就是这样的单元，称茭塘司，属于广州府番禺县"[2]。这一州县分防体制在清代广东的清晰体现，对以费孝通为代表的"双轨政治"论者的预设前提——"县下不设官员"构成了几乎难以解释的挑战，国家权势于清代已下延至乡村社会，由此，传统对国家与社会之间关系的认识就具有了重新解读的必要。尽管不少前贤都注意到清代广东基层治理的特殊性，但以往的讨论多局限于制度史与历史地理学范围，偏重任用、设置、分布等传统议题，着眼于整体的泛泛而论，问题意识

---

① 张研：《对清代州县佐贰、典史与巡检辖属之地的考察》，《安徽史学》2009年第 2 期。

② ［美］卫三畏：《中国总论》上册第二章《东部各省地理》，陈俱译、陈绛校，41 页，上海，上海古籍出版社，2005 年。

的提炼尚有不足,且因佐杂官员"职微则纪载略,代远则记忆难"①,材料的缺失、断裂、分散成为制约研究进一步深入的瓶颈,对档案、家谱、方志的利用尚存在较大的开拓空间,尤其是对档案中若干关键性材料缺少挖掘与分析,自然而然的,在佐杂分防及其辖区是如何形成、何时形成的,佐杂官员超越制度规定的实际职责,其与乡绅在乡村治理间的复杂关系、民间对佐杂辖区的认识以及广东"司"辖区的代表性等问题上,尚有诸多待讨论之处。本章拟在较全面、系统地搜集、分析广东现存历代方志、清宫档案及家谱、舆图等资料的基础上②,对相关问题做一探讨,不当之处,尚祈学界指正。

## 一、明代粤东之盗、巡检司及其与保甲之关系

自明清以来,广东盗匪现象十分突出,有"粤东之盗甲于天下"的谚语流传,上至皇帝督抚,下至黎民百姓,莫不知广东盗匪之猖獗。何文平对近代以来广东匪患问题与"粤东盗甲天下"之说从概念演变的角度入手,认为这类名词并非建立于客观统计比较基础之上,主要是社会各界对近代广东匪患的观感和社会心态的反应,是"被舆论化的历史"③。尽管广东匪患是否是全国之最,诚如何氏论文所言,因无客观统计,仁者见仁,智者见智,但这些谚语的流行恰恰正说明广东匪患的确到了相当严重的程度。

广东匪患的猖獗与其地理形势和民间习俗密切相关。广东地势以山地、丘陵为主,又有着漫长的海岸线,岛屿众多,就是珠江三角洲等冲积平原,也是水网稠密、岔道纷纭,所谓"山海交错"、"河网密布"诚非虚言,加之黎族等"生熟番"与汉民杂处,形势极为紧要,如大德《南海

---

① 语出民国《清远县志》卷9《职官·凡例》。

② 本章之写作,得益于《广东历代方志集成》的出版,使得笔者得以便利、系统地收集广东方志中的材料。这些材料大多分散在《舆图》、《疆域》、《纪事》、《廨署》、《人物》、《艺文》等条目中。

③ 何文平:《被舆论化的历史:"粤东盗甲天下"说与近代广东匪患》,《中山大学学报》2005年第1期。

志》所言，"广为岭南巨镇，瞰海负山，前控蕃夷，后带蛮獠，兵威镇遏，诚为重事。"①对于防卫力量极为有限的州县政府来说，治理难度之大是可以想见的。对于地方主官而言，以一人之力是难以应付的，不得不设僚属官以佐之，"今之邑令即古百里侯，朝廷狭以驭广，于是以民人社稷之任付之，而又恐其寡助也，隶之以司属，佐之以师儒，可不谓重哉！"②其中的"司属"即是以"巡逻盘诘"为主要职责的巡检司。

巡检司产生于五代时期，宋代时性质颇为复杂，既有管辖若干府县的，也有设于县下的③。到元代，始转变为设于县下，以捕盗为主要职责的基层官员，并延续至明清时期④。明朝建立后，由于朱元璋的重视，和全国其他地区一样，广东颇多设立，"凡天下要冲去处，设立巡检司，专一盘诘奸细及贩卖私盐犯人、逃军、逃囚，无引、面生可疑之人，须要常加提督"⑤。截至万历时期，广东巡检司共有150员之多，平均每县接近2员⑥，每巡检司又额辖弓兵几十人到近百人不等，是基层行政的重要防卫力量。顾炎武在《日知录》中就对巡检司的地位和作用给予过恰如其分的评价，称"巡简遏之于未萌，总督治之于已乱。"⑦

**表 4-1 《明史·地理志》广东各府、直隶州巡检司数量**

| 序号 | 府（州）名 | 数量 | | 县均设置率 |
| --- | --- | --- | --- | --- |
| | | 巡检司 | 县级单位 | |
| 1 | 广州府 | 45 | 16 | 2.8 |
| 2 | 肇庆府 | 17 | 12 | 1.4 |
| 3 | 韶州府 | 13 | 6 | 2.2 |
| 4 | 南雄府 | 5 | 2 | 2.5 |

---

① 大德《南海志》卷10《兵防》。

② 嘉庆《海康县志》卷3《职官志》。

③ 苗书梅：《宋代巡检初探》，《中国史研究》1989年第3期。

④ 前揭李治安《元代巡检司考述》一文。

⑤ 万历《广东通志》卷9《兵防总下》。

⑥ 据万历《广东通志》卷9《兵防总下》统计。

⑦ 顾炎武著、黄汝成集释：《日知录集释（外七种）》卷8《乡亭之职》，627页。崇祯时，为避朱由检讳，"巡检"改称"巡简"。

| 序号 | 府(州)名 | 数量 | | 县均设置率 |
| --- | --- | --- | --- | --- |
| | | 巡检司 | 县级单位 | |
| 5 | 惠州府 | 19 | 11 | 1.7 |
| 6 | 潮州府 | 21 | 11 | 1.9 |
| 7 | 高州府 | 7 | 6 | 1.2 |
| 8 | 雷州府 | 6 | 3 | 2 |
| 9 | 廉州府 | 10 | 3 | 3.3 |
| 10 | 琼州府 | 13 | 13 | 1 |
| 11 | 罗定直隶州 | 5 | 3 | 1.7 |
| 总计 | | 161 | 86 | 1.9 |

州县之下往往设有不止一个巡检司，只有划定具体的防卫范围，才可进行官员考成和责任追究。这一防卫区域被称作"信地"。万历五年，广东升泷水县为罗定直隶州，领东安、新宁二县，凌云翼所上《改属巡司以便管辖疏》称：

> 德庆州属都城巡检司在原割西宁县境内，晋康巡检司在罗定新州境内，新兴县属罗苛巡检司在原割东安新县境内，相应随地改属等因，呈详到臣。该臣会同巡按广东监察御史龚懋贤看得，巡司之设，各有防守信地，今其地既割新州县，前项巡司衙门亦应改属，庶便管辖①。

所谓"巡司之设，各有防守信地"，有两层含义：第一，巡检司有一定的防卫区域，称为"信地"；第二，巡检司主要职责是"防守"，即弹压地方，属警政系统。"信地"并非是巡检司辖地的专称，凡是划定的防卫区域都可以称"信地"，无论是军政还是民政。嘉靖《宁波府志》谈及"分信地"一条，"凡守备、把总及海防民兵、府州县佐各有信地，如贼至不能拒守，致贼突入者，固当律以守备不设之罪；若能奋勇鏖战，获有首级，

---

① 《苍梧总督军门志》卷26《奏议四》，325页，北京，全国图书馆文献缩微复制中心，1991。

功罪相当者，亦许湔赎；若罪小功多者，仍以功论"①，将"守备、把总及海防民兵"与"府州县佐"的"信地"之责同等看待。值得注意的是，现存明代方志中，关于巡检司及其弓兵的记载往往出现在《兵防》类目下，与把总、守备并无差别，足以证明当时就制度而言，巡检司尚未完全摆脱军事色彩，尽管其选任属于文职官中的"杂职"一途②。《大明会典》将巡检司置于兵部之下的《关隘》类目下，亦隐有此意。尤其是部分巡检司设于沿海，其中有隶属卫所管理者，直接归属兵部管理。嘉靖《增城县志》的编纂者就认为巡检司与卫所职能是重叠的，"野史氏曰：增城既有所官而又有巡检官，是冗员也，谓所官不足以捍寇耶，则所官已设；谓所官足以捍寇耶，则巡检官当废。惟酌而处之，勿为冗员，以渔民可也。"③明人章潢称："国初惩倭之诈，缘海备御，几于万里。其大为卫，次为所，又次为巡检司。大小相维，经纬相错，星罗棋布"④。在《筹海图编》所附地图中，巡检司与州县城、卫、所被极其醒目地予以凸显，曾任职福建沿海之地的叶春及所称的"卫所以防大寇，巡司兵以缉细奸"，正表现了在乡村防卫体系中，卫所、巡司相互配合的用意⑤。其防守区域又往往各自划定，分别防守，如广宁县，巡检司防守东乡官埠寺前地方，巡捕防守城内外厢坊，而营哨等则防守太平等处⑥。地方有事，则又可相互支援。

---

① 嘉靖《宁波府志》卷22《海防书》。

② 《明太祖实录》卷133洪武十三年八月丙寅，2107页。

③ 嘉靖《增城县志》卷9《政事志·秩官类》。

④ 章潢：《图书编》卷50《外四夷馆考·边海守备》，第12册，40页，扬州，江苏广陵古籍刻印社，1988。

⑤ 叶春及：《石洞集》卷7《保甲篇》，《四库全书》1286册，512页，台北，"商务印书馆"，1986。关于沿海巡检司与卫所相互协防的关系，另可参伍跃《明朝初年的福建沿海巡检司》一文，载北京大学中国古代史研究中心编《舆地、考古与史学新说——李孝聪教授荣休纪念论文集》，187~192页，北京，中华书局，2012。

⑥ 道光《广宁县志》卷13《兵防志》所述明代情形。

表4-2 《筹海图编》所记广东沿海巡检司

| 府名 | 巡检司 | 弓兵数 | 府名 | 巡检司 | 弓兵数 |
|---|---|---|---|---|---|
| 廉州府 | 管界 | 20 | 雷州府 | 东场 | 30 |
| | 长墩 | 20 | | 清道 | 30 |
| | 西乡 | 20 | | 涠洲 | 30 |
| | 如昔 | 20 | | 海宁 | 30 |
| | 沿海 | 20 | | 湛州 | 30 |
| | 林墟 | 20 | | 黑石 | 30 |
| | 高仰 | 20 | 高州府 | 凌绿 | 30 |
| | 珠场 | 20 | | 宁村 | 30 |
| | 永平 | 20 | | 赤水 | 25 |
| 广州府 | 城岗 | 50 | 肇庆府 | 立将 | 50 |
| | 牛肚 | 50 | | 海陵 | 60 |
| | 沙冈 | 50 | | 恩平 | 50 |
| | 药迳 | 50 | 惠州府 | 内外管 | 50 |
| | 望高 | 50 | | 碧甲 | 50 |
| | 沙村 | 50 | | 长沙 | 50 |
| | 大瓦 | 50 | | 甲子门 | 50 |
| | 潮道 | 50 | 潮州府 | 神泉 | 50 |
| | 三水 | 50 | | 吉安 | 50 |
| | 江浦 | 50 | | 门阐 | 50 |
| | 江村 | 50 | | 桑田 | 50 |
| | 都宁 | 50 | | 招宁 | 50 |
| | 马冈 | 50 | | 鮀浦 | 50 |
| | 马宁 | 50 | | 枫洋 | 50 |
| | 紫泥 | 50 | | 阐望 | 50 |
| | 神安 | 50 | | 黄岗 | 50 |
| | 黄鼎 | 50 | 琼州府 | 清澜 | 30 |
| | 香山 | 50 | | 铺前 | 60 |
| | 茭塘 | 50 | | 澄迈 | 30 |
| | 五斗口 | 50 | | 青蓝 | 60 |
| | 沙湾 | 50 | | 调嚣 | 60 |
| | 鹿步 | 50 | | 藤桥 | 60 |
| | 白沙 | 50 | | 牛岭 | 60 |
| | 小黄浦 | 50 | | 抱岁 | 60 |
| | 福水 | 50 | | 巡德 | 60 |
| | 缺口 | 50 | | 镇南 | 60 |
| | 官富 | 50 | | 安海 | 60 |
| | 京山 | 50 | | 田牌 | 60 |

巡检司"务在用心禁捕盗贼，但系所管地方，坐视不禁捕者，并从巡抚、镇守官员执问究治"①，捕盗是巡检司最重要的职责之一。但值得注意的是，明代于巡检司之外，专设有捕盗官员，称为"巡捕官"，人选一般从县丞、主簿和典史三者中产生，明嘉靖以后，县巡捕官职权有逐渐向典史集中的趋势②。如此一来，巡捕官与巡检司的职责在一定程度上是重叠的。两者的分工并不十分明确，一般而言，县的巡捕官负责全县防务，巡检司则分辖局部区域，两者大概是前者统辖后者的关系③。一旦地方有盗，巡捕官、巡检司甚至卫所官均附有连带责任，万历年间，因右卫军张荣等十余人私铸银两，刑部令卫掌印巡捕官拟罪，万历皇帝下旨："私铸奸徒，聚众贩易，各地方设有巡捕及巡检司官，乃全置之不问，如何独责卫所官"④，可见，巡捕官及巡检司、卫所共同负有地方治安之责。

巡检司既有"信地"，又职司捕盗，随之而来的问题是巡检司与里甲、保甲等基层组织之间是何种关系？如巡检司统辖里甲、保甲，则其管辖区域可视为行政意义上的"辖区"，反之，则只可视作"防卫区域"而已，不具有行政意义。此泾渭分明，且与明清之际基层行政管理模式转变关系甚巨，以往研究仅见王伟凯曾提及，"与其他朝代不同，明代巡检司仅与里甲、老人相互配合，并不代辖村庄……主要职责是对流动人口进行全面防控"⑤，但未给出依据与论证，其他论著则均不假思索地将清代志书中记载十分明确的巡检司辖区视作明代的"自然延续"，不辨其是"行政区域"或是"防卫区域"，与里甲、保甲的关系如何，故此处不得不依据广东的若干材料详为之考辨。

明代巡检司就制度而言，并无代辖村庄之权，这从设立巡检司的奏疏及方志中可以得到验证。在现存明代广东方志中的《坊都》、《里甲》等类目中，无一提及巡检司，更休论其与里甲间的统辖关系⑥。在设置巡检司的奏疏中，巡检司更多是作为一个点出现的，如潘季驯曾在广东任

① 《明英宗实录废帝附》卷 216《废帝郕戾王附录第三十四》景泰三年五月甲午，4649 页。

② 王泉伟：《明代县巡捕官初探》，《江苏警官学院学报》2010 年第 5 期。

③ 吕进贵：《明代的巡检司制度：地方治安基层组织及其运作》，77 页。

④ 《明神宗实录》卷 75 万历六年五月壬子，1617 页。

⑤ 王伟凯：《试论明代的巡检司》，《史学月刊》2006 年第 3 期。

⑥ 根据《历代方志广东集成》统计，现存明代广东方志共 53 部。

职，嘉靖三十八年其奏请设立广宁县，"以控制群巢于势为便，移金溪巡司于双车圃，扶溪巡司于扶落口。"①不曾提及巡检司辖境如何。

明代叶春及谈及里甲制时称："国朝以里甲任民，推择齿德以为耆老，里中有盗、戍卒、罪人、逋逃及恶人不能捕者，里中老人集众擒之，具教民榜。盖时卫所以防大寇，巡司兵以缉细奸，间有如所云，不过老人、里长帅甲长追胥。申明亭外，未闻巡警铺。"②文中所言的"申明亭"是明太祖朱元璋于洪武五年创建的读法、明理、彰善抑恶、剖决争讼、辅弼刑治之所。明代乡村内部的"盗贼"多由里长、老人来管束，卫所、巡司虽有捕盗之责，但多为"大寇"、"细奸"而已。王伟凯关于巡检司不代辖乡村的判断，就制度而言，笔者是同意的。

但巡检司属文官系统，至少在名义上要协助知县处理政事，又设于乡村，职司捕盗，很难想象其会完全置身于基层行政之外，不理民事，况且任何行政机构都具有扩张权力的天然本能。从广东一地来看，明代巡检司至少在三类地方事务上与乡村必然要发生关联：

一是对所辖区域"岁时巡历"的惯例。崇祯《博罗县志》记载甚详，"佐幕岁时巡行也，长有馈馈，必征诸萃处之人，重而上比则众怨难任，轻而下比凭怒而笞辱，至矣。……近奉明旨，保甲、乡兵着州县正官随宜厝置，不得纵容衙官、吏胥借名签覆，反贻民害。圣天子明见万里，煌煌天语，谁敢干之。夫既无佐幕之巡行，与五百之勾摄，而后可以慎择乡约之长，有信义、有才智、有族望之人始出而肩其任矣。"③可见当时巡检及幕职对地方的"巡历"已构成严重的社会问题，以至不得不由皇帝下令干预。其中"幕职"的"巡历"当属借机勒索，而巡检的"巡历"乃其本职，因其本身具有辖地，"巡简代令，巡行阡陌，弓兵之设，以讥察非。"④每当下乡，"官索常规，下人需索酒食供给，地方人等，因而科派小民，一番下乡，一番骚扰"⑤。明代巡检尽管驻地在乡村，但常寓居县

---

① 潘季驯：《潘司空奏疏》卷1《添设县治疏》，四库全书本。

② 叶春及：《石洞集》卷7《保甲篇》，512页。

③ 崇祯《博罗县志》卷1《地纪》。

④ 崇祯《博罗县志》卷2《政纪·位署》。

⑤ 余自强：《治谱》卷9《待人门·待巡简》，《续修四库全书》第753册影印明崇祯十二年胡璿刻本，602页，上海，上海古籍出版社，1996。

城，受县令差委行事，故才有"下乡"一说。嘉靖年间广东连州议设州判或巡检，霍韬表示反对："若曰巡检可以防盗，领外偏邑巡检多侨居城市，听差窃禄，供奔走之役焉耳，有益地方乎？否也，非所知也。"①以致出现"巡检客居郡县城，兵随之，信地空虚"的大弊②。

嘉靖年间，巡按御史戴璟曾指出，广东"巡捕、巡司等官，极为民害，地方无事辄下乡巡捕，索取下程馈送银钱，名曰夫马杂费，季终新旧总、小甲交替则取拜见钱、满帖钱，名曰更易。旧例：每月执结不分，有事无事则取投递保甲钱，名曰纸笔常供，遇有府县挨捕罪犯取结，则取准行挨无钱，名曰上房使用"③，鉴于弊端甚显，戴璟呼吁："凡巡捕、巡司等官，非系督捕及奉上司明文，不许辄取下乡，骚扰需索，有犯者，许诸人首告，通将在衙人役并贪赃官吏与违犯之徒一体问罪施行，自后吏弊颇清矣"④。但收效甚微，直到清代，广东部分巡检尚有"各乡年例取之保甲"的陋规⑤。

二是弓兵的佥派。洪武初年始设巡检司时，"照例于丁粮相应人户内佥点弓兵应役，一年更替，后遂因之。"⑥其来源有三：一为均徭佥派，属于力差性质，在下户乃至中下户中编差；二是募民充役，不愿应役者通常私自雇人应役；三是永充弓兵，一如卫所军，职业世袭⑦。明后期实行一条鞭法后，广东巡检司弓兵基本采用银差雇役的形式充当，巡按御史戴璟曾称："访得韶州府巡司十五处，每司弓兵四十名或五十名不等，每名榜编银三两五六钱不等，似若轻矣。然小民包揽，与民应当，如濛浓、清溪等处，要银十八九两以上，黄峒、桂山丫等处要银二十二两以上，浛洸、洸口等

---

① 霍韬：《渭厓文集》卷8《议处地方事》，《四库存目丛书》集部第69册影印明万历四年霍与瑕刻本，251页，济南，齐鲁书社，1997。
② 万历《雷州府志》卷12《兵防志一·军制》。
③ 总、小甲是基层治安组织设置，管理民壮，都长管总甲十二名，每总甲管小甲五名，每小甲管民壮一十名，明正统后归属县佐官统辖，见正德《琼台志》卷20《兵防》。另可参王裕明《明代总甲设置之考述》，《第十届明史国际学术讨论会论文集》，北京，人民日报出版社，2005。
④ 嘉靖《广东通志初稿》卷33《军器》。
⑤ 嘉庆《三水县志》卷10《秩官传》。
⑥ 乾隆《陆丰县志》卷11《兵防》。
⑦ 吕进贵：《明代的巡检制度：地方治安基层组织及其运作》，50~59页。

处三十一二两以上。官府禁约甚严，而百姓惮亲当劳苦，破产雇募，以为当然，此弓兵之为害甚矣，诚恐不独韶州府为然也。"①弓兵的佥派是巡检司与乡村社会建立直接联系的一条极重要的路径。

三是"捕盗"本身的模糊性带来的巡检司职能扩张。隆庆《潮阳县志》卷2《县事纪》载，"天顺改元，今郡守陈侯由建阳迁知是邑，继而揭阳有沿海而村曰夏岭者，以渔为业，出入风波岛屿之间，素不受有司约束，邻境恒罹其害，寻有豪猾互争土田，诉于官，连年不决，有司动遣巡司、官兵勾摄之，侵扰弗堪，乃相率乘舟遵海而逃。"田土争端由于被官方认定为"盗"的范畴，而留下巡检司介入的空间。即使是巡检司弓兵，也常常因"求索不遂及替人报仇，常将无辜小民申作窝家漏盗等项"②。嘉靖五年设立三水县时，总督两广军门姚镆建议，"夫三水路道交通，巡司衙门，诚不可无。则以西南巡司照旧钤束西南一带人民，高要所属三水、横石二巡则迁附本县近城巡缉，似为便宜，三司俱属新县所辖。"③"钤束西南一带人民"的说法已隐约含有"捕盗"以外的全面职责扩张。

正因为巡检司对村庄事务的深度介入，从而为其统辖村庄创造了一定的空间。至少从明代中后期开始，巡检司与广东的"堡"、"图"等组织之间开始建立起某种形式上的统辖关系，这在清初文献的回溯性文字中得到验证。

《桑园围总志》记载："此围创自宋朝，其时全围俱属南海。前明景泰初年，因黄萧养滋事，平靖之后，始添建顺德，割两龙、甘竹三堡分隶江村、马宁二巡检，其余各堡仍隶南海县之江浦司。迨国朝乾隆五十一年又添设九江主簿，析九江、沙头、大桐、河清、镇涌五堡分隶管辖，余堡仍隶江浦司"④。则江浦、江村、马宁巡检司分辖堡村至少可追溯至景泰初年。

雍正《罗定州志》卷2《建置·公署》都城巡检司署，"旧制都城司原管

_____

① 嘉靖《广东通志初稿》卷33《军器》。

② 余自强：《治谱》卷9《待人门·待巡简》，602页。

③ 嘉靖五年总督两广军门姚镆《三水立县条议》，康熙《三水县志》卷首《条议》。

④ 《桑园围总志》卷2《乾隆五十九年甲寅通修志》，《四库未收书辑刊》第九辑六册，84页，北京，北京出版社，2000。两龙指龙江堡、龙山堡，见咸丰《顺德县志》卷1《图经》。

旧图都城八堡地方,典史原管新图建康、保和、太平、永安、常静、裕宁上六图地方,怀乡司原管新图定康、信丰、感化、从善、镇南下五图地方。自怀乡司奉裁,下五图亦归典史管理。至都城司既移驻怀乡,已奉文将下五图改属巡检分管,但遇地方失事,开报疏防职名,仍照原管地方报参,名实不符。雍正九年知州王植详请都城司换给怀乡司印,仍管下五图地方"。怀乡司奉裁在顺治十四年①,则清初罗定州西宁县典史、巡检司已各有辖区,分领都图,而这一局面应当是明末遗留下来的。

但这种分辖在明代恐怕并非制度性的。万历《新会县志》卷2《公署》载,"按巡检司之设,各有分土,所以防寇而卫民,今诸司久废,乃各僦居城中,求听差委而已,于所司地方理乱寂不相关,朝廷设官初意,应不如是。"巡检司居于县城,"求听差委",已变为如同主簿、县丞等佐贰官一样的角色,失去"分地裂民"的巡检司设置本意。巡检司统辖保甲也并非毫无争议,明代广东籍但在福建任职的叶春及曾有一篇《保甲不属巡司议》的文章,是笔者所见明代唯一一篇专论保甲与巡司关系的文献,又被收入叶氏《石洞集》一书中:

> 县旧除在坊凡三十四都,近减为三十里。在坊有机兵,其沿海则十八都在县西南,接洛阳桥,与晋江界,绕而南为十九、二十一、二十二、二十三、二十四、二十五都,獭窟司在焉;又绕而南为二十六都,又绕而东南为二十七都,又折而北为二十九都,又折而东为三十都,崇武所在二十七都,小岞司在三十都;小岞而上为三十一、三十二都,有黄崎巡司,入于内港为三十三、三十四都、五都、六都、七都,出于东北为八都,有峰尾巡司,又折而北则为九都、十都、十一都,与仙游比各都皆要害。往巡司岁时行都,各铺敛钱供,亿民苦之,故曰:'南巡北驿',言利均也。今不宜属巡司,使其自相教训捍御。县以时校阅赏罚,有警乃部署巡司率领,事已则止②。

可见,明末已经有了巡司统辖保甲的议论,且应当已有个别的地方性实践。依叶春及所言,巡司仍应定位于"差委"性质,依照主官的部署行事,

---

① 雍正《罗定州志》卷2《建置·公署》。
② 叶春及:《石洞集》卷8《公牍》,528~529页。

事毕则与保甲脱离关系，不干预民事。叶春及此论收入《广东新语》，显示出其时在广东巡司是否统辖乡村仍存有争议。

在现存明代广东方志中，笔者仅见南海县存在巡检司统辖乡都的明确记载，万历《南海县志》在记述全县疆域范围时，写道：

> 乡则六巡司系焉。金利巡司所辖为金利都，东抵省城界，西抵三江界，南抵神安界，北抵番禺界。三江巡司所辖为三江都，东抵金利界，西抵三水界，南抵黄鼎界，北抵番禺界。黄鼎巡司所辖为黄鼎都，东抵五斗口界，西抵西南界，南抵江浦界，北抵神安界。江浦巡司所辖为鼎安都，东南俱抵顺德界，北抵三水界，西抵高要界。神安巡司所辖为泌冲都，东抵茭塘界，西抵扶南界，南抵西淋界，北抵两丫江海界。五斗口巡司所辖为西淋都，东抵番界海界，西抵黄鼎界，南抵顺德界，北抵神安界①。

南海县之所以形成巡检司统辖乡堡的体系，大概与该县自洪武三年开始直至明末长达两百余年的时间，除景泰三年因黄萧养之乱添置五斗口巡检司外，其余五巡检司的设置保持不变有关（见表4-3），故形成了固定辖域及基于此之上的行政安排。此种巡检司统辖乡堡的体系在广东一省的首府附郭县等核心地域出现，且有着确切行政运作上的依据，隆武二年时（即顺治二年，1646年），因南海县开涌破坏风水事，岭南兵巡道曾令南海县察报，南海县又令黄鼎巡检司勘察。该巡检司随即呈缴了其所辖"大江、大富、张槎、土炉等堡里保耆民梁、冯、罗等结"②。崇祯九年因海贼围劫，南海县九江乡绅士呈巡司申县请求发兵救援③。因现存南海县的方志最早的一部就是万历年间修纂的，故笔者难以详考该段关于疆域的描述是从何时开始的，但从关于巡检司与乡堡的关系只记载在《疆域》下而在《坊都》部分中不著一辞，及广东其他地区方志对此毫无表述的情况来看，即使存在巡检司管辖乡都的情况，恐怕也是极有限度的存在。

---

① 万历《南海县志》卷1《疆域》。

② 《禁邻堡开涌碑示》，顺治三年八月初十日，道光《佛山忠义乡志》卷13《乡禁碑·告示》。

③ 同治《南海九江乡志》卷2《事纪》。该巡司当是江浦巡检司。

表 4-3　明代广东省南海县巡检司

| 序号 | 巡检司 | 设置时间 | 驻地 | 序号 | 巡检司 | 设置时间 | 驻地 |
|---|---|---|---|---|---|---|---|
| 1 | 金利 | 洪武三年 | 桃子堡 | 4 | 江浦 | 洪武三年 | 鼎安都 |
| 2 | 三江 | 洪武三年 | 水村 | 5 | 神安 | 洪武三年 | 泌冲寨 |
| 3 | 黄鼎 | 洪武三年 | 宁口村 | 6 | 五斗口 | 景泰三年 | 平洲堡 |

资料来源：康熙《广东通志》卷 6《公署》，康熙《南海县志》卷 2《建置志·公署》。

## 二、佐治乡都：清代捕巡各官的分辖与"司"的设立

清代广东盗案频发之状，并未因明清易代而有所缓和，所谓"粤东山海交错，盗贼独多于他省"①。清代甫一建立，如何弥盗便成为广东基层行政亟待解决的要害问题。

前已述及，直到明末，广东尚只是在局部地域出现了巡司辖属乡都的记载，到了清初，巡检司管辖乡都及其辖境的材料逐渐增多。康熙《东莞县志》卷 1《图纪》绘制了"缺口司图"、"原白沙司今归并缺口图"，在图中还可见到"京山司界"、"中堂司"等字样，其中的"白沙司"是顺治十四年时被裁撤的②，在此之前，东莞县白沙司、缺口司应已有辖境。康熙《南海县志》卷 1《疆域》部分的记载一如万历《南海县志》，"乡则设巡司六"，而在卷 1 所附的地图中，则新增了"黄鼎司图"、"神安司图"等巡司地图。南海知县在志书《序》中谈到，"今天子注意舆图，特命道臣郡丞亲往巡历，考其山川城郭里道远近，绘图恭呈御览，……余为照式增入，作南海县总图而六司各为一图，列所隶山川乡堡"，清楚地表明了六司辖属乡堡的事实，其事在康熙三十年。康熙《增城县志》编纂者针对巡检弓兵被裁撤事评论说，"按巡检专一盘诘奸细及犯人、逃囚、无引、面生可

① 朱批：雍正朝广东提督董象纬奏，缺具奏时间，档号：04-01-30-0362-032。美国学者穆黛安关于广东海盗有出色的研究，见其所著《华南海盗：1790～1810》，刘平译，北京，中国社会科学出版社，1997。
② 《清世祖实录》卷 111 顺治十四年八月癸未，869 页，北京，中华书局，1985；民国《东莞县志》卷 32《前事略四·国朝》。

疑之人,所设弓兵无可追捕,然止以勾摄民事而已,今悉行裁革固宜"①,"止以勾摄民事"正是巡检司深度介入基层政务的真实写照。

自此直到清末,清代对基层行政机构及其权责、区划陆续进行了重大调整,其结果就是形成了如同治《广东图说》所显示的那样,典史、吏目、县丞、主簿及巡检司(亦统称作捕巡官)分辖全县疆域,统率乡都的局面。除巡检司外,明代的僚属官还在与知县"同城而治"②,更谈不上有任何分辖地域,到了清代,却大都分驻乡村,从知县的僚属官转变为分防官。两相对比,明清之际广东基层行政体制的转变不可谓不巨大。那么,这一捕巡官"分管地方"是在何时全面展开,又对基层行政产生何种影响,是考察明清广东基层管理体制转型的关键所在。

由于史籍记载的缺略,民国初年,时人已对捕巡各官分辖地方的时间变得茫然不知。民国《东莞县志》在记载"坊都"一项时,对旧方志中的记载产生了困惑,"周志村庄分隶各都,彭志则分隶五属","周志"为周天成所修,初刻于雍正八年;"彭志"指彭人杰所纂,初刻于嘉庆三年,至于"五属"指的是捕属(典史辖区)、戎属(石龙县丞辖区)、京山司、中堂司、缺口司。编纂者难以解释何时产生"五属"之说,还特意查阅《大清会典》,发现"乾隆十九年改东莞县县丞移驻石龙",按图索骥,编纂者又查阅了道光《广东通志》,"司案云:查京山司所辖石龙、茶山各处,其地颇广,一巡检未能兼辖,京山司巡检即令移驻茶山,将旧管地方与县丞对半分管",由此断定"此分京山为戎属之始",又据"彭志","县丞旧署在县署东,然则县丞移驻后乃始有捕属之名","据此则五属之分始乾隆时"③。

该志编纂者仅以乾隆十九年县丞的移驻定为"五属"之始,但并未考虑到在县丞移驻之前,早已在乡村驻扎的三名巡检司及驻于县城的典史、县丞是否具有辖区的问题,故不足为凭。笔者查阅清代广东方志,其中

①　康熙《增城县志》卷2《政治志·兵防》。
②　笔者仅见乾隆《嘉应州志》卷9《兴宁县·公署》条载:"捕盗公馆,在十三都司之左。嘉靖六年,以界连江西,流寇多扰,委主簿出镇之。今废。"乾隆《翁源县志》卷5《职官志》载"万历元年建三华镇,添设县丞一员,管理镇务,十年裁。"应是临时的差委性质。
③　民国《东莞县志》卷2《舆地略》。

有七部方志明确提到捕巡各官分辖地方的起始时间。

乾隆《顺德县志》卷 3《舆地志·都里》载："乾隆二年奉吏部文行，捕巡各官各按所辖地方，厘定县丞、典史、四司巡检分隶各堡，而统属于邑宰，其若网在纲，有条而不紊。"咸丰《顺德县志》记载同。

乾隆《南雄府志》卷 5《营建志·都里》载："乾隆二年奉吏部文行，厘定捕巡各官所辖地方"。道光《南雄州志》记载同此。

乾隆《始兴县志》卷 5《营建志·都里》载："乾隆二年奉吏部文行，厘定捕巡各官所辖地方。"嘉庆《始兴县志》记载同。

民国《阳山县志》卷 1《舆地上》载："乾隆间分四乡为三属，曰捕属，即典史属，曰七巩司属，曰淇潭司属。"

以上材料似乎已足以证明乾隆二年广东省曾有过一次为捕巡官分划辖区的统一行动。申立增就注意到咸丰《顺德县志》、道光《南雄州志》中的两条记载，认为"乾隆二年吏部正式发文"，"州县所属佐杂官开始在县以下分别领有辖地。"[1]这无疑是一个极其重要的判断。志书既有如此明确的记载，且有几部志书相互印证，似乎已无可置疑。但从广东一省的实际情况来看，捕巡各官分辖全境显然要早于乾隆二年。且与明代仅有部分巡检司分辖地方相比，清代广东基层行政的一个重大变化是典史、吏目等管理监狱又兼全县捕务、驻于县城之官也开始具有辖地，与巡检司"划地而治"。

雍正九年，广东总督郝玉麟奏设香山县黄梁都巡检司时，称"香山县地居滨海，在在险要，县西则设香山司巡检一员，西北则设黄圃司巡检一员，东南则属典史管辖"。黄梁都巡检司设立后，还要将"该巡检管辖村庄、里道、四至查明"上奏[2]。典史与三员巡检分管香山全境。

雍正十年，广东总督郝玉麟奏将"化州梁家沙巡检移驻平定堡并令就近管辖博一、吉三两都地方"。而该二都原属化州吏目所辖[3]。可见化州

---

① 申立增：《清代州县佐贰杂职研究》，58 页，首都师范大学 2006 年硕士论文，未刊。

② 雍正九年十二月十二日广东总督郝玉麟奏，《清代吏治史料》第 5 册，2218页。

③ 雍正十年三月二十五日广东总督郝玉麟奏，《清代吏治史料》第 5 册，2229页。

吏目早已有了分辖区。

雍正十年，吏部尚书奏议合浦县县丞移驻永安地方，该地原"分隶典史管辖"，只因"典史驻居府城，相隔遥远，且有监狱之责，难以分身巡查匪类"，故而移驻县丞①。典史与县丞之间进行了辖区调整。

雍正十一年，广东巡抚杨永斌奏请《将归善县等捕巡各官就近分拨移驻管辖地方折》中称："惠州府属归善县前后共设巡检六员、典史一员，各管地方"，因多寡不适，故拟予以调整，"将在城十三坊与东北二门外二十五堡照旧拨为典史管辖，其县属东北隅三十四堡均归内外司巡检管辖，西北隅五十四堡均归欣乐司巡检管辖，西南隅一十四堡均归碧甲司巡检管辖，东乡二十三堡均归平山司巡检管辖，东南隅三十一堡均归平政司管辖，南乡三十一堡均归平海司巡检管辖"。早在雍正十一年前，归善县已形成全县分属捕巡各官的行政体制。同样是在雍正十一年，连州属吏目、朱冈司巡检、潮州府惠来县典史、靖海司巡检辖区也作了调整②。

雍正十二年，广东巡抚杨永斌奏请调整兴宁县属捕巡各官辖地，将"典史所辖北厢附近十三都巡检司之溪尾等一十八堡割拨十三都司巡检就近管辖，连原辖泰宁、和兴二堡共计二十堡。又典史所辖南厢附近水口巡检司之郭坊等十堡应割拨水口司巡检管辖，连原辖上中下水洋等一十一堡共二十一堡，其余一百一十五堡仍归典史管辖"③；巡检司与典史在所管地方的共同职责是"遇有盗逃、私宰、私枭、矿徒等项事发，各照专管堡分查参"④。咸丰《兴宁县志》中对此事有类似记载，"以上一十八堡旧典史管，雍正十一年知县丁芳植详请归并十三都司管"⑤。

---

①　雍正十年八月二十八日署理广东总督鄂弥达奏，《清代吏治史料》第 5 册，2255 页。

②　雍正十一年九月十八日广东巡抚杨永斌奏，《清代吏治史料》第 5 册，2406～2407 页。

③　雍正十二年四月二十七日吏部尚书张廷玉题，《清代吏治史料》第 6 册，2534 页。

④　揭帖：雍正十一年十二月初二日广东巡抚杨永斌揭，"中研院"傅斯年图书馆藏内阁大库档案，登录号：010669-001，承台湾政治大学许富翔博士代为查阅复制，谨致谢忱！

⑤　乾隆《嘉应州志》卷 9《兴宁县·疆域》。

　　类似的事例,在雍正年间的奏档及内阁吏科史书中出现的相当之多,且屡次调整典史、吏目与巡检司的辖境,可见,这早已是一套非常成熟的管理体系。关于典史如何从分管一县的捕务官,转变为分管局部区域的分辖官,又是如何与巡检相互配合,分割全县区域的,以往学者从未有所注意。这一新型管理体制是广东所仅有,还是在全国范围内普遍存在,因细节材料的缺失,是本研究中虽关键但却极难回答的问题。笔者在明代清初修撰的志书中并未找到足以解释问题的答案,幸运的是在雍正朝宫中档中保存有一份极为珍贵的档案,为解开这一谜团提供了线索。雍正五年广东巡抚杨文乾在奏请鼓励官员巡缉盗贼的奏折中,专门提到:

　　　　奏为鼓励官员以收实效事……各州县所辖地方大者六七百里,小者亦三四百里,疆界之辽阔,更与内地各省不同,当年立制之初,深知州县各官凡稽查巡缉之事,一身不能兼顾,又将设立巡检、驿丞、吏目、典史各官,令其分管地方,专拿盗贼,实非仓狱大使等杂职可比,亦与别省协佐州县、惟供差遣及专理驿务者不同。合计广东通省八十七州县,共设巡检一百二十四员,驿丞一十九员,吏目九员,典史七十八员,所以凡有盗贼案件,上司责成于州县,州县复责成于巡、驿、吏目、典史,所获盗贼,虽系州县报获,实皆出于巡、驿等官之手①。

　　该段文字有三个关键性地方值得注意:第一,“巡检、驿丞、吏目、典史各官,令其分管地方,专拿盗贼”,巡检、驿丞、吏目、典史均有分辖区,且就文意而言,这些官员是为协助州县官员稽查巡缉而设,故理应分辖州县全境,从而构成知县——捕巡官员的新型治理结构,“上司责成于州县,州县复责成于巡、驿、吏目、典史”即是此意。这与明代及之前行政机构并不设在县下,或虽设于县下,但不予民事的治理机制有了本质区别。

　　第二,“与别省协佐州县,惟供差遣,及专理驿务者不同”,可见,

────────────

　　① 雍正五年五月初三日广东巡抚杨文乾奏,中国第一历史档案馆编:《雍正朝汉文朱批奏折汇编》,第8册,805~806页。

以典史、吏目等管狱官与巡检司、驿丞构成的州县分辖体制只是广东的"特例"而已，别省并不存在，浙江巡抚李卫的一份奏折中可予以旁证。李卫在雍正四年对当时的捕盗体制给予了批评，"州县之中职司捕务者，惟知州、知县、吏目、典史，以全州县之盗贼而责之印捕两官，虽极精明强干亦难兼顾"，而散州的州同、州判及大县的县丞、主簿实则"一无所事"，因而建议将州同、州判、县丞、主簿等"令分地稽查现犯、赌博、盗贼、打抢诸事，拿获即解印官亲审，原非令其准理民词。或照巡检之例，分管乡镇，责以专巡。遇有疏防，照例参处。"甚至建议省会或府的经历和照磨等官也"分管派委"。李卫的设计对原有的基层治安体系是一个彻底的颠覆，这就意味着"分管地方"不再仅仅是巡检的"专利"，而要扩及除正印官以外的所有僚属官。吏部认为这些僚属官"各有专司"，再负责捕盗，"岂能兼顾"，且"分一官之权，多增数役之害"，予以驳回。雍正皇帝则给予宠臣李卫以信任，下旨："这事情部议乃是守经，李卫所请乃是行权。李卫实心办理地方事务，自因本地情形，故行条奏，且浙江素多私盐，理应严加缉捕，着照李卫所请，于浙江一省试行一二年再看。"①可见，直到雍正四年，除巡检之外的僚属官分管地方还是"罕见之举"，以致吏部反对，不得不由皇帝下旨，令浙江试行。但浙江之法似乎并未持续，乾隆十九年浙江巡抚复奏请依照雍正四年李卫之法，令"佐贰、首领各官"，"酌派附省城乡分路巡察"②。可见此年之前，李卫之法并未持续施行。

　　第三，这一制度设立的时间被极其模糊地写作"立制之初"，不言具体时日，故此不得不依靠其他材料进行合理地推断。既言"立制"，示以"推崇之意"，则以清朝臣子角度而言，所言似不应为明；又谈"立制之初"，典史、吏目、驿丞与巡检等皆有"分管地方"之责，前已述及，明代方志中仅见万历《南海县志》有巡司统辖乡堡的记载，但未有典史、吏目、驿丞具有分辖地的案例。只要追踪典史、吏目等管狱官何时从分管一县之地转变为分管一隅之地的，或驿丞辖区情况，就可判断此奏折所言"立

---

　　①　雍正四年八月二十四日吏部尚书查弼纳奏，《清代吏治史料》第 2 册，654～658 页。
　　②　乾隆十九年十一月十九日护理浙江巡抚周人骥奏，《宫中档乾隆朝奏折》第九辑，9～10 页。

制之初"的大致时间节点。前文所引雍正《罗定州志》已载顺治十四年时典史已有辖地,在方志中典史辖地较早出现于康熙二十六年修纂的《英德县志》,称其为"捕属",辖地为"在城都、仁义都"等①。在乾隆四年惠州府博罗县调整苏州司巡检与典史辖区的题本中,曾追记"博罗县属之东北境内有矿山一所,名为横山,附近长平、公庄二约地方每有奸徒潜聚偷挖,必须就近专员不时稽查,而此二约向系莫村驿丞管辖,康熙三十九年间奉文裁汰,归并该县典史经管,离城窵远,典史自不能时时巡缉"②,则至少康熙三十九年典史已有辖境,而莫村驿丞管辖二约其时当更早。故笔者推测大致在清初顺康年间,广东已有典史、驿丞等官分管地方的现象存在。

但这种专辖之地恐怕亦未必如杨文乾所说的,是广东全省皆实施的政策,仍然是局部现象。如花县建县于康熙二十三年,初置有狮岭、水西两员巡司③。设县之初,典史仍统辖一县,并无分管区域,遇到二巡检司于所管地方失事,除巡检遭到处罚外,还要一并将典史开参。于权力、责任对等角度而言,对典史是极不公允的,"巡检止司缉捕一方,典史统辖一县,又有兼管监狱之责",故雍正十三年,将狮岭司所辖之纱帽岭等八十八村就近割拨典史专管,又将水西司所管乌石等十八村割归狮岭司。狮岭司所辖八十九村、水西司所辖九十村、典史所辖八十八村④,大致"三分天下"。至此,典史方有辖境,从建县时算起,已接近五十年了。又如康熙《新会县志》中尚称"附近之地隶县,不属巡检司,若宣化、源清、礼义三坊",不言典史辖地⑤,直到乾隆《新会县志》卷3《建置志·坊都》才记载了捕属管辖宣化等三坊。

清代广东基层行政与明代相比,第二个重要转变的时间节点正是在雍正五年,其标志是县丞、主簿等佐贰官开始与巡检司一样分管地方。前引杨文乾奏折正是为此事而上,"伏查广东通省各州县中有州判一员,

① 康熙《英德县志》卷1《建设志》。
② 题本:乾隆四年六月二十三日署理广东巡抚王謩题,档号02-01-03-03642-008。
③ 康熙《花县志》卷4《奏疏》。
④ 雍正十三年四月十一日吏部尚书张廷玉题,《清代吏治史料》第6册,2820~2821页。
⑤ 康熙《新会县志》卷2《疆域》。

县丞十四员，名虽管粮，并无职掌，臣请将此州判县丞共十五员俱改为捕盗，令其分管，巡检、驿丞、吏目、典史专司催督捕缉，如有疏防，照州县官一例处分。"雍正皇帝批示的意见是"将此折你亲身带来，面谕你。"①从雍正末期广东县丞等佐贰官大量分管地方的趋势来看，此折所奏是被准许的。不仅如此，广东佐贰官还开始大量从县城移驻到乡村，第一例县丞移驻乡村正发生在杨文乾进奏之后不久的雍正六年。事实上，早在康熙五十七年时，广东总督杨琳因潮州府饶平县海阳县属的庵埠镇，"奸匪潜匿、县令隔远，难于兼顾"，故奏请将县丞移驻庵埠②。但该县丞实际并未移驻，仍居于县城之中，雍正皇帝为此大动肝火，"上谕：潮州府同知移驻黄冈，已于康熙五十六年部覆准行。海阳县县丞移驻菴埠，亦经杨琳题准。乃历任同知、县丞竟敢因循偷安，并未移驻，而该督抚漫无觉察，听其规避，俱属不合，着杨文乾逐一查明参奏，其如何严定处分之处，该部议奏"③。可见，康熙时广东虽已出现了县丞移驻的奏请，但其实际移驻已在雍正六年。整个雍正年间，有十例县丞、州判等移驻县城之外的现象，而整个清代，广东类似的移驻事件也不过二十四例而已（参表4-4）。这些佐贰官移驻地方之后，与典史、巡检一道，开始"分管地方"。雍正末年，针对典史、县丞、巡检司辖境的调整也日趋增多。

第三个重要时间节点是乾隆二年。前引乾隆《顺德县志》等明确记载了乾隆二年史部行文令厘定捕巡各官所辖区域，由于距离志书编纂的年代相当之近，笔者并不怀疑这几条可互相验证的史料的可靠性。但雍正年间，众多奏疏已明确证明广东不少县份早已是捕巡各官分辖全境的局面。这两者之间看似矛盾，实则完全可以解释。雍正年间，捕巡各官分辖的局面虽已出现，但并非已扩展到广东全省所有州县，且存在执行不力的问题，雍正七年时通政使司右通政史在甲在奏请改变广东巡检选任方式的奏疏中就称，这些巡检"该管上司视为闲员，或差解粮，或委署杂职，或调至省城禀

---

① 雍正五年五月初三日广东巡抚杨文乾奏，中国第一历史档案馆编：《雍正朝汉文朱批奏折汇编》，第 8 册，805～806 页。

② 《清圣祖实录》卷 278 康熙五十七年四月庚寅，730 页。

③ 《雍正朝汉文谕旨汇编》第 7 册雍正六年六月十一日，258 页，桂林，广西师范大学出版社，1999。

事、巡捕，听候差遣。地方有事，即以因公出境，邀免处分"①，故乾隆二年吏部行文应有两层用意，一是将未建立捕巡官分辖体制的县份尽快实施；二是已建立捕巡官分辖体制的县份根据地方情势予以调整，前引雍正末期归善县、兴宁县的案例，就是在调整典史、巡检等官员的辖区分配，乾隆二年吏部行文仍应与此同意。事实上，直到乾隆二十一年，广东督抚还在下令，"粤东地方辽阔，将境内村庄分拨佐贰捕巡就近巡缉，以佐牧令耳目所不逮。惟是村庄必须分配得宜，斯繁简适均，而巡缉易遍。其有管辖村庄过少者，将管辖较多之处就近酌议改隶，绘图造册，将原隶与现议改隶各村庄道里、远近，分晰、注明、禀复。"②可见，捕巡各官分辖地方一直在动态的调整过程之中。同时，乾隆年间主簿、县丞之类的佐贰官移驻乡村的步伐依旧迅速，共出现十例。

表4-4　清代广东佐贰移驻时间

| 府 | 县 | 县丞驻地 | 移驻或新设时间 | 资料来源 |
|---|---|---|---|---|
| 广州 | 南海 | 十三行 | 雍正九年 | 《清世宗实录》卷95，第274页 |
| | 番禺 | 南村 | 雍正八年 | 《清世宗实录》卷108，第409页 |
| | 顺德 | 容奇乡 | 雍正十一年 | 《清世宗实录》卷130，第695页 |
| | 东莞 | 石龙 | 乾隆十九年 | 《清高宗实录》卷458，第958页 |
| | 新会 | 江门 | 乾隆十九年 | 《清高宗实录》卷458，第958页 |
| | 香山 | 前山寨③ | 雍正八年 | 《清世宗实录》卷108，第409页 |
| | 三水 | 西南镇 | 乾隆二十二年 | 《清高宗实录》卷539，第822页 |
| | 新宁 | 那骨堡④ | 乾隆十八年 | 《清高宗实录》卷444，第786页 |
| | 新安 | 大鹏 | 雍正九年 | 《清世宗实录》卷105，第387页 |
| 惠州 | 海丰 | 汕尾 | 乾隆二十一年 | 《清高宗实录》卷509，第432页 |

① 朱批：雍正七年闰七月十八日通政使司右通政史在甲奏，档号：04-01-30-0001-033。

② 道光《阳春县志》卷1《舆地·都里》。

③ 乾隆八年移驻澳门，见《清高宗实录》卷204乾隆八年十一月辛卯，633页。

④ 本县丞系添设。乾隆三十一年又移驻大澳，《嘉庆重修一统志》仍称驻那骨堡当误。《清高宗实录》卷576乾隆三十一年三月庚辰，331页。

续表

| 府 | 县 | 县丞驻地 | 移驻或新设时间 | 资料来源 |
|---|---|---|---|---|
| 潮州 | 海阳 | 庵埠镇 | 雍正六年 | 《雍正朝汉文谕旨汇编》第7册雍正六年六月十一日 |
| | 揭阳 | 棉湖寨 | 嘉庆十一年 | 道光《广东通志》卷132《建置略八》 |
| 肇庆 | 高要 | 金利墟 | 嘉庆二十一年 | 《嘉庆重修一统志》卷440《广东统部》 |
| | 阳江 | 双鱼所 | 雍正九年 | 《清世宗实录》卷105，第387页 |
| 廉州 | 合浦 | 永安所 | 雍正十年 | 《清世宗实录》卷122，第612页 |
| 雷州 | 遂溪 | 杨柑墟 | 嘉庆十五年 | 《嘉庆重修一统志》卷440《广东统部》 |
| 琼州 | 琼山 | 海口所 | 雍正七年 | 咸丰《琼山县志》卷4《建置志》 |
| 府 | 县 | 主簿驻地 | 移驻或新设时间 | 资料来源 |
| 广州 | 南海 | 九江堡 | 乾隆五十一年 | 《清高宗实录》卷1251，第816页 |
| | 增城 | 沙贝村 | 乾隆十九年 | 《清高宗实录》卷460，第979页 |
| | 新宁 | 广海寨 | 嘉庆二十一年 | 《清仁宗实录》卷324，第274页 |
| 府 | 州 | 州同驻地 | 移驻或新设时间 | 资料来源 |
| 嘉应直隶州 | | 松口堡 | 乾隆四年 | 《清高宗实录》卷93，第420页 |
| 府 | 州 | 州判驻地 | 移驻或新设时间 | 资料来源 |
| 廉州府 | 钦州 | 东兴街 | 雍正十二年 | 《清世宗实录》卷150，第856页 |
| 连州直隶州 | | 塔脚① | 乾隆四年 | 《清高宗实录》卷93，第420页 |
| 罗定直隶州 | | 罗镜 | 乾隆四年 | 《清高宗实录》卷93，第420页 |

　　到了嘉庆末，广东几乎大多数巡检司及佐贰官都已分驻到县城之外，成为分防官员，真正驻扎于县城之内，成为知州、知县"副手"角色的"同城"官越来越少，这与明代佐贰官基本都与州县正印官同城而治的局面不啻天壤之别。根据对《嘉庆重修一统志》中的记载统计，嘉庆二十五年广东共有91个县级行政单位，设150处巡检司，分防率为100%；县丞共有20员，分防率为85%。这是县衙门设置最为广泛的两类佐杂官。主簿3员，分防率约为67%，州同2员，分防率为50%，州判3员，分防率

---

① 嘉庆二十一年又移驻星子墟，据《嘉庆重修一统志》卷440《广东统部》。

为100％。以全省均值来看，广东平均每县设有 2 处佐杂官，除杂职官中的巡检司分防率为100％外，佐贰官的平均分防率约为 86％，比例相当之高。与知县同城的佐贰官仅有 4 个。

表 4-5　嘉庆二十五年广东州厅县佐杂官及分防数量

| 序号 | 府级政区 | 县 | 州、厅 | 巡检司 | 县丞 | 分防 | 主簿 | 分防 | 州同 | 分防 | 州判 | 分防 |
|---|---|---|---|---|---|---|---|---|---|---|---|---|
| 1 | 广州府 | 14 | / | 37 | 9 | 9 | 3 | 3 | / | / | / | / |
| 2 | 韶州府 | 6 | / | 10 | 1 | 0 | / | / | / | / | / | / |
| 3 | 惠州府 | 9 | 1 | 21 | 2 | 1 | / | / | / | / | / | / |
| 4 | 潮州府 | 9 | / | 17 | 3 | 2 | / | / | / | / | / | / |
| 5 | 肇庆府 | 12 | 1 | 15 | 2 | 2 | / | / | / | / | / | / |
| 6 | 高州府 | 5 | 1 | 7 | / | / | / | / | / | / | / | / |
| 7 | 廉州府 | 2 | 1 | 10 | 1 | 1 | / | / | / | / | 1 | 1 |
| 8 | 雷州府 | 3 | 1 | 4 | 1 | 1 | / | / | / | / | / | / |
| 9 | 琼州府 | 10 | 3 | 11 | 1 | 1 | / | / | / | / | / | / |
| 10 | 南雄直隶州 | 1 | 1 | 4 | / | / | / | / | 1 | 0 | / | / |
| 11 | 连州直隶州 | 1 | 1 | 3 | / | / | / | / | / | / | 1 | 1 |
| 12 | 嘉应直隶州 | 4 | 4 | 7 | / | / | / | / | 1 | 1 | / | / |
| 13 | 罗定直隶州 | 2 | 1 | 3 | / | / | / | / | / | / | 1 | 1 |
| 14 | 佛冈直隶厅 | / | 1 | 2 | / | / | / | / | / | / | / | / |
| 15 | 连山直隶厅 | / | 1 | 1 | / | / | / | / | / | / | / | / |
| | 总计 | 78 | 13 | 150 | 20 | 17 | 3 | 3 | 2 | 1 | 3 | 3 |

说明：1. 资料来源自《嘉庆重修一统志》卷 440《广东统部·文职官》；

　　　2. 直隶州、厅的亲辖地作一处州、厅来处理。

回到本文开篇提出的基本问题，广东捕巡官是自何时开始"分管地方"的？由上述分析，其逻辑似乎应是如此：第一步是明代中后期逐渐有巡检开始统辖乡堡的现象，具有了分管地方之权，在广东统治的核心地带，也是行政治理难度最高的广州府附郭南海县等地出现；第二步是在清初尤其是康熙年间以前，典史、吏目、巡检乃至驿丞也开始享有"分管地方"的权力，形成广东基层行政的特色，"与别省不同"，这一政策施行的范围较前一阶段已有所扩大；第三步是雍正五年之后，县丞、主簿等佐贰官也加入到"分管地方"的行列中，且如巡检司一样，不断移驻于乡村，从而使得除正印官以外州县政府的多数僚属官员全部具有分辖区域，且不断地进行辖区的动态调整；第四步是乾隆二年经吏部行文，进一步厘定了广东捕巡各官的管辖区域，同时将这一新型治理体系推广至广东全省，具有了普遍施行的意义，其辖区被称作"司"，一直延续至清末，从而形成了如同治《广东图说》、光绪《广东舆地图说》所显示的县——司的治理层级（见下 1820 年《广东省分防佐杂分布图》）。

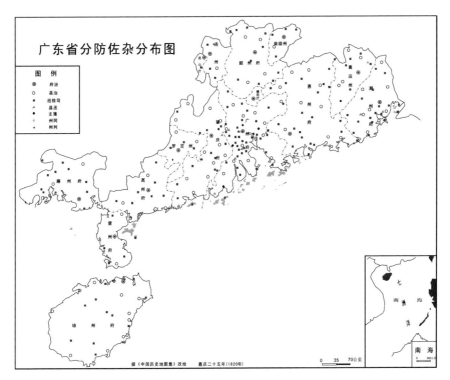

**图 9　1820 年广东省分防佐杂分布图**

表 4-6　光绪时期广东全省佐杂及其分防辖地①

| 州县 | 佐杂 | 辖地[大乡] | 州县 | 佐杂 | 辖地[大乡] |
|---|---|---|---|---|---|
| 南海 | 九江主簿 | 五 | 龙门 | 庙子角司 | 三一 |
| | 神安司 | 八 | | 典史 | 四五 |
| | 三江司 | 五 | 增城 | 新塘乡主簿 | 三 |
| | 金利司 | 九 | | 茅田司 | 四 |
| | 黄鼎司 | 十四 | | 典史 | 五 |
| | 江浦司 | 十五 | 新会 | 江门县丞 | 一 |
| | 五斗司 | 十 | | 沙村司 | 四 |
| | 典史 | 二 | | 潮连司 | 三 |
| 番禺 | 鹿步司 | 十二 | | 牛肚湾司 | 五 |
| | 茭塘司 | 十八 | | 典史 | 三 |
| | 沙湾司 | 十三 | 香山 | 前山县丞 | 二 |
| | 慕德司 | 三二 | | 香山司 | 一 |
| | 典史 | 二 | | 小黄圃司 | 二 |
| 顺德 | 容奇县丞 | 五 | | 黄梁都司 | 一 |
| | 马宁司 | 九 | | 淇澳司 | 三 |
| | 都宁司 | 八 | | 典史 | 七 |
| | 江村司 | 十 | 三水 | 西南墟县丞 | 七 |
| | 紫泥司 | 七 | | 三水司 | 五 |
| | 典史 | 二 | | 胥江司 | 三 |
| 东莞 | 石龙墟县丞 | 六 | | 典史 | 五 |
| | 京山司 | 七 | 新宁 | 广海寨县丞 | 三 |
| | 中堂司 | 十二 | | 上川司 | 一 |
| | 缺口司 | 十 | | 典史 | 三 |
| | 典史 | 十 | 清远 | 潖江司 | 二 |
| 从化 | 流溪司 | 一 | | 滨江司 | 二 |
| | 典史 | 三 | | 洄歧司 | 四 |
| | | | | 典史 | 三 |

---

① 此据光绪《广东舆地图说》。为节省表幅，不再详注具体辖地，也无太大意义，读者自可查阅。此处的"大乡"，与"堡"、"都"、"约"、"图"、"铺"、"里"、"坊"等常混用，可能是为调节名目繁杂的基层区域单位而设立的统一名称。因具体县份对应的区域单位不同，因此本表所列各佐杂所辖大乡数目之间不具可比性。极个别分防但无分辖地者不计，琼州府少数管黎峒地界者亦复不计。表中一县中仅有一员佐杂官者不属县辖政区。

续表

| 州县 | 佐杂 | 辖地[大乡] | 州县 | 佐杂 | 辖地[大乡] |
|---|---|---|---|---|---|
| 新安 | 大鹏所县丞 | 二 | 佛冈厅 | 司狱 | 十九 |
| | 九龙司 | 七 | 赤溪厅 | 司狱 | 五 |
| | 福永司 | 四 | 长宁 | 土乍 坪司 | 八 |
| | 典史 | 五 | | 典史 | 十五 |
| 花县 | 狮岭司 | 七 | 永安 | 驯雉里司 | 九 |
| | 水西司 | 六 | | 宽仁里司 | 五 |
| | 典史 | 六 | | 典史 | 二三 |
| 曲江 | 东河坝县丞 | 无 | 海丰 | 汕尾埠县丞 | 一 |
| | 平圃司 | 七 | | 鹅埠司 | 一 |
| | 蒙裹司 | 十一 | | 典史 | 二 |
| | 典史 | 二三 | 陆丰 | 甲子司 | 四 |
| 乐昌 | 九峰司 | 二 | | 河田司 | 三 |
| | 罗家渡司 | 二 | | 黄沙坑司 | 四 |
| | 典史 | 九 | | 典史 | 一 |
| 仁化 | 扶溪司 | 一 | 龙川 | 通衢司 | 一 |
| | 典史 | 五 | | 十一都司 | 一 |
| 乳源 | 武阳司 | 三 | | 老隆司 | 一 |
| | 典史 | 三 | | 典史 | 一 |
| 翁源 | 桂山司 | 十二 | 连平州 | 驻城吏目 | 十二 |
| | 礤下司 | 四 | | 长吉司 | 五 |
| | 典史 | 十二 | | 上坪司 | 一 |
| 英德 | 洸口司 | 八 | | 忠信司 | 六 |
| | 象冈司 | 五 | 河源 | 蓝口司 | 九 |
| | 典史 | 七 | | 典史 | 二十 |
| 归善 | 驻城县丞 | 六 | 和平 | 典史 | 四 |
| | 碧甲 | 二 | 海阳 | 驻城县丞 | 六 |
| | 内外管理司 | 三 | | 浮洋司 | 五 |
| | 平山 | 二 | | 典史 | 七 |
| | 平政 | 一 | 潮阳 | 招宁司 | 二 |
| | 平海 | 一 | | 门辟司 | 四 |
| | 典史 | 三 | | 吉安司 | 三 |
| 博罗 | 善政里司 | 二 | | 典史 | 三 |
| | 石湾司 | 三 | 揭阳 | 棉湖县丞 | 一 |
| | 苏州司 | 四 | | 北寨司 | 三 |
| | 典史 | 三 | | 河婆司 | 一 |
| | | | | 典史 | 五 |

| 州县 | 佐杂 | 辖地〔大乡〕 | 州县 | 佐杂 | 辖地〔大乡〕 |
|---|---|---|---|---|---|
| 饶平 | 柘林司 | 九 | 鹤山 | 药迳司 | 一 |
|  | 典史 | 六 |  | 双桥司 | 一一 |
| 惠来 | 神泉司 | 八 |  | 典史 | 十 |
|  | 葵潭司 | 八 | 德庆州 | 驻城吏目 | 三 |
|  | 典史 | 十三 |  | 悦城司 | 一一 |
| 大埔 | 三河司 | 三 | 封川 | 文德乡司 | 一 |
|  | 白堠司 | 八 |  | 典史 | 四 |
|  | 典史 | 九 | 开建 | 典史 | 十 |
| 澄海 | 鮀浦司 | 三 | 阳江厅 | 太平司 | 二 |
|  | 樟林司 | 一一 |  | 海陵司 | 三 |
|  | 典史 | 一三 |  | 驻城司狱 | 十 |
| 普宁 | 云落迳司 | 三 | 茂名 | 平山司 | 十六 |
|  | 典史 | 一 |  | 赤水司 | 六 |
| 丰顺 | 汤坑司 | 四 |  | 典史 | 十八 |
|  | 留隍司 | 五 | 电白 | 沙塱司 | 三十 |
|  | 典史 | 十四 |  | 典史 | 四三 |
| 南澳厅 | 南澳司 | 四 | 信宜 | 怀乡司 | 十六 |
| 高要 | 金利县丞 | 八 |  | 典史 | 九 |
|  | 禄步司 | 七 | 化州 | 驻城吏目 | 十四 |
|  | 横查司 | 九 |  | 梁家沙司 | 十三 |
|  | 典史 | 十 | 吴川 | 硇洲司 | 三 |
| 四会 | 南津司 | 十五 |  | 典史 | 十六 |
|  | 典史 | 三三 | 石城 | 凌禄司 | 五 |
| 新兴 | 立将司 | 二 |  | 典史 | 六 |
|  | 典史 | 三 | 合浦 | 永安城县丞 | 五 |
| 阳春 | 古良司 | 十二 |  | 高仰司 | 十四 |
|  | 黄泥湾司 | 十一 |  | 永平司 | 三 |
|  | 典史 | 十八 |  | 珠场司 | 四 |
| 高明 | 三洲司 | 六 |  | 典史 | 十 |
|  | 典史 | 十八 | 灵山 | 西乡司 | 八 |
| 恩平 | 典史 | 八 |  | 典史 | 十 |
| 广宁 | 典史 | 十七 | 海康 | 清道司 | 四 |
| 开平 | 松柏 | 二 |  | 典史 | 十五 |
|  | 沙冈 | 三三 |  |  |  |
|  | 典史 | 二 |  |  |  |

续表

| 州县 | 佐杂 | 辖地[大乡] | 州县 | 佐杂 | 辖地[大乡] |
|---|---|---|---|---|---|
| 遂溪 | 杨柑墟县丞 | 六 | 连州 | 星子城州判 | 十四 |
| | 湛川司 | 八 | | 驻城吏目 | 十七 |
| | 典史 | 九 | | 朱冈司 | 十 |
| 徐闻 | 东场司 | 三 | 阳山 | 淇潭司 | 一 |
| | 宁海司 | 四 | | 七巩司 | 一 |
| | 典史 | 七 | | 典史 | 二 |
| 琼山 | 海口所县丞 | 十三 | 连山厅 | 驻城司狱 | 八 |
| | 水尾司 | 九 | | 宜善司 | 十 |
| | 典史 | 九二 | 南雄州 | 驻城吏目 | 十四 |
| 澄迈 | 澄迈司 | 二一 | | 红梅司 | 十 |
| | 典史 | 十七 | | 平田司 | 十 |
| 定安 | 太平司 | 四 | | 百顺司 | 十 |
| | 典史 | 三十 | 始兴 | 清化迳司 | 五 |
| 文昌 | 青蓝头司 | 九 | | 典史 | 七 |
| | 铺前司 | 六 | 嘉应州 | 驻城吏目 | 十二 |
| | 典史 | 十二 | | 太平司 | 十二 |
| 乐会 | 典史 | 十三 | | 丰顺司 | 十二 |
| 临高 | 和舍司 | 四 | 兴宁 | 水口司 | 二八 |
| | 典史 | 八 | | 十三都司 | 三二 |
| 儋州 | 驻城吏目 | 二四 | | 典史 | 九一 |
| | 薄沙司 | 八 | 长乐 | 十二都司 | 十 |
| 昌化 | 典史 | 七 | | 典史 | 十七 |
| 万州 | 驻城吏目 | 二一 | 平远 | 坝头司 | 八 |
| | 龙滚 | 十一 | | 典史 | 七 |
| 陵水 | 典史 | 九 | 镇平 | 罗冈司 | 六 |
| 崖州 | 驻城吏目 | 八 | | 典史 | 六 |
| | 永宁司 | 五 | 钦州 | 驻城吏目 | 二 |
| | 乐安司 | 六 | | 长墩司 | 一一 |
| 感恩 | 典史 | 六 | | 沿海司 | 一二 |
| 罗定州 | 罗境墟州判 | 二 | | 村墟司 | 二三 |
| | 晋康司 | 三 | 防城 | 东兴县丞 | 七 |
| | 驻城吏目 | 三 | | 如昔 | 三 |
| 东安 | 西山司 | 五 | | 江平 | 一 |
| | 典史 | 二九 | | 典史 | 一 |
| 西宁 | 夜护司 | 二 | 总计 | 251个县以下佐杂辖地 | |
| | 典史 | 八 | | | |

## 三、闲曹与冗官? ——捕巡官员及其行政实践

以往学界对捕巡官员进驻乡村并分管辖区的现象并非无人注意,但又多据律令条文将其视作"闲曹"、"冗官",因而对"司"是否构成县下一级政权持怀疑态度。近些年对若干区域捕巡及其分辖区的研究,已部分揭示出捕巡辖区及其行政职能的区域差异,并在一定程度上反映出制度条文与地方实践之间的背离性。前揭吴佩林文以南部县档案中的行政与司法文书,确认了县丞与巡检司在其辖区内所享有的司法功能就区域性而言,广东与南部县皆有不同,它所呈现的是一个覆盖全省的县下一级辖区的态势。那么,追踪捕巡官员在清代广东基层行政中的职能,将进一步细化从知县到乡村间的管理链条,从而架起皇权、绅权相接触的桥梁。

对于广东捕巡官员而言,无论分防与否,其最初的制度设计皆与地方治安有关,因此,缉捕盗贼是其最根本的职责所在,无论明清皆然。与明代在唯一分防佐杂官——巡检之下往往广设几十名到近百名不等弓兵不同的是,清代对弓兵数量进行了大幅削减,如番禺县弓兵,"邑中原五巡检司,鹿步司七十名,菱塘、沙湾、慕德里、狮岭各二十二名。国朝顺治七年裁去弓兵各色,改为皂隶,每司仅各存二名"①。如此一来,"粤东巡检衙门止额设弓兵二名,每名工食银仅止三两","以巡检一官驱使,止有二役,平时既不足以巡防,遇事又不敷其差遣",难免顾此失彼②。其巡逻力量是比较薄弱的。在商贾云集、盗贼频发之地,设置巡检司已不足以弹压时,往往必须移设更高级别的官员驻扎,如明清四大镇之一的佛山镇,"绵延十余里,烟户十数万,行铺茂密,商旅交会",繁华程度不亚于省城,原设有五斗口巡检司一员,根本不足以弹压,故雍正十年时广东巡抚杨永斌奏请添设同知驻扎,而原有巡检则移设"人丁

---

① 同治《番禺县志》卷19《经政·弓兵》。

② 朱批:乾隆五年六月初八日广东按察使潘思榘奏,档号:04-01-01-0049-003。潘氏奏请将巡检司弓兵增为四名,但遭否决,见乾隆五年闰六月十一日上谕,中国第一历史档案馆藏《上谕档》,盒号554,册号2。

繁庶，港汊多歧"之平洲堡①。该地再设都司、千总，号曰"文武四衙"②。

　　在清代广东为数不多的设置、移驻捕巡官员的奏疏中，往往都需要强调移驻之地难以管理、易于生盗的环境。乾隆初年，因地方捕盗形势严峻，广东巡检数量有不敷弹压地方之感，官员奏请增置，所强调的依然是"最易藏盗"、"宵小尤易混迹"、"奸宄不时窃发"的地方形势③。巡检司如此，其他佐贰官员移驻乡村之后也是如此，捕盗是其重要职责，如番禺县，虽已设巡检司五员，但茭塘、南村"烟户繁多，山路多歧，匪类出没，较之别村更为顽梗。而与市桥、石基、新造各紧要村庄路径相通，等高瞭望，四面可及，实为沙茭两司适中要地"，因此雍正八年时移设县丞驻扎于此，"稽查保甲，清除奸匪，遇有失事，亦照专管官例参处。"④乾隆二十二年两广总督杨应琚在奏请三水县移县丞驻西南镇时，称"三水县县丞因系专司水利，其通邑村庄向归典史与胥江、三水二巡检分管，内典史管辖之西南镇地处冲途，烟户繁庶，加以商旅往来纷纭杂遝，最易藏奸。该典史既有监狱之责又分管村庄一百二十处，基围十九处。每遇稽查保甲、修筑基围，均须亲身遍行巡历。而西南一镇实有难以兼顾之势。……应如该布政使石柱所奏，将三水县典史原管之西南镇暨附近该镇之村庄基围俱拨给该县丞分管，俾要地得有专责稽查而典史亦可无顾此失彼之虞"⑤。其对于"盗"的强调是一律的。

　　与"捕盗"职能相联系的是编查保甲。清代极为重视保甲在防盗中的作用，所谓"力行保甲，不但为安民弭盗之良法，且私铸、私宰、赌博、

---

①　雍正十年十一月初四广东巡抚杨文斌奏，《宫中档雍正朝奏折》第 20 辑，715~716 页。

②　民国《佛山忠义乡志》卷 3《建置·内政》。

③　录副：乾隆元年四月二十四日吏部郎中福十宝奏，档号：03-0049-001。

④　雍正八年三月二十六日广东总督郝玉麟等奏，《宫中档雍正朝奏折》第 16 辑，41~42 页。

⑤　朱批：乾隆二十二年五月十九日两广总督杨应琚奏，档号：04-01-01-0212-032。

斗殴等事皆可禁绝"①。官方规定的编查程序是"每年秋收后，俟外出耕作及各项佣工人众归里之时，通行州县官先行晓谕各村庄，保长人等将本村户口自行逐细查明，具草册呈送该管州县，亲望复查"②，其本意是要州县官亲力亲为。然而由于捕巡官具有辖区，故广东有令捕巡官就所管地方编查保甲的现象，如乾隆十八年时新宁县置那骨堡县丞，对于沿海大澳五堡内的"工丁铺户"，均责成该县丞"召募本地老成殷实者承充澳长。至山场柴炭，划分山界之外，各听商民开采。所需工丁，除来历不明驱逐外，其余逐名开册，呈送县丞，并各铺户一体编甲稽查。"③香山县驻澳门县丞每岁要编查保甲④，普宁县云落迳巡检梅元康熙二十一年任职，"至则编户口册"。⑤

传统社会，"盗"的涵义并非一个有着严格边界范围的定义，其模糊性正适足以延展县下基层职官的权力边界。乾隆初年，吏部郎中福十宝就坦言广东巡检虽"专司缉捕"，但"官职既微，与民最近，凡民间细事无不周至。"⑥于捕盗职能而外，对地方基层行政多有参与，这一过程是自然而然的。事实上，由于知县一人难以亲历乡村视事，设于乡村的捕巡官顺理成章地成为"国朝"这一模糊字样在基层社会中最直接的代表，所谓巡检"所辖地方，与民最亲"⑦，知县反而成为治官之官，佐贰官反而成为"亲民官"。基层社会对巡检司一个很有意思的称呼是"司爷"⑧，类似于"青天大老爷"，正反映出以巡检司为代表的低级官员在基层行政中之于皇权的象征意义。

---

① 朱批：乾隆元年三月二十日广东按察使白映棠奏，档号：04-01-01-0012-007。

② 朱批：道光六年十二月十三日两广总督李鸿宾、广东巡抚成格奏，档号：04-01-12-0392-097。

③ 《清高宗实录》卷 444 乾隆十八年八月庚寅，786～787 页。

④ 《清朝续文献通考》卷 53《征榷考二十五》，十通本第十种，8082 页，上海，商务印书馆，1955。

⑤ 道光《广东通志》卷 258《宦绩录二十八》。

⑥ 录副：乾隆元年四月二十四日吏部郎中福十宝奏，档号：03-0049-001。

⑦ 《清世宗实录》卷 103 雍正九年二月壬寅，360～361 页。

⑧ 《关氏族谱》附控案，《北京图书馆藏家谱丛刊·闽粤（侨乡）卷》第 27 册，346 页，北京，北京图书馆出版社，2000。

　　抛却相互沿袭、陈陈相因的律令条文，从清代广东基层行政的实践中去追寻，笔者发现了大量捕巡官员广泛参与基层行政的实际案例。当捕巡官分防乡村并与保甲等基层组织建立统辖关系的一刹那，捕巡官员便不再仅仅是知县的差委官，而是在所辖区域内作为"主官"而存在，更因为其权责的考成与其他捕巡官员相切割而具有了"专责"性质。难以想象的是，捕巡官在其辖区内，作为距民最近的朝廷命官，在知县权力难以直接覆盖的县下区域，会"洁身自好"，固守于所谓的"捕盗"这一区区权力界线之内？更何况广东地区"积习相沿，图告本不图审，官若听其延宕，徒然拖累无辜。无怪乎上控纷纷，累年莫结也"①，社会治理极为艰难，又岂是知县一人所能为？以往有学者虽注意到此，也注意到捕巡官员参与基层行政的复杂性和多样性，但大多根据律令规章，认为捕巡官虽有广泛职责，但钱粮与司法两项职能是被严格排斥的。笔者收集的大量广东捕巡官员的行政实践材料揭示，在司法案件上，广东捕巡官员享有较广泛的民间细事审理权以及命案的验报权，部分巡检也确实参与到一定的钱粮、税收活动中，尽管其范围是极其有限的。与已揭示的其他省区的捕巡官及其行政职能相比，广东佐杂官员的"基层化"实践又显现出其独特的地域特色。

　　先谈细事审理权。清代雍正年间以后所设立的巡检及其分辖地，普遍都有程度不一的审理权。作为一种督抚进奏、吏部审议的细事审理权，完全是官方授权的结果而不必受到"佐贰不准擅受民词"的约束。这一司法实践不仅是一种制度上的授予，而且还是基层司法的普遍实践。在广东方志中，保存有为数甚多的佐杂官审理民间细事的故事，如"沈大耀，顺天大兴人，乾隆五十九年任淇澳司巡检，廉而慈。时有叔与侄争水而殴伤其侄者，其侄讼之。大耀谕之曰：'此微伤也。且以叔殴侄，当忍受，何必讼？'其侄感悟而去"②；"毛对廷，江西金溪人，初为惠郡巡检，有廉声，由卓异调五斗口司巡检，益厉清操，不因官卑少贬介节，以佛

<hr />

　　①　《请委员乡征禀》，《聂亦峰先生为宰公牍》，梁文生、李雅旺校注，219～220页，南昌，江西人民出版社，2012。
　　②　光绪《香山县志》卷12《宦绩》。

山五方杂处，独勤讥察，漏下三鼓，犹徒步衢巷中听讼明决"①，刻画的
正是一个基层"法官"的形象。乡间遇有诉讼，首先想到的就是这些距离
最近的捕巡衙门，《驳案新编》中就记载了一起广东司呈报的案件，广东
永安县驯稚里司巡检王日新滥刑致毙民命，该案缘起是因"张国梁持赴巡
检衙门喊冤投递，王日新接收"②。不仅一般细事，佐杂可审理，就是田
土、户婚案件，佐杂官员也"承间擅受，滥差拘讯，羁押拖累"③，只要
不是酿成命案，又往往不易查究④。

其诉讼程序可由民人直接诉至捕巡衙门，如《邓钟霖控蓝南妹案判》
中蓝培福就是直接"制控百顺司衙"⑤，长乐县民妇陈胡氏毒死亲夫案最
初是十二都巡检柴廷敬"在巡检署内空院拾获白帖一张，内言陈族默报
事"，而后又"传地保彭安受至署查问"⑥；东莞县石龙县丞"置轨署前，
令负屈者投词，即为伸理"⑦。也可以是由"里长诉之"⑧，或由县令批示
巡检办理，如佛山镇，"其余邻近各堡凡有械斗及构讼诸案，檄征文办，
乡人闻片言，纠纷立释"⑨，"征文"指的就是五斗口司巡检陈征文；南海
县江浦司乾隆五十一年遇到债务案件，"告县发司审断"⑩。遇到县令审
理不当之处，巡检还可据理力争，如电白县沙琅巡检姜国楷，"会匪滋
蔓，土人妄指良民某，县令三次严拘其人，国楷力辨其枉，至触令怒，

---

① 光绪《广州府志》卷 108《宦绩五》。

② 全士潮等辑：《驳案新编》卷 32《广东司》，故宫珍本丛刊第 361 册，382～
384 页，海口，海南出版社，2001。

③ 朱批：乾隆三十一年七月十一日广东布政使胡文伯奏，档号：04-01-01-
0263-007。

④ 酿成命案而至处罚的，如乾隆三十八年广东百顺司巡检擅受滥差，弓役殴
标，藉票索诈，致赖辛保自尽一案，照例革职，中国第一历史档案馆藏吏科题本，
档号：02-01-03-03642-008。

⑤ 《聂亦峰先生为宰公牍》，171～172 页。

⑥ 朱批：两广总督蒋攸铦、广东巡抚韩崶奏，缺具奏时间，档号：04-01-01-
0546-034。

⑦ 民国《东莞县志》卷 53《宦迹略三》"卓炳森"条。

⑧ 见道光《电白县志》卷 20《杂录》记载的嘉庆年间梅菉巡检司姜国楷所审案件。

⑨ 道光《佛山忠义乡志》卷 12《职官传》。

⑩ 关蔚煌：《南海关树德堂家谱》卷 3《艺文》，中国国家图书馆藏光绪十五年刻
本，10 页。

卒能保全。其后其人怀金以谢，国楷挥去。"①

但这种细事审理权始终是一种暧昧不清的授权，一方面，官方文书明令这些佐杂官员可受理偷盗、赌博等细事，但又未明确其为县下一级审级的地位，且何者不可受理，何者可受理，俱在两可之间，故在志书中，我们既看到有大量佐杂官员审理司法案件的实际例子，也在司法文书中不时见到禁止佐杂官员擅受民词的禁令，如清远县，"捕衙与巡司原无案件审理，不得私设班馆羁押勒索，亦不得索取马草钱"②，有巡司因擅受民词而受到处罚③，这并不矛盾。更进一步，广东巡检司还享有命案验报之权，这是在乾隆年间被授予的，"刑部议覆。广东巡抚苏昌奏称：例载州县命案，如印官公出，邻邑窎远，准佐贰等官代验。广东州县所辖地方，间多辽阔，印官公出，而吏目、典史本城各有责守，未便远赴相验。查巡检同属佐杂，且系所辖地方，请饬就近验报。应如所请。从之。"④

再谈钱粮之权。广东捕巡官基本不参与到钱粮征收中。笔者仅见及高州府吴川县有巡检代征钱粮的案例，该县碙州岛孤悬海中，距县达一百四十里，仅设有守备一员，但系武职，不便管理民事，"额征钱粮，居民赴县投纳，风信不便，辄阻遮数日"，故设立巡检，"该地钱粮委令就近代征"⑤，但这主要是因为该地孤悬海中的特殊地理形势所致，不具一般性。从捕巡辖区的划分标准上，既有以堡来划分的，也有以社、都、图、社、乡、铺、约、甲、围、练、村来划分的⑥，与钱粮征收的单元并不吻合，可见主要还是一个基于地域的划分。在调整捕巡官员辖区的文书中，强调的多是地域上的远近关系，而丝毫未见提及与钱粮相关的事宜，如乾隆十八年两广总督班第奏请移驻东莞县县丞驻扎石龙，并将原巡检辖地分出拨归县丞管理，"查东莞亦设有县丞，并无地方分管之

---

① 道光《电白县志》卷17《宦迹》。
② 光绪《清远县志》卷4《建置》。
③ 录副：道光十八年二月初二日两广总督邓廷桢、广东巡抚祁𡎴奏，档号：03-4058-029。
④ 《清高宗实录》卷436乾隆十八年四月庚子，693页。
⑤ 雍正八年十月初十日张廷玉奏，《清代吏治史料》第4册，2016页。
⑥ 可参考同治《广东图说》中各县"司"的辖区及其下属组织名目。

地，应令县丞移驻石龙，与武员会同协防，细事惟其查理，大案归县查办。疏防失察之件亦以县丞开参。其象山巡检即令移驻茶山，将旧辖之地与县丞对半分管"①。文献中，曾出现个别以司系堡、以堡系图、以图系甲，次及总户的编排案例，如广州府南海县所编订用于征税的图甲表，"国课所系，正邑内经政之大者。今特改为图甲表，向官取册籍编排之，将某司所属共几堡，某堡共几图，图共十甲，某甲总户某名，总户下统子户若干，其甲有无附甲，俱一一注明，使向来已有者不能没，则未有者即不能增，或可稍杜飞洒之弊，且使一邑钱粮大数，按籍可藉，虽野老村夫，一披阅即了然在目"②。但这里的"司"、"堡"只是强调地域上的统辖关系，而未必意味着"司"在钱粮征收环节曾参与其中，陆丰县知县在行领事严禁教民抗粮的札文中所称"卑县地方分三司，一捕属辖，幅员以河田司属为最大，地丁屯粮亦河田司属为最多"亦应作此解③。但在盐法、税收上，部分捕巡官可能享有一定有限的权力，南海县各巡司旧有盐法的"额引"若干，也就是盐的销售量，康熙《南海县志》就记载了各巡司"旧额引"及"新增"数目，如黄鼎巡司，"旧额引一百八十二道，饷银二百零七钱四分六厘，新增引五十二道，加银五十七两三钱五分六厘。"④保昌县茶槽税银在乾隆十五年前是由典史与巡检征收的，"旧系捕衙征银一百三十四两三钱四分三厘，红梅司征银九十九两一钱二分三厘，平田司征银一百零八两五钱三分□厘，百顺司征银一百七十三两二钱三分二厘。乾隆十五年归并经历司征收。"⑤

较具广东区域特色的捕巡职能以社仓建设与督修围基最为典型。清代为应付地方饥馑，设有各类粮仓以便赈济，重要的有常平仓、社仓等。其中常平仓为国家所有，设于州县治所，由地方官经管。而社仓等多设于乡村，由民间捐谷而成。在清代广东，由于捕巡官的分驻，使得捕巡

① 录副：乾隆十八年十一月十五日署理两广总督班第奏，档号：03-0341-042。

② 同治《南海县志》卷6《经政略·图甲表》。

③ 《陆丰县徐赓陞禀请札行领事禁止教民抗粮》，光绪五年，王明伦选编《反洋教书文揭帖选》，359页，济南，齐鲁书社，1984。

④ 康熙《南海县志》卷7《盐法》。

⑤ 乾隆《保昌县志》卷4《田赋》。

### 表 4-7　咸丰四年南海县各堡实征米总数

| 司 | 堡 | 实征米数（石） | 司 | 堡 | 实征米数（石） |
|---|---|---|---|---|---|
| 捕属 | 城西堡（下旬） | 826.244 | 五斗口司 | 平洲堡（下旬） | 488.272 |
| | 西隅堡（下旬） | 35.588 | | 深村堡（下旬） | 346.533 |
| | 河泊堡（下旬） | 4.67 | | 佛山堡（下旬） | 156.807 |
| 九江主簿 | 九江堡（中旬） | 816.954 | | 叠滘堡（下旬） | 217.166 |
| | 大桐堡（中旬） | 340.266 | | 夏教堡（下旬） | 186.283 |
| | 沙头堡（中旬） | 413.599 | | 林岳堡（下旬） | 142.811 |
| | 河清堡（中旬） | 159.239 | | 季华堡（下旬） | 342.852 |
| | 镇涌堡（中旬） | 291.97 | | 礌冈堡（下旬） | 88.69 |
| 三江司 | 大榄堡（上旬） | 473.694 | | 溶洲堡（下旬） | 203.474 |
| | 金紫堡（上旬） | 622.969 | | 魁冈堡（下旬） | 210.405 |
| | 骆村堡（上旬） | 92.071 | 黄鼎司 | 丰宁堡（上旬） | 294.069 |
| | 山南堡（下旬） | 288.552 | | 兴贤堡（上旬） | 299.289 |
| | 沙丸堡（下旬） | 313.769 | | 绿潭堡（上旬） | 566.272 |
| 神安司 | 泌冲堡（上旬） | 150.391 | | 大富堡（上旬） | 180.301 |
| | 梯云堡（下旬） | 93.06 | | 西隆堡（上旬） | 230.335 |
| | 扶南堡（下旬） | 248.263 | | 大江堡（上旬） | 123.043 |
| | 盐步堡（下旬） | 281.137 | | 张槎堡（上旬） | 99.011 |
| | 大历堡（下旬） | 423.428 | | 沙堤堡（中旬） | 153.325 |
| | 平地堡（下旬） | 180.859 | | 丰华堡（中旬） | 417.879 |
| | 黄竹歧堡（下旬） | 129.021 | | 大圃堡（中旬） | 549.168 |
| | 大通堡（下旬） | 145.988 | | 鼎安堡（中旬） | 355.346 |
| 江浦司 | 先登堡（上旬） | 198.504 | | 登俊堡（中旬） | 278.769 |
| | 海舟堡（上旬） | 180.061 | | 土炉堡（中旬） | 101.558 |
| | 登云堡（中旬） | 278.519 | | 上围堡（下旬） | 288.571 |
| | 简村堡（中旬） | 305.293 | 金利司 | 中隅堡（下旬） | 98.48 |
| | 伏隆堡（中旬） | 231.058 | | 北隅堡（下旬） | 102.965 |
| | 丹桂堡（中旬） | 220.912 | | 南隅堡（下旬） | 80.975 |
| | 磻溪堡（中旬） | 306.294 | | 恩洲堡（上旬） | 414.28 |
| | 百滘堡（中旬） | 158.937 | | 草场堡（上旬） | 222.263 |
| | 金瓯堡（中旬） | 261.362 | | 黄冈堡（上旬） | 259.587 |
| | 吉利堡（中旬） | 259.747 | | 丰冈堡（上旬） | 401.438 |
| | 鳌头堡（中旬） | 217.176 | | 麻奢堡（上旬） | 387.591 |
| | 龙津堡（中旬） | 217.695 | | 白石堡（上旬） | 527.688 |
| | 云津堡（下旬） | 452.405 | | 桃子堡（上旬） | 406.49 |

资料来源：同治《南海县志》卷6《经政略·图甲表》。

官与社仓发生了紧密的联系，部分社仓捐谷与使用皆与捕巡辖区相联系。如广州府番禺县社仓：金利、黄鼎、神安、江浦、五斗口司，俱在原捐乡约所存贮，各捐社谷，其三江司未设①，香山县社仓，"捕属仓在城东无量寺"、"香山司属仓在小榄"、"黄圃司属仓在小黄圃村"、"黄梁司属仓在巡检署侧"、"县丞属未建仓"②。顺德县，雍正二年奉旨建立社仓，县丞属捐谷一千六百七十四石四斗四升，分贮各乡祖祠，捕属捐谷三百五十七石三斗六升，贮宝林寺内，江村司属捐谷一百八十八石四斗，紫泥司属捐谷四百八十九石六斗八升，马宁司属捐谷三百二十六石六斗，都宁司属捐谷二百零六石零六升，俱分贮各乡祖祠。乾隆八年，复行劝捐，"各属绅衿士庶"捐谷捐钱，给"各属"建立社仓六座，分属各县辖区③。有些社仓的兴建，直接由巡检负责，如德庆州悦城社仓的兴建，就是"于巡司署前得隙地数楹，颇爽垲，遂出月俸，庀徒构材，建社仓一座，属悦城巡司佟君钦董其事，经始于七月，匝月工竣，仓可贮谷六百余石"④。或由捕巡官令绅董代理，如丰顺县，"捕属遂捐集谷二千三百石，爰谕绅董择地建仓以备收储。"⑤

**表 4-8　香山县社仓贮谷数量**

| 司属 | 贮谷(石) | 亏缺(石) | 实存 | 存留方式 |
|---|---|---|---|---|
| 捕属 | 6096.6135 | 2969.9602 | 3126.6533 | 分贮县仓及各殷户 |
| 县丞属 | 308.9698 | 308.9698 | 0 | / |
| 香山司 | 6320.2358 | 6320.2358 | 0 | / |
| 黄梁司 | 210.0761 | 210.0761 | 0 | / |
| 黄圃司 | 590.5393 | 0 | 590.5393 | 分贮殷户 |

资料来源：光绪《香山县志》卷 7《经政》。

---

① 光绪《广州府志》卷 65《建置略二》。
② 光绪《香山县志》卷 6《建置》。
③ 乾隆《顺德县志》卷 5《营建志·仓廒》。
④ 李麟州：《社仓记》，载光绪《德庆州志》卷 6《仓储》。
⑤ 光绪《丰顺县志》卷 2《仓储》。

不过，虽然各社仓依捕巡辖区分别设立，但其运作仍独立于捕巡官之外，由社正、社副管理，而捕巡官不得干预。今保存于佛山的《广府朱为添建义仓积谷备赈详奉列宪批示碑》里记载着社仓并不属巡检管理，"再查五斗司属经制社仓谷石，例应设立社正、副管理，巡司例不得干预"①。"仓非禀官不能开以晒晾，更遇查仓，多受其累焉"，管理甚严，巡司难以插手，但乾隆四十三年饥馑之年，"禀官借碾十堡仓谷官率民捐赈，巡检王棠经理其事。"②但似仍遵循不直接插手社仓事宜的规定，"戊寅、戊戌两次赈饥皆巡宰王公经理其事，止为之弹压众人，部署进止而不干预银米之数，又通禀上宪，恳免稽核，俾吾辈无所顾忌，易于措手。"③遇有灾荒年份，捕巡官多参与到赈济灾民的活动中，光绪《香山县志》载有香山司巡检冀元亨赈济灾民的宦绩，"冀元亨，山西平陆人，拔贡生。乾隆五十一年摄香山司巡检，时值岁饥，榄都民多菜色，元亨屏去舆从，偕绅士之好义者，徒步劝输，民赖以济。又尝延集榄中人士于榄山书院，课较诗文，优加奖赏，摄篆仅数月，人咸颂之。"④韶州府英德县，乾隆三十八年，"大饥，饿殍相望，监生吴伯缵捐银四百两与巡检司，设法赈济，又减价平粜，全活甚众。"⑤另外，各捕巡官也有稳定市场价格的经济职能，如广东省城的番禺、南海两县，为稳定米价，于省城东门设米局，动用番禺县仓谷，由该县典史负责管理，价高时照定价粜卖。省城西门另设米局，动用南海县仓谷，令移驻十三行之县丞管理⑥。

广东捕巡官另外一项职责是督修围基。清初广东围基本由县丞经管，但当时县丞尚居于县城，"潦水骤发，猝难兼顾"，而巡检"所辖地方，与民最亲，偶遇潦涨围基危险，即可督率乡民救护"，因此在高明、四会两

---

① 广东省社会科学院历史研究所中国古代史研究室等编：《明清佛山碑刻文献经济资料》，106 页，广州，广东人民出版社，1987。

② 道光《佛山忠义乡志》卷 6《乡事》。

③ 《乾隆乙卯散赈碑记》，道光《佛山忠义乡志》卷 12《金石下》。

④ 光绪《香山县志》卷 12《宦绩》。

⑤ 同治《韶州府志》卷 11《舆地略》。

⑥ 鄂弥达：《请官开米局疏》，载贺长龄、魏源等编：《清经世文编》卷 40《户政·仓储》，975 页，北京，中华书局，1992。

县将围基修筑交予巡检专管①。后县丞、主簿等佐贰官纷纷分防地方，督修基围之责似乎各按所辖地方授予相应捕巡管理而不限于巡检，如肇庆府高要县，典史管内八围、横查巡检管内九围、县丞管九围②，南海县将捍潦围基交予捕属、主簿及五巡司管理，"隶捕属者二，主簿一十五，金利司十三，三江司四，黄鼎司二十五，江浦司二十九，五斗口司七"③。同时，督修围基前的祭祀活动也由该管捕巡官主持参与，"基工先择吉日动土，次择吉日建醮。完醮择吉日祭基，请督工委员、该管地方主簿、巡检司主祭，祭品用猪羊。"④方志中还记载了捕巡官直接参与督修基围的活动，如黄鼎司巡检嵇会嘉到任五载，"督筑各段险基"⑤。但也有部分佐杂官并不兼司水利，今国家图书馆保存有咸丰二年《广东各府州所属相距里数册》，内详细介绍了广东各府州所属佐杂官驻扎处所、相距里数、四至八到等信息，其中也概括记述了各佐杂官的简要职责与管辖范围，其中就提到如番禺县茭塘巡检司"经管属内地方捕务，并无围基、水利"等信息⑥。

捕巡官员作为皇权的代表，与绅权在地方社会治理上是一种"合作"关系。基层治理中捕巡官员往往要利用地方士绅的权威来处理地方事宜，东莞县京山巡检卓炳森于道光元年任，时"地多盗，至则惩办土恶数人，复亲捕积匪冯鸭仔生王英等，盗风顿息，半仙山与田头械斗，邀邑绅陈铭珪为之排解，事遂寝。"后遂于五年调任东莞县石龙县丞，"暇则邀正绅于社学讲圣谕"⑦。各捕巡官对士绅亦有尊崇之意，"邓朴庵先生，生平尚气，有古人非公不至之风，一日有至戚某被累，为京山司巡检司役所拘，其戚求以一刺见保，邓有所不愿，亦情有难辞，思得一计，于是每日送饭与戚某，食必着其近身跟随之人以相送，巡检某知之，即将戚某

---

① 《清世宗实录》卷103雍正九年二月壬寅，360～361页。
② 道光《肇庆府志》卷4《舆地十三·水利》。
③ 道光《南海县志》卷15《江防略三》。
④ 《桑园围总志》卷8《道光十三年癸巳岁修志》。
⑤ 《桑园围总志》卷2《乾隆五十九年甲寅通修志》。
⑥ 《广东各府州所属相距里数册》，中国国家图书馆藏，索取号：地330/937。
⑦ 民国《东莞县志》卷53《宦迹略三》。

释放，竟不烦一刺之投，此亦情理之两尽者也。"①巡检、士绅彼此达到"心照不宣"的默契。佛山五斗口巡检司于乾隆二十二年还通过灵应祠祭肉习俗的宣判，规定了里甲集团对于灵应祠的管理，不再名正言顺，并确认士绅集团参与的合法性②。除了捕盗之类的"横暴权力"，捕巡官还具有"教化权力"。像电白县巡检江勋，"好士，适县主曾公尊循良学道，士民向化，地方大治，遗老谓邑吏百年仅见于是。江公导迎善意，谓古者庠序广设，其道相成，始倡议创建义学于司城中，授其事于玉川之祖文宪公。"③在基层社会，捕巡官所具有的权威性是不言而喻的，陈春声在樟林镇所作的田野调查，收集了当地流传的《游火帝歌》等歌谣，其中唱到"六社俱有大乡绅，照理按束人士商。如是做事不合理，拿送司爷办伊身"，"司爷"指的正是樟林镇巡检司，在游神活动开始之前，八社花灯、花旗队伍特意先到巡检司署表演、展示，"强调了实际发挥基层政权职能的巡检司在地方社会中的权威。"④

## 四、"司"作为一种地域观念的呈现

作为一种地域上的统辖关系，捕巡官及其辖区和都堡等基层地域单元之间，形成了一种层级关系，从而使得知县之权不是直接落在村民头上而是由佐贰"代县令巡行阡陌"⑤。捕巡辖区的产生是一回事，但真正形成一种地域观念则是更晚的事。因为地域观念的形成需要具备几个条件：其一，捕巡辖区相对的稳定性，如此才能形成以捕巡辖区标示地域的功能；其二，捕巡辖区相对普遍性的存在，并逐渐构成民众心目中稳定的介于县域与基层组织之间的地理单元；其三，制度化的分辖体制的形成并合法化是捕巡辖区作为地域单元观念完成的最终标志。从这一角

---

① 《茶山乡志》卷13《杂录》。

② ［英］科大卫著，卜永坚译：《皇帝与祖宗：华南的国家与宗族》，206页，南京，江苏人民出版社，2009。

③ 黄以能：《双峰义学记》，载道光《电白县志》卷14《艺文》。

④ 陈春声：《从〈游火帝歌〉看清代樟林社会》，载潮汕历史文化研究中心、汕头大学潮汕文化研究中心编《潮学研究》(1)，汕头，汕头大学出版社，1993。

⑤ 康熙《惠州府志》卷6《建置》。

度衡量，即使在广东，捕巡辖区设置数量如此之多，而且基本实现了县下区域的全部分割，但其权力始终受限于官方文书的特别授权，而这种权力又或大或小，始终并未构成制度化的建制，也未得到《大清会典》等国家大典的"合法化"承认，始终是作为清代地方行政中"便宜从事"、"因地制宜"的特殊个案而存在。

当然，就广东地方性知识而言，从官方和民间两个角度，捕巡辖区的确构成了一种新的地域观念。这里的官方和民间仅仅是依据文献来源所作的粗略划分，其中官方表达指的是方志编纂、舆图绘制等政府行为，而民间视角指的是审讯记录等直接来自本地人的资料。官方的视角会影响民间的看法，民间的看法又会进一步渗透进官方对于地域的表达。

方志是州县政府主导下的产物，关于地理区划的记录往往分布在"疆域"、"乡都"、"都堡"、"坊都"等卷中。这些记录有的非常简单，仅仅注明都图名称，有的较为详细，不仅有都图名称、距城方位、所辖村庄等项，也包含对该地区基层组织演变状况的记载和对前志疏谬之处的考订等。笔者在查阅明清广东州县方志时，发现明代方志仅有万历《南海县志》记载了巡检司辖区，至康熙年间，明确记载巡检司辖区的方志才多了起来，到乾隆年间则基本定型，如乾隆年间修纂的《顺德县志》、《南雄府志》、《揭阳县志》、《博罗县志》、《番禺县志》等皆普遍记载了捕巡各官与基层组织之间的统辖关系。这一状况似乎暗示着随着捕巡各官驻地的固定与职能增强，至乾隆初年开始，捕巡辖区作为一种新的地域单元开始被方志编纂者所接受。其后至清末的州县志中，不少都记载着捕巡辖区与地方基层单元的统辖关系，或因袭旧志，或补充新知。如果从省志编纂来看，雍正《广东通志》、道光《广东通志》尚未对此新动向有所记载，真正将全省每一县份捕巡辖区及其辖地第一次给予详尽记载的省志是同治《广东图说》，如番禺县，"主簿一员，驻九江堡，其属大乡五"，其后分别对沙头堡、大桐堡、九江堡、河清堡、镇涌堡等五堡距县里距、所辖村庄、墟市分布等项给予罗列①，形成覆盖广东全省的县——捕巡辖区——堡——村的层级结构。这一以捕巡辖区统率基层组织的写法被光

---

① 同治《广东图说》卷1《广州府·南海县》。

绪年间编绘的《广东舆地图说》继承下来。从方志编纂的角度而言，捕巡辖区地理观念是在乾隆初年初步形成的，至同治年间确立，以同治《广东图说》的编纂为标志。

　　舆图是区划单元的直观反映，一定程度上代表了时人对地理单元的认知。有没有捕巡分辖地图的绘制，是捕巡辖区是否得到官方认同的标志之一。笔者在广东方志中发现了为数甚多的捕巡辖区图，无可置疑地表明捕巡辖区及其地理观念的存在。

### 表 4-9　广东部分方志中捕巡辖区图一览

| 捕巡辖区图 | 来源 | 编纂年代 |
|---|---|---|
| 旧铺前巡司图 | 民国《文昌县志》 | 民国九年 |
| 捕属图 | 同治《番禺县志》 | 同治十年 |
| 沙湾司图 | | |
| 茭塘司图 | | |
| 鹿步司图 | | |
| 慕德里司图 | | |
| 捕属图 | 宣统《番禺县志》 | 宣统三年 |
| 沙湾司图 | | |
| 茭塘司图 | | |
| 鹿步司图 | | |
| 慕德里司图 | | |
| 吏目分属图 | 道光《直隶南雄州志》 | 道光四年 |
| 红梅司分属图 | | |
| 平田司分属图 | | |
| 百顺司分属图 | | |
| 捕属图 | 乾隆《保昌县志》 | 乾隆十八年 |
| 红梅图 | | |
| 平田图 | | |
| 百顺图 | | |

续表

| 捕巡辖区图 | 来源 | 编纂年代 |
|---|---|---|
| 星子司图 | 同治《连州志》 | 同治九年 |
| 朱冈司图 | | |
| 通衢司图 | 嘉庆《龙川县志》 | 嘉庆二十三年 |
| 十一都司图 | | |
| 老隆司图 | | |
| 捕属图 | 光绪《海阳县志》 | 光绪二十六年 |
| 司属图 | | |
| 捕属图 | 宣统《南海县志》 | 宣统三年 |
| 九江厅主簿图 | | |
| 金利司图（附捕属） | | |
| 三江司图 | | |
| 神安司图 | | |
| 黄鼎司图 | | |
| 江浦司图 | | |
| 五斗口司图 | | |
| 鹤山县捕属地理图 | 乾隆《鹤山县志》 | 乾隆十九年 |
| 鹤山县药迳司地理图 | | |
| 双桥司属图 | | |
| 梁家沙司图 | 光绪《化州志》 | 光绪十六年 |

资料来源：《中国地方志集成·广东府县志辑》。

在清末制图学家陈澧为编绘《广东舆地图》所写凡例中，专门列有司属、捕属等图的条目，"乡村墟市，大州县以千计，小州县亦以百计，今先分捕属、司属，或州同、州判、县丞、主簿所属，次分都、图、保、甲，皆以东西南北为次，同在一方，则以距治所远近为次"①。清末一份

---

① 《广东舆地图凡例》，《东塾续集》卷1，《近代中国史料丛刊》第762册，19页，台北，文海出版社，1971。

《广东全省舆图局饬发绘图章程》中，还出现了绘制捕巡地图的专门规定。

> 一分司都 各厅州县皆不绘总图，但每司画一图（有佐杂官分辖者通谓之司）。其专归厅州县官管辖者，则每都画一图，图内土城、衙门、营汛、炮台、大山、大河、群峦、支港、沙田、桥梁、海岛、塘铺、市镇、乡村、墟集、通行大路、古迹名胜及著名之土名，都宜详载。每图不得但画界内，必画至界外，至近之村，止注明某村属某司，或属某县某司，或属某府某县某司，方知邻境是某处，应与某图相接。各司以下，分为都、图、堡、甲、铺、约、坊、乡、社、闸、里、峒、练、瑶之类，其所属或数村，或数十百村不等。须每属画出界线，于村名稍疏之处，书曰某都某堡，其字须比村名之字稍大，方有辨别。①

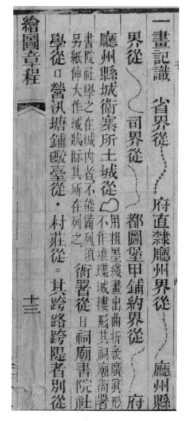

**图 10　《广东全省舆图局饬发绘图章程》中关于"司"的绘法的规定**

在这份章程中，捕巡辖地被贯之以"司"的通称，《南海县志》也记载，"计吾邑六巡司，一主簿，一捕属，共八司"②，与上述绘图章程中的说辞事同一律。"司"获得通名的地位，自

---

① 广东省舆图局编：《广东全省舆图局饬发绘图章程》，清末刻本，中国国家图书馆"数字方志"扫描影像。笔者颇疑此章程是著名地图学家邹伯奇的作品，现存邹伯奇遗稿之一《舆图局饬发各厅州县绘图章程》，由发布者提供的遗稿首页书影（见李迪《邹伯奇科学论著遗稿》，《中国科技史料》2004 年第 1 期）与现存《广东全省舆图局饬发绘图章程》文字完全相同。

② 同治《南海县志》卷 6《南海县图甲表》。

然与巡检司辖地在整个捕巡辖地中占有的数量优势是分不开的。舆图绘制中，"司"作为必备的政区要素介于州县与都图等基层组织之间，具有了承上启下的功用。并且，"司"的界线也设了专门符号，这份章程的"画记识"部分，其实就是图例，该条对各种层级地理单元的界线符号都做了明确规定，排列顺序是省界，然后是府直隶厅州界、厅州县界、司界、都图堡甲铺约界（见图 10）。在州县方志地图的编绘中，的确采用了类似"司"的符号，如同治《番禺县志》卷 2《县境全图》中的"司"界。

不仅方志中有捕巡辖区图，彩绘的捕巡地图也有，如英国国家档案馆所藏的原两广总督府衙门档案中就有一副《洺洸司剿匪地图》①，图中边界处标有"捕属交界"、"县捕属"、"捕属"等字样，所绘制的正是洺洸司辖境的专题"剿匪"地图。

在自我地域表述结构中，"司"亦显示出连接州县与乡都之间的中介功能。正如今天聊起籍贯时，总以"××省××县人"式的结构以自称或他称一样，清代也是如此，或为"××省××县"，或是"××省××府××县"式的表达结构。但以上几种情况都是在县域以外的籍贯表达法，一县之内，人们是如何定位自己的呢？在广东省，"××堡人"是一种最常用的地理标识法，但还存在着以"××司人"为结构的标识办法。同治《番禺县志》记载山川、金石就是以"司属"作为地理坐标的，如记"崇祯钟款，右录在鹿步司沧头村北帝庙"、"天启钟款，右钟在鹿步司大步乡康公庙"等②，光绪《清远县志》记载耆旧老人也是以"司"的辖境加以区分的③。在族谱编纂中，有以"司"标示谱主籍贯的例子，如《广东番禺沙湾司岐山张氏族谱》等等④，在契约上，《陈锡禄卖屋契约》称其本人系"南海县五斗口司佛山堡二十图五甲人氏"⑤。

更为典型的例子出现在广东洪兵起义中的天地会会员的审讯记录中，

---

① 华林甫：《英国国家档案馆庋藏近代中文舆图》，116 页，上海，上海社会科学出版社，2009。

② 同治《番禺县志》卷 31《金石略》。

③ 光绪《清远县志》卷 10《列传》。

④ 张炳楠等纂修：《广东番禺沙湾司岐山张氏族谱》，中国国家图书馆藏，1915。

⑤ 佛山市博物馆编：《佛山市文物志》，77 页，广州，广东科技出版社，1991。

其中必定掺杂了一些官方的修饰，但大多保存了审讯时口供的原貌，其中自述籍贯时的表达方式颇为特别：《林亚聚供词》："小的今年六十八岁，茭塘司猛涌乡人，父母俱故，并无兄弟妻子，平日在猛涌神庙司祝"；《林亚联供词》："年二十四岁，番禺县茭塘司大石堡猛涌村人，父亲已故，母亲何氏，年四十八，并无兄弟妻子，平日画神像度活"；《吕子桂供词》："年五十二岁，鹤山县药迳司维整乡人，父母俱故，并没兄弟，娶妻冯氏，未生子女"，"即日小的投入鹤山县属药迳司维整伪元帅吕雄杰贼巢，封小的为军师"①。

当地政府汇报军情时，也以司属作为地理坐标，如《江口探报》："惟查番禺之沙湾司属有此等货船，其船身阔大，板片坚厚，驾驶亦灵"；《南海县江浦司吉利堡上村起事情形》："查南海县江浦司属吉利堡上村一乡陈、梁、林、马、莫、邹各姓，素为贼薮"；《有意起旗各首领姓名》："有意起旗各匪徒单：黎老大，监生，年四十余岁。黎因可，文生员，年四十岁，俱五斗司属下滘堡人"，"梁亚康，三十余岁，南海神安司谷树村人。"《番禺县马务乡起事》："查慕德里司马务乡，有贼匪萧茂、萧芳，曾在贼营管造火药"②。

地域观念的呈现有赖于基于地域的行政运作。作为"司"的区域，其运作首先体现于捕盗上，相当于警区，这是捕巡官分辖的初衷。由捕巡辖区及其行政职能来看，依赖于警政系统的区域划分逐渐超越了制度规定，转而具有了多重行政职能，并进而在若干行政运作中以"司"的形式加以呈现，并逐渐强化了"司"作为地域单元的概念。咸丰年间，灵山县为镇压农民起义，曾经勒令各处乡绅捐款，其劝捐行为正依赖于"司"的辖区，咸丰三年五月至十月，各司收款钱数是"灵山县捕属绅士民认借钱三万三千七百千文。内已收钱三万五千一百千文，未收钱一千一百千文。林墟司属绅士商民认借钱三万三千七百千文。内已收钱三万千零八百千文，未收钱二千九百千文。西乡司属绅士商民认借钱八千三百五十千文，

---

①　分别见广东省文史研究馆、中山大学历史系编：《广东洪兵起义史料》（上），96、99、108 页，广州，广东人民出版社，1992。

②　分别见《广东洪兵起义史料》（上），181、223、227、233 页。

已收。以上三处认借各项，共计已收钱七万四千二百五十千文"①。清末，番禺县为增广学额，特命各乡募捐资金，"分司、捕各筹款，分司、捕各缴"②。即使是纂修志书这样的事情，依照各司地域摊派也是常有的事，《南海县志》编纂时，便曾行此法，"若修志之费，分派地方可耳，明进士之纲。曰：'吾邑六巡检司一主簿一捕属，共八司，各司所辖多则十余堡、少则四五堡。今因各司之贫富众寡为差，等而均派之，多则千余，少则数百，各司又因各堡之大小而均派之，多则百余，少或数十，如此则民间所出，正无几耳'"③。南海知县在下发纂修方志的公文中，"一移九江厅，……一札六巡司、捕衙"，令各司衙门"立即转谕各堡属内衿耆人等周知，量力捐签，以襄厥事"④，鲜明地体现了基于"司"地域之上的行政运作。

司属、捕属不仅是一种地域的确认与表达，更藉此产生了地域意识而生"此疆彼界"之感。番禺县重修三贤祠时，"举人詹瑞云心焉伤之，爰集阖属士绅会议，命谓'先贤祠宇在我捕属境内，应有保全之责'"⑤。"我捕属"的表达体现了对"捕属"区域的归属感和责任感。司属、捕属之间亦产生微妙的地域差异，咸丰《顺德县志》的编纂者就指责乾隆《顺德县志》在记述"司"辖区时只以距城之远近排列，自乱体例，"典史统城内外，不得不以附郭列首，其它则地等，宜次以官，陈志六属殿丞，失义矣"⑥。编纂者心目中"六属"有先后之分，典史所辖因近城应列"第一"，其他则以官品列先后，县丞居前，巡检司殿后。民国时期，巡检与捕属制度早已废弃，但其影响所及，仍留流风余绪。番禺县八桂中学是 1906 年废科举后创办的，该校原校长卫恭曾回忆道，因番禺县原分为四巡检司一捕厅管辖，故在分配教职员工时，必须按照五个地域"妥为分配，不能令某一方面向隅"，校长位置更成为几方争夺的焦点。1927 年校长选

---

① 《灵山军营经营收支大略》，载《广东洪兵起义史料》（上），第 373 页。
② 《番禺册金案附》，同治《番禺县志》卷 54《杂录二》
③ 宣统《南海县志》卷 11《艺文略》。
④ 道光《南海县志》卷末《杂录》。
⑤ 宣统《番禺县志》卷 5《公建》。
⑥ 咸丰《顺德县志》卷 3《舆地略·都堡》。

举，各方相持不下，难定人选，最后不得不施行校务委员会制，由"四司一捕各举一人为委员"才最终得以平息争端①。可见，清代司属、捕属划分所造成的地方主义影响之深。直到 1941 年，番禺县还在使用"××司"的称呼②。

## 五、"司"、"汛"关系蠡测：文武协同下的地方治理体系

作为地方控制的体系，清代存在两套既有区别又有联系的系统：一种是代表文官系统的典史、巡检司、县丞、主簿；一种是代表武官系统的绿营兵。两者都有一定的分辖或分防区域，前者称"司"，已见前述；后者称"汛"。罗尔纲在《绿营兵志》"防汛"部分中对这一制度做过精确而概括的介绍，"绿营制度，凡城守分防各营，都分领汛地，遇沿边、沿海、沿江处所及大道旁，都按段置立墩堡，分驻弁兵，各守汛地，叫做防汛"③。

那么，两套系统在微观管理层面存在何种关系，在分辖区的设置上有何协调，如遇盗贼案件，又将如何协同缉拿、讯问等一系列关乎基层社会控制的重要问题，由于细节性资料的缺乏，以往关于这一方面的研究一直未取得很大的进展。尤其是"汛"的管理机制与辖区划分问题，更是举步维艰。管见所及，只有日本学者太田出利用江南丰富的乡镇志，对江南"汛"的管辖区域做过一定的探讨，并指出绿营存在一套"营——大汛（城守汛）——小汛"的指挥系统④，但尚未触及"汛"与其他行政系统间的关系。

广东"司"的管辖区的资料非常丰富，据此可以绘制出精确的各"司"辖区地图。而"汛"的资料也很丰富，在英国国家档案馆收藏的清代两广

---

①　卫恭：《两间浓厚地方主义的中学："八桂"和"禺山"》，《广东文史资料存稿选编》第 4 卷，856～858 页，广州，广东人民出版社，2005。

②　《呈复办理荔塘司六乡九约田亩限期清缴新旧蒂欠地税情形》，《番禺县政公报》1941 年第 22 期。

③　罗尔纲：《绿营兵志》，263 页，北京，中华书局，1984。

④　[日]太田出：《清代绿营的管辖区域与区域社会——以江南三角洲为中心》，《清史研究》1997 年第 2 期。

地图中，存在为数不少的汛防地图，这为探讨两者之间的关系提供了相对便利的条件。

首先一个问题是司、汛设置密度。就文职的佐杂官而言，广东所设数量不可谓不多，清初广东所设巡检司已有一百四十七员，但顺治、雍正年间有个别被裁撤，以致有不敷所用之感。乾隆初，吏部郎中福十宝力主"广东省之宜添设巡检也"，强调了巡检司在维持地方秩序上的功用：

> 广东省之宜添设巡检也。伏查巡检一官专司缉捕，官职既微，与民最近，凡民间细事无不周至。广东向设巡检一百四十余员，其数不为不多。但粤省幅员五千余里，山海交错，凡村落市廛多在崇岭密箐之间，最易藏奸。至沿江一带镇市为各省商贾往来聚会之地，其间人民稠密、五方杂处，宵小尤易混迹，恐额设之员不能遍行察缉，况沿山滨海之区，间有未设巡检者，以致奸宄不时窃发，为患匪浅。臣请该督抚会同酌议，按其形势，量为增设，仍令该管工司不时查验，以重职守，庶奸宄不致潜藏而地方得以宁谧矣①。

遵此议奏，乾隆三年广东增设巡检司五员，分别是鹤山属双桥、镇平属罗冈、钦州属那陈、澄迈属新安，万州属龙滚、阳江属那龙②。乾隆五年广东按察使不无得意地表示了对广东巡检司布局的满意态度："粤东山海交错，最易藏奸，原设及新添巡检共一百五十二员，分驻各乡，星罗棋布，相距各州或数十里，或百余里不等，多系重山复岭、海汊江滨、盗枭出没之区，或人烟辐辏、奸良混杂之所"③。至此以后直至清末，整个广东的巡检司体系保持了基本的稳定。

但与绿营兵体系的汛塘相比，巡检司及其他县丞、主簿等佐杂官的设置密度不可同日而语。以《英国国家档案馆庋藏近代中文舆图》中收录的以府州为范围的汛塘数为例，可以显著看出清代汛塘设置密度之高，足以证明尽管在地方治安控制体系中存在文武不分、协同缉拿的制度规

---

① 录副：乾隆元年四月二十四日吏部郎中福十宝奏，档号：03-0049-001。

② 《清高宗实录》卷 62 乾隆三年二月辛卯，20 页。

③ 朱批：乾隆五年六月初八日广东按察使潘思榘奏，档号：04-01-01-0049-003。

定，但其中以武职为主而以文官为辅的特点是显而易见的。

表 4-10　广东部分州县汛塘与县辖政区数量比较

| 州县 | 汛 | 塘 | 舆图来源、编号 | 县辖政区 |
|---|---|---|---|---|
| 合浦 | 17 | 19 | 《廉州营汛舆图》，F. O. 931/1885 | 5 |
| 灵山 | 13 | 6 | | 2 |
| 罗定州（含东安、西宁县） | 106 | / | 《罗定州塘汛地图》，F. O. 931/1907 | 7 |
| 钦州 | 20 | 22 | 《钦州营汛舆图》，F. O. 931/1916 | 4 |
| 东安 | 5 | 4 | 《东安县塘汛舆地图说》，F. O. 931/1925 | 2 |
| 乳源 | 5 | / | 《乳源汛属舆图》，F. O. 931/1933 | 2 |
| 佛冈直隶厅 | 14 | / | 《佛冈直隶厅汛堡舆图》（局部），F. O. 931/1942 | 0 |
| 东安 | 6 | 1 | 《广东东安、新兴、阳春三县塘汛图说》，F. O. 931/1950 | 2 |
| 新兴 | 4 | 2 | | 2 |
| 阳春 | 4 | / | | 3 |
| 西宁 | 12 | 4 | 《罗定协右营守备兼辖千总专管舆图》，F. O. 931/1951 | 2 |
| 信宜 | 8 | 2 | | 2 |

其次是汛界的问题。汛是有边界的，各汛所管辖地也往往被称作"汛地"，邻近塘汛还往往每月约定日期进行"会哨"，这在广东舆图中有直观的表示，如编号为 F. O. 931/1885 的《廉州营汛舆图》图上多处写入"邻省会哨处所"字样，编号为 F. O. 931/1950 的《广东东安、新兴、阳春三县塘汛图说》的图说部分，如河头陆汛，注明"每月十四日与左营分防东安城千总在黄村地方交签会哨，又二十日与肇协营分防新兴城把总在二十四山地方交签会哨，并无轮流更替"等，可见塘汛存在自身的一套独特的以定点防守、定期会哨为核心的地方控制系统。这一系统与文职官的分防佐杂间可能存在一定的关系，尤其是其防守区域，可能与"司"的范围存在一定的关联。如编号为 F. O. 931/1890 的《百顺汛属舆图》，"百顺汛"驻扎之处正好有一巡检司的建置，也称作"百顺司"，这张地图的表示

范围应该就是百顺司的范围，其中著录了塘、汛十二处。

还有几张地图直接在地图上用红线标示了汛的界线，如编号为 F. O. 931/1928 的《文昌县城汛舆图》用红色笔迹圈出驻扎在文昌县城的城守汛的防御范围，编号为 F. O. 931/1929 的《太平黎汛舆图》同样用红色笔迹绘出定安县太平黎汛"汛地"范围，并在图说中称"该汛境内名山有铁钻、五指山"，"境内"一说已标明其具有固定范围。编号为 F. O. 931/1930 的《定安县城汛舆图》、F. O. 931/1931 的《赤草汛舆图》等也是同样的标示方法。

再次是在地方治安体系中，双方如何协同的问题。作为地方防卫力量，以巡检司为主体的捕盗官力量显然是不太完善的。本来明代巡检司弓兵数量非常之多，但经过清初陆续的裁汰，其巡逻力量大减。如番禺县弓兵，"邑中原五巡检司，鹿步司七十名，茭塘、沙湾、慕德里、狮岭各二十二名。国朝顺治七年裁去弓兵各色，改为皂隶，每司仅各存二名"①，造成的局面是乾隆初"粤东巡检衙门止额设弓兵二名，每名工食银仅止三两"，"以巡检一官驱使，止有二役，平时既不足以巡防，遇事又不敷其差遣"，难免顾此失彼。故乾隆五年最后议定要缺之巡检添设民壮四名，虽未列入要缺而驻扎之地逼近瑶排黎寨及海滨、私枭、私矿往来聚集之区并冲途要地、饷犯客商经过停泊之处，酌量添四名或两名民壮，共添设民壮五百余名②。此外，江浦、茭塘、沙湾、广海寨等四巡检还各设巡船两支，黄鼎、马宁、香山、小黄圃、黄梁都、沙村、牛肚湾、神泉、湖口各设巡船一只③，与海防营制互为犄角，控扼海域。但相对而言，清代巡检弓兵配备和其他省份相比，略有不足，与前代相比，更是差距明显，欲其在地方控制体系尤其是捕捉"大盗"时难免就捉襟见肘了，故仰仗绿营兵体系就显得自然而然。雍正帝就曾说过，"广东地方，山海交错，民猺杂处，贼盗易于潜踪。所恃以防范者，则有安设之塘汛，星罗棋布，络绎声援。无事则相为守望，一遇盗贼，则协力擒拿，

---

① 同治《番禺县志》卷 19《经政·弓兵》。

② 朱批：乾隆五年六月初八日广东按察使潘思榘奏，档号：04-01-01-0049-003。

③ 《清高宗实录》卷 843 乾隆三十四年九月戊申，267 页。

勿使遁逸"①。

表 4-11　清代巡检司弓兵员额举例

| 省份 | 巡检司 | 弓兵员额 | 资料来源 |
|---|---|---|---|
| 河南 | 赵家村 | 30 | 《清高宗实录》卷 77 乾隆三年九月己巳 |
| | 伏牛山 | | 《清高宗实录》卷 107 乾隆四年十二月壬辰 |
| 湖北 | 上津堡等 | 18 | 《清高宗实录》卷 473 乾隆十九年九月庚子 |
| 山西 | 全省统一 | 10 | 《清高宗实录》卷 656 乾隆二十七年三月丁酉 |
| | 盐巡检 | 20 | |
| 直隶 | 鞍匠屯、土城子 | 6 | 《清高宗实录》卷 78 乾隆三年十月乙酉 |
| 江西 | 太平桥 | 15 | 《清高宗实录》卷 127 乾隆五年九月乙酉 |
| 广西 | 白土 | 40 | 《清高宗实录》卷 142 乾隆六年五月丁丑 |
| | 龙胜 | 9 | |
| | 社水 | 14 | 《清高宗实录》卷 154 乾隆六年十一月戊辰 |
| | 广南 | 24 | |
| 安徽 | 临淮 | 12 | 《清高宗实录》卷 477 乾隆十九年十一月丙申 |

　　但汛塘并非完全就可以取代佐杂官的职掌，在清代的地方实践中，常常可以看到清廷不断试图增设佐杂官以弥补武职官员不能处理民事的制度缺陷。佐杂官与武职官员最大的不同在于是否可以处理民事上，早在康熙五年，就立有"营汛获盗，取其口供，即送有司，不许非刑擅拷"的规定②。康熙五十七年广东广西总督杨琳上《海防六议》，其中"要地设官"一项牵涉到文官的移驻："滨海要地之宜驻官也。查潮州府饶平县属之黄冈，虽设有副将，不便理民事，而文职止有巡检一员，不能驾驭，请将潮州海防同知移驻黄冈"③。再如琼州府原有太平、薄沙、水尾、宝亭、乐安五汛，千总以下，武职分防，但其不便处理民事，故雍正八年

---

① 《清世祖实录》卷 97 雍正八年八月癸卯，296 页。

② 道光《英德县志》卷 2《恩纪》。

③ 《清圣祖实录》卷 278 康熙五十七年四月庚寅，730 页。

经郝玉麟奏请，添设五员巡检与汛同驻①。《兵部处分则例》关于"绿营兵"有一条专门规定，"营汛武弁拿获窃贼，并不移送有司审理，擅自责打致死者革职，兼辖、统辖官失察者，降一级留任。"②故尽管在缉捕贼盗方面，以武职为主而以文职为辅，但在审讯上则完全排斥了武职的介入。

为保证对地方的严密控制，一旦一地武职撤销，往往要添设文官以替代武职撤销带来的权力真空。如前山寨县丞系于雍正八年添设，其设置原因在于前山寨临近澳门，"离城一百二十余里，地居滨海，汉夷杂处，县令远难兼顾"③，而原驻前山寨之守备则调回香山县城。到了乾隆八年，又因澳门所驻西洋人达三千五百余名，县丞一员不足以扼其要，故将肇庆府同知移驻前山寨，而原香山县丞迁往澳门，"专司稽查民番一切词讼"④。

更多的情况是一地既有文官，又有武职，协同处理盗匪案件。如番禺县本设巡检司五：沙湾、茭塘、慕德里、鹿步、狮岭。其中沙湾、茭塘位于番禺县境之南，正处在珠江入海口，海岸曲折，一直是盗贼渊薮，故清代尤其重视对这一地区的弹压。雍正初，本拟移理瑶同知并抽拨虎门协左营都司移驻沙湾，弹压地方。但理瑶同知驻扎连州三江口寨，控制八排，管理瑶务，职任较重。虎门又是省城门户，洋船出入总汇，更不能抽拨人员分防他处。于是沙湾又奏设把总，带兵五十名，文武协防，"查缉匪类，渐觉稀少"⑤。再如琼山海口所县丞，据载，雍正七年琼山县丞移驻海口所是因"琼州一郡，孤悬海外。海口所城，尤为扼要，商贾辐辏，奸良易混"⑥，除了文官体系外，海口所还建立了绿营兵系统，

① 乾隆《广东通志》卷7《编年志二》。

② 《兵部处分则例》卷26《绿营·营伍》。

③ 雍正八年三月二十六日广东总督郝玉麟等奏，《宫中档雍正朝奏折》第16辑，43页。

④ 录副：乾隆八年八月初四日署理两广总督策楞、广东巡抚王安国奏，档号：03-0072-026。

⑤ 雍正八年三月二十六日广东总督郝玉麟等奏，《宫中档雍正朝奏折》第16辑，41～42页。

⑥ 《清世宗实录》卷79雍正七年三月己酉，34页。

"海口所城守城兵七百三十七兵，系水师协标左右二营守备分防"①。

但文职、武职又存在协同处理地方盗案上的困境：其一是汛官时或有侵害文官权限之处，康熙年间就曾出现于琼州府崖州，陶元曾进奏《请禁崖州营将肆虐状》中有清晰表述："朝廷设立文武，各有职守，非其责而越俎代庖者，谓之侵官；常其任而折鼎覆𬤇者，谓之溺职。……一营将侮文之害。崖营兵律不肃，将士骄横，侵侮职官。如陈把总，汛弁也，殴辱感恩县典史，历经宪断方得保全。杨棍子，营卒也，殴辱藤桥司巡检，虽经告州不得申理。其它头目挟制有司，把持案件。不可毛举。窃思文武各有分职，本不相关，而事事交关，事事掣肘，此侵官溺职之一，不可不亟为禁止者也"②。汛官私自审讯盗贼亦时有发生。

其二是文武皆负有督查地方盗案之责，也都彼此有处分条例，彼此之间各以捕盗为其功，又或因文职捕盗有成而使武职受责，又或武职获盗而文职受责，故彼此隐瞒信息的情况时有发生。乾隆二年署理广东提督的张天骏就提到在地方盗案中，文武各职互不通报，通同讳饰的情况。且武职捕获盗贼以后，即将其交予地方文官审讯，并通报知县、知府乃至督抚等文官体系，至于盗贼数目几人、住址何处等，武职系统均不知晓，也使得提督、守备等无法对千把总等低级武官进行有效考核③。

## 六、余　论

施坚雅在研究中国城市及市场结构时，曾关注到清代行政中"非正式管理"的现象④："清代地方行政基本策略的一个明显问题，是如何谋取地方缙绅和商人的协助，使他们成为官僚政府的非正式代理人，但又不至

---

①　雍正《广东通志》卷23《兵防志·军防》。

②　贺长龄：《皇朝经世文编》卷88《兵政十九·苗防》。

③　朱批：乾隆二年七月署理广东提督张天骏奏，档号：04-01-01-0023-037；朱批：乾隆二年九月初十日四川道监察御史薛薀奏，朱批：04-01-01-0023-048。

④　可参任放：《明清长江中游市镇经济研究》第七章第一节《施坚雅有关"非正式管理"的论述》，256～259页，武汉，武汉大学出版社，2003。

于增强他们及其副政治机构的权力，而酿成对官僚统治的威胁。"①他注意到几百名巡检及同知等各类佐贰之职被派驻在非行政中心地的现象，并认识到，"还有一级有争议的更低级行政机构处在萌芽之中。有些县级区划包含有司，……但司从未被看作县级以下的正规行政区划"，进而提出"县以下行政分区的性质，其官署与经济中心地层级中较低各级的组合程度，以及两者对非正规地方管理的关系，这些问题的潜在意义直到现在才显现出来。"②通过对广东地区捕巡官员在清代新动向的分析，正足以呼应施坚雅的敏锐发现，并展示出明清之际在局部区域基层行政管理模式上的重大转型，也即是县下一级区划逐渐确立的基本趋势。仅仅广东一地，根据光绪《广东舆地图说》的统计，就有 251 个名称为"司"的捕巡官员辖区。志书中有所谓"县之有司，亦犹郡之有邑"的说法③，将"司"与"县"的关系比拟为"县"与"府"，是将"司"视作县下一级区划，正反映出清代在基层行政管理体制上的重大调整。

## 附：捕属再考

清代典史、吏目等佐贰官一般均有缉捕之责，故常被称为捕厅，其所属区域也被称作"捕属"。以往对"捕属"这一名词，因仅仅是县佐官，而其所辖仅仅是县下小区域而已，故一直未曾引起关注，对其真实含义一直是不太清楚的。邓之诚在《骨董琐记》中就注意到"捕属"一词的存在，但并不理解其涵义。冒广生《题关颖人戌戌童试题名册》第三首时，有"司捕南番籍贯分，捕为寄籍外江人"的句子，并注称"粤籍有司、捕之分，司属皆土著，隶南海；捕属十九外来官、幕之子孙，隶番禺"。将捕属理解为外埠寄籍之人，且是属番禺而非南海，而司属的即是南海本籍人而言。显然，冒广生此言有误，并非仅有番禺有捕属，南海也有捕属。汪宗衍就认为"冒广生生于广州都府街，又以广生命名来作纪念，住在广州

---

①　[美]施坚雅主编：《中华帝国晚期的城市》，叶光庭等译，陈桥驿校，396页，北京，中华书局，2000。

②　分别见《中华帝国晚期的城市》，358 页注释、323 页。

③　乾隆《阳山县志》卷1《图》。

几十年，平日又爱谈广东掌故，只知道番禺有捕属，而不知南海也有捕属，那足以反映捕属这个名词知道的人们不会很多了"①。

汪宗衍接着论述道"据笔者初步的了解，前清广东各府、州、县里，只有南海、番禺两县才有司属和捕属的分别"，"凡南海、番禺各司本地的人们，都叫司属人，就是他们搬去省城居住，还是属于该县司的本籍，仍叫作司属人。凡是外省人来广东做官或者做幕客的人们，居住省城时间久，数代庐墓都在这里，特别是他们的子孙不能返回原籍应试了，那便向该县衙门，禀请入籍，报名家世状况、子孙人名……等，经过调查批准后，才算合法成为南海或番禺县捕属人，即是归入捕厅所属的意思"。这里仍然是将籍贯视作捕属与司属的根本区别。

到1982年《南海文史资料》刊登的梁松生《南海县捕属的由来》一文仍延续了冒广生、汪宗衍等人的意见，认为"捕属系指寄籍本地的外处人，而籍贯属南海的却叫司属"②。

直到1991年，《南海文史资料》刊登谭标《略谈清末民初南海县的辖区及捕属问题》一文才提出了相反的意见，认为"捕属"实际是地区划分的名称。但又称"查所有有关资料均未见有司属这个名称。事实上凡是本地人或外处人来南海县定居而又已申请批准入籍的，其籍贯统称'广东省南海县'人"③。

1997年梁松生再次发表《捕属称谓由来》一文对捕属的认识基本延续了其1982年所发表文章的看法，认为"凡南海、番禺本地人都叫司属人，而在外省迁来广州做官当差的，居住城内时间长了，甚至连祖先墓地都在广州，子孙也不回原籍，那就要向县衙禀报申请入籍，并要报告家世及子孙名字，经过批准，就算合法居留，成为捕属(即归入捕所管辖的意思)"④。

2002年《"捕属"考》一文考订"捕属"即县衙捕厅直接管辖地域范围之

---

① 汪宗衍：《试谈"捕属"》，载《艺文丛谈》，192～194 页，香港，中华书局香港分局，1978。

② 南海县政协文史资料委员会编：《南海文史资料》第 15 辑。

③ 南海县政协文史资料委员会编：《南海文史资料》第 18 辑。

④ 《穗郊侨讯》1997 年第 2 期。

意，而且一般捕属范围就是该县的政治、经济、文化中心的所在地。并依据道光编修、同治续修的《南海县志》等材料，认为"南海捕属"设置应在道光十五年之前①。

以上所论，皆有可议之处，兹分别论之。

第一，捕属是区域地理单元而非籍贯归属，谭标之文正确揭示了这一名词的涵义。前已多次引用原始档案，俱可见典史所辖并非是以籍贯为区分，而是以都堡等基层区域单元为限，划分若干区域，一般是县城及其周边区域，来实行缉捕盗贼及处理民间细事等权。且典史与巡检司属之间经常涉及区域的调整，如果典史不是区域单元而仅仅是一种身份的"标示"，则完全无法对此作出合理解释。况且，仅从广州府的情况来看，典史所辖既有本籍，亦有客籍，如新安县，"典史管属以村名者四十有六，其地名可稽则十有九，而客籍村庄六亦附焉"，司属亦有客籍，如新安县，"福水司管属其村名九十三，地名可稽则六十九，而客籍村庄三十一均附焉"②。

第二，捕属并非番禺县专有，更不局限于省城双附郭县南海、番禺共有，而是广东各个州县均有的一种地理区划。广东几乎每县都有典史、吏目等典狱官之设，且大多拥有一定的管辖区域，都可以称作"捕属"。其它省份也多典史有辖地的记载，如江苏江都县，其典史辖地称作"捕辖"③，与"捕属"同意。

第三，文献中是有"司属"这一名词的。所谓的"司属"其实就是"巡检司属"的简称，广东方志中关于"巡检司属"辖地的记载不胜枚举，一览方志即知，如光绪《广州府志》卷9《舆地略一》香山县："四字都，村十八，内惟麻子一村司属，余俱捕属"。

第四，捕属也具有籍贯"标识"意义，而不必凡籍贯尽皆"南海县人"。《清代硃卷集成》载有龚其藻，"字光瑞，一字莲舫、行一，咸丰甲寅年正月初九日吉时生，系广东广州府南海县捕属民籍，充南海县学附生"④。

---

① 《羊城今古》2002 年第 3 期。
② 光绪《广州府志》卷 9《舆地略一》。
③ 民国《江都县续志》卷 1《地理考第一》。
④ 顾廷龙主编：《清代硃卷集成》第 59 册，251 页，台北，成文出版社，1992。

光绪《广州府志》记:"梁士济,字遂良,捕属人"、"张维屏,号南山,捕属人,父炳文,字虎臣,生百日而孤"①。《南海氏族》一书中以"捕属"开列各氏族始祖及捕属各户丁数②。

---

① 分别见光绪《广州府志》卷117《列传》、卷131《列传》。

② 《南海氏族》第三册《捕属报氏册》,http://www.nhlib.cn/local/NanHai ShiZu/Book3/BuShuBaoShi/page_01.htm,2014年10月12日查询。

# 第五章 分司细故:《南部档案》所见县丞、巡检司及其政务运行
## ——再论佐杂的司法权限

明清地方行政制度史上,佐杂官的分防并各领一定的地域范围成为县以下行政管理体制最显著的变化之一。这一分防本身意味着县以下出现了代表国家权力的"父母官",也代表着皇权与绅权之间的边界从县转移到县以下的佐杂衙门。因此,对于这些佐杂官分防及其对"社会"的介入以及由此产生的复杂的互动关系,就成为观察清代地方行政管理体制转变的最佳视角。但无论是设置极其广泛的广东也好,市镇发达引发佐杂驻扎的江南也好,对佐杂及其在地方社会的实践活动始终不甚明晰。这其中最大的障碍正在于地方志往往关注于知县及其活动,即使平庸之辈亦可借助县志纂修,广留溢美之词;而佐杂官因地位卑微,备受歧视,只有那些特别出众抑或日后高升者才有可能被列入"传记",这就使得人数几乎是知县两三倍的佐杂官群体及其活动被隐没在广袤的历史中。只有通过断片残卷留下的微量记载去辐射他们整体活动的画卷,这一工作不能说不可能,但至少映射出来的画面是残缺的、破碎的。但令人振奋的是,清代四川保宁府南部县的档案较为完整地保存下来,其时间自顺治初年至宣统之际,其中保存有为数不少的佐杂衙门的公文。这些极其罕见、珍贵的资料对我们复原南部县分防佐贰及其在基层行政运作实态提供了独一无二的资料,也可以据此曲折地反映佐杂官这一群体①。

---

① 前揭吴佩林《万事胚胎于州县乎:〈南部档案〉所见清代县丞、巡检司法》一文已利用过部分《南部档案》对南部县县丞、巡检司的司法运行做过探讨。本节内容将利用更多《南部档案》内容,讨论其行政职能,补充谈论其司法功能,并兼及南部县的案例在全国各县辖政区中的普遍性与典型性问题的探讨。

## 一、清代南部县辖政区的设置与变迁

明末清初，四川历经张献忠及其后续者与清的连年战争及三藩之乱后，人烟零落，百业凋敝，因此清初对四川的行政区划调整主要是裁撤州县。至于保留下来的县份，也大多不设佐杂官员，南部县清初曾设有县丞一员，旋于顺治十二年裁①，自此南部县仅有知县、典史二人而已。雍正七年，随着战争的平息与生产的恢复，四川逐渐恢复了清初被裁撤的若干州县。由于外来客民渐多，土客矛盾突出，每县仅设知县、典史二人已不足以应付繁杂的行政事务，逐渐产生了对僚属官的需求。此年，四川按察使赵弘恩呈请添置佐杂官员：

> 川省向属荒残之区，蒙圣祖仁皇帝招徕抚循，我皇上化育生成，迄今土田日辟，户口日增，富教之加，靡不区画周详。臣思抚宇征输，牧令最为切近，而佐理分猷，丞尉亦所必需。向有裁并之双流等县，现经督臣饬议请复。臣查川省现在之一百一十四州县，除正印官外，仅有州同二员，吏目、典史共一百一十一员，巡检二员，是州同、典史、巡检既属缺少，而州判、县丞、主簿通省全未设立。巡防、差遣在在乏员，现今丈量等务，协办尤多掣肘。臣之愚昧，似应查明某州县应添某项佐杂，某处系属扼要，应设巡检或分驻州同、州判、县丞弹压巡缉，内有事简地方，则仍缓添设②。

随即四川便增置了大量佐杂职官，如合州州同、直隶潼川州州同、州判、直隶泸州州同、州判、直隶达州州同，简州龙泉镇巡检司、巴县木洞镇巡检司、铜梁县安居镇巡检司、昭化县白水巡检司、南充县东观场巡检司、万县郭里巡检司、江油县中坝巡检司、会理州苦竹坝巡检司、蓬溪县蓬莱镇巡检司、直隶泸州嘉明镇巡检司、直隶达州麻柳城巡检司，成都、巴、垫江、渠、大竹、富顺分驻自流井，隆昌、永宁分驻赤水河，

---

① 《清世宗实录》卷92顺治十二年六月己巳，723页。
② 四川布政使赵弘恩雍正七年四月二十四日奏，《宫中档雍正朝奏折》第13辑，9～10页。

奉节、梁山、西昌、荣县分驻贡黄井，遂宁、德阳等县县丞①。《四川通志》将增置之举记为雍正七年，而《清世宗实录》则记以雍正八年。同其他县份一样，南部县也添设了一员巡检司，驻扎西河口②。西河是流经南部县的一条重要河流，自南部县东南注入嘉陵江。西河口位于西河上源，在南部县西，临近剑州③。其设置原因尚不得而知，其分防区域也不得而知，大概是因西河口周围系产盐之区。雍正十二年，保宁府同知移设南部县城，其关防是"茶盐同知"④。据吴佩林等人对南部县盐业的研究，南部县凿井取盐有悠久的历史，最早可追溯至东汉，之后发展成为四川重要的产盐区。明末由于战争的破坏，盐业发展停滞，清初采取了积极促进盐业生产的政策，才得到逐步恢复。雍正时，南部复兴盐场被列入全国四十个盐场之一⑤。盐业的复苏带来了人员的流动，"各邑之有盐，由来旧矣。方今生齿日繁，投火灌水之术，争相趋逐"⑥，纠纷渐多。佐杂的设置是应对盐业管理新形势的需要。

随着南部县盐业生产的发展，原移驻之保宁府同知已难兼顾，故乾隆元年又裁西河口巡检改设盐大使一员⑦。

> 雍正八年五月内奉文为知会事呈。内添设巡检司一员，乾隆元年五月内奉文为盐务之章程末议等事案内，裁减巡检员缺，改补盐场大使。衙门额设衙役二名，内门子一名、皂隶一名，每名岁支工食银六两，共银十二两。又遵照雍正七年闰七月内奉文，设立弓兵十二名，于雍正十三年奉旨议奏事案内，裁减弓兵六名。又于乾隆二年十一月内奉文为盐务之章程末议等事案内裁汰巡检弓兵六名。

---

① 雍正《四川通志》卷 28 中《公署》。

② 《清世宗实录》卷 92 雍正八年三月戊子，236 页。

③ 《南部县大乡编联疆域图》，载南部县咸丰《县境分方图说》，中国国家图书馆藏。

④ 《清世宗实录》卷 144 雍正十二年六月辛亥，801 页。

⑤ 吴佩林、邓勇：《清代四川南部县井盐业概论——以〈清代四川南部县衙门档案〉为中心的考察》，《盐业史研究》2008 年第 1 期。

⑥ 道光《南部县志》卷 6《食货志·盐政》。

⑦ 《清高宗实录》卷 15 乾隆元年三月壬子，410 页。道光《南部县志》卷 11《职官·题名》作乾隆二年，此是以盐大使实际到任时间计之。

> 另设盐大使衙役六名，内门子一名、皂隶四名、马夫一名，每名每月给工食银五钱，俱地丁银内扣除，理合登明①。

盐大使的设立是南部县盐业管理专门化的表征。其设置以后，主要是管理西河口一带盐务事宜，衙署借用原巡检司衙门，并未另建②。此后，南部县盐业生产发展的更为迅速，乾隆十二年包括南部在内的四川八州县开淘盐井 85 眼，十六年包括南部在内的四川七州县又开淘盐井 174 眼③。自乾隆元年直至盐大使被裁的三十二年，南部县是保宁府同知、知县、盐大使"三驾马车"式的权力体系，其中知县统掌全县刑名钱粮事宜，而同知、盐大使都与盐业管理有关，这一时期还不存在县以下的分辖区。

表 5-1　清代南部县课井及帮输井数量变化

| 时期 | 合计 | 课井 | 帮输井 | 出处 |
|---|---|---|---|---|
| 雍正五年 | 85 | 85 | / | 四川省财政史料(下)页 1 |
| 雍正十二年 | 80 | 80 | / | 《南部档案》11-958 |
| 雍正十三年 | 148 | 148 | / | 《南部档案》11-958 |
| 乾隆十二年 | 210 | 210 | / | 《南部档案》11-958 |
| 乾隆三十六年 | 436 | 436 | / | 《南部档案》11-958 |
| 嘉庆八年前 | 69 | 69 | / | 《南部档案》4-383 |
| 道光二十九年 | 5015 | 71 | 4944 | 《南部档案》4-391 |
| 同治九年 | 5060 | 69 | 4991 | 《南部档案》6-613 |
| 光绪十一年 | 5067 | 69 | 4998 | 《南部档案》6-974 |
| 光绪二十八年 | 5070 | 69 | 5001 | 《南部档案》15-1077 |

转引自:吴佩林、邓勇:《清代四川南部县井盐业概论——以〈清代四川南部县衙门档案〉为中心的考察》。帮输井是在白莲教起义以后，课井遭到巨大破坏，原额课井存量极少的情况下，以新开盐井帮输课井的一种新方式，"废井一眼，以新开十眼帮输"。

---

① 《南部档案》，Q1-2-10。四川省档案馆编《巴蜀撷影——四川档案馆藏清史图片展》将该份档案命名为"南部县县级各衙门额设各役及里保甲长名数清册"，乾隆二十八年，4 页，北京，中国人民大学出版社，2009。

② 《清高宗实录》卷 121 乾隆五年闰六月丙辰，777 页。

③ 《清高宗实录》卷 296 乾隆十二年八月庚午，880 页;《清高宗实录》卷 403 乾隆十六年十一月辛卯，302 页。

到了乾隆三十二年，这一"铁板一块"的行政管理模式发生了显著的变化。盐大使被裁，改设县丞，分防地方。

> 四川总督阿尔泰谨奏为请裁冗设之场员，改属分驻之佐杂以裨地方事。窃臣巡查川北一带，经过各城乡市镇，留心查勘，其居民稠密，离县窎远。臣查分驻佐杂以资弹压之处而为盐场中当井灶颇少冗设场员之处。臣身视其地，目击情形，善酌办理。与其以无事之场员，虚糜广俸，不若改设分驻之佐杂，分理民事，庶于公务有益。查有保宁府南部县属西河口盐大使，系乾隆元年改设，其盘验引盐，稽察私贩，向隶分驻之保宁府同知管理。该大使止于查核井灶，又潼川府中江县属盛家池地方盐大使系乾隆三年移驻胖子店适中之地。该处盐井本少配销引课，仍系由县征解。该大使亦止稽核井灶，别无所事。是西河口、盛家池盐大使二员实属冗设，均可裁汰。惟查南部县属之富村驿距城一百八十余里，地居冲要、民习俗悍，易于藏奸匿匪，亟须驻员弹压稽察，应请即以裁汰之西河口盐大使改设县丞，驻扎富村驿，兼理盐务，将附近之永丰、富义、宣化、安仁等乡分拨管辖，除命盗重案仍归县审办外，其逃盗、奸匪、赌博、斗殴、私宰等事俱听该县丞就近稽察办理①。

清代律例中一向有禁止佐贰擅受民词的条文，但本书第四章广东地区出现的司法实践已使得这一律令是否被严格执行被打上重重的问号。但奇怪的，如果说地方实践性是超越于律令之上的便宜从事，那么在四川总督进奏皇帝的奏折上，明言将县分辖区内除命盗案件以外的其他司法案件交予县丞审理，乾隆皇帝的朱批仅仅是"该部议奏"。这一君臣对律例的"习惯性漠视"使得我们必须重新思考禁止佐贰擅受民词的实用性。细揣此条律文，其关节点在"擅受"二字，这使人恍然大悟，原来清代律例的限制是对那些并未经官方授权的由佐贰承办的司法案件，反过来，如果经正式的行政程序，将司法权力授予佐杂，则其受理刑名是合法的。

---

① 录副：乾隆三十二年八月二十二日四川总督阿尔泰奏，档号：03-0122-043。

富村驿县丞的关防是"南部县分驻富村驿兼管盐务县丞"①,其分辖区是"永丰、富义、宣化、安仁等乡",这标志着南部县形成了县下分辖区,永丰、富义、宣化、安仁等乡除命盗以外的司法案件由富村驿县丞分担,其余六乡的司法案件则归知县经管。至于钱粮,并未授权富村驿县丞代征,故这一分辖区主要还是治安、盐务、刑名的分辖区,还不具备完整的行政职能。

道光四年,这一分辖体制有所改变。县丞自富村驿移设新镇坝,同时在原富村驿改设巡检司。

> 奏为酌改县丞、巡检分驻地方以资稽查,恭折圣鉴事。窃照各府州县设立佐杂分理地方,如今昔情形不同,必须酌量移改以收实效。查保宁府属之南部县设有盐厂,额定课井四百三十六眼,散在该县东、南、北三乡。从前县东设有盐大使一员,专管井灶。县丞[笔者注:应改为城]内分驻保宁府同知一员,督理盐务。乾隆三十二年因县南之富村驿地方烟户稠密,易于藏奸匪类,将盐大使裁汰,改设县丞,移驻富村驿,兼理盐务,定为在外升调要缺。嘉庆十三年勘定马边、峨眉两处夷匪案内,将分驻南部同知裁撤,改为马边厅抚夷同知。该同知原管之南部盐务即归该县府经理督办在案。惟南部县东、南、北三乡与顺庆府属之蓬州、仪陇、南充等州县界上毗连,水陆交通,藉察稍缺,透私较易。以富村驿改设县丞之时,尚有分驻之同知专管盐务,嗣将同知移驻马边而该县丞所驻之富村驿偏在县城西南,经理难期周到。该府县相距本远,又属鞭长莫及,且地方政务殷繁,井灶缉捕各事宜势更难以兼顾。经前督臣蒋行据署保宁府严堉督同南部县李文得审量形势,有不得不量为移改以期因时制宜等情。兹藩臬两司复核具详前来,臣查南部县内新镇坝地方,距城东七十里,濒临嘉陵江,与各井灶俱属切近。又为商盐必经之所,苦无官为经理,商民之透漏无可稽查,盐枭亦肆无忌惮。相应请富村驿丞移驻新镇坝,作为南部县分驻新镇坝兼管盐务县丞,仍定为要缺,在外升调,庶验引缉私,均可期其得力。其富村驿距

城有一百八十里之遥，地居冲要，烟户殷繁，亦不可无员弹压，查有保宁府属之广元县朝天镇巡检，原定为选缺，该巡检距同县之神宣驿巡检仅止三里，事务甚简，堪以裁撤移驻富村驿，作为南部县分驻富村驿巡检，仍定为简缺，归部铨选。似此一转移间，于铨法毫无窒碍而于盐务、地方均有裨益。如蒙俞允，现任各员能否胜新设之任并应行改拨分防地方及换铸关防印信一切事宜再行查明，照例办理①。

在另一份档案中，关于移设县丞的理由阐述得更加详尽，南部县盐务自嘉庆年间保宁府分驻南部县同知移驻马边厅后，改归保宁府兼理，并于阆中千佛岩、南部新镇坝设有盐关盘验。千佛岩距府治较近，易于盘查，而新镇坝距府二百六十余里，"若仅藉盐巡清查，难免私贩透露"。既然府衙难以兼顾盐务，那么南部县衙是否能够兼顾？况且，南部县"近来盐井较前十倍有余"，监察不力，这些盐井多分布在东、南、北三乡，县丞衙门却设在县西南的富村驿，各盐井"距县丞衙门自二百余里至二三百里不等，既专令稽查井灶，亦本有鞭长莫及之虑"②，故移驻县丞驻扎亦势所难免。

四川总督戴三锡此奏于道光四年十二月被允准，"移四川南部县富村驿县丞驻新镇坝，广元县朝天镇巡检驻富村驿，改铸印信条记。"③南部县知县据此详请本县二员佐杂分防区域，"应请将附近积上、积下、临江乡分拨该县丞管辖，其应管地方除命盗重案归县管而外，其贼盗、匪徒、赌博、斗殴、私宰、窝娼等事，俱听该县丞就近照例查办。遇有盗劫、抢夺等犯脱逃，限满无获，[照]例开参。……该县丞向止查核井灶，今移新镇坝兼管盐务验引缉私……查富村驿地方离城一百八十余里，地方冲要，民俗刁悍，附近之富义、永丰、安仁三乡向系县丞分辖，遇有盗贼、匪徒、赌博、斗殴、私宰、窝娼等事，俱听该县丞督查办理。今将县丞裁改新设巡检，一切均应责成巡检照例经理，分管三乡地方，遇有

---

① 《南部档案》，Q1-4-368。

② 《南部档案》，Q1-4-368。

③ 《清宣宗实录》卷 77 道光四年十二月戊寅，241 页。

盗劫、抢夺等事，限满无获，即将该巡检照例开参，以专责成"①。

至此，南部县设立了县丞、巡检司两个县辖政区，一直延续至清末。

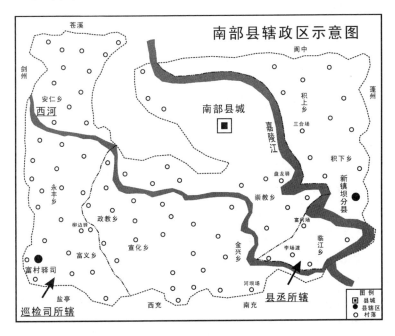

**图 11  四川南部县辖政区示意图**

## 二、县辖政区行政职能的行使及与地方社会的关系

清代知县之全部行政，其大要者乃"刑名钱粮"，又有其他各类行政事宜。以现今所见清代南部档案而言，并未见到分防县丞、巡检负责钱粮事宜的资料。文书中主要是诉讼案件及其他行政事务，以诉讼为最多。南部县诉讼案件一向繁多，光绪年间的知县罗某就哀叹"本县莅任将及一载，讼事繁多，案牍如麻"②。光绪年间袁用宾所编《南部县舆图说》中也称"本邑民情好讼，往往因口角细故及鸡豚之争，酿成控案，彼此纠缠不

---

① 《南部档案》，Q1-4-369。

② 《南部档案》，Q1-7-361。

歇，甚至败产倾家"①。

## (一)巡检职能试析

第一，作为僚属官的巡检。雍正年间，巡检尚驻西河口。当时清军入西宁战后，官兵陆续返程，四川总理松潘粮务驿盐道札饬沿线州县预备支给员役兵丁沿途所需口粮、草束，南部县正堂转饬巡检办理②，并令其迅速将支应过回官兵米草数目造册申报至县③。后官兵撤回时，令该巡检至县东之新镇坝地方接济粮草④。接济粮草的任务主要是行使巡检作为知县僚属官的职责。

这一时期，巡检职权还没有明确的县下分辖的概念。以雍正十一年南部县协助查办岳钟琪案为例。雍正十一年二月十五日，南部县接保宁府信牌，令协查岳钟琪在川宦资一案，知县交予时任西河口巡检司巡检何宪办理。该巡检至"县属地方，逐户挨查"，并未查出岳钟琪有"借贷、合伙、寄顿、收藏"等事⑤。该巡检的协查范围是全县户口，此时尚无分辖区的概念。

即使富村驿设巡检，分辖三乡后，巡检仍需从事其他与分辖区无关之事。如光绪年间，南部县西路界碑损害，知县即命巡检协助办理。

> 特用府正堂署南部县事即补军粮府加三级记录五次记大功二次 沈
>
> 为饬修事。案准前县移交，据该巡检申详、保正汪天保具禀界碑损坏一案，据此查界碑一事若令乡保牌甲承修，该民人等均属苦寒，从何措办。今本县捐廉银四两，除封发外，合行札饬。为此，札仰该巡检即将银两收明，转交该处附近乡保碑甲，克日用好石另刻"南部县东〔西〕界"五字碑记，立于原处，以明界所并令该处乡保

---

① 《计开总保正章程六条》，袁用宾等编《南部县舆地图说》，光绪二十二年刻本。
② 《南部档案》，Q1-1-11。
③ 《南部档案》，Q1-1-11。
④ 《南部档案》，Q1-1-11。
⑤ 《南部档案》，Q1-1-12。

牌甲等随时保护，认真稽查，仍将竖立日期，具文报查，毋违，特札①。

第二，作为分辖官的巡检。道光四年后，于富村驿重设巡检，此时，划定"富义、永丰、安仁三乡"为巡检分辖范围，其权力行使的范围扩展至"盗贼、匪徒、赌博、斗殴、私宰、窝娼等事"，命案虽在任命状中称不准巡检相验命案，但事实上在任命中就为此条埋下了漏洞。"查富村驿县丞衙门，因离城较远，遇有命案，例准相验，今富村驿改设巡检，应准其就近相验"，并添"仵作一名，学习仵作一名"②。巡检在分辖地虽无审判权，但已获得相验权，并配备相应的验尸吏员。

表 5-2　南部县富村驿巡检司官役清册

| 年份 | 官役 | 姓名 | 身份（年龄、民籍、丁银、承充时间） |
|---|---|---|---|
| 道光二十年 | 门子 | 何兴 | 25 岁，富义乡一甲民籍，丁银一钱一分，道光十五年十月二十日承充 |
| | 皂隶 | 王贵 | 25 岁，富义乡一甲民籍，丁银一钱一分，道光十五年十月二十日承充 |
| | 弓兵 | 刘新 | 40 岁，富义乡一甲民籍，丁银一钱二分，道光十五年十月初十日承充 |
| | 弓兵 | 刘旭 | 43 岁，富义乡一甲民籍，丁银一钱二分，道光十五年十二月十二日承充 |
| | 弓兵 | 陈全 | 43 岁，富义乡一甲民籍，丁银一钱四分，道光十五年十月二十日承充 |
| | 弓兵 | 刘贵 | 31 岁，永丰乡十甲民籍，丁银一钱二分，道光十五年九月初八日承充 |
| | 弓兵 | 王有 | 32 岁，富义乡一甲民籍，丁银一钱二分，道光十五年九月初一日承充 |
| | 弓兵 | 张俸 | 38 岁，富义乡一甲民籍，丁银一钱四分，道光十五年十一月十二日承充 |
| | 仵作 | 朱大福 | 53 岁，富义乡一甲民籍，丁银一钱二分，道光五年十月十一日承充 |
| | 学习仵作 | 汪玉龙 | 45 岁，永丰乡十甲民籍，丁银一钱三分，道光五年十月十一日承充 |

---

① 《南部档案》，Q1-7-16。
② 《南部档案》，Q1-4-369。

续表

| 年份 | 官役 | 姓名 | 身份（年龄、民籍、丁银、承充时间） |
|---|---|---|---|
| 道光二十六年 | 门子 | 何兴 | 31岁，富义乡一甲民籍，丁银一钱，道光十八年七月十二日承充 |
| | 皂隶 | 王贵 | 31岁，富义乡一甲民籍，丁银一钱一分，道光十五年十月二十日承充 |
| | 弓兵 | 刘新 | 46岁，富义乡一甲民籍，丁银一钱二分，道光十五年十月初十日承充 |
| | 弓兵 | 刘旭 | 49岁，富义乡一甲民籍，丁银一钱二分，道光十五年十二月十二日承充 |
| | 弓兵 | 陈全 | 43岁，富义乡一甲民籍，丁银一钱四分，道光十五年十月二十日承充 |
| | 弓兵 | 刘贵 | 43岁，永丰乡十甲民籍，丁银一钱二分，道光十五年九月初八日承充 |
| | 弓兵 | 王有 | 38岁，富义乡一甲民籍，丁银一钱二分，道光十五年九月初一日承充 |
| | 弓兵 | 张俸 | 44岁，富义乡一甲民籍，丁银一钱四分，道光十五年十一月十二日承充 |
| | 仵作 | 朱大福 | 59岁，富义乡一甲民籍，丁银一钱二分，道光五年十月十一日承充 |
| | 仵作 | 汪玉龙 | 51岁，永丰乡十甲民籍，丁银一钱三分，道光五年十月十一日承充 |
| 光绪九年 | 门子 | 何文 | 30岁，永丰乡一甲民籍，丁银一钱一分，光绪九年二月二十日前门子何兴病废顶充 |
| | 皂隶 | 王升 | 32岁，富义乡一甲民籍，丁银一钱二分，光绪九年二月二十日前皂隶王贵病故顶充 |
| | 弓兵 | 卢升 | 31岁，富义乡一甲民籍，丁银一钱二分，光绪八年三月初十日承充 |
| | 弓兵 | 陶刚 | 33岁，富义乡一甲民籍，丁银一钱□分，光绪八年八月二十日承充 |
| | 弓兵 | / | 28岁，永丰乡一甲民籍，…… |
| | 弓兵 | / | 永丰乡一甲民籍，丁银一钱二分，光绪九年三月初八日前弓兵王有病故顶充 |
| | 弓兵 | 陈举 | 40岁，富义乡一甲民籍，丁银一钱三分，同治十年九月十一日承充 |

续表

| 年份 | 官役 | 姓名 | 身份(年龄、民籍、丁银、承充时间) |
|------|------|------|------------------------------------|
| 光绪九年 | 弓兵 | 何才 | 38岁，永丰乡一甲民籍，丁银二钱一分，同治十年八月二十日承充 |
|  | 仵作 | 陈寿宗 | 35岁，富义乡一甲民籍，丁银一钱一分，同治十年五月初二日承充 |
|  | 学习仵作 | 王心 | 31岁，富义乡一甲民籍，丁银一钱二分，光绪八年六月初二日承充 |

资料来源：《南部档案》，Q1-4-50，富村驿巡检衙门《为查报道光二十年现设官役事呈南部县》；《南部档案》，Q1-4-53，富村驿巡检衙门《为造报道光二十六年额设官役事呈南部县》；《南部档案》，Q1-8-886，富村驿巡检《为现官役姓名年貌籍贯事呈南部县》。

作为具有正式授权的佐贰，富村驿巡检承担刑名案件并不受"佐贰不得擅受民词"的约束。在司法实践中，巡检承担刑名非常普遍，以致该分管三乡地界的刑名案件最先呈控该衙门成为地方司法实践的习惯，这样的事例屡见不鲜。

但巡检并未借由分辖而获得司法实践中的层级，在南部县档案中，并未见到明确命令该巡检分辖地带刑名案件必须经由巡检而不准越诉，直接呈控案件的例子选择巡检衙门抑或县衙，是根据诉讼人个人考虑而定。如光绪三年何万贤、何何氏互控案内：

> 钦加五品衔调署保宁府南部县事梓潼县正堂加五级军功随带加四级纪录十次 徐
>
> 为行知注销事。据永丰乡民何万贤与孀妇何何氏互控等情一案，当经准理差唤寻集人证查讯。缘何何氏夫故乏嗣，抱何万贤次子何水保承桃抚养，为之配娶妻室。何何氏因何水保夫妇不受束约，凭族退交何万贤领回教养并分给何水保地土耕管，书立约据。本年七月间，何何氏将分与何水保地内□粮摘割，何万贤往阻口角，何何氏即在富驿具呈，何万贤旋即来县呈控，差唤未审之先，两造□凭约证查，理何氏既将何水保退交何万贤领回教养并与分给地土，系由该氏情愿理，令书立合约，归何水保管业，两造均各允从。集

案讯供相符，即照中议具结完案。除各结存查外，合行札知，为此札仰巡检官攒查，照来札事理，即将何何氏具控何万贤等之案注销省累。毋违。此札。

右仰巡检准此！

光绪三年八月二十日　工房清①

在审理民间细故时，在巡检所辖三乡中，即可以到富村驿呈控，也可径来县呈控，并未有任何"越诉"的规定，因此，巡检并非审判层级链条中的一环。且如知县亲自审判并下判词，则会札行巡检衙门注销。

富村驿巡检从事刑名案件时，未曾受限于所辖三乡内。如政教乡民诉讼，亦有至巡检衙门者，据光绪年间南部县正堂札饬巡检文：

据政教乡民向明山、向成山具告向义山、向三山、向国奇以藉坟押搕等情一案。禀称伊等系同胞弟兄，业内私茔一处，与向义山、向三山、向现山、向国奇无分。伊等欺民兄弟人□□等开挖坟后荒坡作地，妄骗平坟毁冢，打毁墓志，搕钱十串不遂，国奇仗充驿差，□等捏控富驿，自告自唤，于六月初九支陈举等前来搕去差钱五串，并将民等锁□驿站店二十余日，滥食口岸钱十八串。经向国洪、向必山人钱两保，始将民等放回②。

"政教乡"本不在富村驿所辖范围，但仅因向国奇与该巡检衙门熟络，便呈控至此，而竟也"越境逮捕"，足可见所谓巡检行使职权并不局限于分辖地域，而时有越境之举。这也充分表明了巡检职能的双重性：作为分辖官，担负一定地域行政职责的巡检和作为州县僚属官，负责全县若干行政事务的巡检。

光绪四年，赵田氏呈控赵国正一案更能看出巡检、知县在处理民间诉讼时的分工及其关系。赵田氏驻政教乡倒石桥一带，赵田氏本配赵国正之子赵长林为妻，赵长林父子嫌赵田氏容貌不佳，故常因细故殴打。赵田氏于该年四月十二日至富村驿衙门呈控。该巡检以"该妇词控翁夫，

① 《南部档案》，Q1-7-345。

② 《南部档案》，Q1-7-529。

庶不近情"，劝其"善自敬侍，自可将忿解释"。但该妇再三恳请唤究"以全夫妇，以寝毒殴"。巡检命陈贵、陈倖等奉票往唤，但赵国正等人纠集三十余人，"阻不许唤，讵伊愈更凶横，伊之饭汤向役差乱泼，反说伊不来案，伊等不敢强唤"。巡检无奈，只好详请知县严究，不然"不但该原告向氏只身无着，且强暴之民，刁风日甚，卑职将何资弹压而肃地方？"①四月十六日巡检呈详知县。四月二十六日赵国正先到县衙状告赵田氏"逆翁告夫"，知县判词"尔媳妇向氏控告翁夫，实属□□名义候据呈行知富驿速[将此]案注销并据实录覆以凭"②。该巡检接到知县札饬后，再行回复，认为赵国正既然提出呈控，有种种委屈，为何"不来就近来驿一讯自明"？但出于对知县行文的尊重，巡检即遵从札文注销该案但仍呈请知县传唤详究该案。该年五月南部县正堂即差役传唤各被告、证人、原告等人到县③。

由该案中巡检与知县来往回复的公文，可知：

1. 巡检在本辖地带以外受理诉讼范围的原则是"就近"。该巡检就对政教乡赵国正并未跟随巡检衙门差役至富村驿衙门"一讯自明"而是赴县呈控感到疑惑和抱怨，这是因为"政教乡"离巡检衙门更近。

2. 民人呈控具有选择性。在本案中，赵田氏就近选择富村驿巡检衙门诉讼，而被告赵国正则远赴县衙。富村驿巡检并未因政教乡不在本司分辖范围之内而不予受理，知县亦不因政教乡距分司衙门更近而交予巡检全权受理。在光绪年间张元恺呈控张奉干一案中，巡检就颇为无奈的声称："该民动辄争讼，一经卑职核夺批准，该民旋即并未赴案投讯，匿往县城，砌词朦准，希图注销以泄其忿。似此刁风日长，遇案即销，不惟卑职弹压无由，且必因驿案酿成县案，不受累反行拖累"④。

3. 巡检、知县在司法案件中的分工与协作。一旦知县拟准受理，则将札饬巡检将原有案件注销。巡检在司法活动中负有查核案件详情并申详知县的义务。

---

① 《南部档案》，Q1-7-634。
② 《南部档案》，Q1-7-634。
③ 《南部档案》，Q1-7-634。
④ 《南部档案》，Q1-8-32。

4.巡检因势单力薄，在受理司法案件时往往会受到家族势力的干涉，并迫使其将案件上移至知县受理。本案中，巡检衙门仅六名弓兵，其势原不足以弹压赵国正等大家族，巡检被迫转请知县详究。这也说明了巡检在处理司法事务时的局限性。对于已经知县审查之案，巡检亦呈知县请示如何办理。如光绪间盐亭县杨仕选等具告南部县李德昌等募伐禁树事，自道光时，即争讼不已，迭经驿县审断。此次又向富村驿分司具控，巡检即申详知县，"窃思两造执拗，万难断结。既系宪署有案，未知前案如何断法，理合备录两造原呈大概供词，具文详情宪台俯赐查核，可否勘唤讯结"①。

遇有民人不服巡检判罚，亦可至知县处"翻控"，如光绪年间张元恺具控张奉干等藐抗霸争水田事：

> 钦加同知衔直隶州用署理保宁府南部县正堂加五级纪录十次许
> 为札行撤销事。案据政教乡民张元恺以藐抗霸争等情，禀恳张
> 奉干一案，禀称情余四月十九民控张奉干、张正兴妄争串搕一案，
> 奉批另录，民见批谕，仰体仁恩爱民，无讼德政。民遵批示，投中
> 张兴干署契寻界。实被奉干等撤毁老界，私立新界，越占民水田三
> 尺余，宽五丈长，理令奉干照旧理出。奉干见控批驳，赌禀不准欺
> 藐抗理、任意霸争，反挟控仇控词，诬告富驿，串驿差曹贵来家，
> 将民父张永干押至花罐子，滥食恶搕，中劝莫何，特再恳恩赏准勘
> 唤讯究稍虚反坐等情。据此，当批现值农忙停松之时候，行驿撤票
> 并侯中证，禀覆再行核夺外，合就装录原词札行，为此，札仰巡检
> 官攒查照来札事理，现值农忙停讼之时，希将张奉干等具控张元恺
> 等之案即行撤票注销，毋听差役弊朦，滥食恶搕②。

南部县在司法上所形成的双重格局，必然导致巡检、知县在司法分工上的冲突，这种现象，南部档案中将其称为"岐控"、"岐累"，即原告与被告各向巡检与知县衙门控告的行为。如犹正福、犹国恩互控案：

---

① 《南部档案》，Q1-7-732。
② 《南部档案》，Q1-8-32。

　　署富村驿巡检为申请饬发犹正福藉捏犹登义出名岐控犹国恩原
□讯明申缴一案验折

　　署富村驿巡检为据情详请饬发以省岐累而儆刁蠹事。本年十二
月初二日案据县民犹国恩以霸加逆殴控准背越恳称:情民于十一月
二十三日具控民同堂犹正福以伊田先当犹国秀,国秀转当民耕。二
十三日正福不思当田并非伊手,加价亦宜理议。伊仗本县学习件作
书,目无叔伦,殴民头额皆伤。□民家贫,畏伊恶霸,就近呈控恩
案,沐饬验伤传唤。犹正福闻民控准,有识情虚,仗书恶势,潜往
县辖诬控捏造,藉以毫无影响之犹登信故绝添编,与民素相和睦之
犹登义出钱三串,买留绝遗草房,称民干预登信之事,估价登义树
株,声云登义年迈,伊为代告,背越控准。虽蒙县批实究虚坐,但
民贫朴,候案日久,但于二十七日始行编词控县,似此一事两累民,
何其堪为此。禀恳作主矜民受伤受累,具文请案发驿就讯,民稍有
不符,愿甘结坐以剪口悬而省岐累,为此,恳乞等情。据此,卑职
覆查十一月二十三日犹国恩具控犹正福之案,当经验明犹国恩头额
眼角俱有伤痕,令其在驿候养,一面饬差传唤去后,兹据犹国恩呈
恳前来,但犹正福既充件书,有无逆殴叔辈,霸加当价各等情,应
宜就近来驿候讯,何得闻控外匿暗往县城造捏虚词,藉以犹登义毫
不相关之事背蠹。卑职控准复捏词朦控宪台案下,不但刁侵□□,
其贫民难堪,似此岐累殃良。卑职到任日浅,将来相率效尤,难资
弹压,理合备录原恳呈词具文申请,仰祈宪台俯赐查核,可否矜怜
犹国恩贫朴良民,遭其逆兄受伤受累,先已控准驿候多日,后被犹
正福仗书捏控,不堪岐累之处,出自宪恩将件书犹正福饬交来役并
藉控犹登义岐控犹国恩原□发驿就近集讯,是否虚实,俟讯明后再
将讯结缘由以及原□申缴归档,以省岐累①。

　　"岐控"现象的发生是分防佐杂与知县在刑责划分上的制度性困境。
一方面,按照清代律例,佐杂本身并不具备完全"合法化"的审判权力,
即使得到官方授权,允准受理,但亦不构成不可逾越的层级,故县民往

———————
　　①　《南部档案》,Q1-8-45。

往藉由制度规定的疏漏，根据"于己有利"的原则，或去巡检衙门，或去知县衙门，这样就造成行政资源的浪费①。清代南部县虽意识到了这一制度性困境，但缺少制度化的对策，一旦呈控至县，必须由知县依据案情，或令巡检销案，由县亲自审理，或发交巡检审理。如王在品具告马希荣一案，原是马希荣到富村驿巡检处控告其妻、妻叔殴打自己至重伤，尚未审讯，王在品即赴县呈控原告证人马希朝，巡检不得不请示知县，"请将王在品等在县具告马希朝等之案发驿并讯，以省两累"，认为"马希荣在驿具告王在品等之案本同夫妻角口细故，若经来驿投讯即可了结，而王坤又支王在品等往县翻控递呈，未识蒙批准否？"②知县最后批准了由富村驿巡检两案并讯之请③。

除司法以外，巡检在分辖区内同样担负着其他繁杂多样的行政职能。从保留下来的档案看，巡检在分辖区内承担的职能主要有：

1. 严查私铸毛钱。如光绪七年，南部县正堂饬札巡检严查私铸毛钱的札文中，称"查富义、永丰、安仁三乡为该巡检专管地面，自应协力查拿，以期尽绝根株"并令该巡检"传谕该管各乡场市，遵照本县示谕，一律禁章不准再用毛钱"④。

2. 查拿匪徒。如光绪八年富村驿巡检冯耀祖为查拿结盟烧会成员，遵照知县札饬，"将发来告示十张分派差役，当发于分属之小元山、赛金场、神坝场、光木山、金峰寺、圻垭场、店子垭、分水岭、碧山庙以及本驿等处遍帖示谕并即派若干役协同保甲照示严拿前项匪徒"⑤。

---

① 台湾淡新档案中，也有类似的例子，称作"翻控"，如淡水厅大甲巡检司所辖，该地民人吴定连因争垦熟田之事，不服巡检所裁，向厅翻控，大甲巡检司不得不逐条回复，见台湾大学图书馆藏淡新档案抄件《大甲巡检汤效曾呈报吴定连所叙不平翻控各节并逐层开导情形》，http：//catalog. digitalarchives. tw/dacs5/System/Exhibition/Detail. jsp？OID＝1902798(2011/02/09 浏览)。

② 《南部档案》，Q1-8-623。

③ 《南部档案》，Q1-8-623。该案实为宣化乡民，也不在巡检本管地带。

④ 《南部档案》，Q1-8-295。

⑤ 《南部档案》，Q1-8-616。

## (二)县丞行政职能试析

第一,盐务。早在县丞仍驻富村驿时,便承担盐务事宜。乾隆五十三年,南部县李坤生等新井见咸榷课增引一案,南部县即转令富村驿分县,令将该井投实之人、充商承办、起始年份、互保各结等造册呈县①。乾隆五十四年时,南部县灶民黄万仕禀称新报下则庙子井一眼"竹漏腔崩,修淘不活",蒲宽、刘文焕、雍高义、谢广元、谢建儒、杨勋、何朝、富敬聪、罗何等十名竹腔崩漏,修淘不活,奏请开除课税,亦是奏报富村驿县丞衙门,该衙门逐加亲勘,确如所请均坍塌,故奏请县衙并转保宁府开除②。

早在新镇坝县丞上任之初,南部县盐房便将奏请新设新镇坝县丞及其将经管盐务等事转饬各盐商知晓,"该县丞向止查核井灶,今移新镇坝兼管验引缉私,应请饬令各州县转饬各盐商于持引采配之时,由该县验明引张,转移该县丞一体查验登号,再饬赴厂采配,以便按引盘验"③。该移文发送对象为"大竹县、仪陇县、营山县、渠县、蓬州、南充县、达县、平武县、西充县",均为临近南部县的绥定府、顺庆府、龙安府县份。但新镇坝县丞兼管盐务的地域范围并非仅仅是其分管的三乡之地,而是整个南部县,其主要盐务职能是"查验登号"。

新镇坝盐务管理范围以全县为单位,并非局限于分辖的三乡之地,前据设置时所奏即知,在实践中也是如此。如光绪九年,南部县正堂令分县查照井灶事宜:

> 尽先前补用同知直隶州特授四川保宁府南部县正堂加三级记录五次随带加三级记大功七次张
> 　　为移知查勘事。案据安仁乡灶民李先锡、李先第禀称:情民等故祖早凿石盘井、双石井共二眼,认完帮输二户云云禀乞等情。据此除批示外,合行移请查勘。为此,合移贵分县,请烦查照来移事。

---

① 《南部档案》,Q1-2-71。

② 《南部档案》,Q1-2-71。

③ 《南部档案》,Q1-4-369。

理希即饬书前往查勘李先锡、李先第开井二眼，现在淘活车煎以外，并无私井。勘明移覆立案□□□帮输二户，望切望速，须至移者①。

安仁乡此时归富村驿巡检兼辖，而令县丞查核该乡灶民，说明盐务方面，县丞的管辖权是扩大到全县的。这里，县丞不仅仅作为分辖官，更多方面是呈现出"僚属官"和"二衙"的角色，尽管其衙署已不在县城。

第二，驿务。为传递公文，南部县在县境官道上设立了几处驿站，分别是县城至定水寺四十里设站马一匹，定水寺至老现场四十里设站马一匹，老现场至大桥场三十里设站马一匹，大桥场至金鞍铺六十里设站马一匹，金鞍铺至富村驿三十里设站马一匹，富村驿至盐亭县属灵山铺三十里亦设有马匹、马夫。但大桥场至金鞍铺六十里之地仅设站马一匹，不敷传递公文之用。故令县丞安站添马一匹②。

第三，赈济灾民管理米粮交易事宜。道光二十年间，南部县受灾，粮产不足，知县与分县共同"劝捐赈济"③。先是，张天寅等具控知县"分主"（即新镇坝县丞）自道光二十年五月间擅立新规，不准该员运米出境，认为"分主例外生例，小民惨中生惨"。知县转饬新镇坝县丞查照回禀。该县丞牒文称：

> 署南部县分驻新镇坝兼管盐务分县加三级记录五次周
>
> 为查明牒复事。本月初九日准堂台移来前事。除有案不录外，后开查照来移事。希即将张天寅等所控情节逐一查明，或虚或实，赐覆过县，以凭核夺。竚切竚切，等由。准此，散分县奏查五月二十三日，据客总余世瑶等以米价日昂，有碍民食，禀请示禁事，具禀前来。禀称：去岁收成歉丰，民食维艰，全赖他处采粮装运，来坝发卖。今春粮食虽有收成，亦不敷本处民食，近日有等射利之徒，深闻下河米粮价值稍昂，反在本坝贩运米粮出境，以致米价愈见昂贵，贫民受害甚深，为此赴案禀请示禁，不准装运，以保民命。得沐赏准，阖镇沾感，无暨伏乞等情。据此，除禀批示外，当即确查

---

① 《南部档案》，Q1-8-872。

② 《南部档案》，Q1-3-12。

③ 《南部档案》，Q1-4-63。

新镇坝向日米价，卖九百余一斗，莞葫豆价钱五百余一斗，近因奸商将米粮返运下河，米价至一千一二百文，莞葫豆至六百余文之多，是以出示禁止，不准将米装载贩运下河，恐其价值愈昂，深为民病。继又访闻本地无聊等辈藉称阻关名色，在于水陆要僻处所，搕索钱文，复行出示，严禁查拿外，并谕赴房颁给照票，以杜恶搕弊端。其照票每张拟以钱笔钱四文，饬房不准多取，出示在案①。

在处置私米出境案中，新镇坝县丞塑造的完全是县下"一方之主"的角色。

第四，查铸私钱。光绪年间，保宁府发文令各县严查销毁制钱铸造私钱行为，其中特意点名南部县新镇坝、王家场一带"铸者尤多，计私炉二百余座，甚有富绅巨室亦复给赀租屋，踵弊效尤"，故南部县俱令分县稽查，札文中称"新镇坝为贵分县专管地面，王家场亦距贵处不远，自应会同查捕以期尽绝根株"②。如果说查禁新镇坝地带事务是县城作为县辖区长官应尽事宜的话，那么临近的王家场事宜则完全是知县根据就近原则下的临时委派，这也反映了新镇坝县丞作为县辖区长官与知县僚属官的双重角色。

第五，刑名司法。在设置新镇坝县丞时，文书中已称将积上、积下、临江三乡地方除命案以外其他案件交予县丞审理，至于命案，县丞也设有仵作，有协助勘查之责，和巡检功能类似。文书中亦有大量县丞负责各类案件审理的文书。遇到的各类制度性困境，也与巡检极其类似。

## 三、南部县辖政区的"典型性"与"普遍性"：再论佐杂的司法权限

南部县县丞与巡检司各划辖区并负有较多行政职能的案例在更大区域内，是否依然具有适用性，是一个透视清代县辖政区行政职能及其基层管理方式的窗口。尤其需要保持警惕的是，南部档案中呈现的大量县

---

① 《南部档案》，Q1-4-62。
② 《南部档案》，Q1-8-295。

丞、巡检司承担行政职能的案例，虽确凿无疑，然而，如果翻开《南部县志》①，我们会惊讶地发现关于上述种种县辖政区的情况，方志中无一语记载。这同样提醒我们，对于全国大多数地区而言，方志几乎是我们观察该地域县辖政区的少数几个乃至唯一来源。这不能不使人感到警惕，方志中缺少记载也许并不代表这些县辖政区的无足轻重。更大的可能是，它们在历史构建中"失语"了。依据零散的资料构建出的其他地域县辖政区及其行政职能，虽然只是对历史微弱的反映，但已足以使人惊讶。

制度规定"佐杂不准擅受民词"与实践中佐杂普遍分区受理词讼之间是一个介于公开与半公开的"潜规则"。"潜规则"运行既久，以致连佐杂乃至其上级机关、"读律老手"都把佐贰受理刑名看作是再正常不过的事，反而对"质疑"表示怀疑是否是读律不熟，如巴县县丞的例子。巴县是重庆府附郭县，处于长江与嘉陵江交汇处，自古以来为战略要地，史载其"东连荆楚，南接牂牁，人烟稠密，水陆冲衢，实为川东巨镇中权扼要之区"②。故职官设置亦须严密方可保障严控态势。初巴县仅有知县一名，雍正七年时连设白市驿县丞和木洞镇巡检③。该县丞、巡检均各有分辖地面，从档案中知，县丞、巡检参与了大量地方刑名案件的审理工作。然而咸丰年间却有巴县民人状告县丞擅受民词。巴县正堂收到该县文生状告白市驿县丞擅受民词之事，随即转饬该县丞查照牒复。八月初四日该县丞在牒文中满腹委屈：

> 敝分县察该生词称擅受各案等语，敝分县察白市驿分县衙门有分驻之责，额设件作名半，遇有一切案件，例准就近管理，何为擅受？况该生所控各情俱系空言，毫无实据。

不仅县丞感到文生刻意强调"佐杂不准擅受民词"是刁民健讼之举，就连重庆知府也感到奇怪，"国家设官分职，凡以治民。巴县县丞分驻乡间，例有应得审理案件，该生等未经读律，毫无所知，但见县丞准理民

---

① 现存《南部县志》仅两部，道光年间王瑞庆等修、徐畅达等纂，有道光二十九年刻本、同治九年增刻本两种；光绪三十二年王道履等编《南部县乡土志》。

② 乾隆《巴县志》卷2《城池》。

③ 乾隆《巴县志》卷2《廨署》。

词，概指为擅受，殊属纰漏。"①

有的佐杂由于具备了几乎所有州县职能，被视作与州县并无区别。前引贵州永丰州册亨州同、罗斛州判，因有钱粮、命盗专责，被认为"与州县不殊"。再如"陕属延安以北，地方广阔，有延半陕之说。其习俗悍野，鲜知礼义，棍徒更多妄行，官设三厅，止司塘站，而地方事则杂用州同、县丞、经历、巡检等员主之，谓之堡官，凡钱粮、词讼皆堡官所理，其职任与正印官等"②。

当然，尽管佐杂分理钱粮、词讼往往是出于特殊情势的考虑，通过个别授权的形式得以获取。但如果说民间细事的受理，是在清代制度设计中本来就可以放开的"口子"，征收钱粮也只是个别地区、个别佐贰的特殊职责，尚可理解的话，那么佐贰受理命案，是不符合甚至可说完全违反典制。如前述册亨州同、罗斛州判，虽在设立之初，获得命案审理权，在清代极其罕见。在乾隆年间就受到贵州按察使高积的质疑：

> 惟接收卷内，查有册亨、罗斛、大塘三处分驻地方，凡遇命盗重案，俱系该州同、州判承审。揆之慎重刑狱之义，似有未符。随查黔省向因地处苗疆，与别省情形不同，原有分驻审理之事。但细核通省有分驻州同二员，州判三员，县丞七员，内除独山州分驻三脚坉州同一员及永从等县分驻县丞七员，俱止令其就近征收地丁银米并审理户婚、田土细事，如遇命盗案件，无论地方远近，仍令该管州县承审。又普安州分驻黄草坝州判一员，遇有命盗等案，亦只令其就近验勘通报，仍归州审。惟永丰州分驻册亨州同一员、定番州分驻罗斛、大塘州判二员不特地丁银米及田土细事，令其经征审理，即命盗重案亦由该员承审解州，与通省体制不归划一。

尽管高积承认，"分设之时，或因地处苗疆，离州稍远起见"，但毕竟命盗重案，仍须慎重，且上述三员州同、州判审理以后，仍要交州解

---

① 《巴县档案》，清 6-04-00034。
② 《世宗宪皇帝朱批谕旨》卷 48 雍正七年闰七月二十日陕西粮盐道杜滨奏折，四库全书本。

府审转，比别的县份多一层级，因此奏请将命盗之权收归永丰、定番二州①。

事实上，佐杂官从事司法活动不仅不是非制度性的变通之计，反而正是国家明确授予的合法权限。以往学者往往将佐杂官的地位视作无关紧要，其中一条极为重要的依据就是根据清朝的律令条文，佐杂官作为非正印官，很难合法地参与到"刑名钱粮"这些最重要的行政活动中。这种说法表面上看很有道理。"刑名钱粮"是州县最重要的职责，也是其最重要的权力。问题是：制度上的规定是一回事，实际运行的却是另一回事。佐杂官真的不能从事"刑名"活动吗？现存保存年代最早、最完整的南部县清代档案中因收录了若干县丞、巡检司的原始司法文书而备受研究者瞩目，其中大量佐杂官直接参与地方诉讼的行政实践，已足以彻底否定佐杂不能承担"刑名"案件这一论说②。南部县的案例当然并非孤证，反而是具有普遍意义的典型案例而已。

嘉庆《大清会典》规定"凡官非正印者，不得受民词、户婚、田土之案，皆令正印官审理"③。雍正十一年还谕令凡佐贰擅受民词，不仅该印官要受惩处，即使是到佐杂衙门呈控者也要杖一百④。中央政府曾多次谕令禁止佐杂官擅受民词，但换位思考，这些禁令恰恰反映出佐贰受理地方诉讼是如此普遍，根本无法得到扼制，以致中央不得不三令五申制止。

无论从官方政典中，还是地方司法实践中，似乎佐杂受理词讼并非总是受到限制，有相当数量的事例证明这种司法行为还曾得到官方的认可，只是受理范围有大小之别：

第一种，可处理赌博、奸匪等案件，但户婚、田土不予。如山西西火镇县丞、虹梯关巡检、石城里巡检，"各分定经管地方，凡该管村镇奸

---

① 朱批：乾隆三十一年正月十一日贵州按察使高积奏，档号：04-01-01-0268-001。

② 吴佩林：《万事胚胎于州县乎：〈南部档案〉所见清代县丞、巡检司法》，《法制与社会发展》2009 年第 4 期。

③ 嘉庆《大清会典》卷 42《刑部》。

④ 雍正十一年六月十四日吏部尚书张廷玉题，《清代吏治史料》第 5 册，线装书局，2348 页。

拐、邪教、窃盗、赌博、打降、私宰、私贩、硫磺等项,一切违禁犯法之事俱责成该员等就近稽查盘拿,仍归该本县办理完结。其户婚、田土等事不得违例管理"①。

第二种,可审理户婚、田土案件,命案不予。如福建延平府南平县分防峡阳县丞、建宁府瓯宁县分防岚下街县丞,"所有离县辽远,附近峡阳之寿岩、吉田、塘源、建兴、梅北、安福等里额征米银,及附近岚下之梅歧等十六图渔课,请归该县丞征。嗣后田亩买卖推收,长远分隶;命盗事件,仍由县审转。户婚、田土等项,责成县丞审理。"②

第三种,可审理命案。如雍正年间,贵州永丰州册亨、罗斛地方,"甚属辽阔。一切命盗案件,俱系知州办理,未免稽迟,请铸给册亨州同、罗斛州判关防各一颗,令其专司,仍令该州兼辖。应如所请。从之"③,可见州同、州判可专司命盗案件,而知州只是"兼辖"而已,以致"虽系佐杂,均有钱粮、命盗专责,实与州县不殊"④。

上述三类至少还是经过官方授权的"合法行为"。至于介于制度合法与民间认同之间,基层社会长期有效运行的佐杂从事刑名案件更是举不胜举。在清代一本教导佐贰为官之道的《佐贰须知》里就记载了如何向知县请求批给案件审理的要诀,"凡属员离城甚远,其词讼已得钱而欲堂翁允行者,不能亲身至县面见堂翁,详文之外用禀帖恳求,切不可写钱若干,堂帖内惟着力恳求,则堂翁自不言而喻"⑤。再从《刑案汇览》中略举山西、福建、江西等地的几个案例,不免挂一漏万,但从中仍可看出佐杂从事刑名案件的普遍性:

山西　《图产告逐归宗致令气忿自尽》:"晋抚题:潘通因索欠图产控告潘四小子,致令被诈气忿自尽一案。查佐杂擅受民词,滥差传审,致被控者自尽之案,是否系该员有意婪索,或差役诈赃吓逼,承审各官自

---

①　乾隆二十九年八月初一日山西巡抚兼管提督和其衷奏,《宫中档乾隆朝奏折》第 22 辑,339~340 页。

②　《清高宗实录》卷 398 乾隆十六年九月己巳,237~238 页。

③　《清世宗实录》卷 80 雍正七年四月庚辰,47 页。

④　《清世宗实录》卷 141 雍正十二年三月庚子,783 页。

⑤　《佐贰须知》,《四库未收书辑刊》第 4 辑第 19 册,北京,北京出版社,2000。

宜悉心研究确情，按律惩办，方足以肃吏治而儆奸蠹。此案潘通因代潘
四小子充当催粮总头，垫用饭食盘费钱二千八百文，向索无偿，致相争
吵。潘通气忿，以潘四小子系伊小功服兄潘生法抱养异姓之子，起意将
其告逐归宗，图得财产，即赴巡检衙门具控。"此案中佐杂受理刑名案件
尚属违例之举，故判词称"臣等详核案情，潘通告逐潘四小子归宗，该巡
检即不应违例擅受"①，但从潘四小子"即赴巡检衙门具控"所呈现出的
"自然状态"，可以看出巡检受理刑名在当地是如何成为一种司空见惯的
现象的。在山西司呈报的另外一起案件中，判词中甚至不再出现巡检受
理案件为非法的说辞，"晋抚题：谷名海诬告杨存礼，致证佐杨存智疯发
落崖身死一案。详核案情，谷名海借欠杨存礼莜麦无偿，杨存礼向索，
谷名海与杨存礼争吵揪扭，谷名海之母听闻趋劝，自行失跌，谷名海用
铁火筋亦自行殴伤，诬捏杨存礼推跌伊母，并将伊殴伤等情，令伊弟谷
蓝从子赴该处巡检衙门具控。该巡检讯以有何见证，谷蓝从子因谷名海
告知伊母被跌，系杨存礼之弟杨存智扶起，遂以杨存智作证，该巡检签
差宋幅等传唤"②。

**福建**　《弓兵听贿纵犯致犯愁急自尽》："福抚咨：弓兵吴琳听许差
礼，私行纵犯郑章明自缢身死一案。此案郑章明因窃取曹氏衣被等物，
被曹氏查知，赴巡检衙门控告，经该巡检饬差弓兵吴琳、杨钦拘讯"③。

**江西**　《巡检擅受弓兵吓诈致酿人命》："江西抚咨：弓兵王禄等向曾
廷涟诈赃，并钟万选逼迫曾睢氏自缢身死一案。……此案钟万选与王禄
等均充巡检衙门弓兵，因年已七十一岁之曾睢氏之子曾廷涟在河内筑有
陂椿蓄水灌田，有曹琴等承买雷姓公山树木，扎排下河，将桩碰坏，曾
廷涟不依拦阻索赔，维时雷相和等因分树价不清，亦将木排阻截，搬至
岸上堆放，曹琴随以雷相和等拦抢木排等情赴巡检衙门具禀，并将曾廷
涟牵告。"④

佐杂受理词讼之普遍甚出清代最高统治者的预料。为此，道光年间

---

① 《刑案汇览三编》一，676 页，北京，北京古籍出版社，2004。
② 《刑案汇览三编》三，1716～1717 页。
③ 《刑案汇览三编》三，1853 页。
④ 《刑案汇览三编》三，1858 页。

还曾专门下发上谕，其中依据四川一省的情况，已可看出基层司法中佐杂受理词讼是如何的普遍：

> 道光十六年八月初二日奉上谕：前据给事中朱逵吉奏川省佐杂擅受民词，差役唆讼勒索，当降旨交汤金钊等查明惩办。……复有三台县等州县佐杂擅受被控三案之多，可见该省积弊相沿，未能尽除。所传失察之总督藩臬及该管各上司均着查取职名，交部照例议处，各省佐杂人员，官职较小，流品不一，例不准擅受民词，致开藉案讹诈之渐。其所设差役例有定额，不准挂名滥充，原以防见事生风藉端勒索，今四川一省如此，恐他省亦所不免，着各直省督抚通谕所属地方官，凡有词讼概不准批发佐杂衙门审讯，佐杂微员亦不准私自擅受，倘有前项弊端，由该管道府认真查察，有犯必惩，从严参办。至州县及佐贰等官于额设差役外，如有滥设挂名差役，即行查明裁汰，免滋扰累。经此次谆谕之后，倘再有佐杂擅受差役索诈各案，一经查出，或有人参奏，定将该省督抚藩臬各上司一并严惩，决不宽贷。钦此①。

更值得注意的是，在清朝屡次严禁佐杂擅自受理词讼与社会实际需要之间，地方社会往往通过一些变通方式来实现，湖南湘阴县就有这样极为有趣的案例：

> 案定例不准佐杂官擅受民词而乡里争讼就巡检典史审断，所费无多，民甚便之。会藩司涂宗瀛申明佐杂擅受之禁，于是籍查团谷为名以资调剂②。

所谓"团谷"也即是湘阴县各团局的社谷而已，同治十三年知县就曾遣县丞、巡检、典史分团查验，以查验"团谷"之名而行受理民词之实，官方禁令于此实现了无声的"抵制"。或者虽有案例，但通过对"特殊情况"的诉说而实现了变通，如浙江黄岩县乌岩县丞：

---

① 《刑案汇览三编》四，496～497 页。
② 光绪《湘阴县图志》卷 21《赋役志》。

> 查佐杂原不准擅受民词，惟乌岩一带近处离城四五十里，远处百余里不等，民间冤抑不赴公庭，强者挟刃，弱者吞声，劣衿武断，汛官营私，由兹而起。今移驻分防，应请该管庄内有关斗殴、赌窃、奸私、索诈及户婚、田债事，罪在枷杖下者，或被禁喊求押放等归县丞办理结后，移详备案。至徒罪以上及命盗案件仍由县审勘，不得挽越①。

以"为民"的名义而实现了对官方禁令的消解，甚至是"帮催粮赋"之类官方同样禁止的事项一样在"乡民惮于远涉、柜完甚少"的名义下而得以纳入县丞权限之中。类似的案例相信并不在少数。香山县小榄镇李如璠的经历也证实了官方对于杂职受理民词的默契：

> 李如璠，字宝林，小榄人。……初赴建始，时施南顾太守以严明著。如璠偕同僚进谒，顾诘曰："尔等杂职有擅受民词者否？"众不能对。如璠曰："实不敢欺，杂职若不受民词，下情何有上达耶？"顾色变，同僚咸为如璠惧。如璠自若。顾曰："民词可受则受。"由是重之②。

知县官对佐杂官从事司法事务亦是默许状态。《佐贰须知》中就恰如其分的记载了佐杂官未获得授权而如何巧妙从知县处获取审理诸如户婚、田土大案权限的秘诀，"凡赌博、酗酒、窃盗、奸拐、私宰、忤逆、斗殴、私盐等事，户婚、田产非应理之事，内有牵带赌博、拐骗等项，堂翁相好，亦可准究，必须与幕友斟酌，方免上司翻驳。总之，欲近利先远害，此秘诀也。"当然，在用词上亦要讲究，"凡词讼，应准者，不必批；准详者，当准[案：疑为斟]酌批语，恐日久翻案，来吊[案：疑为调]原卷。如忤逆，则准批究；失窃则批差缉，奸拐则批准详夺。如事稍重，则批内加详字。"③

对于佐杂是否应受理刑名词讼，清代确曾有过争论，有一种意见认

---

① 光绪《黄岩县志》卷7《建置·公廨》。

② 光绪《香山县志》卷15《列传·国朝》。

③ 不著撰人：《佐贰须知》，《四库未收书辑刊》第4辑第19册，339页。

为，佐杂不准擅受民词不应当是一种"一刀切"的刚性政策，而应当区别州县繁剧程度予以变通。早在雍正年间，太常寺少卿唐绥祖就曾提出过这样的设想：

> 奏为请令繁剧州县酌试佐贰协办词讼以清案牍事。伏查外省府州县有正印官，即有佐贰官，所以助正印官之不及也。我皇上留意人才，拣送佐贰杂职，悉行引见试用，所以鼓励者甚厚。今因雍正十一年三月左副都御史臣史在甲条陈内称：印官每月批发佐贰词状，或一二张，或三四张，名为照看，两造行贿说合，比擅受民词为更甚，请嗣后印官词讼不亲审理批发佐贰者，一经发觉将印官从重议处等因。经部议覆通行在案。臣愚以为其中事理似有宜加分别酌定者。盖府州县地方大小不同，事之繁简亦不同。简僻之地词讼无多，印官自足办理。若地届冲繁，势实不能独理。如概禁佐贰协办，其所准词讼必至经年累月沉搁不结，即或批发乡约地保处，覆袒护偏，向百弊丛生，否则于户婚田土概不准理，以致民冤不伸，寻衅殴酿成命案者有之。臣请更加分别酌定地简讼少者，仍不许佐贰官代理。若地处冲繁，凡田佃斗殴户婚交易等事，许于佐贰贤能之员批发协办，但所批发案件，州县则按季报府，府州则按季报司以便查察①。

此奏已看出清代地方案件必非正印官一人所能署理，故奏请超越对佐贰的"不信任感"而从地方具体形势出发给予佐贰独立而受约束的诉讼审理权。然而，整个清代并未在典章制度上实现对佐贰受理民词的"合法性"。从具体行政实践中，可以看到清代在设置佐贰时，单独给予受理刑名的权限由"例"而实现了分防佐贰司法权力的"合法化"，也是上述奏议一条现实的实现路径。

但必须看到的是，由于巡检司"合法"获得司法权力仍然是有限度的，而且在法律上也未明确为县下一级层级，故在地方司法实践中常常会出现"岐控"现象，在南部县档案中有相关记载。有些地方禁止民众擅自通过巡检司而直达知县，如江苏省武进县，"阚疃司巡检邓廷彩有吏材，令

① 雍正十二年六月初四太常寺少卿唐绥祖奏，《宫中档雍正朝奏折》第23辑，159～160页。

寰阓瞳司民，毋得越控，巡检司不能断，乃以其状上而听之，民始惧其猛，继乃大悦。至生辰献土物以贺，肩担手提，绵延十余里，只鸡斗粟，充积中堂。"①

到了民国时期，关于县佐是否应授予词讼权力，依然延续了清代的基本政策。惟有云南省，因地处边陲，县域广阔，诉讼往返需时，故特予变通，准由距县二百里以外，确系交通不便者得由该管县知事酌量情形，详请高等审判厅长委任该县佐暂行兼理该管之民刑初审案件，但该县知事仍应同负其责，还特别规定"各省拟请不得援以为例，庶于变通之中仍寓限制之意"②。同年七月，陕西平利县镇平县佐亦奏请援照云南例，"兼理词讼"，但遭到否决③。但此后，该例的执行显然有所动摇，同年十一月新疆昌吉县呼图壁县佐请兼理司法就因"新疆近属北，与腹省情形既殊"的名义得到批准④。此后"破例"现象逐渐增多，如 1921 年黑龙江黑河道呼玛县所属倭西门县佐⑤、直隶宁河县大沽口海防县佐等均获得兼理民刑初级案件的权限⑥。

————————

① 蒋彤：《武进李先生年谱》卷 1，北京图书馆编：《北京图书馆藏珍本年谱丛刊》第 131 册，北京，北京图书馆出版社，1999。

② 《呈滇省县佐特予变通兼理诉讼办法文并批令》，《司法公报》1915 年第 29 期。

③ 《陕西县佐应否援案兼理词讼呈并批令》，《司法公报》1915 年第 36 期。

④ 《新疆昌吉县呼图壁县佐请兼理司法呈并批令》，《司法公报》1915 年第 48 期。

⑤ 《倭西门县佐准兼理诉讼令》，《司法公报》1921 年第 145 期。

⑥ 《大沽口海防县佐准仍兼民刑初级案件令》，《司法公报》1926 年第 218 期。

# 第六章　市镇管理：基于江南苏松二府佐杂分防为例的商榷

## 一、明清市镇中的"国家"存在——一个问题史的回溯

明清江南市镇是社会经济史最成熟的研究领域之一，备受学界瞩目，名家辈出。江南缘何受到社会经济史研究的格外青睐，李伯重在《江南的早期工业化（1550—1850）》一书中重点提到两条理由：第一是该地文化发达，文献记载丰富，比起中国其他任何地区，资料支持都更充分；第二是该地至少从宋代以来，都是中国经济最发达的地区，中国经济进步在江南表现得更为充分①。现有研究早已揭示出明清江南市镇商业经济的繁荣局面，对于一个以农耕文明为根本的帝国而言，商业的繁荣往往未必意味着机遇，相反却很可能是一种潜在的"危机"或是"风险"，由此带来的问题是：市镇兴起以后，国家如何看待市镇的存在？谁又是市镇实际的"支配者"？市镇之中，"国家"是否在场，以何种形式发挥作用？市镇又是如何在国家行政体系中准确定位自己的位置？

毋庸讳言，诞生于资本主义萌芽讨论的市镇研究，在兴起之初更多的聚焦于商业经济以及由此引致的生产关系变迁上，即使注意到市镇的管理问题，也大多是受社会史"眼光向下"视角的影响，从中寻求和强调乡绅及市镇居民的自足性，以证明市镇发展的非行政性，由此构建出一个独立于"国家"直接行政之外的世界。这一视角事实上隐藏着国家与社

---

① 李伯重：《江南早期的工业化（1550—1850）》（修订版），14～15 页，北京，中国人民大学出版社，2010。

会二元对立的逻辑，将地方精英的自足性与国家行政管理之间看成一种非此即彼的关系，而未注意到二者对于地方控制既排斥又合作的复杂关系，行政管理的进入未必意味着地方精英权力的衰退，相反的，官僚机构与地方精英的结合在一定程度上可能会导致彼此力量的同步增长。近年来，学者们已逐步突破了市镇研究中追逐商业性的窠臼，转而从更为广阔的权力关系角度入手来透视明清江南市镇的发展。他们逐渐注意到一批行政官员在市镇中的存在，这一群体就是被统称作"佐杂官"的底层官僚，包括县丞、主簿、巡检司等。他们本属于知州、知县的僚属，却因种种原因而驻守在县城之外，尤其是在部分重要的市镇长期驻扎。佐杂官员在中国官僚体系中毫无疑问属于最卑微的群体，但在江南市镇的研究中恰恰被"挖掘"出来并被赋予"国家"这一符号在市镇中的象征，换言之，明清市镇并未因其独特的商业性而游离于国家的直接掌控之外，相反，一部分处于底层但仍可视作"国家"权力在场意义的官员的存在，清晰地证明了明清市镇中确切无疑地存在着一定形式的行政管理，林绍明、张研、张海英等诸位前贤的研究已将佐杂官员的进驻与市镇管理之间划起等号①。他们既注意到市镇中佐杂官员的进驻，也广泛收集了明清方志尤其是乡镇志中所记载的佐杂官员的活动，力图证明这些底层官员在市镇中所起到的全方位作用是不容忽视的。尤其值得关注的是日本学者太田出对江南三角洲佐杂分防的出色研究，不仅证明了佐杂官员在县以下形成了明确的辖区划分，而且注意到这些官员的活动，"其角色犹如以市镇为核心所形成的此一空间的行政官，即'镇长'"②。无独有偶，任放在对长江中游市镇的研究中，同样注意到明清时代这些进驻市镇的佐杂官，指出对于进驻市镇巡检司及其职责的探讨，是研究明清市镇管理机制的重点所在，并将其视为市镇管理官方模式的代表③。

---

① 林绍明：《明清年间江南市镇的行政管理》，《华东师范大学学报》1987年第2期；张研：《清代市镇管理初探》，《清史研究》1999年第1期；张海英：《明清江南市镇的行政管理》，《学术月刊》2008年第7期。

② ［日］太田出：《清代江南三角洲地区的"佐杂"分防初探》，《中国社会历史评论》第2卷，2000。

③ 任放：《学术规范与中国经济史研究——以明清长江中游市镇经济研究为例》，《人文论丛》2003年卷。

　　上述思路均体现了研究者有意或无意之间将佐杂入驻与市镇管理建立起一定程度的关联，以便将市镇纳入到国家行政体系之中的意图。带着区域比较的思路，笔者认真阅读了前贤关于江南地区佐杂分防与市镇管理的一系列研究，发现以往的研究尽管延续了一贯的精细风格，无论是地方性资料的归纳抑或是分析，几乎题无剩义，但若与江南之外地域的相关研究进行比较，笔者认为这其中仍然存在若干需要继续探讨的问题，其中之一就是佐杂官员的进驻是否可以不假思索地等同于在市镇建立起行政管理？以往曾有学者从佐杂官的驻地分布及分防原因的角度对此提出疑问（详见下文），笔者认为除此之外，至少还应在两个层面上提出反思：

　　第一，局限于江南而论江南市镇，易将江南一地的某些政治、经济现象视作"特殊"，而忽略江南之外同类现象的存在。至于江南一地的"特殊经验"是否真正"特殊"，在缺少其他地域研究作对比的情况下，本身就是一个"假问题"。

　　第二，材料来源过度依赖于地方性材料，而对中央档案中所保留的更重要的奏疏档册缺乏利用。方志所载既有鲜活性的一面，也存在着内容上的缺失，突出的表现在关于其辖区的表述有所遗漏，关于其职责的概括需要人物志的事迹来曲折反映，关于其移驻缘由的论述不得不通过事后间接的分析，由此导致在解释佐杂官员的行政活动时不易明了到底是佐杂官员本身的合法权限抑或是"非制度性"权力。

　　关于江南地区佐杂分防辖区的研究，既有太田出的宏观探讨，也有傅林祥、赵思渊以上海、苏州府为地域的精细研究①。上述研究均是本文研究的起点和借鉴，不过稍可补充的是一些来自上层的官方记载，尤其是清代档案中有关江南地区佐杂分防的原始奏疏及《清实录》中的相关表述，这是以往研究较少利用的。在此基础上，结合地方志的相关记载，对佐杂官员与市镇管理之间的关系提出若干疑问，以求教于学界。

---

　　①　傅林祥：《古代上海地区的次县级行政机构》，《上海市历史博物馆馆刊》第一辑；赵思渊：《明清苏州地区巡检司的分布与变迁》，《中国社会经济史研究》2010年第3期，《屏盗之迹、拯民之恫：明清苏州地区的巡检司》，《中国社会历史评论》第11卷。

## 二、佐杂官的分防及其辖地——以苏松二府为中心

关于江南地域范围，历来说法不一。李伯重将"江南地区"限定为八府一州，即江苏的苏州、松江、常州、镇江、江宁五府、太仓直隶州与浙江省的杭州、嘉兴、湖州三府①。为材料与论题的集中计，本文以苏州府、松江府为中心探讨，这也是江南地区的核心区域。

清代苏松二府县级层面的变革主要是雍正年间的分县事件。苏州府原领州一：太仓，县七：吴（附郭）、长洲（附郭）、吴江、昆山、常熟、嘉定、崇明。雍正二年由长洲分置元和、吴江分置震泽、常熟分置昭文、昆山分置新阳、嘉定分置宝山，同年太仓州直隶，析嘉定、宝山、崇明属之。乾隆三十二年置太湖厅②，光绪三十年又置靖湖厅，宣统三年裁靖湖厅，至此领厅一、县九。松江府原领华亭（附郭）、上海、青浦三县，顺治十三年华亭析置娄县，雍正二年又由华亭分置奉贤县、娄县分置金山、上海分置南汇、青浦分置福泉。乾隆八年福泉并入青浦，嘉庆十年置川沙厅，自是为常制，领厅一、县七。

苏松二府的政区变革自乾隆八年以后基本稳定下来，据前揭太田出的研究，除巡检司以外的其他佐贰官，是在乾隆十年到三十九年开始密集展开分防的，政区变革与佐贰分防大体是同步的。本文即以乾隆八年以后的苏松二府为对象，逐县分析其佐杂设置与辖地情况：

**苏州府**

**吴县**　乾隆八年时，吴县县城设有典史、主簿、县丞，巡检司驻木渎镇，主簿职责系管粮③，无辖地。乾隆十一年在奏请将县丞改驻木渎镇，而将巡检司改驻光福镇的奏折中称："吏部议准。调任江苏巡抚陈大受等疏称：吴县地广事繁，县属五百十二图，木渎镇巡检管辖三百十八图，所辖过半，地方辽阔。且滨临太湖，民刁俗悍，非巡检一员所能弹

---

① 李伯重：《简论"江南地区"的界定》，《中国社会经济史研究》1991年第1期。
② 拙文《清代太湖厅建置沿革及其行政职能变迁考实》，《苏州大学学报》2014年第5期。
③ 《清世宗实录》卷61顺治八年十二月戊辰，483页。

压。请将吴县县丞移驻木渎，其木渎镇巡检改驻光福镇，与县丞分地巡查。"①由此可知：乾隆十一年前吴县五百十二图中，木渎镇巡检司管辖其中的三百十八图，过辖境大半，其余一百九十四图应当归知县直接经理，或归典史、县丞等居于县城的官员管辖。乾隆十一年后，木渎镇县丞则与光福镇巡检司"分地巡查"，光福镇巡检司管辖范围仍非常大，据冯桂芬记"近世善堂之法，凡贫者病与药死与槽死于道路者，埋而具椟焉。苏城内外无虑数十堂，独光福巡检所辖百三十一图中无之"②，可见移驻之后光福巡检司所辖变为一百三十一图，木渎镇县丞应领有木渎镇及附近辖地。典史、主簿有无辖地未见记载。

**长洲**　明末时吴塔巡检司驻齐门外蠡口，管间门、下塘、山塘并娄、齐二门外③。雍正九年移驻浒墅关④，其辖区待考。除此之外，该县尚有县丞、主簿、典史，均驻县城，有无辖地，未见记载。

**元和**　典史、县丞原俱驻县城，巡检司驻陈墓。乾隆二十年时，陈墓巡检司移驻甪直镇，兼辖昆山、新阳附甪直镇村庄⑤，可见乃兼三县交界地带；二十六年又移驻周庄镇，同时将元和县县丞移驻甪直镇，兼辖昆山、新阳附镇村庄，将昆山县主簿改属元和，但专司水利⑥，不辖地。此事乃陈宏谋奏请，奏议全文载光绪《周庄镇志》中，称元和县县丞"原管水利事务"，可知乾隆二十六年之前元和县县丞并未分管辖区，只是协助知县处理水利事务而已。周庄镇巡检司所辖范围为八都一百三十七图，"凡系缉捕盗贼、盘诘奸伪等项事宜，均听该巡检解县究治"⑦。该县小部分辖域归属道光二十七年新设的驻扎于章练塘的元江青县丞兼辖⑧。

**吴江**　县丞、主簿各一员，分司水利、粮务，俱驻县城，分防的则

---

①　《清高宗实录》卷 279 乾隆十一年十一月辛酉，645 页。

②　同治《苏州府志》卷 24《公署四·善堂附》。

③　正德《姑苏志》卷 25《兵防》。

④　同治《苏州府志》卷 21《公署一》。

⑤　《清高宗实录》卷 483 乾隆二十年二月庚午，52 页。

⑥　《清高宗实录》卷 650 乾隆二十六年十二月乙丑，277～278 页。

⑦　光绪《周庄镇志》卷 2《公署》。

⑧　光绪《青浦县志》卷 30《杂记》。

有同里、汾湖二巡检司，县城还有典史一员。据乾隆十二年所修《吴江县志》记载，此时吴江县是由典史、同里、汾湖二巡检司分辖的，县丞、主簿未有辖地①。乾隆四年将县丞移驻盛泽镇，"专司稽查赌博、窝娼、私宰、私铸、奸匪、盗贼、地棍、打降。如有失察疏防，照例参处。一切户婚、田土之事，仍不得干预。所遗县丞应办事宜，归并主簿掌管。"②则县丞至此具有独立辖地，其权限主要是在辖区内处理民间细故，"主弹压盛泽镇，稽查八事"③。原有的典史、同里、巡检司三分县域的格局被打破，其疆界亦当有所调整。据同治《盛湖志》所载，盛泽镇县丞所管地域并不大，"乾隆五年奉文移驻县丞时，以镇跨河之南北，两岸为市，南属西肠圩，北属充字圩，东南为东阳圩，东迤北为大适圩，各有街道，为民廛所聚，直东逾白漾为大饱圩，地已寥廓，丞署在焉。故丞所辖者为五圩，地势纵横不过二三里而边隅甚广"④。另有小部分县域归驻章练塘之元江青县丞兼辖⑤。

**震泽**　典史驻县城，又分设平望、震泽两巡检司。乾隆《震泽县志》中详细记载了典史及两巡检司分辖全县的状况，尤其是两巡检司，所辖地域较广。道光《震泽镇志·凡例》记载震泽巡检司所辖"居县之半"，该志卷首即附有《震泽镇巡检司所辖全图》。平望司所辖，清初承袭明代不改，雍正分县后始有调整，"国初所辖与明同，雍正四年分县，改所辖二都、三都、四都、五都、六都、七都、八都、十九都、二十七都"⑥。如从乾隆《震泽县志》中的记载来看，平望巡检司所辖九都中，既有全辖之都，也有与典史、震泽镇巡检司分辖之都。

---

①　乾隆《吴江县志》卷3《乡都图圩》，典史、巡检司辖地具体到图、圩。

②　录副：乾隆四年十二月江苏巡抚张渠奏，档号：03-0061-028。

③　同治《盛湖志》卷7《官制》。

④　同治《盛湖志》卷1《界域》。吴滔在研究苏州府"镇管村"体制形成时，曾举出盛泽镇县丞的例子，以说明分防县丞辖区偏小而改以汛兵防区作为市镇区域的例子，见氏著《清代江南市镇与农村关系的空间透视——以苏州地区为中心》，115页，上海，上海古籍出版社，2010。

⑤　光绪《青浦县志》卷30《杂记》。

⑥　道光《平望志》卷6《官制》。

表 6-1 震泽县典史、二巡检司分辖区

| 都 | 佐杂辖区 | 都 | 佐杂辖区 |
|---|---|---|---|
| 二都 | 典史辖六图、平望司辖七图 | 十四都 | 震泽司属十八图、平望司属六图 |
| 三都 | 属平望司，共十二图 | 十五都 | 平望司属一图，另一图中，二圩属震泽司，一圩属平望司 |
| 四都 | 属平望司，共十二图 | 十七都 | 属震泽司，共二十四图 |
| 五都 | 属平望司，共十二图 | 十八都 | 属震泽司，共十一图 |
| 六都 | 典史辖一图，平望司辖二图 | 十九都 | 属震泽司，共十二图 |
| 七都 | 属平望司，共十二图 | 二十都 | 属震泽司，共十二图 |
| 八都 | 震泽司属一图、平望司属三图 | 二十一都 | 平望司属二图、震泽司属一图 |
| 九都 | 属震泽司，共十二图 | 二十二都 | 属平望司，共七图 |
| 十都 | 平望司属十七图、震泽司属五图 | 二十三都 | 平望司属十七图、震泽司属一图 |
| 十一都 | 平望司属七图、震泽司属十七图 | 二十五都 | 属震泽司，共七图 |
| 十二都 | 震泽司属一图，另一图中，八圩属典史辖，七圩属平望司辖，四圩属震泽司 | 二十六都 | 属平望司，共六图 |
| 十三都 | 属震泽司，共十二图 | 二十七都 | 属平望司，共二图 |

资料来源：乾隆《震泽县志》卷 3《疆土三》。

**昆山、新阳** 昆山分防者有石浦巡检司、新阳分辖者有石城巡检司。其职掌是"专掌盘诘奸细，禁止私盐、巡捕、盗贼"，其中石浦司"旧辖烟墩十一座：石浦、夏驾河、张浦、陆巷泾、棠梨泾、刁婆库、大直港、诸天浦、张潭港、千墩浦"，石城司所辖烟墩十二座：状元泾、绰墩、圆村、真义、李长坟、黄巷、景村、夏失墩、严家桥、俞巷村、徐公桥、新村[1]。两巡检司可能有若干民事审理权。该二巡检后因衙署不存而移

---

① 道光《昆新两县志》卷 3《兵防》。

**图12 《震泽镇巡检司所辖全图》**

居城内，道光《昆新两县志》编纂者还特意提醒执政者注意，"设两司巡缉之，以佐县令之不及，自廨署废而移置城中，遂失设官守土之意。乡村则守御无人，城市则讼词兼摄"①。此句意为巡检移居城中，原本在巡检司衙门处理的民间诉讼，今则须至县城控诉。另外，昆山、新阳县境各有一部分归驻甪直镇之元和县丞管辖，昆山县金区三图又归青浦县淀山巡检司兼辖②。新阳县原亦设有县丞，但道光二十七年移驻于苏州府、松江府交界之章练塘，"作为元和、吴江、青浦三县分防县丞，并在元和县甪直县丞原管汛地内画出十一图、吴江县汾湖司巡检原管汛地内画出二图、青浦县淀山司巡检原管汛地内画出四十七图，共六十图均归章练

---

① 道光《昆新两县志》卷 3《兵防》。
② 光绪《青浦县志》卷 30《杂记》。

塘县丞管辖。"①

**常熟、昭文**　其分防者有常熟属黄泗浦，昭文属白茆港二员巡检司，其辖区待考。

**太湖厅**　初设巡检司二：甪头、东山，分别辖洞庭东山、西山②。光绪八年将东山巡检移驻下杨湾村的奏疏中，曾称"洞庭东西两山分设东山、甪头两巡检，专司缉捕"③。东山巡检移驻下杨湾村后，仍辖洞庭东山一带。

### 松江府

**华亭**　分防者有金山巡检司，驻亭林镇，县丞驻漕泾，雍正十三年移设④。驻城有主簿，但似无辖区，道光十二年裁，奏档中称："华亭县主簿一缺，仅管水利，如遇挑河等事，仍应移县详办，此外并无巡防分汛专责，勘以裁汰，该主簿所司水利事务应就近改归该县县丞兼管"⑤。

**娄县**　分防者仅小徵巡检司，辖枫泾乡一保、二保、西三保之地⑥。县丞驻白龙潭，在县城西门外⑦，同治五年时移驻泗泾镇⑧。此外，该县三十五保一区共九图归青浦县七宝镇县丞管辖⑨。

**青浦**　分防者原有淀山、新泾巡检司二员，乾隆九年县丞移驻七宝镇，该地原属新泾司巡检所辖，七宝镇县丞移驻之后，"凡该镇有赌博、私宰、窝娼、私盐、私铸以及打降、讼棍应俱责成该员稽察查拿，牒县究拟。遇疏防案件，照例查参。一切户婚、田土之事，仍不得干预"⑩。

①　朱批：道光二十七年十二月二十四日两江总督李星沅、江苏巡抚陆建瀛奏，档号：04-01-01-0824-022。

②　同治《苏州府志》卷 28《军制》。

③　录副：光绪八年九月二十三日江苏巡抚卫荣光奏，档号：03-6017-077。

④　《清世宗实录》卷 140 雍正十三年二月癸酉，775 页。

⑤　《陶云汀先生奏疏》卷 41《江苏裁汰文职闲员折子》，《续修四库全书》第 499 册，629 页。

⑥　光绪《重辑枫泾小志》卷 1《区域》，卷 2《官署》。

⑦　《嘉庆重修一统志》卷 83《松江府·关隘》。

⑧　光绪《娄县续志》卷 2《建置志》。

⑨　光绪《青浦县志》卷 30《杂记》。

⑩　朱批：乾隆九年十月初五日苏州巡抚陈大受奏，档号：04-01-30-0003-011。

县城另有典史、县丞两员，均有辖区。另外，分管嘉定、上海、青浦三县交界之诸翟镇巡检司和分管元和、吴江、青浦交界之章练塘县丞亦辖有部分辖区①，故青浦县境共为六员佐杂分割完毕，光绪《青浦县志》中记载甚详，七宝镇县丞辖东境十二图、章练塘元江青县丞辖邑西境四十六图、新泾司巡检驻章堰辖东北境八十六图、淀山司巡检驻珠街阁辖西南境六十五又半图、嘉定县诸翟司巡检辖东北境八图，典史辖城内外五图②。光绪三十年曾奏请将主簿移驻黄渡镇，惜"镇中无相当之地"，仍驻在县城③。

**上海** 分防者有巡检司二：黄浦、吴淞江。乾隆二十六年江苏巡抚陈宏谋曾提到，"吴淞江巡检驻扎法华镇，分管八保，地方辽阔，请将该巡检原管近城二十五保，归在城主簿管辖。附近海滨二十三保归本县管塘县丞统辖"④，驻于县城的主簿管辖二十五保，县丞管辖海滨之二十三保，县丞、主簿具有辖区始于此。又民国《法华乡志》记载，吴淞巡检司"旧与黄浦司分管城乡图保之半，乾隆三十二年巡检田天祚以微员责重，通禀各宪，剖分丞、簿就近管辖，立案准行"⑤。两者应记的应是同一事，是县丞、主簿分割巡检司辖区，但所述年代并不一致，可能是方志的记载有误。另外上海县北境临近宝山县高桥镇一带二十二堡旧由宝山县分驻高桥镇县丞管辖⑥，嘉庆十年设川沙厅后改归川沙厅管辖⑦。另有三十堡由嘉定县诸翟镇巡检司管辖⑧。另外，还有二十九保二图、三图归青浦县七宝镇县丞管辖⑨。

**奉贤** 分防者有南桥巡检司、四团镇县丞，其分辖区域不明。

---

① 嘉定初有南翔镇巡检司，后因南翔镇商贾云集，烟户众多，故乾隆三十四年将嘉定县县丞移驻南翔镇，而将该巡检移驻嘉定、上海、青浦交界之诸翟镇，见朱批：乾隆三十四年三月初七日江苏巡抚彰宝奏，档号：04-01-12-0128-094。

② 光绪《青浦县志》卷 30《杂记》。

③ 民国《青浦县续志》卷 3《衙署》。

④ 《清高宗实录》卷 650 乾隆二十六年十二月乙丑，278 页。

⑤ 民国《法华乡志》卷 3《兵防》。

⑥ 《清高宗实录》卷 648 乾隆二十六年十一月辛丑，253 页。

⑦ 光绪《川沙厅志》卷 14《杂志》。

⑧ 咸丰《增修紫堤村志》卷 3《官署》。

⑨ 光绪《青浦县志》卷 30《杂记》。

**南汇**　分防者仅有三林庄巡检司，驻周浦镇，管南汇县十七、二十保等保，后十七、二十保改归川沙厅管辖①。县丞于同治六年移驻泥城②，其辖区不明。

**金山**　分防者初有㳇桥司巡检一员，驻洙泾镇③。清初县丞亦移驻洙泾。雍正年间，金山初置，治所在金山卫城。乾隆二十四年移驻洙泾镇，知县、典史俱迁至此。故将㳇桥司巡检移驻金山卫城，同时将县丞裁汰，改置于太仓州宝山县④；二十六年㳇桥司巡检更名为金华司巡检⑤。乾隆三十三年时，金山县治又由洙泾镇移回金山卫城，与此同时，知县、典史迁治金山卫城，而金华司巡检又再次移回洙泾镇⑥。道光十四年时，县治再次发生变动，知县、典史仍驻洙泾镇而金华司巡检移驻张堰镇⑦，称张堰司巡检⑧。该张堰司巡检分管胥浦乡一区十五图、十六图、十七八图、十九图、二十四图，二区十二图、十三图、十四图、二十图、二十三六图、二十五图、二十七图以及仙山乡二区二十二图、二十五图、二十七图、二十九图、三十四六图、三十五图、三十七图、三十八图⑨。

**川沙厅**　佐杂官仅司狱一员⑩，与抚民同知同驻厅城，应无分辖之地。

由以上对苏州府、松江府佐杂辖区的梳理，可以看出，巡检司均分防在县城以外，应该都有一定辖区；主簿、县丞有分防者，也有留守县

---

① 道光《川沙抚民厅志》卷12《杂志·分隶原案》。

② 光绪《南汇县志》卷3《建置志》。

③ 嘉庆《重修一统志》卷83《松江府》。

④ 《清高宗实录》卷588乾隆二十四年六月癸亥，540页。

⑤ 《清高宗实录》卷648乾隆二十六年十一月辛丑，253页。

⑥ 录副：乾隆三十二年十一月十九日苏州布政使苏尔德奏，档号：03-0347-057；录副：乾隆三十三年二月初七日两江总督高晋、江苏巡抚明德奏，档号：03-0348-007；《清高宗实录》卷809乾隆三十三年四月癸酉，928页。

⑦ 《清宣宗实录》卷261道光十四年十二月丁亥，972页；民国《重辑张堰志》卷2《官署》。

⑧ 《清宣宗实录》卷283道光十六年五月癸未，356页。

⑨ 民国《重辑张堰志》卷1《区域》。

⑩ 朱批：嘉庆九年十一月二十一日两江总督陈大文、江苏巡抚汪志尹奏，档号：04-01-02-0006-008。

城的，其中分防者一般都有一定辖区，留守县城者有的具有辖区，而有的可能没有，只是事务官；典史是居住在县城的，从震泽、青浦、吴江的例子来看，典史应辖有近城地带。

当然，这种佐杂辖区的产生并不始于清代，但就佐杂分防的官员类别而言，清代较明代显然是扩大了。明代分防于县城之外的只有巡检司，在方志中记载的巡检司辖地多称作"信地"或"汛地"，其防守区域多以"墩台"、"烽燧"作为标示，典型的是洪武《苏州府志》、正德《姑苏志》中关于巡检司所辖烽燧、墩台的详细罗列，可见此时巡检司仍不脱其军事色彩，应被视作军事防区，故乾隆《长洲县志》称巡检司"明初重之，实兼武事"。到了清代则"裁损弓兵，已与武备无关"①，其与地方基层组织如都、图之间是否存在固定的管辖关系，实际上是很可疑的。目前在江南地区所见，只有极个别的巡检司明确记载了其所辖的都图。如吴江县，据弘治《吴江县志》卷4记载，吴江县共设有八名巡检司，其下各辖若干都，将全县二十九都分割完毕，具体统辖关系参下表：

表 6-2　吴江县巡检司辖地

| 巡检司 | 辖地 | 巡检司 | 辖地 |
|---|---|---|---|
| 长桥 | 三都东西、二十三都东西并二十五都 | 平望 | 十八都、二十都、二十一都、二十二都、二十四都 |
| 简村 | 一都、二都、四都、十九都 | 汾湖 | 二十八都、二十九都 |
| 因漾 | 五都、六都、七都、八都 | 同里 | 二十六都、二十七都 |
| 震泽 | 九都、十都、十一都、十二都、十三都 | 烂溪 | 十四都、十五都、十六都、十七都 |

到了清代，不仅在志书中见到大量巡检司统辖都图的直接记载，并且佐杂官除巡检司之外的典史、县丞、主簿等也开始享有辖区，其中县丞、主簿的辖区大多是通过移驻乡村的方式实现的，而典史虽仍驻县城

---

① 乾隆《长洲县志》卷8《职官》。

但依然具有辖区。根据太田出的统计，县丞、主簿的移驻大多是在乾隆中期，但未谈及驻守县城的典史何时具有辖区的问题。这个问题较为复杂，地方志中关于典史辖区的记载不多，所以很难就整个江南地区的典史辖区情况作出非常精确的分析。笔者在雍正《昭文县志》中见到一条比较明确的记载：

> 巡检司旧有白茆、浒浦、黄泗浦三司，各领弓兵二十四名，缉私贩，诘奸宄，今裁去浒浦司，委主簿、捕衙分辖。白茆司，常昭合治。①

浒浦司巡检是在雍正四年被裁的②，恰好证明是在雍正四年，驻守于县城的主簿、典史分割浒浦巡检司的辖区而具有独立辖区。其他县份典史辖区的形成是否也在这一时段，目前还需更多新材料的发现。

震泽县的例子也极有意思。据乾隆《震泽县志》卷4《疆土四·户口》中记载雍正九年震泽县烟户计53688，其中"在城附郭典史所辖户四千三百八十六，平望司所辖户二万三千九百七，震泽司所辖户二万五千三百九十五"，乾隆九年户75022、口251939，其中"在城村郭典史所辖户三千四百三十二，男五千五百五十三，女六千九百一十；平望司所辖户三万五千六百八十三，男五万五千八，女六万九千九百七十三；震泽司所辖户三万五千九百七，男五万三千一百八十六，女六万一千三百九"，似乎在进行户口调查时，是以典史和两巡检司辖区分别统计的，而且这种分辖至少从雍正九年就开始了。

江苏县辖政区有时称作"汛地"，如道光二十七年两江总督李星沅等曾称"分管汛地之县丞、巡检等官"③，光绪三年江苏巡抚吴元炳称武进县孟河城，"该处原系小河司巡检管辖汛地"④，其行政职权范围大致不出本州县。当然，也有一定的例外。清代对于行政单位交界处这类管理

---

① 雍正《昭文县志》卷4《兵防》。

② 乾隆《江南通志》卷107《职官志》。

③ 朱批：道光二十七年十二月二十四日两江总督李星沅、江苏巡抚陆建瀛奏，档号：04-01-01-0824-022。

④ 录副：光绪三年十一月二十七日江苏巡抚吴元炳奏，档号：03-5124-086。

薄弱地区，有时是通过县辖区的兼辖之制实现的，以致出现了某一县辖区分管两县、三县乃至四县交界地带的特殊情况。

政区交界往往是管理上易于相互推诿之地，尤其是交界之地如离县僻远，又有重要市镇，更是难以弹压。如对政区边界进行重新调整，因牵涉钱粮、考试，往往容易引起纷争，故添设文员兼管弹压是处理交界问题较易施行的办法之一。"州县之疆理原属久定之章程，固未可轻议更张，致滋纷扰，但若地连外省，僻远孤悬，来往稽查，官民交累，又不得不筹移驻之法而贻一方之后虑也"①。由前述对苏松二府多个跨县界的两属或三属的县辖政区的存在已可显示江南是这类跨县界之县辖政区存在较集中的地区。

在江南苏松二府之外的地区，类似的现象同样存在：

**分管两县交界** 这类县辖区往往以邻近两个政区名称首字组合而成，或者以衙署所在地命名。巡检司中如直隶驻信安镇并兼隶霸州、永清的霸永巡检司，河南开封府置于祥符、陈留适中之地的祥陈巡检司。又如河南南阳府南裕赊旗店巡检司管辖"裕州所属之赊旗店、张铁庄、贾家楼、丁家庄、杨家庄、三科树、程良店共七处，南阳县境内之赊旗店等村庄十九处"②。县丞中如驻于浙江绍兴府临浦镇之山萧分防县丞，因该地"在山阴县之西南乡、萧山县之南乡，附近天乐乡、朱家塔等处风气强悍，距县窎远，必须设官驻防"为由而设，"兼辖两邑地面"③，即"山阴四十都之一、二、三图，四十一都之一、二图，四十二都之一、二、三图，四十三都之一、二、三、四图"、"萧十七都之一、二、三图"④。浙江永仙分防县丞，"以永康四十六、七都，仙居二十三、四都地方归县丞专管，遇有疏防盗案，承缉不力，处分即将县丞开参"⑤。分管两县交界

---

① 乾隆十八年四月十二日署理山东巡抚杨应琚奏，《宫中档乾隆朝奏折》第五辑，90 页。

② 《清高宗实录》卷 495 乾隆二十年八月丙寅，220 页。

③ 录副：光绪三十一年九月十八日浙江巡抚聂缉椝奏，档号：03-5448-044。

④ 录副：光绪三十一年三月初九日浙江巡抚聂缉椝奏，档号：03-5440-031。

⑤ 光绪十四年卫荣光《移设县丞都司及建置事宜疏》，载葛士浚《皇朝经世文续编》卷 76《兵政十五·山防》，沈云龙主编《近代中国史料丛刊》第 1 编第 741 册，1952 页。

地带的佐贰官，虽所辖之地分属两县，但遇有必须知县处理之事，属于某县者即归某县审理。一旦发生疏防事件，则责成该管佐杂。如山西绛州垣曲县横岭背巡检司，"官为垣曲所辖，地系绛县所属，稽查弹压，徒有其名，请将该巡检所管地方，分隶垣、绛二县辖。事属垣曲者解垣，事属绛县者解绛。如疏防失事，均于该巡检责成。从之。"①睢宁处于黄河以北的八社捕务因驻于黄河之南的典史无法过河巡查而交予邳州旧城巡检兼管，并改铸"邳睢旧城司巡检"印信②。

**分隶三县交界**　如河南省，道光十四年"改河南夏邑县县丞为夏邑、商邱、永城三县分防县丞"③。

**分隶四县交界**　如江苏徐州府驻铜山县双沟镇之四界司，其得名缘由是双沟镇街道"半属安徽灵壁县，半属江苏铜山县，其东又与邳州、睢宁接壤，一镇之中，四州县境地相连，犬牙交错，故有四界之称"④。陕西直隶鄜州分防黄龙山州同除兼管洛川、宜君、中部三县捕务外，还专管黄龙山一带近山村庄，"至联界之白水、澄城、韩城、合阳四县交接之处，倘有潜匪，听该州同查移地方官就近查办。"⑤

县辖区中也有跨省而治者，如道光六年闽浙总督在奏请将嘉义县笨港县丞管辖彰化县五条港时，曾引据称："查江苏、安徽等省皆有一官分隶两县者，即闽省诏安县辖之漳潮司巡检亦系通属两省"⑥。漳潮司驻分水关上，正是福建、广东交界，该佐杂名称中的"漳"是指福建漳州府，而"潮"则是指广东潮州府。

此外，对于省级交界地带的飞地而言，因与所属州县往往隔着别省土地，兼管不易，故往往设置一佐杂驻扎管理，形成边界飞地的县辖区，当边界调整之时，该县辖区往往被整体归并。如直隶、山西之间蔚县、广昌疆界交错，雍正五年，雍正帝谕旨："凡两省交界州县归并之处，期

---

①　《清高宗实录》卷186乾隆八年三月丁卯，403页。

②　《一西自记年谱》，道光刻本。

③　《清宣宗实录》卷250道光十四年三月壬申，773页。

④　录副：乾隆五十六年十二月十二日两江总督长麟等奏，档号：03-0054-033。

⑤　《清高宗实录》卷434乾隆十八年三月丁卯，669页。

⑥　朱批：道光六年三月二十八日闽浙总督孙尔准奏，档号：04-01-01-0681-038。

于地方有益，如蔚州蔚县，介在直属保安、西宁之间，自应俱隶宣化府，而蔚县之广昌巡检则宜归大同府之广昌县管辖。庶两省边界可画一清楚，为督抚者不得各持私意，辗转因循。"①原直隶蔚县所属广昌里一地，深入到山西境内，成为"飞地"，在改属山西以前，一直是设立蔚县广昌巡检管辖②，"征收钱粮"③，至雍正六年调整直晋边界，该巡检所辖方一并归入山西。

再如直隶大名与山东曹州、河南卫辉各府属地方"境壤参错，三省毗连，向为逋逃渊薮，总由地方官各存此疆彼界之心，致宵小易于藏匿"。其中直隶、河南交界处的回隆镇，"人烟稠密，中以十字大街为界，东北属直隶之大名县管辖，西北、东南、西南三面系河南之临漳、内黄、安阳三县分辖。该处人烟千余户，分隶两省四县，距县城各数十里，鞭长莫及，……从前曾议无论归并何省一县管辖，因纳粮、办差、考试等项相安已久，一旦更张，舆情不顺，旋即中止"，道光八年奏请移驻文职佐杂一员，分管村庄，专司缉捕④。两省交界地如此，各府、州、县交界地带亦如此，清代陈文述曾论及为何在政区交界地带须移驻佐杂的缘故，"州县接壤之地及距城辽阔处所宜增设、移驻佐杂以资控驭也。县境辽远者，每至百数十里，两三县接壤之地，最易藏奸纳匪及土豪把持之弊，以去县较远，控制不便也，宜酌量形势，添设巡检或移驻县丞……两三县搭界者，即宜兼辖两三县搭界之地以杜奸民越境避拘之弊，则声势联洽、人心安静矣。至邻省接壤之地则宜移驻丞倅以资控驭"⑤。道光年间，御史黄爵滋也提出了移驻佐贰以控制交界地带的措施，"至佐贰、佐杂各官，应酌量移驻扼要地界，以专责成。如错互接壤之区，遇有窃劫

---

① 中国第一历史档案馆编：《雍正起居注》，雍正五年十二月初四，第二册，1632 页，北京，中华书局，1993。

② 雍正五年十二月初一日直隶口北道王棠奏，《宫中档雍正朝奏折》第 9 辑，423～424 页。

③ 光绪《蔚州志》卷 2《本朝职官表·裁缺文武各职》。

④ 朱批：道光八年十一月初六日护理直隶总督屠之申、河南巡抚杨国桢奏，档号：04-01-02-0028-004。

⑤ 陈文述：《答魏爱轩中丞询问地方事宜》，见《颐道堂集》卷 12《文钞》嘉庆十二年刻道光增刻本。

各案，必互相推诿。并于省郡交界责成同知、通判等官，州县交界责成县丞、巡司等官，务须会同兜捕"①。

## 三、走出江南：关于佐杂分防与市镇管理的新认识

由于江南市镇发达，以往对该地包括巡检司在内的基层行政机构研究较多，得出了一些有新意的认识。但这些认识在一定程度上是局限于江南地区的材料，而佐杂分防制度始终是一项全国性的地方行政安排，故而从全国的视野来回观江南地区，将对以往得出的若干认识有所修正。其中以往研究中需要重新审视的有两个问题：一是关于佐杂处理除警政以外的事务是"非制度性"安排；一是关于佐杂与市镇管理关系。两个问题具有一定的关联，正因为普遍认为佐杂承担了若干"非制度性"职能，故而使得其在表象上成为"镇长"一类的角色，正呼应了若干研究提出的佐杂与市镇管理挂钩的思路。

以往关于江南地区佐杂的研究，已经看出除了固有的警政防卫职能以外，这些佐杂还具有管理海塘、处理民间基层诉讼等多重职能，并被认为是出于地方便宜从事所形成的"非制度性"安排，本身并不被制度认可。如太田出在举出乡镇志中所记载的佐杂代行民事乃至轻量刑事案件的审理时，特别指出"不仅是审理的代行，本来佐杂连诉状的受理都是要禁止的"；赵思渊在对苏州府巡检司的研究中，将巡检司所承担的治安防卫以外的其他职责称为"非制度性职责"，并认为是或出于当地习惯，或出于长官的人事安排，并指出诉讼是巡检司权力所可能达到的最远边界，并列举了乡镇志中的巡检司承担诉讼的案例。

如果从全国的视野，尤其是南部县县丞、巡检司的个案来看，佐杂承担一定的民事诉讼权不仅不违背典章制度，反而正是官方授权的结果。如前章南部县县丞与巡检司的奏设档案就是最好的证据。

只是佐杂承担民间细事审理权并非是所有佐杂都具有的，它需要在设立时单独奏请，单独授予，并通过案例的方式，在其他佐杂设立时援

---

① 《清宣宗实录》卷 222 道光十二年闰九月戊戌，317 页。

引，从而获得相应的司法审理权。这也是为什么江南乡镇志中有的明确记载着某某巡检号曰"青天"而当之无愧地入志，而有的巡检司却因擅受民词而遭到处罚的原因。具体到江南地区，佐杂的职掌在若干档案中有零星的保留，如青浦县七宝镇县丞，"凡该镇有赌博、私宰、窝娼、私盐、私铸以及打降、讼棍应俱责成该员稽察查拿，牒县究拟。遇疏防案件，照例查参。一切户婚、田土之事，仍不得干预"①；江苏苏州府，"查吴江县现设县丞、主簿各一员，分管水利粮务，同城不难兼顾，应将县丞移驻盛泽镇，专司稽查赌博、窝娼、私宰、私铸、奸匪、盗贼、地棍、打降。如有失察疏防，照例参处。一切户婚、田土之事，仍不得干预。"②诸翟镇巡检，"专司查缉上海、青浦、嘉定三县联界地方盗逃匪徒及该镇赌博、酗酒等事，如有疏防，即将该巡检参处，其户婚、田土词讼仍归各该县印官审理，不得擅为干预。"③官方对其职掌进行了明确界定，除户婚、田土以及命案不得干预外，其他民间细事都有一定的处理权，承担诉讼不仅不是"非制度性"的，反而正是官方明确的授权。乾隆《元和县志》更是明确宣示，"乡镇辽远要害之处，更有巡检之司，与武职同缉盗贼，得兼听民讼"④。可见，乡镇志中所载的若干佐杂参与民间细事审理并非是"非制度性"的安排，而是官方明确授权的结果，官员参与若干诉讼案件正是其职责所在。

近来的若干研究将佐杂衙门视作市镇管理体制中的重要方面，并将之与明清市镇区域意识的觉醒联系起来。如太田出推测到"行'分防'的佐杂实分管县域，角色犹如以市镇为核所形成的此一空间的行政官，即'镇长'。这也可看成是基于响应市镇住民'期待'的结果"，并认为"分防的进行未必是来自'上层'的硬性规定而是因为市镇住民积极的奔走、邀请"。

先对太田出所提出的问题作一简析。太田出从乡镇志中举出若干事例，证明乡镇居民在奏请移驻佐杂进驻和建设佐杂衙署方面，"积极踊

① 朱批：乾隆九年十月初五日苏州巡抚陈大受奏，档号：04-01-30-0003-011。

② 《清高宗实录》卷114乾隆五年四月庚辰，676页。

③ 朱批：乾隆三十四年三月初七日江苏巡抚彰宝奏，档号：04-01-12-0128-094。

④ 乾隆《元和县志》卷8《职官》。

跃"，这也是得出上述结论的史料来源。诚然，佐杂的分防程序往往是地方督抚的进奏，而在此之前，基层社会各种力量已可能有先期一步的筹划，不仅佐杂的进驻是如此，就是一个县级政区、府级政区的设立之先，往往也有这样的一个过程。乡镇居民在佐杂移驻中的"踊跃"并不令人吃惊，这与各地设立县级政区时驻地居民的踊跃与裁撤县级政区时居民的激烈反抗相似①，与其说是反映了区域意识的觉醒，毋宁说是对援借国家权力，以实现地方安宁的渴望，甚至可能还包括对于未设立佐杂地域的某种"优越心理"。更何况，清代对于佐杂的分防基本上是一个全国性的政治安排，其中江南地区有分防于市镇者，但也有分防于乡村的，在江南之外，分防于乡村者更是为数不少。如果说佐杂分防市镇代表着乡镇力图成为行政体系中一员的努力的话，那么按照这样的逻辑，那些分驻于乡村者岂不是也可解释为某些村庄也力图成为某种行政区域？这显然是行不通的。故局限于江南一地，将市镇区域与佐杂分防联系在一起在形式上是行得通的，但如果将视野扩展至更大区域，市镇与佐杂分防的关联并非可以直接画上等号，对其意义也不应当给予过度的阐释。

对于佐杂与市镇管理的关系，已有学者提出了若干质疑。如吴滔就很谨慎地提出质疑，认为"以往学者将巡检司制度作为市镇管理的一个重要领域进行探讨，恐有失偏颇"，其举出的证据是明代吴江巡检司驻地，除三个设在市镇外，其余四个均设在乡村，认为"出于治安的缘故而设立的巡检司，并不一定是以市镇为核心的"②。赵思渊认为"明清以降，苏州巡检司多驻扎于市镇，以往认为巡检司起到市镇管理作用，实际巡检司驻扎于市镇的现象多是出于建置维持成本的考虑，巡检驻扎于市镇的现象并不能必然说明巡检是管理市镇的手段。"③笔者赞同两位学者对巡检司与市镇关系的见解，稍可补充的是，如从全国整体的视角来对这一问题"揽镜自鉴"，则会得出一些新的认识：

---

① 可参拙文《关于清代县的裁撤的考察——以山西四县为中心》，《清史研究》2011 年第 2 期。

② 吴滔：《清代江南市镇与农村关系的空间透视——以苏州地区为中心》，113 页。

③ 前见赵思渊：《屏盗之迹、拯民之恫：明清苏州地区的巡检司》。

第一，所谓市镇管理，其实隐含之意是市镇管理与乡村管理相比的特殊之处，也即是那些突出于市镇的特殊管理方式。从这一意义上讲，巡检司也好，分防县丞、主簿等佐贰官也好，可以看出他们的职责主要是两个：一是弹压地方的警政权，一是民间细事的审理权。而上述两项主要职责无论是对于市镇也好，对于乡村也好，都是相同的。分驻于市镇的佐杂官与分驻于乡村的佐杂官之间，并无本质的不同。

第二，佐杂官之所以分防市镇，主要原因是市镇人口众多，是一县之内的人口聚集地，同时由于商贾贸易众多，人口比较混杂，是管理上的重点和难点，这在众多申请设置佐杂的奏档中经常看到。因是之故，市镇才会设置佐杂官管理，从这一意义上讲，将佐杂设于市镇与设于隘口、关口、海口一样，并无特殊的政治安排，只是因为该地对政府而言，对地方治理的威胁更大而已。至于市镇依照佐杂辖区作为构建自身地域系统的来源，这并非佐杂分管的初衷，而是地方文人的有意构造。

第三，佐杂官分防区域与市镇区域之间的关系复杂，并不构成必然的对应关系。即以吴县为例，乾隆十一年前吴县属五百十二图，其中木渎镇巡检管辖高达三百十八图，超过县境一半，既包括木渎镇，也应当涵盖镇周边的广大乡村。震泽全县是由典史、平望司、震泽司三员分辖，平望、震泽所管均近乎达到全县县境一半，所管既有镇区，也当然包括众多与镇毫无关系的广大乡村。部分佐杂辖区如此广大，很难说他们是专管市镇的。

第四，从佐杂的职责来看，是警政和民间细事审理权。但对于市镇管理而言，其突出于乡村的当然是经济的活跃，因此，如果谈市镇管理机构，如果它没有一定的财政权，是很难想象的。然而，恰恰在制度规定中，江南佐杂并未见有任何在市镇征收税收的迹象，就是从全国范围内来看，佐杂征收税银也是极其稀少的个案。在江南地区，佐杂负有征收钱粮之责的仅见有吴县洞庭西山巡检，因与省城远隔太湖，故该地钱粮曾由巡检代征①，但恰恰该巡检并不驻于市镇。

从更大的区域来看，江南分防佐杂与全国其他地域相比，无论是分

① 录副：光绪三十年十月二十二日署理两江总督端方等奏，档号：03-5094-053。

防数量、辖区大小乃至行政权限，并无特殊性可言。如果一定要强调江南分防佐杂的特色，那么也许众多跨越县界的巡检司、县丞辖区聊可称述，但也非唯一。可以说，江南分防佐杂官所具有的一切职能，在全国其他地域普遍的存在，甚至在权限方面，江南一地的分防佐杂较福建、甘肃可以征收钱粮的分征县丞远远不及，其辖区的分布密度与广东省近乎全省整个地域都被佐杂官分辖相比，更是逊色很多。从全国来看，佐杂分防的设置地点除了若干具有镇之名的地区外，还包括了种类极为繁多的村落、关隘、港口。无论是分防市镇，或是分防乡村，并无本质的区别。特意将江南佐杂与市镇联系起来，将其视作市镇管理机构，恐怕并不妥当。

# 第七章 经征钱粮：福建、甘肃分征佐贰的形成及其运作

对清代州县政府来说，"钱粮"是除"刑名"以外最重要的政务，能否完纳赋额是官员考核最重要的指标之一。王业键在《清代田赋刍论》一书中，将田赋征收归纳为四种主要方式：直接征收和直接上缴，或县衙征收和县衙上缴（知县直接领导田赋的征收和上缴）；间接征收和间接上缴（知县将征收和上缴均交给包税商去做，自己从包税商那里收取一笔预先商定的数目）；直接征收，间接上缴；间接征收，直接上缴。其中直接征收又可分为两种：一种是纳税人将税款直接交到县里，俗称"自封投柜"；另外一种是为了减轻从乡下运输到县城的运输等费用，各县往往在各乡设立"乡柜"或者派出书吏、衙役下乡征收，前者要另交一笔附加税，后者则难以避免吏胥的强取豪夺。间接征收是将税款交给包税商，这些又多为书吏和衙役所把持①。

然而，还有一种征收方式却似乎从未被研究者所注意，这便是佐贰代知县征收。这种征收不是通常所认为的协助知县处理粮税事务，也不是知县临时委派赴乡征收，而是划定州县一定区域，独立处理辖区内钱粮征收乃至上缴事宜，文献中称作"分征钱粮"。这一现象在全国各地都有零星的例子存在，最典型的莫过于福建、甘肃两省。这一佐贰"分征钱粮"的情况是如何发生的，又对基层社会行政运作起到何种作用，是研究清代赋税政策时应当予以关注的，但以往研究极少寓目于此，仅见陈祺助在研究台湾县丞、巡检司时简单提到有一类征收钱粮的县丞，但并未

① ［美］王业键著，高风等译，高王凌、黄莹珏审校，《清代田赋刍论》，53～54页，北京，人民出版社，2008。

给予特别关注①。本章仅以福建、甘肃为例，基于中国第一历史档案馆、台北故宫等单位所藏的档案资料，对这一特殊的钱粮征收形式予以考察。

## 一、福建"分征县丞"的设置及其成因

乾隆十六年，闽浙总督喀尔吉善等奏定县丞养廉事宜，其中提到了两类县丞养廉银的区分：

> 奏为筹酌分征县丞之养廉以免偏枯，以裨公务事。窃照闽省原设县丞二十九员，内陆续题准移驻县丞一十四员，如闽县县丞则移驻营前、侯官县县丞则移驻大湖、福清县县丞则移驻平潭、南安县县丞则移驻罗溪、同安县县丞则移驻金门、龙溪县县丞则移驻华封、漳浦县县丞则移驻云霄、顺昌县县丞则移驻仁寿、建安县县丞则移驻迪口、建阳县县丞则移驻麻沙、松溪县县丞则移驻永和里、宁化县县丞则移驻泉上里、上杭县县丞则移驻峰市、宁德县县丞则移驻周墩。向以地方离县窎远，故移驻弹压，分割都图、征收钱粮，一切户婚、田土、词讼准其审理，与知县职任无疑，是以题明增给养廉，因其公事繁多，非闲曹可比②。

在这封奏折中，出现了"分征县丞"一词。这些县丞承担职能之广泛，令人诧异，刑名、钱粮无不承担，"与知县职任无异"。到了乾隆十八年闽浙总督奏请定福建分防县丞拣选题补之例时也称其"既有分征钱粮，又令管理词讼，所以佐知县治理之不及，其职掌与知县相等"③。为什么要分设县丞分辖，征收钱粮？这些钱粮征收以后，是上缴至县，与州县其他地域钱粮汇集解运，还是单独上缴布政使司？

---

① 陈祺助：《清代台湾县丞与巡检设置研究》，台湾《高市文献》第 8 卷第 1 期，1995。

② 朱批：乾隆十六年三月二十二日闽浙总督喀尔吉善等奏，档号：04-01-35-0894-008。

③ 乾隆十八年五月二十二日闽浙总督喀尔吉善、福建巡抚陈宏谋奏，《宫中档乾隆朝奏折》第五辑，436 页。

表 7-1　乾隆十六年福建分征县丞养廉银变化

| 县份 | 县丞 | 乾隆十六年前(两) | 乾隆十六年后(两) |
|---|---|---|---|
| 福清 | 平潭 | 259.22 | 160 |
| 闽县 | 营前 | 240 | |
| 侯官 | 大湖 | 240 | |
| 南安 | 罗溪 | 200 | |
| 同安 | 金门 | | |
| 漳浦 | 云霄 | | |
| 宁化 | 泉上里 | | |
| 顺昌 | 仁寿 | 160 | |
| 上杭 | 峰市 | | |
| 宁德 | 周墩 | | |
| 松溪 | 永和里 | 120 | |
| 龙溪 | 华封 | 40 | |
| 建安 | 迪口 | | |
| 建阳 | 麻沙 | | |
| 共计 | | 2259.22 | 2240 |

一切还是应回到这十四员县丞设置本身，上述奏折中提到的十四员县丞原来均驻于县城，陆续于雍正中后期至乾隆初分防到乡村。

表 7-2　福建分征县丞移驻时间

| 县份 | 县丞 | 分驻时间 | 县份 | 县丞 | 分驻时间 |
|---|---|---|---|---|---|
| 福清 | 平潭 | 雍正八年 | 顺昌 | 仁寿 | 雍正十二年 |
| 闽县 | 营前 | 雍正十二年 | 上杭 | 峰市 | 雍正十二年 |
| 侯官 | 大湖 | 雍正十二年 | 宁德 | 周墩 | 雍正十二年 |
| 南安 | 罗溪 | 雍正九年 | 松溪 | 永和里 | 雍正十二年 |
| 同安 | 金门 | 雍正十二年 | 龙溪 | 华封 | 乾隆十二年 |
| 漳浦 | 云霄 | 雍正十二年 | 建安 | 迪口 | 乾隆十二年 |
| 宁化 | 泉上里 | 雍正十二年 | 建阳 | 麻沙 | 乾隆十二年 |

资料来源：《清世宗实录》、《清高宗实录》。

《清实录》仅仅记载了事件本身而不及其缘由。在《雍正朝宫中档奏折》中，笔者查到了雍正八年福建总督高其倬奏请移设福清县丞驻海坛的奏疏，这是福建县丞移驻乡村的开端，从中可以透析福建设立分征县丞的初衷。"福清一县所管海坛一处，其地隔海，民人涉海远出，到县纳粮结讼均属不便。但臣再四细筹，其地虽设一县，应将福清县县丞移驻于海坛。其县丞一员应于通省拣选廉干之员题调，即令其就近办理征催、词讼之事。至徒流以上之罪，其案件仍归福清县审拟完结。余民间小讼即令就近断结详报，则词讼、钱粮均易清楚，似为妥协"①。雍正帝也认为"此料理甚属妥协"。到雍正八年正式奏准，并定于海坛之平潭建设县丞衙署。海坛是一个海岛，"周围数百余里，其地可为一大县视之"②，且与县治往来不便，是设置分征县丞的初衷。

笔者在《清代吏治史料》中查到雍正九年奏请南安县县丞移驻罗溪的奏疏：

> 闽省泉州府下之南安县地处山僻，民多顽梗，实为紧要之区，其十六、十七、十八等都距县窎远，知县一官有鞭长莫及之虞。请照福清县县丞移驻平潭之例，将南安县县丞移于罗溪地方驻扎弹压，一切户婚、田土、斗殴细事就近赴县丞控理归结，情重者仍归本县究讯，洵于地方有益③。

由该两段奏折，可知该二员县丞移驻县城之外均是因距离县治遥远，纳粮、听讼均有不便的缘故。这不仅仅是平潭、罗溪县丞所独有的，而是这十四名县丞共有的缘由。据笔者绘制的"福建内地分征县丞分布图"，可以明显看出县丞驻地距离县治大多窎远，尤以周墩、华封、峰市、平海、大湖、迪口、仁寿等最为明显，此外如平潭（嘉庆二年县丞移驻南日澳）、金门县丞均设于海岛中，营前县丞与闽县中隔闽江江口相望，均属

---

① 雍正六年十二月二十八日福建总督高其倬奏，《宫中档雍正朝奏折》第十二辑，162～163 页。

② 民国《平潭县志》卷 3《大事志》。

③ 雍正九年七月二十八日吏部尚书张廷玉奏，《清代吏治史料》第 5 册，2174 页。

不便辖制之区。更为明显的特点是分征县丞大多处在府与府交界或沿海地带，永和里、峰市县丞更是处于闽浙、闽粤交界，这些地区往往是管理最为薄弱地带。

福建分征县丞的产生除了因地理形势而导致的纳粮不便等情况外，还与福建乡族丁多势大，"武曲乡里"，抗粮抗诉有关。明清时期福建械斗之风尤炽，以漳、泉等地最著。乡族组织的发展及军事化，更使得械斗规模不断扩大，成为清代福建基层治理一大隐患①。郑振满认为"清代闽南乡族械斗的盛行，反映了官方统治能力日益削弱"②。乡族势力的崛起，势必对政府赋税的征收与在基层社会的统治权威构成一种威胁。雍正年间高其倬就奏称"福建丛山叠海，形势险要，人情愚悍，向来藏奸伏莽，屡有其事"，而大姓"恃众，彼此械斗及倚恃山深迳险，抗粮抗讼者不乏"③。福建观风整俗使刘师恕对延平、建宁二府的印象颇不佳，虽然他听闻"此二府在闽省中尚属淳朴"，然而细加访察后却大失所望，"建宁府属之建阳县、延平府属之顺昌县地方辽阔，其僻远村落率多抗粮，不服追比，且有潜匿为匪之事"，"此二府素称淳朴，犹且如此，其它可知矣"④。署理福建总督史贻直也称："国赋出于钱粮，岂容民间任意拖欠。无如闽省百姓最刁，其僻处乡村者，往往征纳钱粮，非县令亲往催收，不肯即行完纳。盖恃其住居窎远，族大丁多，差役既不敢只身催取，而县令之闒茸者又不上紧严催，以致抗粮不纳"⑤。清代福建本身就是一个缺粮省份，到雍正三年，福建所征钱粮仅仅够本省使用而已，明为国课，

---

① 参徐晓望《试论清代闽粤乡族械斗》，《学术研究》1989年第5期；罗庆泗《明清福建沿海的宗族械斗》，《福建师范大学学报》2000年第1期。关于明清华南地区乡族组织军事化倾向，参饶伟新《明清时期华南地区乡村聚落的宗族化与军事化——以赣南乡村围寨为中心》，《史学月刊》2003年第12期。

② 郑振满：《清代闽南乡族械斗的演变》，《中国社会经济史研究》1998年第1期。

③ 雍正六年十二月二十八日福建总督高其倬奏，《宫中档雍正朝奏折》第十二辑，160页。

④ 雍正七年九月初六日福建观风整俗使刘师恕奏，《宫中档雍正朝奏折》第十四辑，725页。

⑤ 雍正七年八月初二日署理福建总督史贻直奏，《宫中档雍正朝奏折》第十四辑，75页。

实为省征①。再加上福建严峻的治安状况，乾隆十八年闽浙总督喀尔吉善等在题请将八员分征县丞改为拣选题补之缺时就称该八缺"离县自一百余里至二百里不等，或山深地僻，顽梗难除，或族大丁强，犷悍未化，词讼则抗拘藐法，钱粮则积欠不清"②。州县衙门势必要投入更多的行政资源来进行钱粮征收，也就产生了移驻县丞划分辖区分理钱粮的需要。

**图13　福建内地分征县丞分布图**

分征县丞"分割都鄙"，从而在县下形成了两个赋税征收区：一个是知县直接经理区；一个是县丞经理区。这十四员分征县丞所辖都鄙分别是：

**福清**　全县共六隅、三十六里、十六都，一百一十二图。析海坛上

---

①　福建省地方志编纂委员会：《福建省志·粮食志》，35页，福州，福建人民出版社，1993。

②　乾隆十八年五月二十二日闽浙总督喀尔吉善、福建巡抚陈宏谋奏，《宫中档乾隆朝奏折》第五辑，437页。

下山十二甲及隔水岛屿隶平潭县丞管辖①。

**闽县** 全县四坊、三十六里，统图一百二十六。营前县丞管辖光俗里一、二、三图，至德里一、二、三图，江左里二图②。后又并入高详、钦仁、绍惠三里③。

**侯官** 全县分四坊、六十一都，统图一百十四。大湖县丞分辖二十六、二十七、二十九、三十、三十二、三十三、五十三、五十四、五十八、五十九、六十、六十一共十二都④。

**南安** 全县五坊、四十三都，统图四十五另十甲⑤。罗溪县丞统十六、十七、十八等都。

**同安** 全县共二隅十一里三十七都，统图五十三另十甲⑥。金门县丞统十五、十六、十七、十八、十九、二十等六都之地⑦。

**漳浦** 全县统图五十二，云霄县丞分辖六都图三、八都图三⑧。

**顺昌** 全县共辖都二十八，统图五十八。县丞移驻仁寿后，将驿站都一图，寿荣都一图，田溪都一图，兴贤都一图、二图，仁寿都一图、二图，桂溪都一图、二图，杉溪都一图共十图之地地丁钱粮分征径解，其版籍仍归县辖⑨。

**宁德** 全县共辖二十五都三十九图，其中周墩县丞经管十五都二图、十六都二图、十七都二图、十八都一图，共计七图⑩。

**松溪** 全县共五隅、七里，统六十三图，其中永和里县丞分管永和、永宁、豪田三里⑪。

---

① 乾隆《福州府志》卷 8《乡都》；民国《平潭县志》卷 3《大事志》。
② 乾隆《福州府志》卷 8《乡都》。
③ 民国《长乐六里志》卷 3《区域》。
④ 乾隆《福州府志》卷 8《乡都》。
⑤ 乾隆《泉州府志》卷 5《都里》。
⑥ 乾隆《泉州府志》卷 5《都里》。
⑦ 同治《金门志》卷 2《分域略》；又见民国《金门县志》卷 1《方域志》。
⑧ 乾隆《漳州府志》卷 3《疆域》。
⑨ 乾隆《延平府志》卷 8《都图》。
⑩ 乾隆《福宁府志》卷 8《建置志》；又见民国《周墩区志》卷 1《舆地志》。
⑪ 《松溪县志》地方志编纂委员会编：《松溪县志》第三章《行政区划》，41 页，北京，中国统计出版社，1994。

**龙溪**　全县统三隅、二乡、十都，共一百二图，其中华封县丞统二十五都图九①。

**建阳**　麻沙县丞分征北雏、加禾等四里②。

**宁化**　泉上里县丞分征泉上、泉下、招贤三里③。

上杭、建安所属二员分征县丞辖区则待考。

到乾隆十六年新增两员分征县丞，延平府南平县县丞移驻峡阳，为分征县丞，全县九十二图中分划寿严里一、二图，安福里二图，吉田里一、二图，峡阳里一、二、三、四图，梅北里一、二图，塘源里一、二图，建兴里一图共计十五图地丁钱粮分征径解，其版籍仍归县辖④。建宁府瓯宁县丞移驻岚下街，将附近岚下之梅歧等十六图渔课，归该县丞征。嗣后田亩买卖推收，长远分隶；命盗事件，仍由县审转；户婚、田土等项，责成县丞审理⑤。

分征县丞的产生，是自雍正八年以来移驻县丞所产生的，由距离县治遥远、地形不便所带来的赋税征收难题而起。但明清交际，福建县级政区变化甚小，这也就意味着赋税征收面临的困难其实早已存在，这也暗示着我们，对于该地赋税征收所采取的特殊措施或许并非在清代才成为一个问题，事实上早在明代，这一区域的赋税已成为一个难题，当时是如何处理，为什么到了清代，这一问题更加突出？

当追根溯源，将问题的视野扩展到明清之际时，我们会发现明清制度之间的延续与变通。以宁德县周墩地区而言，该地明代即为宁德辖治，时为麻岭巡检司治堡，明宣德时巡检司驻此，嘉靖三十五年筑城，并将主簿移驻于此，称为"宁德行县"，并代为"征收赋税"。但到了清初，赋税又重归县征收，直到雍正十三年才又重划四都之地，令新移驻之周墩县丞征收⑥。这一例子提醒我们，明清地方行政存在着很强的延续性，

---

① 乾隆《漳州府志》卷3《疆域》。

② 录副：乾隆三十一年七月十二日闽浙总督苏昌奏，档号：03-0543-018。

③ 民国《宁化县志》卷5《赋税一》。

④ 乾隆《延平府志》卷8《都图》。府志将此事系于乾隆十五年，此据《清高宗实录》卷398改作乾隆十六年，此是户部奏准之年，十五年当是该地已先行实施之故。

⑤ 《清高宗实录》卷398乾隆十六年九月己巳，237～238页。

⑥ 民国《周墩区志》卷2《建置志》。

所谓的分征佐贰,早在明末已有雏形。又如福清县、平潭县丞所驻之海坛岛,明初徙岛民于内地,海岛耕地长期沦为"盗种之区"。到了明末,海坛之民已是"盗耕百余年,居民数万户而为土豪私赋税",如此赋税,任由土豪私征,又易滋盗,因此,早在明末,就有于该地设治的建议①。清初平潭县丞之设,与其说是对该地赋税征收方式的一次变革,毋宁说仍是在以一种新的行政安排回应至明代业已较为突出的赋税征收与治安管理问题。

## 二、"经征钱粮"所引起的知县、县丞权力分野

乾隆三十一年时,分征县丞共计有十六员。该年建阳县麻沙分征县丞所管钱粮改归知县经理,其原因是"县丞经征钱粮过重"。

奏为县丞分征钱粮过重,应请仍归县征收以昭慎重事。窃照闽省各属分防县丞历经前任督抚各臣节次题奏,移驻各要地,将附近之都图分割该县丞管辖,即分征钱粮粮米。准部议覆,遵照办理。查通省分防县丞共有十六缺,其营前等十五缺分征钱粮粮米尚不过多,惟建阳县分驻麻沙县丞分征北锥、加禾等四里钱粮多至九千五百余两,数几成万,粮米八百二十余石,虽自移驻分征以来,尚无贻误,但麻沙地方系属僻远,山村并无城池捍卫,虽亦建有仓库,而防守之兵役有限,远不如县城之防范严密,所征钱粮过多,设有疏虞,关系匪细,且县丞系佐贰微员,其谨守自爱者固不乏人,而纵恣不检者亦不能保具必无。以万金之钱粮归其征解,倘遇不肖之员,视为操纵由己,因循不即批解,上司耳目较远,查案稍疏,一有侵那,更多未便。查前题请分驻,系因该处深山地僻,聚匪藏奸,民情顽悍,恐该县鞭长莫及,是以将县丞分驻专防,其应理之事,只系户婚、田土、词讼及赌博、私宰、缉匪等事,至于命盗重情,仍须移县审办。若钱粮为正供国课,自应归县征收,以昭慎重……其粮米一项缘该处路途距县七八十里至百余里不等,山径崎岖,小

① 郭造卿:《闽中分处郡县议》,民国《平潭县志》卷3《大事志》。

民肩挑背负，挽运维艰，非同粮银之取携甚便，应请照题定章程，仍归该县丞征解①。

自钱粮改归县征后，麻沙县丞就与其他分征县丞有了区别。但从这份奏折中对改制之前麻沙县丞的职权的详细说明，可以透析出福建分征县丞的若干特点：

第一，分征县丞具有刑名钱粮之责，除命盗之案须县审办外，其他都是独立于县之外的特殊行政区，与知县职任近乎相同，微有差异。部分县丞甚至对命案都有一定的相验权，如金门县丞，乾隆六年时议准因该地"离县甚远，阻隔海洋，命案报验需时"，故令就近赴报县丞相验，"其系无别故，无庸覆质者，一面移行该县，一面通报立案。别有情节者，移县讯报"，并另添忤作一名②，还有福清县平潭县丞，均是因与县隔海而治，知县无力即时前赴验报，故授权县丞代验。乾隆十八年，又奏请闽县营前、侯官大湖、龙溪华封、漳浦云霄、建安迪口、宁化泉上里、宁德周墩、上杭峰市等八员县丞"分防地方离县窎远，山路崎岖，遇有命案，地保赴县具报，知县前赴相验，动经数日，尸身发变，难辨伤痕。县丞一官既有拣选题补，请照平潭、金门二县丞之例，许其就近相验，填图取供。如系自尽，并无别故，县丞一面移县，一面通报其案，关抵偿及别有情节，即备图结同各犯证移县确讯审解并照例各添设忤作一名"③。

第二，分征县丞所收钱粮是独立征收、独立上缴的。奏折中所言的"归其征解"，既有"征收"之责又有"解送"之责，与所属之县关系不大。该折中又曾言，一旦"收有成数，即饬批解，责令该道府时加督催，毋许积存滋弊"，征收钱粮中，县丞的直接上司为"道府"一级而非"知县"一级。它如顺昌、南平所属分征县丞，乾隆《延平府志》中称作"分征径解"④，几乎成了一个"准县级政权"，也正因如此，乾隆《延平府志》才另加

---

① 录副：乾隆三十一年七月十二日闽浙总督苏昌奏，档号：03-0543-018。

② 《清高宗实录》卷153乾隆六年十月乙卯，1186页。

③ 乾隆十八年五月二十二日闽浙总督喀尔吉善、福建巡抚陈宏谋奏，《宫中档乾隆朝奏折》第五辑，437～438页。

④ 乾隆《延平府志》卷8《都图》。

一句，"其版籍仍归县辖"，以标示这种形式上的统辖关系。在清代蠲免钱粮时，县丞与其他州县是并提的，如乾隆六十年蠲免钱粮时，将"所有龙溪、南靖、长泰、海澄、晋江、南安六县并华封、罗溪二县丞所辖五十九年因灾缓征钱粮，共未完地丁银一十三万八千六百八十七两六钱零，又耗羡银一万六千六百四十二两五钱零，均着再行加恩，一体豁免，以示朕轸念民依，有加无已至意。"①民国《周墩区志》说的更加明确，"周墩自雍正改治县丞，钱粮直解省城"②。一旦征解未完，县丞还会因此受到处分，而所属之县知县无恙。道光五年闽浙总督赵慎畛、福建巡抚孙尔准呈邵武县禾坪县丞顾溎历任内参罚案件清单时，就曾列举"经征道光元年分地丁未完，罚俸一年。又耗羡未完，罚俸一年。又粮米未完，罚俸一年，又耗米未完，罚俸一年"③。道光二十六年，罗溪县丞、泉上里县丞因短解地丁银两被摘去顶戴，并勒限一个月如数完缴④，而其所属南安知县、宁化知县并无随同受罚，类似情况还有峡阳县丞⑤、永和里县丞⑥、大湖县丞⑦、周墩县丞⑧等等，足见县丞经征钱粮的独立性与专责性。

第三，分征县丞除钱粮外，还有征收杂税权。据该份奏折，"民间买卖田地，常有推收税契等事，今钱粮既仍归县征，则推收税契等事应一并归县查办"，可见乾隆三十一年之前，该分征县丞是有征收杂税权的。

---

① 《清高宗实录》卷 1487 乾隆六十年九月乙亥，895 页。

② 民国《周墩区志》卷 2《建置志》。

③ 录副：道光五年六月初十日闽浙总督赵慎畛、福建巡抚孙尔准呈，档号：03-2563-024。

④ 朱批：道光二十八年五月二十九日闽浙总督刘韵珂、福建巡抚徐继畲奏，档号：04-01-12-0467-077。

⑤ 朱批：同治十一年三月二十八日署理闽浙总督文煜、福建巡抚王凯泰奏，档号：04-01-12-0512-071。

⑥ 朱批：光绪二十六年二月二十七日闽浙总督许应骙奏，档号：04-01-12-0594-087。

⑦ 朱批：光绪二十六年二月二十七日闽浙总督许应骙奏，档号：04-01-12-0594-089。

⑧ 朱批：光绪三十四年十二月十三日闽浙总督松寿奏，档号：04-01-12-0669-063。

第四，钱粮分征现象。钱银改归知县征收以后，"粮"仍归县丞征解，出现了"钱"与"粮"的分解现象，这也是清代出于因地制宜目的而产生的地方实践的灵活性。分征县丞并非一开始便具有独立征解之权，不同地区有不同的发展路径。如延平府南平县峡阳县丞，虽在乾隆十六年即为分征县丞，分划都图，但其并非直接征收钱粮，而是先征收地丁银；自粮米一项，初由延粮通判征解，乾隆三十一年延粮通判移驻王台，又改由县征收，但县丞须"造册移县催科"，直到乾隆四十八年才正式将七里一十五图钱粮全归县丞追比①。

至于县丞管辖区与钱粮征收区，大都一致。但也有极个别地区例外。如瓯宁县岚下街县丞，"其麻溪、高阳二里虽割归县丞管辖，但粮户多在县治居住，在县输将颇称便益，毋庸议割分征"②。则此二里其刑名之权归县丞，而钱粮征收权则归知县，这根源于该地的"人地分离"现象。

表 7-3　福建省分征县丞、州同及所属州县征解之地丁银对比

| 府 | 分征县丞及属县 | 地丁银（两） | 存留（两） | 起运（两） |
|---|---|---|---|---|
| 福州府 | 闽县 | 27651 | 9397 | 18253 |
| | 营前县丞 | 3658 | 0 | 3658 |
| | 侯官 | 32652 | 9597 | 22694 |
| | 大湖县丞 | 5725 | 0 | 5725 |
| | 福清 | 40887 | 6405 | 34481 |
| | 南日县丞 | 351 | 0 | 351 |
| | 古田 | 18402 | 9451 | 12950 |
| | 水口县丞 | 2410 | 0 | 2410 |
| 泉州府 | 南安 | 28861 | 3585 | 25276 |
| | 罗溪县丞 | 3806 | 0 | 3806 |
| | 同安县 | 15212 | 5444 | 9768 |
| | 金门县丞 | 1135 | 0 | 1135 |

---

① 题本：乾隆四十八年三月十六日户部尚书和珅等题，档号：02-01-04-17353-017；《清高宗实录》卷1177乾隆四十八年三月己酉，777页。

② 题本：乾隆十六年五月二十七日闽浙总督喀尔吉善题，档号：02-01-04-14506-009。

续表

| 府 | 分征县丞及属县 | 地丁银(两) | 存留(两) | 起运(两) |
|---|---|---|---|---|
| 漳州府 | 龙溪县 | 39544 | 9500 左右 | 30000 余 |
| | 华封县丞 | 4378 | 0 | 4378 |
| 延平府 | 南平县 | 18691 | 7993 | 10698 |
| | 峡阳县丞 | 3125 | 0 | 3125 |
| | 顺昌县 | 14749 | 3423 | 10326 |
| | 仁寿县丞 | 3261 | 0 | 3261 |
| 建宁府 | 建安县 | 33680 | 5624 | 28055 |
| | 迪口县丞 | 2917 | 0 | 2917 |
| | 瓯宁县 | 31701 | 7583 | 24118 |
| | 岚下县丞 | 2891 | 0 | 2891 |
| | 松溪县 | 13127 | 1672 | 11455 |
| | 永和里县丞 | 1158 | 0 | 1158 |
| 汀州府 | 宁化县 | 19576 | 2498 | 17078 |
| | 泉上里县丞 | 4249 | 0 | 4249 |
| | 上杭县 | 16368 | 2398 | 13969 |
| | 峰市县丞 | 443 | 0 | 443 |
| 福宁府 | 宁德县 | 12048 | 1684 | 10363 |
| | 周墩县丞 | 3015 | 0 | 3015 |
| 龙岩州 | 龙岩州 | 12318 | 2507 | 9810 |
| | 溪口州同 | 3563 | 0 | 3563 |

资料来源：《福省政事录》地丁项，《清代边疆史料抄稿本汇编》第 42 册，109～137 页。表中县的地丁银数并不涵盖县丞所辖。

分征县丞独立经征钱粮机制的诞生必定使知县管辖权减少，这其中受影响最大的或许并非仅仅是"为官数载"的知县，因为钱粮对于知县来说，是任期内的两件大事之一，没有知县会希望征收更多的钱粮，钱粮数额越少，越容易完成征收任务，从而避免处罚，而因征收钱粮不力影响仕途的例子在清代是屡见不鲜的。县丞分征钱粮是知县乐于见到的新机制。这一机制的受益者是减轻钱粮负担的知县和获得钱粮之权可以上下其手的县丞，而利益受损的是县里的吏胥。他们失去了在钱粮征收中插手的机会，因此最为反对。华封县丞移驻的艰难事例正恰好证明了这一点。

龙溪县县丞直到乾隆十二年始移驻华封乡①。但早在康熙末年就有分驻县丞的动议。"龙溪县之乡有名华封者，居民四五百家，商贾辐辏，去县二百余里，纳租赴诉皆不便。自康熙四十四年即请县丞移驻其地"，"纳租赴诉"即指钱粮、刑名而言。四十年内"请者不已"，但"率为吏所革"，其原因正在于"县吏之司征者，分之则利薄也"。分驻之后，县衙的胥吏便不能上下其手，以故百般阻挠，直到时守漳州的金溶"请大吏"，才最终得以实现分防②。县丞分驻使胥吏深感不安的根本原因正在于分辖区在"刑名钱粮"上的独立性。而这一事件的极力推动者——知县，与极力阻挠者——吏胥之间的较量，恰恰鲜明地反映出这一政策对于基层政治生态的影响。

当然，县丞官职卑微，承担钱粮重责，往往力不从心，易受豪强宗族约束。如罗溪县丞，驻扎之地即十七都，黄姓聚族之乡，黄姓一族有万余人，"素恃豪强，鱼肉邻里，历任县丞受其挟制，署中所用胥役人等非黄姓之人不得充当"③，以致其包揽承充，在当地大行其道。

当该地人口增长、管理难度超越县丞所能经理范围时，往往会移设更高级别的官员驻扎而将县丞迁出，清代一般的做法是将府同知移驻，由此形成厅或府佐贰分辖区的建置，如平潭同知、云霄厅。它们的设立与分征县丞的置废有着密切的关系。前已述及，福清县平潭县丞乃分征县丞，该地刑名钱粮俱归其经历，命案则要移至福清县审办。但到了嘉庆初年，该地"生齿日繁，民人往来采捕，易启奸匪，借捕鱼为名在洋伺劫"，但县丞"职分较小"，难资弹压，故将建宁府同知改为福州府平潭海防同知，"一切地方词讼、征收地粮，统归该厅管理。其命盗案件仿照泉州府属厦门同知之例，由该同知验报，仍移归福清县审办。"而将平潭县丞移驻南日澳，兼管该岛周围福清、莆田所管七十余里地方，"钱赋、词

---

①　《清高宗实录》卷 285 乾隆十二年二月己丑，718 页。

②　卢文弨：《抱经堂文集》卷 28《浙江督粮道一斋金公家传》，《四部丛刊》初编集部。

③　录副：道光二十年三月十六日掌云南道监察御史杜彦士奏，档号：03-2692-057。

讼就近责成该县丞管理",仍为分征县丞。与平潭同知设置同时,原漳州府漳浦县云霄分征县丞也升为云霄厅,将原县丞所辖三十余保并新划平和县、诏安县共五十二保地划归云霄海防同知管理,"一切命盗、词讼及征收钱粮仿照泉州府马家巷通判之例画一归办,其命盗重案并犯徒并以上案件俱由该同知审拟,由府勘转",是为云霄厅之置。云霄分征县丞改驻漳浦县象牙庄地方,"各保内词讼事件即归该县丞办理,其命盗钱粮统归县管"①,转变为不具钱粮之责的分守县丞。

由于分征县丞所辖长期独立于县政之外,故在清代就有转化为县级政区的趋势。这预示着这一地区开发的成熟,也是清代特殊赋税政策的必然结果。

## 三、分征县丞与分守县丞

福建分征县丞的出现是福建地方行政管理体制的特质之一。但福建全省的县丞并不止这十几员而已,其他并不具备分征职能的县丞又分布在哪里?其职能如何?

藉由分征钱粮与否,可将分防县丞区分为分守县丞与分征县丞两类。前份有关养廉银的奏折中,可以明确知晓乾隆十六年时,福建全省分征县丞共十六员。那么该年时,福建其他分防县丞又有哪些?

追溯起来,雍正九年,台湾府台湾县添设罗汉门县丞、凤山县万丹县丞、诸罗县笨港县丞②;雍正十年,漳州府龙岩县县丞移驻溪口③,十二年龙岩升直隶州,县丞改为州同;乾隆八年,福州府古田县县丞移驻水口,邵武府邵武县县丞驻拏口④;乾隆十六年时,福建分驻乡村的县丞除十六员分征县丞外,还有以上五名县丞,显然,它们并无分征钱粮之责,那么它们在基层的职责如何?

---

① 录副:嘉庆二年十月初八日闽浙总督魁伦、福建巡抚费淳奏,档号:03-1653-005。

② 《清世宗实录》卷103雍正九年二月庚子,360页。

③ 《清世宗实录》卷122雍正十年八月丁卯,608~609页。

④ 《清高宗实录》卷183乾隆八年正月庚辰,363页。

台湾府共有县丞三员，均为雍正九年所建，据《清实录》所载，罗汉门县丞之设是因"地方紧要"，移设县丞以便与汛弁互相防查；凤山县万丹县丞令其管辖淡水、枋寮口等处；笨港县丞之设是因该地户口繁多，添设县丞以便查拿巡缉，都是与治安功能相关。古田、邵武二县县丞的移驻除了弹压地方以外，还多了一项兼管驿务的职责。据闽浙总督那苏图的奏请，"古田县水口驿向设驿丞一员，系水陆会集之处，驿丞不能兼理民事，请移古田县县丞驻其地，兼管驿务，驿丞缺裁；邵武县拏口驿向设驿丞一员，系江右往来通衢，距县窵远，驿丞不足以资弹压，请移邵武县县丞驻其地，兼管驿务，驿丞缺裁"①。从《清实录》来看，该二员是否分管一定辖区尚难确定，但乾隆三十二年邵武府拏口县丞移设禾坪的奏疏中，透露出了拏口县丞的辖区，"吏部议覆。闽浙总督苏昌奏称邵武县禾坪地方离城窵远，耳目难周，必须于适中之地添驻员弁。查邵武县拏口县丞，公事甚简，应请将县丞移驻禾坪。其拏口地方，系驿路通衢，未便乏员驻守。查有邵武府司狱一员，专管府监，一无所事，应裁改为巡检一员，驻扎拏口，将县丞所管十都村乡归设巡检管辖。"②可见原拏口县丞所管乃该驿附近十都村乡之地，转交巡检管辖，而禾坪县丞新管该县第三十二都起至四十三都止，共十二都之地，"除命盗重案及户婚、田土词讼仍归知县审理外，所有赌博、斗殴、鼠窃、私宰等事实归该县丞就近查拿审理，按月报查"③。而县丞与巡检司之间自然的互换，也说明该县丞所管之事，与巡检司并无二致。陈祺助在《清代台湾县丞与巡检设置研究》一文中，曾根据驻地与职责的不同将县丞区分为三类：一类是驻地与印官同城的县丞，称作"留守县丞"④；一类是承担刑名钱粮、职权与知县无异的，称作"分征县丞"，这是沿用清代档案中的叫法；一类是分守县丞，是指虽分驻外地，但其功能与驻守在外地的巡检司差别

---

① 《清高宗实录》卷183乾隆八年正月庚辰，363页。
② 《清高宗实录》卷794乾隆三十二年九月癸卯，733~734页。
③ 录副：乾隆三十二年七月十七日闽浙总督苏昌奏，档号：03-0052-073。
④ 其实，称作"附城县丞"更佳，见乾隆十八年五月二十二日闽浙总督喀尔吉善等奏，"通计闽省内地县丞二十六缺，附城者八缺，移驻要地分防者十八缺"，《宫中档乾隆朝奏折》第五辑，436页。

不大，都为分防地方而设。

乾隆三十二年莆田县平海县丞的设立正是透析分守县丞与分征县丞区别的典型案例。该年，福建巡抚崔应阶因莆田县平海地方离县九十余里，逼近海滨，与台湾竹堑遥对，该地居民多出海打渔，易出洋为匪或行偷渡，因此奏请将莆田县县丞移驻该地，管辖该地附近四十二村庄。授予的职责是"凡有匪类、偷渡、劫窃等事，责成该县丞就近查拿，移县究详，其余窃贼、赌博、私宰、窝娼、斗殴事件并归该丞管理。其钱粮、人命、商渔□照以及户婚、田土讼案仍归该县办理"①。分征县丞与分守县丞的主要区别在于是否有钱粮之责上，同时在司法案件处理中，权限亦有差别。分征县丞可单独处理除命案以外的其他案件，而分守县丞只享有一般细事裁判权，而户婚、田土等讼案都可能要移县审理。

当然，分守县丞与分征县丞之间虽然存在着截然不同的差别，但也有互相转化的可能。如上述水口县丞，乾隆八年初设时，其目的在于弹压地方，兼管驿站，到了乾隆三十七年，对其职能进行调整以后，就有了分征县丞的性质，"闽浙总督钟音等奏，福建古田县水口、黄田二驿距县远而差繁，前水口驿系分防县丞兼管，黄田驿，驿丞专管。嗣裁驿丞，将二驿俱归县管，遇要差，难免误公。分防水口县丞，自驿归县管，事务甚简，且黄田距水口较近，请将二驿归该县丞管。其附近地方，额征民屯粮银亦令征收，应给驿站银，即于此项动支，仍由该县覆销。地方斗殴、赌博、私盐、逃盗及递解人犯，均责成查办。户婚、田土等细事就近审报，失事，照该管官例参处，并请铸给古田县移驻水口县丞兼理水口、黄田驿关防。从之"②，就由单管治安之事的分守县丞转变为具有刑名钱粮专责的分征县丞。在奏档中，该分征县丞所经管之地为"附近水口、古田之一、二、三、四都地方"，额征民屯粮银2410两，"照闽省县丞分征之例并归该县丞征收"③。

直到清末，福建全省县丞共二十九员，其中留守县丞共六员、分守

---

① 录副：乾隆三十二年十月二十四日福建巡抚崔应阶奏，档号：03-0052-077。
② 《清高宗实录》卷903乾隆三十七年二月壬午，49页。
③ 朱批：乾隆三十六年十一月十七日闽浙总督钟音、福建巡抚余文仪奏，档号：04-01-01-0300-032。

与分征县丞共计二十三员。上述十六员分征县丞略有变革，而又新增了若干分征县丞。

**表 7-4　宣统三年福建县丞分布及其性质**

| 府 | 县 | 县丞 | 设置沿革 | 性质 |
|---|---|---|---|---|
| 福州府 | 闽县 | 营前 | 雍正十二年移 | 分征县丞 |
| | 侯官 | 大湖 | 雍正十二年移 | 分征县丞 |
| | 福清 | 南日澳 | 嘉庆二年自平潭移驻 | 分征县丞 |
| | 古田 | 水口 | 乾隆八年移 | 乾隆三十七年前为分守县丞，之后为分征县丞 |
| 延平府 | 南平 | 峡阳 | 乾隆十六年移 | 分征县丞 |
| | 顺昌 | 仁寿 | 雍正十二年移 | 分征县丞 |
| 建宁府 | 建安 | 迪口 | 乾隆十二年移 | 分征县丞 |
| | 瓯宁 | 岚下 | 乾隆十六年移 | 分征县丞 |
| | 建阳 | 麻沙 | 乾隆十二年移 | 分征县丞（粮米） |
| | 浦城 | 富岭 | 同治二年移 | 分征县丞① |
| | 松溪 | 永和里 | 雍正十二年移 | 分征县丞 |
| | 崇安 | 星村 | 乾隆三十一年移 | 分守县丞② |
| 汀州府 | 宁化 | 泉上里 | 雍正十二年移 | 分征县丞 |
| | 上杭 | 峰市 | 雍正十二年移 | 分征县丞 |
| 漳州府 | 龙溪 | 华封 | 乾隆十二年移 | 分征县丞 |
| | 漳浦 | 佛县 | 嘉庆二年自云霄移 | 分征县丞③ |
| | 平和 | 南胜 | 嘉庆二年设 | 分守县丞④ |
| 兴化府 | 莆田 | 平海 | 乾隆三十三年移 | 分守县丞 |

---

①　台北故宫博物院图书文献处藏军机处档：同治二年七月一日福建巡抚徐宗干奏，http://catalog.digitalarchives.tw/dacs5/System/Exhibition/Detail.jsp？OID＝389656(2011/02/25 浏览)。

②　录副：乾隆三十一年九月二十四日闽浙总督苏昌奏，档号：03-0397-065。

③　《福建财政沿革利弊说明书》田赋类第三节《地丁之额数》记载佛县县丞应征地丁银 2203.527 两。见《清末民国财政史料辑刊》第十二册，181 页，北京，北京图书馆出版社，2007。

④　录副：嘉庆二年十月初八日闽浙总督魁伦、福建巡抚费淳奏，档号：03-1653-005。该县丞所管十约之地，"其钱粮、命盗仍归该该县征收审办"。

续表

| 府 | 县 | 县丞 | 设置沿革 | 性质 |
|---|---|---|---|---|
| 泉州府 | 晋江 | 石狮 | 乾隆三十一年移 | 分守县丞① |
| | 南安 | 罗溪 | 雍正九年移 | 分征县丞 |
| | 同安 | 金门 | 原驻金门，乾隆三十一年移驻灌口，四十四年移回 | 分征县丞 |
| 邵武府 | 邵武 | 禾坪 | 乾隆三十二年自拏口移设 | 分守县丞 |
| 福宁府 | 宁德 | 周墩 | 雍正十二年移 | 分征县丞 |

资料来源：《嘉庆重修一统志》福建统部；《宣统三年冬季职官录》福建省；《清实录》。

　　除此之外，有一例州同也有分征钱粮之责。龙岩县本属漳州府，雍正九年移县丞驻溪口，分万安里五图，令其征收钱粮。雍正十二年时，龙岩升为直隶州，县丞遂改为州同，而原万安里五图仍令州同管理，实为"分征州同"②，分征人丁 2073 丁，每丁征银不一，共征银 672.893两③。当然，龙岩直隶州溪口分征州同本质上仍是由分征县丞演变而来的。福建省为各属汇报征收钱粮新旧钱粮的列折通报单，正显示出了清代福建钱粮征收的五种单位：州、厅、县、县丞、州同："某州、厅、县、县丞、州同为折报事：遵将卑职衙门征收新旧钱粮米已未解数目，分年按月折报，伏祈查照施行。须至折报者。某州、厅、县、县丞、州同嘉庆二十年额征地丁额若干、耗羡银若干、粮米若干、米耗银若干，自本年某月某日开征起，自某月某日止，征过"④。
　　分征县丞及州同对钱粮独立征收、独立押解，大概是其他佐贰所根

---

　　① 录副：乾隆三十一年十月二日闽浙总督苏昌、福建巡抚庄有恭奏，档号：03-0119-011。
　　② 道光《龙岩州志》卷1《封域志·疆域》。
　　③ 道光《龙岩州志》卷3《赋役志·户口》。
　　④ 《各属征收新旧钱粮等款已未解数目列折通报》，《福建省例》之《征收例》，《台湾文献丛刊》第199册，1173页。

本不具备的职责。但如果将钱粮征收分为征收、上缴两部，则上缴除这十几员县丞、州同外，其他均是知县、知州或厅同知、通判所为，自无疑问。但征收环节，除分征县丞、州同外，还有其他分防佐贰参与，如巡检，但为数极少。

乾隆三十一年，闽浙总督苏昌奏请移驻佐杂的奏折中，提及松溪县遂应场巡检设置的来龙去脉时，称："查同属之松溪县有遂应场巡检一员，从前建设之初，因遂应场离县一百二十里。前明开采矿砂，恐聚匪滋事，因建设东关寨，安兵戍守，分驻巡检，以资弹压。厥后矿衰人散事稀。查戍兵久撤，巡检未裁，遂迁往东关。雍正二年因东关近城等事，将巡检仍题请改驻遂应场，代县征粮。嗣因该地米粮易清，毋庸代征"①。可见遂应场巡检在雍正年间也曾代县完粮。

## 四、甘肃佐贰分防趋势及其成因

光绪十二年，清政府筹备第五次纂修《清会典》。为准备其中的《大清会典图》，十五年令各省重新测绘地图并上缴会典馆。光绪十九年，甘肃一省终于测绘完毕，时陕甘总督杨昌浚进折汇报了测绘情况：

> 查甘肃东起西经八度，西暨二十六度，南起北纬三十二度，北暨四十一度。会典馆奏颁图幅限于方围，因分嘉峪关内八府、五直隶州、一直隶厅为一总图；嘉峪关外安西州并青海为一总图，均按章以一百鸟里为一方。又八府、六直隶州各为一图，以五十鸟里为一方。又化平直隶厅幅员过小，以十鸟里为一方，仍附省图各总图之后为一册。至于经纬度分、方位、界址、距里、冬夏至日出日入时刻及山向、河流源委，详列于说。其各直隶州自治之地及府州属地，共六十七厅州县，又经征钱粮分防佐贰十三处各为一图②

---

① 录副：乾隆三十一年九月二十四日闽浙总督苏昌奏，档号：03-0397-065。

② 光绪十九年十月二十二日陕甘总督杨昌浚：《为陈甘肃舆图测绘事竣并办理情形事折》，谢小华编选：《光绪朝各省绘呈〈会典·舆图〉史料》，《历史档案》2003年第2期。

《大清会典图》中的地图无非是省图、府图、州图、厅图、县图这么几种，自乾隆《大清会典》以后即是如此，光绪朝重修《大清会典图》亦是延续旧制。然而在甘肃省测绘地图时，专门为"经征钱粮分防佐贰十三处"各绘一图，这意味着在新的正式上缴中央的地图中，出现了新的"成员"。所谓"分征佐贰"，实际上只是州县的僚属官如县丞、州同等，在清代往往因分驻到治所城市之外，而有了"分防"、"分征"的称谓。然而，这种分防佐贰抑或是分征佐贰，按照通常的理解，只是将县政的部分事务交予其管理而已，本身并不是在原有府厅州县之外新划出一类"行政区域"来。那么，为什么甘肃要单独为这些并非行政区划的"分征佐贰"绘制地图并上缴会典馆，的确令人疑惑不解，以往的研究亦极少关注于此①。

光绪时新测绘的甘肃省新地图，正保存在宣统元年新修的《甘肃新通志》卷首之中。赖此可知，上述奏疏所提到的"经征钱粮分防佐贰十三处"地图正是：皋兰县红水分县图、狄道州沙泥分州图、隆德县庄浪分县图、固原州硝河城分州图、海城县打拉池分县图、陇西县漳县分县图、秦州三岔分州图、阶州西固分州图、安化县董志原分县图、灵州花马池分州图、张掖县东乐分县图、肃州王子庄分州图、高台县毛目分县图②。

表 7-5　甘肃分征佐贰设置时间

| 分征佐贰 | 分驻时间 | 分征佐贰 | 分驻时间 |
|---|---|---|---|
| 灵州花马池分州 | 雍正八年 | 高台县毛目分县 | 雍正十三年 |
| 皋兰县红水分县 | 乾隆三年 | 张掖县东乐分县 | 乾隆九年 |
| 阶州西固分州 | 乾隆十二年 | 狄道州沙泥分州 | 乾隆二十二年 |
| 秦州三岔分州 | 乾隆二十二年 | 肃州王子庄分州 | 乾隆二十七年 |
| 隆德县庄浪分县 | 乾隆四十二年 | 陇西县漳县分县 | 道光八年 |
| 固原州硝河城分州 | 同治十年 | 安化县董志原分县 | 同治十一年 |
| 海城县打拉池分县 | 同治十三年 | / | / |

资料来源：《清实录》等。

---

① 傅林祥：《清雍正年间的次县级行政机构及其职能探析》(《清史研究》2011年第2期)曾注意到《东华续录》中记载的光绪年间甘肃分征佐贰十三处独立成图的材料，但限于文章主题，尚未就此展开论述。

② "分县"代指县丞辖区，而"分州"则代称州同、州判辖区。

　　仔细分析设置这十三员分征佐贰时的原始奏疏及相关文献，可知佐贰分征的背后，大致与下述三类因素有关：

　　第一，与县境辽阔，个别区域距离治所过于遥远，知县难以兼顾，必须移驻佐杂官员驻扎弹压等因素有关。这是将佐贰官员分防的最根本因素，所谓"各县设立佐贰，分防地段，因县治辽阔，印官稽察难周，故特划分界址"①。甘肃省疆域辽阔，而设置的县级政区数量又少，平均每县辖境过大，陕甘总督黄廷桂就曾感慨道："甘省有司所管四境，相距县治率多辽远，一切稽查匪类，弹压地方，已恐鞭长莫及，耳目难周，且边地气候不齐，每岁风霜蝗雹偏灾，时有查勘办赈"②，故须分设佐贰，给予在一定辖地内的若干职权，以减轻正印官的管理压力。由笔者绘制的"甘肃省分征佐贰图"，可以明显看出甘肃省十三员分征佐贰驻地距离州县治所的距离均比较遥远，这是促成佐贰官员分防地方的根本动力所在。如张掖县，"为河西大县，幅员辽阔，周围几及千里，县令、县佐、典史均在县城，稽察难周，每有鞭长不及之虑，而正东、东南各堡寨距城更远，居民稠密，风俗刁健，奸匪易滋，且有南山番族出入往来"③，防范难周，故乾隆九年将县丞移驻至东乐堡，以便弹压地方。又如皋兰县红水县丞，乾隆三年始设，驻宽沟堡④，又兼管驿务⑤，二十二年因该县"北乡之红、永、宽、镇四堡距县三四百里不等，里民纳粮，跋涉维难"，将县丞移驻红水堡，就近分征红、永、宽、镇四堡额粮⑥。同样在乾隆二十二年，陕甘总督黄廷桂等因狄道州所管西北各乡距州治一百二三十里，"回汉杂处，民情刁悍"，故移同城州判驻沙泥；秦州三岔分州亦于乾隆二十二年设置，此因秦州所管东南乡与陕西宝鸡县连界，距州

────────────

　　① 朱批：道光二十八年闽浙总督刘韵珂奏，缺具奏时间，档号：04-01-12-0469-032。

　　② 朱批：乾隆二十三年九月初八日陕甘总督黄廷桂奏，档号：04-01-01-0219-003。

　　③ 朱批：乾隆九年五月十九日甘肃巡抚黄廷桂奏，档号：04-01-01-0105-001。

　　④ 《清高宗实录》卷81乾隆三年十一月庚午，273页。

　　⑤ 《清高宗实录》卷167乾隆七年五月甲戌，114页。

　　⑥ 朱批：乾隆二十四年十二月二十七日甘肃巡抚吴达善奏，档号：04-01-13-0027-032。

治 280 里，山深菁密，故移与知州同城之州判驻扎于三岔镇，"其附近三岔镇各堡钱粮即分归该州判就近征收，仍照旧兼司捕务"①，其目的均是为了解决距县或州治过远带来的控制不力问题。事实上，与甘肃的情况一样，清代在处理其他省份的县级政区僻远地方的管理问题时，亦通过类似移驻佐贰文员的办法加以解决。如山东巡抚杨应琚曾言，"州县之疆理原属久定之章程，固未可轻议更张，致滋纷扰，但若地连外省，僻远孤悬，来往稽查，官民交累，又不得不筹移驻之法而贻一方之后虑也"②。陈文述也曾论及为何要在政区僻远地带移驻佐杂官员，他说："州县接壤之地及距城辽阔处所宜增设、移驻佐杂以资控驭也。县境辽远者，每至百数十里，两三县接壤之地，最易藏奸纳匪及土豪把持之弊，以去县较远，控制不便也，宜酌量形势，添设巡检或移驻县丞……则声势联洽、人心安静矣"③。由此可见，佐贰分驻乡村的现象并非甘肃所仅有，在其他地域同样较为普遍地存在，已形成一定的"共识"。

　　第二是因裁县而设，令分防佐贰管理原县辖境。甘肃省分征佐贰中此类情况有两例。一是庄浪县于乾隆四十二年裁入隆德，但庄浪县境"若全归隆德，则距县较远村落，凡遇完粮、诉讼等事，往返维艰，应将分驻宁羌驿之河州州判裁汰，改设庄浪县丞。……从之。"④正是考虑到庄浪裁入隆德以后，治理不易，故另移设庄浪县丞，管理原庄浪县的地界。在设置庄浪县丞的奏疏中，陕甘总督勒尔谨是以"紧缺州县原有佐贰分驻就近查办之例"为依据奏请添设的⑤，可见清代是有在裁县之后设置佐贰官来管理的"成例"的。漳县于道光年间并入陇西县，亦添设县丞一员，"惟县试文武童生尚赴陇西应试，其余仓库、钱粮，一切命盗、词讼均属

　　① 朱批：乾隆二十二年九月初四日陕甘总督黄廷桂、甘肃巡抚吴达善奏，档号：04-01-02-0002-005。
　　② 乾隆十八年四月十二日署理山东巡抚杨应琚奏，《宫中档乾隆朝奏折》第 5 辑，90 页。
　　③ 陈文述：《颐道堂集·文钞》卷 12《答魏爱轩中丞询问地方事宜》，清嘉庆十二年刻道光增刻本。
　　④ 《清高宗实录》卷 1027 乾隆四十二年二月甲寅，767 页。
　　⑤ 录副：乾隆四十一年十二月初五日陕甘总督勒尔谨奏，档号：03-0053-027。

县丞管理"①。

第三是地方政治形势的变化导致的分征佐贰的设置，董志原分县的设立就与清末同治年间回民起义有关。由于地主阶级剥削日重与统治者"护汉抑回"的歧视政策，同治年间陕甘地区的回民爆发大规模起义。起义率先于同治元年在陕西爆发，但遭到清朝统治者的镇压。同治三年，陕西回民军退守至甘肃庆阳府董志原一带，分散居住在方圆三百里的村落中，人数达六七万。该地位于陕、甘两省交界处，地势扼要，又是陇东产粮区，起义军得以在此休整，并在随后几年不断进攻固原、庆阳府城等陇东地区。左宗棠率部在同治十二年镇压了回民起义②。政区调整成为左宗棠处理善后事宜的重要手段，其中对庆阳府、宁夏府等起义军长期据守之地通过升格政区等级和建立县治、厅治措施强化统治，对起义军的根据地董志原则分设县丞严加防范。左氏奏称："窃照陕回入甘后，即窜踞董志原地方，同治八年克复后，查该处系安化、宁州、镇原三州县分辖，南至泾河北岸家门泊起，北至驿马关、大乐涧、景山等处止，亥几三百里，东界马连河、赤城，西近销全、关泉各镇，广逾二百里"。如此广袤早已超过"百里之县"的标准。且该地处于三州县交界地带，离三州县治所均八九十里及百余里，因未设官吏，故"钱粮词讼一切经理乏人，民称不便"③，"奸匪"易于藏匿，故左宗棠于平乱之后，奏请于此处设立县丞，区划界址。

## 五、经征钱粮与分征佐贰职责之完备

甘肃省这十三员分征佐贰之所以称其为"分征"，顾名思义是从钱粮征收的角度而言的。对于知县、知州而言，最重要的职责莫过于刑名与钱粮两项，这也是区别正印官与僚属官的标准所在。然而甘肃省的分征

---

① 同治二年十一月河南布政使司王宪：《请复设漳县知县疏》，《陇西分县武阳志》卷5《艺文》，《西北稀见方志文献》丛书第40卷，兰州，兰州古籍书店，1990。

② 可参吴万善：《清代西北回民起义研究》，62～73页，兰州，兰州大学出版社，1991。

③ 录副：同治十一年四月十二日陕甘总督左宗棠奏，档号：03-4658-008。

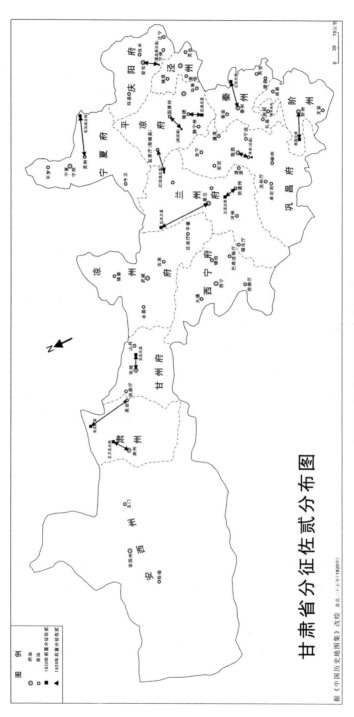

图 14　甘肃省分征佐贰分布图

佐贰很明显地介入了钱粮事宜，这也是这些分防官被冠之以"分征"名号的原因所在。如皋兰县红水分县，"就近分征红、永、宽、镇四堡额粮，并将三眼井、白墩子塘驿马匹归其管辖"①；海城县打拉池分县，同治十三年在新升海城县辖境迤西打拉池地方设置，辖境为靖远县拨予海城县之地②，"将所辖命盗、词讼、钱粮、赋役由县丞勘验征收"③；安化县董志原分县，系同治十一年添设，划拨安化县董志镇地方，"西至何家畔二十里交镇原县界，南至李家城、三不同三十五里交宁州界，东至齐家东庄七十里，北至司官寨五里，东北至罗家寺四十里，东南至奉红嘴五十里，西北至县家沟十五里，均交安化印官地界，西南至何家畔二十五里交镇原县界，计民屯地一千八十四顷六十亩八分，岁征民屯地丁银一千八百五十六两零，夏秋粮九百四十八石四升零，均拨归该县丞管辖征收，以专责成"④；肃州地方，雍正时肃州州同驻威鲁堡，乾隆时移驻金塔⑤，二十七年将边墙之外金塔寺、威鲁堡等处新增已升科之回民遗地一万二十余亩粮石交该州同就近征收，未升科之地将来亦由该州同征收。此外，"附近王子庄之金塔寺、户口坝等九坝原额仓斗正粮八百五十余石，亦请交予该州同就近征收"，"民户可免往返跋涉之艰"⑥。其他分征佐贰亦有钱粮征收之责。这13员分征佐贰是在官方授权的名义下合法地拥有了原来只属于正印官的钱粮征收之权。

对于刑名而言，这些分征佐贰同样具有受理权。一般的细事审理权均经过官方合法授权，自然是容易获取的，就是户婚、田土甚至命案都有一定的相验和审理权。以张掖县东乐堡县丞为例，该县丞移驻之后，

①　朱批：乾隆二十二年九月初四日陕甘总督黄廷桂、甘肃巡抚吴达善奏，档号：04-01-02-0002-005。

②　同治十三年《六部会议固平海地界学额疏》，宣统《固原州志》卷8《艺文志·奏疏》。

③　左宗棠：同治十二年《奏请升州设县疏》，宣统《固原州志》卷8《艺文志·奏疏》。

④　录副：同治十一年四月十二日陕甘总督左宗棠奏，档号：03-4658-008。

⑤　陶宝廉撰，刘满点校：《辛卯侍行记》卷5，十月二十九日，304页，兰州，甘肃人民出版社，2002。

⑥　朱批：乾隆二十七年八月十一日陕甘总督杨应琚奏，档号：04-01-35-0017-034。

将该县正东之东乐堡、乐定堡，正南之距敌堡、景面堡、南古城堡、上天乐堡、下天乐堡，东南之六坝堡、三堡、王官寨、镇平堡、黑山堡、白庙堡、顺花堡、洪水堡共一十五堡之内，及其他零星庄寨六十八处，均拨归县丞管辖，令其"查缉逃盗匪类，禁止番夷出入，一切田土细事即令就近审理，以免居民赴县往返跋涉"。遇到盗匪案件，其审理程序是乡保事主就近呈报县丞衙门——县丞差缉并亲赴事主之家——将案件详情移县通详。对于命案，授予该县丞一定的验报权，"如遇命案，该县丞一面就近相验，一面录供、添图、移县、通详、审拟、招解"。当县丞具备刑名、钱粮专责之后，事实上已近似于知县。对于钱粮征收不足的惩罚，也是"照知县征粮之例参处"①，可见其职能之完备。再如固原州硝河城分州，领堡五：高园堡、马连川堡、张春堡、马昌堡、本城堡②，分辖"命盗、词讼、钱粮、赋役"③，就是命盗案件也可审理；阶州西固州同，有"民屯钱粮，自理词讼俾其经管。如遇命盗重案，阶州承审，由洮岷道核转"④；肃州王子庄分州，依照"各州县分防佐贰之例，将附近王子庄各村庄除命盗重案仍听该州审理外，其余斗殴、赌博、户婚、田土与一切违禁之事俱责成该州同就近办理，分别详报，遇有失察疏防，亦照专管官之例查参"⑤。在刑名权限方面，甘肃省分征佐贰基本上都具有除命盗案件以外的受理权，个别佐贰连命案都可独立受理，与正印官无异。在志书中，县丞听讼断案，作为地方主官的形象也很鲜明。如《陇西分县武阳志》记载，张家驹"光绪十八年任，政节刑清"；李忠翰"光绪二十六年署，居官廉毅，听断明允，案无积牍，民称能吏焉"⑥。更值得留意的

① 以上所引俱见朱批：乾隆九年五月十九日甘肃巡抚黄廷桂奏，档号：04-01-01-0105-001。

② 宣统《硝河城志》之《建置》、《村堡》，不分卷，附于宣统《固原州志》之后。

③ 左宗棠：《奏设硝河州判与盐茶厅等处划拨地界疏》，宣统《硝河城志》之《艺文志》。

④ 朱批：乾隆十二年十二月二十四日甘肃按察使顾济美奏，档号：04-01-01-0146-015。

⑤ 朱批：乾隆二十七年八月十一日陕甘总督杨应琚奏，档号：04-01-35-0017-034。

⑥ 光绪《陇西分县武阳志》卷3《名宦》。

是，甘肃省的分征佐贰是将原本严禁佐贰参与的钱粮征收与刑名案件"集于一身"，几乎与正印官无异，如陕甘总督升允光绪年间奏请参处皋兰县红水县丞时，开头便称："甘省县丞经管地面，钱粮、词讼皆有责成，非堪膺民社之员难期治理。"①"钱粮词讼"责成佐贰负责意味着分征佐贰辖区已然具备独立于所属县级政区的条件。

分征佐贰及其辖区的独立性反映的是甘肃省地方行政中有违于《大清会典》等理想型的制度设计而呈现出的地方性特色的一面，对此甚至连中央政府也感到难以理解并产生若干误解。来自乾隆皇帝与地方督抚之间关于分防县丞的"交流"，比较典型地体现出制度设计与地方实践之间的差异带给皇帝本人的困惑。

乾隆三十一年，时任陕甘总督的和其衷奏请筹办城工。一般地方督抚进奏修筑城墙，必是府厅州县这些政区治所所在地，但在和其衷的奏疏中，却出现了"东乐县丞"的字样，令乾隆皇帝大惑不解。

> 东乐并非县治，何以该县丞有东乐之称？且既称东乐县丞，似以分驻之地得名，非郡邑等地方可比，何以又有所属城垣？其称谓名义均不可解。

在一行行州县名称之间，突然跳出"东乐县丞"一词，着实难住了乾隆皇帝。"不可解"之余，乾隆帝还推测到"或者将'城'字误写为'丞'字"。和其衷在回复中详细介绍了奏折中"东乐县丞"一词的由来，从中正揭示出甘肃分征县丞的实质。

> 查甘州府属之张掖县县丞分驻东乐堡，虽离县止七十里而地当孔道、设有驿站，系该县丞经管，且南至祁连山一带幅员百十余里，地广粮多，一切刑名、钱谷俱属县丞专司，径详知府，不由县转。该县丞所办之事，与知县相同。其所驻堡城正临大路，城内居民亦甚稠密，是以臣与司道酌议请于本年修理。

---

① 朱批：光绪三十四年六月初四日陕甘总督升允奏，档号：04-01-12-0665-070。

在陕甘总督眼中,东乐县丞与知县毫无差别,这正是东乐县丞出现在筹办城工名单中的缘由之一。而且,"一切刑名、钱谷俱属县丞专司","径详知府,不由县转"①,其权限较负责经征钱粮、可自行处理民间细事的福建分征县丞尚有过之而无不及。光绪十九年东乐县丞署所留档册内称:"钱粮册籍,闻正缮造,不久送省,或无迟误。"②可见东乐钱粮征收确实是直接征解至省,而非送至其名义上的上级——张掖县。东乐县丞如此,甘省其他各处分征县丞亦有如此或类似权限③。

虽然和其衷在最后还是检讨了自己的疏忽,如"奏内应写张掖县分驻东乐县丞城垣字样,方为明晰。今臣一时疏忽,率写'东乐县丞'字样,实属难解,钦奉圣谕询问,不胜悚惶"。但之前的"自辩"以及率写"东乐县丞"与州县同列的潜意识表现,正反映了东乐县丞在实践以及人们的认识中已具备了准县级政区的性质。又如在宣统《固原直隶州志》卷首所附总图,名为"固原五属总图",但固原直隶州实际所领仅平远、海城二县而已,何来五属?细观此图,原来除了平远、海城以及知州亲辖地区外,还包括了打拉池分县和硝河城分州,分县、分州亦被视作与州县同级的单位。光绪《海城县志》亦称:"打拉池虽属县辖,已设官司,其舆地沿革各事实应由该分县自行采辑,汇为一书,此志概不引入。"④光绪年间打拉池在因驿站驿夫违例请人代送公文案而呈请布政使司通令全省缉拿的详文中细述原委时称:"卑县丞前奉本州由驿札发股票印收字张,务令广为劝借等情一案,前因卑县丞地处僻小,山多田少,加之去岁歉收,实在劝借维难,于二月间将发来股票印收一十张,文详赍本州查收转缴。"⑤据此可知在行政运作中,

---

① 以上所引见录副:乾隆三十一年二月初四日署理陕甘总督和其衷奏,档号:03-1124-011。

② 《东乐草稿簿》,载《清代边疆史料抄稿本汇编》第16册,481页,北京,线装书局,2003。

③ 见清末《甘肃清理财政说明书》次编上《地丁表·甘肃各属地亩额征除荒实征地丁表》(见《清末民国财政史料辑刊》第18~19册,北京,北京图书馆出版社,2007)中所列各县辖政区地丁粮数额,与州县同列。

④ 光绪《海城县志》之《凡例》。

⑤ 青海循化厅档案:光绪二十五年七月十九日西宁府正堂兼护西宁兵备道《为严缉打拉池县驿夫遗失股票印收文件事致循化厅》,藏于青海省档案馆,档号:07-3866。

打拉池县丞与固原直隶州之间进行的是直接的传递，并无海城县居中承转。又如漳县，自裁县设县丞后，钱粮、词讼尽归其管辖，"陇西县一若督催审转之官，于是地方知有县丞而不知有县令矣"①。

甘肃的 13 员分征佐贰，是在与分守佐贰的比较中，体现出它在地方行政实践中的特殊性的。前文已提及，佐贰大致可分作三类：留守、分征、分守。留守佐贰与正印官同城，仍然是传统的辅助正印官处理一些不确定的职能的角色上，置之勿论。清代与上述十三员分征佐贰同时存在的还有五名分守佐贰：河州太子寺州判、阶州白马关州判、平罗县宝丰县丞、平罗县石嘴山主簿、平番县西大通县丞②。

这五员佐贰与分征佐贰最大的不同之处就在于钱粮征收上，而其他职责较为类似。如阶州白马关距州治有 420 里之遥，以致命案等往来验报、审讯难以及时处理，乾隆二十二年于此设立州判一员，将附近白马关之地共 57 村划归管辖，"钱粮仍听阶州征解外，凡人命事件即令该员就近相验、填图、牒州、通报、审解，强窃案件亦令该员就近分别查验、录供，牒州办理，缉凶疏防应取该员职名参处，以专责成。至编排保甲、稽查奸匪、赌博、酗酒、斗殴及户婚、田土、词讼等件，概令该州判就近办理。轻则发落完结，重则牒州究详，庶拘讯捷便，一切可免延累"③。道光年间，就曾发生一起民人因遗产纠纷控告至白马关州判的案件，最终州判滥施刑罚而致犯人毙命④，可见该州判的确在制度上和实际上拥有相当大的司法审判权。太子寺州判系乾隆十七年移设，令其弹压景古城地方⑤，四十二年裁汰改为庄浪县丞。陕甘总督奏请改设时，

①　同治二年十一月河南布政使司王宪：《请复设漳县知县疏》，光绪《陇西分县武阳志》卷 5《艺文》。

②　光绪《甘肃新通志》卷 15《建置志·官廨》，《西北稀见方志文献》丛书第 23 卷。

③　朱批：乾隆二十二年五月二十八日甘肃巡抚吴达善奏，档号：04-01-01-0212-033。

④　朱批：道光十六年二月十二日陕甘总督瑚松额奏，档号：04-01-12-0441-069。

⑤　光绪《会典事例》卷 28《吏部一·官制一二》，第 1 册，361 页。

曾称该州判"不过责令编查保甲等事，并无刑钱专责，可以裁汰"①。即此知该州判初设之时，主要承担的还是基层治安之责而无司法、钱粮之任。州判裁撤后不久，乾隆四十七年又奏请重新恢复，"河州太子寺地方，向设州判，旋经裁汰。该处习俗黠悍，距州治又远，应复旧制，设立州判分防。均应如所请"②，仍然是以弹压地方为主要职责，可能还拥有民间细事的审理权，但并不予钱粮事宜。宝丰县丞的设置是因乾隆四年宝丰县因地震而裁县，故移驻县丞"司渠务"③。而平罗县石嘴山主簿之设，是因该地"逼近黄河，为内地至磴口水陆要路，该处民蒙交涉事件繁多，人夫、工匠络绎不绝，不特逃亡奸宄易于混迹，且恐偷漏木植、粮石、盐斤等项"，故将"经理渠道"、无事之平番县红城主簿移驻于此，"稽查盐务，弹压地方"④，可能并无分辖之地。平番县西大通县丞则是雍正七年因西大通驿丞裁撤而设，兼管驿站事务⑤。这些分守佐贰，多分划辖区，可处理民间细事，属警政系统，更有一些并无辖区，纯粹是因事而设者，与分征佐贰截然不同。

## 六、"分县志"、"分州志"的编修与地域观的形成

地方志的编修具有悠久的传统，也是地方地域意识的体现，尤其是明清以后，乡镇志的数量急剧增加，正代表着乡镇意图成为国家行政体系中的一环的趋势。从志书的编纂可以透视地域观念的形成。在清代方志中，出现了两类极为特殊的志书类型：一类是巡检司志，一类是分县志、分州志。前者一直未曾引起方志学者的注意，《中国地方志联合目录》中也未见著录，实则存京县宛平所属的《齐家司志略》、《齐家司续志

---

① 录副：乾隆四十一年十二月初五日陕甘总督勒尔谨奏，档号：03-0053-027。《清高宗实录》将吏部议复时间系于乾隆四十二年（《清高宗实录》卷1027乾隆四十二年二月甲寅，766～767页）。

② 《清高宗实录》卷1141乾隆四十六年九月戊辰，288页。

③ 乾隆《宁夏府志》卷5《建置·城池》。

④ 朱批：嘉庆十二年五月十二日甘肃布政使蔡廷衡奏，档号：04-01-01-0503-035。

⑤ 《清世宗实录》卷81雍正七年五月丙寅，77页。

略》。后者一般均认为仅存《打拉池县丞志》、《陇西分县武阳志》、《江东志》三种①，据笔者统计，现存至少有八部，五部集中在甘肃。

表 7-6　现存清代分县志一览

| 分县志 | 所属县份 |
|---|---|
| 打拉池县丞志 | 甘肃海城县 |
| 陇西分县武阳志 | 甘肃陇西县 |
| 硝河城志 | 甘肃固原直隶州 |
| 柯坪分县乡土志 | 新疆温宿县 |
| 红水分县采访事略 | 甘肃皋兰县 |
| 江山志(分县) | 江苏宝山县 |
| 花马池志 | 甘肃灵州 |
| 呼图壁乡土志 | 新疆昌吉县 |

关于"分县志"、"分州志"这类特殊的志书类型，以往少有人注意，且多有误解，以下就甘肃省的五部"分县志"逐一简要介绍其基本情况。

《打拉池县丞志》，光绪三十四年由时任打拉池县丞廖丙文主持，贡生陈希魁、训导谢文俊、廪生杨希贤等编次成书②。当时甘肃拟修通志，颁布修志 27 条，饬令各县遵行，各分县也借此第一次编修志书。该志原以抄本形式流传，民国时张维校辑。全志不分卷，分序、建置、疆域、山川、关梁、水利、庙宇、冢墓、物产、风俗、农商、户口、方言、职官、贡赋、仓储、度支、厘税、巡警、学校、灾异、振恤、田赋、选举、恩荫、人物等部分，今被收入"西北稀见方志文献丛书"。

《陇西分县武阳志》，光绪三十四年修，陇西县丞周裕杭主持，延聘杨学镇纂。共五卷，分图考、建置、疆域、山川、城池附乡镇、公署、学校附学堂、关梁、祠祀、贡赋附户口度支仓储、兵防附营制巡警、水

---

①　胡道静主编，陈光贻、虞信棠主纂：《简明古籍词典》"分县志"条，42 页，济南，齐鲁书社，1989。另，李友仁主编的《云南地方文献概说》将分县志视作"大县附郭的志书"（17 页，昆明，云南美术出版社，2005），误。

②　廖丙文：《新修打拉池县丞志序》，载于《打拉池县丞志》，《西北稀见方志文献》丛书第 36 卷，兰州，兰州古籍书店，1990。

利、驿递、蠲恤、盐法、茶马、物产附实业、风俗附方言、古迹、祥异、
陵墓、封爵、职官、名宦、选举、人物乡贤附忠节、孝义、隐逸、仙释、
方技、列女、艺文、杂记等项。今被收入"西北稀见方志文献丛书"。

《硝河城志》，宣统元年修，附在宣统《固原直隶州志》之后。硝河城
州判杨修德总纂，共分图、天文志、地舆志、贡赋志、学校志、人物志、
艺文志等。

《红水分县采访事略》，原藏台湾图书馆。1987 年，被台湾刘兆佑主
编的"中国史学丛书"第三编收录，今有高启安校注本①。该志性质类似
采访册，由李国华等编纂，是当时为纂修《红水分县志》所做的准备工作。
其内容包括城垣、衙署、庙宇、山水隘口、义学、名宦、艺文等。该采
访事略并未经过整理，内容凌乱无序，断限不明。其所记最晚事件是光
绪三十四年"三月十六日申时，一星从永城兑宫坠至城外大照壁前，形如
碗大，色赤，气始红继青，蜿蜒似蛇，寻天鼓鸣"。据此推测，其修撰时
间当与《打拉池县丞志》大体同时。

《花马池志》，仅两卷，著者佚名。民国时人张维认为，"此志不著纂
人姓名而类目与灵州志相似，应同为光绪末修通志时官辑之书"。此说可
从。该志分沿革表、星野、地理、城池、公署、名胜、风俗、土产、古
迹、丁税、职官、营防、官迹、人物、忠孝、艺文、祥异等内容。今收
入"西北稀见方志文献丛书"中。

甘肃省除了以上五部分县、分州志外，还有两种县丞行政记录稿本，
分别是《东乐草稿》、《毛目分县稿簿》，均收入"清代边疆史料抄稿本汇
编"中。其中《东乐草稿》是记录甘肃省张掖县东乐县丞光绪十九年的事
由②；《毛目分县稿簿》原为甘肃省高台县毛目县丞所记录的从光绪十二
年六月至十三年正月的各项事由。

《硝河城志·凡例》解释为"分州"撰写志书的缘由时称，"硝河城为分

---

① 见于颜廷亮主编：《景泰与丝绸之路历史文化》，71～90 页，兰州，甘肃人
民出版社，2008。

② 中国国家图书馆藏，线装书局 2003 年影印。据简要说明，"是书记录甘肃
省东乐县光绪十九年之事由"。其实甘肃省并无东乐县，而是张掖县东乐县丞。

州，今附入州志，俾知建置兼辖之意"①。而光绪《海城县志·凡例》则称："打拉池虽属县辖，已设官司，其舆地沿革各事实应由该分县自行采辑，汇为一书，此志概不引入。"分县、分州与所属州县的关系"隐隐约约"而又"貌合神离"。在《陇西分县武阳志·凡例》中对为何用分县之名进行了一番明确的交代与反思，兹引录如下：

> 漳为陇西分而不名分县志何？志以志实分县，非实地也。夫既系以陇西非实地何？丞有同城者，恐与陇西志混淆也。不曰漳何？漳，县名也。县既更，则名不能独存。然者何系以武阳？曰：甘省分县有九，若庄浪、东乐、宝丰、打拉池等，无论有无学官，均缀本土名称。兹曰武阳，亦聊仿诸例，且便于称也。

《凡例》反复解释用"陇西分县武阳志"作为志书名的"苦衷"。如用"陇西分县志"，则意味着"分县"是一个独立的建置，而在编纂者看来，"分县"只是属于陇西县的一部分，并非"实地"，不具备独立性；且"分县"之称不论同城、分防皆可使用，则陇西县驻于县城之内的县丞也可称为陇西分县，则必易引发误解；不用漳县之"漳"字，是因漳县已裁，名已不存；为何用武阳？是因其他分县均用本土名称，故依例用漳县固有之"武阳"之称。

其实，细细推敲该段文字，可以看出编纂者逻辑中的矛盾之处，也表明编纂者对分县制度未准确理解：

其一，编纂者认为"分县"非实地，实误。如分县非实地，则《甘肃新通志》卷首又何必冠以十三处分征佐贰地图？若非实地，又何必要饬令各分县纂修志书，有一《陇西县志》足矣，《陇西分县武阳志》的纂修本身就表明了该县丞辖地的"实地"性质。

其二，编纂者认为"丞有同城者"，亦可称"分县志"。所谓分县者，其关键在"分"，此"分"非职务之"分"，而实是地域之"分"。若居于县城，则其管辖半径是以全县为行使范围，其职责往往是水利、钱粮等具体一项或几项职能，本身并不构成一个地域单元，又何须编纂志书？且迄今

---

① 宣统《固原州志》卷1《凡例》。

从未见有同城县丞纂修志书者。故分县志必非同城县丞所编。

其三,"漳"系旧名,县既更,名不能独存,这是志书编纂者的逻辑。但"漳县"道光时方裁,而"武阳"更是"漳县"这一旧名之"旧名"。唐代天授二年改鄣县为武阳县,至此有"武阳"之称,后又于神龙元年恢复为鄣县①,明洪武初改名漳县。如何对"武阳"、"漳县"两个"旧名"厚此而薄彼?又称甘肃九分县,均缀本土名称,故漳县仿此,又不确切。打拉池、东乐系本土之名,尚可理解,庄浪、宝丰和漳县一样,都是清代所裁之县,若仿此例,理应径用"漳"名。

其四,所言甘省"分县"九个,又误。光绪三十四年时,甘省"分县"共有 8 处:隆德县庄浪分县、海城县打拉池县丞、陇西县漳县县丞、高台县毛目县丞、皋兰县红水分县、张掖县东乐分县、安化县董志原分县、平罗县宝丰分县。其中前 7 个"分县"经征钱粮,审理词讼,其性质等同于知县,但平罗县宝丰县丞仅司旧宝丰县渠务而已,与前者有本质上的区别。

尽管部分分县志的纂修者对"分县"、"分州"这一制度本身的理解有偏差,但"分县志"、"分州志"的纂修本身意味着一种新的地域观的萌发,它们通过"地舆志"反映地域分布,以"风俗志"反映地域文化,以"人物志"、"科举志"等梳理自身地域的文化传承,使得"分县"、"分州"不仅仅在地域上构成独立的地理单元,更在文化上强化了新的地域观。

分县、分州区域意识的增强,最终导致的结果是"分县"、"分州"变为真正的县级机构,这一过程是在民国初年完成的。民国二年这 13 处分征钱粮区最终有九处改置为县。这既是该处常年钱粮、词讼独立运作的自然结果,也是这一区域新的地域观形成的最终标志。

表 7-7　民国初甘肃省分征佐贰撤并改隶一览

| 分征佐贰 | 拟改 | 拟并 | 拟裁 | 说明 |
|---|---|---|---|---|
| 红水分县 | 红水县 | / | / | 红水地面辽阔,北出边城,距皋兰太远计焉,且须四日,应以改县为便 |
| 沙泥分州 | 沙县 | / | / | 向征钱粮且词讼繁多,拟以改县为便 |

---

① 《新唐书·地理志》,1038 页,北京,中华书局,1975。

续表

| 分征佐贰 | 拟改 | 拟并 | 拟裁 | 说明 |
|---|---|---|---|---|
| 漳县分县 | 漳县 | / | / | / |
| 三岔分州 | / | 并归天水县 | / | 三岔地面不甚辽阔，户口亦不甚繁，似可归天水管辖，其地方词讼拟酌设裁判分厅审理 |
| 西固分州 | 西固县 | / | / | 西固地面辽阔，北西两面接洮岷番界，南连马土司番界，钱粮向由西固征收，并入武都甚难，似以改县为便 |
| 庄浪分县 | 庄浪县 | / | / | 向征钱粮且词讼繁多，似以改县为便 |
| 董志原分县 | / | 并归安化县 | / | 钱粮不多，地面狭小，户口亦少，似以并归安化为便。其地方词讼酌设审判分厅审理 |
| 硝河城分州 | / | 并归固原县 | / | 固原县之硝河城地面不广，人口不多，似可以归并。其地方词讼酌设审判分厅审理 |
| 打拉池分县 | / | 并归海城县 | / | 管粮不多，地面狭小，应归并海城县，其地方词讼酌设审判分厅审理 |
| 花马池分州 | 盐池县 | / | / | 花马池分州钱粮虽不多，然地面辽阔，东接陕西，北出蒙古，实系边陲要地，且池盐盐质甚良，出产甚旺，将来商务可望发达，似以改县为便 |
| 东乐分县 | 东乐县 | / | / | 东乐地面虽不甚大，钱粮甚多，户口甚繁，似以改县为便 |
| 王子庄分州 | 金塔县 | / | / | 王子庄地面辽阔，北至蒙古一百余里，且钱粮向由州同征收，拟以改县为便 |
| 毛目分县 | 毛目县 | / | / | 毛目分县地面辽阔，北连蒙古，与王子庄同由分县治。至高台县治路途有二百余里，似以改县为便 |

资料来源：《政府公报》第 354 号民国二年 5 月 2 日，上海书店 1988 年影印第 13 册，35～45 页。

## 七、佐贰分征的个别授权与有限分布

清代实行"自封投柜"政策，但往往钱粮征收困难，时有拖欠行为，故州县官不得不亲自下乡征催，制度上仍不允由佐贰代劳。如乾隆帝针对陈宏谋奏疏，谕令"新旧钱粮，有届限不完者，现行地方官携带串票欠册下乡，许民就近完纳，所奏自属近理可行。至称州县事繁，不能遍历，遴委佐贰赴乡征收，交县汇解一节，则其事易启弊端，不可不防其渐。"①但实践层面，佐贰代行钱粮之事是存在的。雍正四年，陕西定边所"地丁钱粮，归并附近之砖井、盐场二堡，令定边县县丞征收"②；乾隆三年，贵州镇远县"臻洞司、桑郎等二十一寨，实在成熟田四百八十六亩，应征本色秋粮，令清平县转移凯里县丞管理"③。乾隆七年，曾设立经历屯田之"驻扎九家窑之肃州州判、驻扎毛目城之高台县县丞、驻扎柳林湖之凉州府通判"④；江苏吴县洞庭西山因与省城远隔太湖，故该地钱粮曾由巡检代征⑤；四川永宁县赤水县丞，乾隆五十一年奏请将县丞由要缺改为简缺时，也称"叙永厅属永宁县分驻赤水河县丞一缺，向因该处离县较远，应纳钱粮责令该县丞就近征收"⑥。直隶，乾隆元年直隶总督李卫奏设"遵化州属罗文峪口外之西半壁山，蓟州属黄崖关之中营各设巡检一员，催收各关地粮赋"⑦。乾隆二十六年，直隶延庆州州判移驻居庸关，"地丁钱粮，令新设之延庆州州判，就近代征。"⑧云南邱北地方，"距县窵远，其征收支放并地方一切事宜，即归县丞管理"；元江府因远地方，"向因赴府支粮窵远，将该地应纳秋米令知事就近收放，今知事改为巡检，仍令巡检收放"⑨。陕西平利县镇坪县丞，道光四年设置时，分拨"镇坪征收地丁银共正银十四两六钱三分有奇"，在原奏中称"应征钱粮并由该县丞征收解县"⑩。

---

① 《清高宗实录》卷625乾隆二十五年十一月丙辰，1018页。
② 《清世宗实录》卷50雍正四年十一月癸丑，758页。
③ 《清高宗实录》卷81乾隆三年十一月辛未，274页。
④ 《清高宗实录》卷167乾隆七年五月甲戌，114页。
⑤ 录副：光绪三十年十月二十二日署理两江总督端方等奏，档号：03-5094-053。
⑥ 录副：乾隆五十一年三月二十二日四川总督李世杰奏，档号：03-0054-014。
⑦ 《清高宗实录》卷14乾隆元年三月己酉，408页。
⑧ 《清高宗实录》卷635乾隆二十六年四月壬辰，94页。
⑨ 《清高宗实录》卷872乾隆三十五年十一月甲辰，695页。
⑩ 光绪《续修平利县志》卷3《建置》。

　　钱粮征收与上缴也有不同，一种是县丞所征解径自解省而与州县关系不大，如福建分征县丞。另一种是县丞将分辖区内钱粮上缴至县，再统一押解至布政司，如四川省永宁县赤水县丞，"雍正九年置，分治长乐、大康二里，就近催缴钱粮，原封解县。"①

　　如果从钱粮蠲免的角度而言，更可以分析哪些地区的佐杂官辖地具有征收钱粮之责。因为但凡在钱粮蠲免中明确提到的佐杂官，一定是具有钱粮之责，故才能被单独提及并与州县并列。除了福建、甘肃较为集中的分布外，《清实录》中提到的还有如下若干处，见表7-8。

表7-8　清代蠲免钱粮中的佐杂辖区

| 省份 | 年份 | 蠲免对象 |
|---|---|---|
| 贵州 | 嘉庆三年 | 册亨州同、黄草坝州判、新城县丞、捧鲊巡检所属 |
| | 咸丰六年 | 册亨州同，罗斛、大塘州判所属 |
| | 同治九年 | 册亨州同、罗斛州判所属 |
| | 同治十一年 | 册亨州同、大塘州判、锦屏乡县丞所属 |
| | 光绪七年 | 册亨州同所属 |
| | 光绪十五年 | 大塘、长寨二州判，册亨州同所属 |
| 四川 | 嘉庆五年 | 南坪巡检所属 |
| 山西 | 嘉庆十九年 | 乐平乡巡检所属 |
| 新疆 | 光绪二十五年 | 济木萨县丞、呼图壁巡检各属 |
| 云南 | 嘉庆三年 | 五嶰州判、邱北县丞所属 |
| | 嘉庆二十三年 | 邱北县丞所属 |

　　可见，佐杂代行征粮现象在不少省份曾出现过，但并不常见，除了福建、甘肃两省外，尚未见到它省有较普遍的分征佐杂存在，而大多是官方授权，点状分布，具有"征比钱粮"之责的佐杂官员仍是个例。

---

① 光绪《续修叙永永宁厅县合志》卷21《职官志·文职表·永宁县职官表》。

# 第八章 辖区转换：州县置废与县辖政区

谭其骧在《浙江省历代行政区域——兼论浙江各地区的开发过程》一文中，曾谈及以政区设置为依据探讨地区开发的方法问题：

> 一地方至于创建县治，大致即可以表示该地开发已臻成熟；而其设县以前所隶属之县，又大致即为开发此县动力所自来。故研求各县之设治时代及其析置所自，骤视之似为一琐碎乏味的工作，但就全国或某一区域内各县作一综合的观察，则不啻为一部简要的地方开发史[①]。

张伟然将此种研究地区开发的思路用现代地理学的术语概括为"最简单、直接、有效的替代指标法"[②]。尽管近来对政区变革原因复杂性的认识已有了更多突破，但作为一种宏观解释长时段区域政区变革的动力方面，这一"政区设置——地区开发"模式仍具有非凡的魅力，它与那种基于微观的对单个政区或某个特殊时段区域政区建置变革的结论并不违背，只是适用范围不同而已。在笔者看来，从"地区开发"到"政区设置"之间依然存在若干的环节需要更深入地揭示，尤其是出于一种前提——中国县级政区的设置高度稳定，县级政区的调整并非轻易可以做出——决定了在"地区开发"与"政区设置"之间存在若干"中间环节"，这就是县级佐贰官的设置。从明清新置政区的案例可以大量看到"地区开发"——设置分防佐贰——设置县级政区这样一套行之有效的程序，它其实同样存在

---

① 原载杭州《东南日报》1947 年 10 月 4 日，《云涛》副刊第五期；又收入《长水集》（上），422 页，北京，人民出版社，2009 年。

② 张伟然：《谭其骧先生的五星级文章及学术活性》，《社会科学论坛》2005 年第 3 期。

废弃县级政区——设置分防佐贰的一套"逆向程序"，从而保持了这一模式足够的灵活性。

## 一、新县设置与县辖政区：清末设省中的新疆与东三省

以佐杂官驻地升县的案例在清代之前即已出现，尤其是在明代。明代唯一分防在县城之外的就是巡检司，先设置巡检司而后升格为县级政区的例子，仅以《明史·地理志》的记载来看，就有十四例。

表 8-1　明代巡检司升县

| 省份 | 所升之县 | 巡检司名 | 改置时间 | 《明史·地理志》原文 |
|------|----------|----------|----------|---------------------|
| 南京 | 江浦 | 六合县浦子口 | 洪武九年 | 本六合县浦子口巡检司，洪武九年六月改为县，析和、滁二州及江宁县地益之。 |
| 安徽 | 霍山 | 六安州故埠镇 | 弘治二年 | 本六安州故埠镇巡检司，弘治二年改为县。 |
| 河南 | 真阳 | 汝阳县真阳镇 | 弘治十八年 | 洪武四年省入汝阳县。景泰四年置真阳镇巡检司于此。弘治十八年十二月仍置县，而徙巡检司于县南铜钟店。 |
| | 桐柏 | 唐县桐柏镇 | 成化十二年 | 本唐县之桐柏镇巡检司。成化十二年十二月改置县，而移巡检司于毛家集。 |
| 陕西 | 山阳 | 商县丰阳 | 成化十二年 | 本商县之丰阳巡检司，成化十二年十二月改为县，而移巡检司于县东南之漫川里，仍故名。 |
| 湖广 | 竹溪 | 竹山县尹店 | 成化十二年 | 本竹山县之尹店巡检司，成化十二年十二月改置县，而移巡检司于县东之县河镇，寻又迁巡检司于白土关。 |

续表

| 省份 | 所升之县 | 巡检司名 | 改置时间 | 《明史·地理志》原文 |
|---|---|---|---|---|
| 浙江 | 嘉善 | 嘉兴县魏塘镇 | 宣德五年 | 本嘉兴县魏塘镇巡检司，宣德五年三月改为县。 |
| | 宜平 | 丽水县鲍村 | 景泰三年 | 本丽水县之鲍村巡检司。景泰三年改为县，而徙巡检司于县之后陶，仍故名，寻废。 |
| 福建 | 永安 | 沙县浮流 | 景泰三年 | 本沙县之浮流巡检司，正统十四年置永安千户所于此。景泰三年改置县，析尤溪县地益之。 |
| | 宁洋 | 龙岩县东西洋 | 正统十一年 | 本龙岩县之东西洋巡检司，正统十一年置。嘉靖四十五年十二月改置县，又析大田、永安二县地益之。 |
| 广东 | 高明 | 高要县高明镇 | 成化十一年 | 本高要县高明镇巡检司，成化十一年十二月改为县，析清泰等都益之。 |
| | 恩平 | 阳江县恩平 | 成化十四年 | 本阳江县之恩平巡检司，初治县东北之恩平故县，后迁恩平堡。成化十四年六月改堡为县，析新兴、新会二县地益之，而迁巡检司于县东南之城村，仍故名，后又迁白蒙屯。 |
| | 镇平 | 平远县石窟 | 崇祯六年 | 本平远县石窟巡检司，崇祯六年改为县，析程乡县地益之。 |
| | 澄海 | 海阳县辟望 | 嘉靖四十二年 | 本海阳县之辟望巡检司。嘉靖四十二年正月改为县，析揭阳、饶平二县地益之，而徙辟望巡检司于县北之南洋府，仍故名。 |

《明史·地理志》所载以某某巡检司升县的记载的涵义，大多并非是以巡检司辖地直接置县，而仅仅表示以巡检司治所升为新县县治的意思。

这在一定程度上也表明，明代的巡检司本身大多在地域上并不构成一个具有高度认同度的地域单元，因此在设立新县时，并未在地域上借用巡检司等地域单元，而是从里甲等基层地理单元中去重新划分辖区。

但在清代，随着佐贰的分防，不仅有以巡检司辖地升格为县的记载，以其他佐贰，包括府佐杂、州县佐杂分防区划为新县的例子也开始出现。尤其是在清末新疆设治过程中，佐杂辖区作为设县前的筹备阶段得到充分的体现。

自康熙初年，清军陆续自甘肃进入新疆地区，势力逐渐扩张，并逐步设立若干政权机构。雍正二年设立安西直隶厅，是为第一个仿照内地所建的行政建置。至乾隆年间，平定准噶尔叛乱，天山南北尽入版图，自此有步骤地推进厅州县等政区建置，统属甘肃布政使司。新疆地方行政体制采取的是内地府厅州县体制与将军、参赞大臣辖区体制相结合的办法。纯粹意义上的县辖区直到乾隆二十八年设特讷格尔巡检才开始，直到光绪年间，新疆曾出现过的县辖区并不多，其基本情况如下：

特讷格尔巡检　乾隆二十八年设，三十二年裁。

特讷格尔县丞　乾隆三十二年因特讷格尔所管民户屯粮，均关紧要，奏请裁汰巡检改设县丞①，三十八年改为州判②。

特讷格尔州判　乾隆三十八年设，四十一年改为阜康县，隶属迪化州③。

玛纳斯县丞　乾隆三十三年设，可以办理"地方人命、斗殴事务纷繁，每岁应交粮石及查办兵民交涉事件"④，四十三年改为绥来县，隶属迪化州⑤。

宁远城州同　乾隆三十八年设⑥，随即改为昌吉县，属迪化直隶州⑦。

---

① 《清高宗实录》卷804乾隆三十二年二月庚午，863页。

② 《清高宗实录》卷926乾隆三十八年二月癸亥，444页。

③ 《清高宗实录》卷1023乾隆四十一年十二月丁巳，708页。

④ 嘉庆《三州辑略》卷2《官师门》。

⑤ 《清高宗实录》卷1065乾隆四十三年八月丁丑，240页。

⑥ 《清高宗实录》卷926乾隆三十八年二月癸亥，444页。

⑦ 《清高宗实录》卷939乾隆三十八年七月甲申，687页。

哈密巡检　乾隆二十九年因"哈密地方为新疆南北两路总汇，差务繁剧，向止设有通判，无佐理之员"而设①，三十年又令其管理监狱②。

酤水巡检　乾隆三十八年移巴里坤巡检改设③。

巴里坤巡检　乾隆三十一年设，令协助办理粮饷事宜④。

济木萨巡检　乾隆三十八年设⑤，曾分管柳树沟以东屯粮⑥。四十一年裁⑦。

济木萨县丞　乾隆四十一年设⑧。

昌吉巡检　乾隆二十五年设⑨，二十八年移驻呼图壁⑩。

呼图壁巡检　乾隆二十八年昌吉巡检移驻呼图壁后改名。

罗克伦巡检　乾隆二十五年设⑪，乾隆二十八年移驻特讷格尔⑫。

东济尔玛泰巡检　乾隆三十七年设，令"征收东济尔玛台、西济尔玛台、穆垒河三处民粮，报明奇台通判核总，遇命盗责成缉解通判定拟。赌博等细事，就近准理"⑬，四十一年移驻古城⑭。

古城巡检　乾隆四十一年设。

辟展巡检　乾隆三十六年设，因辟展系新疆南北通衢⑮。

绥定城巡检　乾隆三十二年设，"兼理仓大使事，弹压商民"，"如遇地方有不法情事，即行查拿解送同知衙门审拟定罪"⑯，兼管塔尔奇城、

---

① 《清高宗实录》卷 711 乾隆二十九年五月丁卯，936 页。

② 《清高宗实录》卷 748 乾隆三十年十一月乙亥，229 页。

③ 《清高宗实录》卷 942 乾隆三十八年九月己巳，747 页。

④ 《清高宗实录》卷 766 乾隆三十一年八月己酉，415 页。

⑤ 《清高宗实录》卷 948 乾隆三十八年十二月庚寅，846 页。

⑥ 录副：乾隆三十八年八月初三日陕甘总督勒尔谨奏，档号：03-0133-049。

⑦ 《清高宗实录》卷 1023 乾隆四十一年十二月丁巳，709 页。

⑧ 乾隆《西域图志》卷 29《官制》。

⑨ 《清高宗实录》卷 612 乾隆二十五年五月丙午，874 页。

⑩ 《清高宗实录》卷 699 乾隆二十八年十一月庚辰，828 页。

⑪ 《清高宗实录》卷 612 乾隆二十五年五月丙午，874 页。

⑫ 《清高宗实录》卷 699 乾隆二十八年十一月庚辰，828 页。

⑬ 《清高宗实录》卷 904 乾隆三十七年三月丁酉，71 页。

⑭ 《清高宗实录》卷 1023 乾隆四十一年十二月丁巳，708 页。

⑮ 《清高宗实录》卷 881 乾隆三十六年三月庚午，805 页。

⑯ 《清高宗实录》卷 791 乾隆三十二年闰七月戊申，704 页。

乌可尔博尔苏克城①。

惠宁城巡检　乾隆四十五年设②。

霍尔果斯巡检　乾隆四十五年设③，兼管东察罕乌苏④。

吐鲁番巡检　乾隆四十四年设，其职责是"稽查地方贼盗仓库等事"⑤。

巴尔库勒巡检　旧设，乾隆三十八年裁⑥。

迪化城巡检　乾隆三十三年裁汰特讷格尔巡检改设⑦，三十八年裁，由仓大使兼管⑧，四十一年又设⑨。

惠远城巡检　乾隆三十二年设，"管理监狱"，如遇地方有不法情事，即行查拿解送同知衙门审拟定罪"⑩，四十五年令其兼管巴颜岱城⑪。

叶尔羌、喀什噶尔、英吉沙尔、巴尔楚克巡检　道光十一年设，"管缉捕监狱税课"。

分防拜城巡检　道光十一年设，"管理拜城、赛哩木二处商民回子词讼"⑫。

以上佐杂大都处于郡县制尚未完全建立之初的状态，故其上属机构完全不同，彼此差异较大。昌吉、罗克伦巡检与新设乌鲁木齐同知、通判俱归属哈密兵备道管辖⑬，似乎该二员巡检并非属于同知、通判的僚属，很可能具有一定的专辖区和专门职责。哈密巡检与昌吉巡检不同的

---

① 《清高宗实录》卷1120 乾隆四十五年十二月壬子，960 页。

② 《清高宗实录》卷1115 乾隆四十五年九月己亥，904 页。

③ 《清高宗实录》卷1115 乾隆四十五年九月己亥，904 页。

④ 《清高宗实录》卷1120 乾隆四十五年十二月壬子，960 页。

⑤ 《清高宗实录》卷1085 乾隆四十四年六月己卯，583 页。

⑥ 乾隆《西域图志》卷29《官制》。

⑦ 《清高宗实录》卷804 乾隆三十三年二月庚午，863 页。

⑧ 《清高宗实录》卷948 乾隆三十八年十二月庚寅，846 页。

⑨ 《清高宗实录》卷1023 乾隆四十一年十二月丁巳，708～709 页。

⑩ 《清高宗实录》卷791 乾隆三十二年闰七月戊申，704 页。

⑪ 《清高宗实录》卷1120 乾隆四十五年十二月壬子，960 页。

⑫ 《清宣宗实录》卷199 道光十一年十月己亥，1128 页。

⑬ 《清高宗实录》卷612 乾隆二十五年五月丙午，874 页。

是，哈密巡检属哈密通判，地方事宜归通判，监狱归巡检①，从这个意义上来讲，哈密巡检只是僚属官而不具备"县辖"的性质。特讷格尔巡检原管"民屯钱粮"②。乾隆五十四年，陕甘总督勒保疏报："乾隆五十三年，镇迪道属迪化州招垦民人三十七户，共地一千一百十亩。昌吉县招垦一户，种地三十二亩。呼图壁巡检招垦二百三十三户，共地六十九顷九十亩。绥来县招垦二十一户，共地六百三十亩。齐木萨县丞招垦二百六十四户，共地七十九顷二十亩。奇台县招垦十一户，共地三百三十亩"③，可知呼图壁巡检、齐木萨县丞极有可能具有相对独立的管辖区。而哈密厅酤水裁改为嘉峪关巡检司时称："哈密厅属酤水地方向设巡检一员，地处郭壁店，户止有数家，即附近居民亦寥寥无几，无藉专员弹压"④，警政职责更为突出。

将佐杂升格为州县的做法，新疆早在乾隆年间就已开始。乾隆三十八年改迪化直隶州宁边州同地置昌吉县，四十一年以特讷格尔州判地置阜康县，四十三年于玛纳斯县丞地置绥来县。

光绪十年建省以后，新疆面临着全盘调整行政区划，建立郡县制的重任。自光绪八年直至清末，清代对新疆行政区划的调整一直未曾间断。其中，县级政区的调整是重中之重，主要以新设为主。这些新置州县地域的来源如何，就成为透视新疆建省过程的途径之一，其中分防佐杂的设立成为建县前的第一步骤，颇类似于民国时期"设治局"的角色。刚在建省之初，新疆巡抚刘锦棠就意识到新疆需要添置更多的佐杂官，以与不断增加的州县数量相配套，"窃查南疆各厅州县应设照磨、吏目、典史及各属辖境辽阔，需添设佐职分防"⑤，"其各厅州县之照磨、吏目、典史应与印官同城佐理，此外各属辖境辽阔，应添州判、县丞、巡检分防，

---

① 《清高宗实录》卷748乾隆三十年十一月乙亥，229页。
② 《清高宗实录》卷804乾隆三十二年二月庚午，863页。
③ 《清高宗实录》卷1328乾隆五十四年五月庚申，981页。文中"齐木萨县丞"一般作"济木萨县丞"。
④ 录副：乾隆四十年六月十日陕甘总督勒尔谨奏，档号：03-0146-010。
⑤ 录副：光绪十年十一月二十六日新疆巡抚刘锦棠奏，档号：03-5092-030。

各按所属繁简酌添，以便控制"①。其中吏目、照磨、典史等官的添设主要是为州县等正印官添设僚属官，以分理政事。而分防佐职的设立主要是在辖境辽阔之地，前者目的在于"分权"，后者目的在于"分地"。以下试逐年析之。

光绪八年裁拜城巡检，置拜城县。

十一年因迪化建为省会，原迪化城巡检裁撤改为府经历，添设阿克苏旧城、喀喇沙尔直隶厅所属之布告尔、莎车直隶州回城三巡检司②；

十三年裁霍尔果斯、惠远城、遂定城、宁远城四巡检司，绥定城置绥定县，宁远城置宁远县，移惠宁城巡检驻广仁城，设精河直隶厅博罗塔拉巡检；

二十四年设卡克里克县丞③。

二十五年，喀喇沙尔直隶厅升焉耆府，所属之布告尔巡检仿云南、贵州等省巡检径隶知府之例，仍归焉耆府管辖④。

二十八年升新平县属卡克里克县丞所辖为婼羌县，阜康县属济木萨县丞所辖升为孚远县，温宿府属旧城巡检所辖升为温宿县，焉耆府属布告尔巡检所辖升为轮台县，吐鲁番厅属辟展巡检所辖升为鄯善县，昌吉县属呼图壁巡检改为县丞，增设温宿府温宿县柯坪县丞⑤。

宣统三年改柯坪县丞为巡检；又设于阗县属卡墙巡检⑥。

至此，新疆全省领巡检司八：迪化府奇台县属古城、莎车府属回城、镇西直隶厅属吐鲁番、哈密，伊犁府遂定县属广仁城，精河直隶厅属博罗塔拉，温宿府属柯坪、和阗直隶州于阗县属卡墙。

截止宣统三年，新疆共设县二十一：其中迪化府领县六、吐鲁番直隶厅领县一、伊犁府领县二、温宿府领县二、焉耆府领县三、库车直隶州领县一、疏勒府领县二、莎车府领县二、和阗直隶州领县二。其中以

---

① 刘锦棠《缕陈新疆地势民情未尽事宜疏》，载葛士浚《皇朝经世文续编》卷13《治体四》。

② 录副：光绪十一年七月十六日新疆巡抚刘锦棠奏，档号：03-5093-005。

③ 《清史稿·地理志》新疆。

④ 录副：光绪二十五年十一月二十日新疆巡抚饶应祺奏，档号：03-5093-060。

⑤ 《清德宗实录》卷504光绪二十八年八月壬辰，651页。

⑥ 录副：宣统三年十月二十二日甘肃新疆巡抚袁大化奏，档号：03-7440-071。

**图 15 《呼图壁县丞图》**

巡检司地升为县的六个：温宿、鄯善、轮台、拜城、绥定、宁远，以县丞地升为县的三个：绥来、婼羌、孚远，以州同升县的一个：昌吉，以州判升县的一个：阜康，合计共有十一个，占新疆设县总数的 52％。充分说明了佐杂分辖区与县级政区之间的嬗替关系，也说明了清代在新开发地区，第一步往往并非设置县级政区，而是先设置分防佐杂。待开发成熟，才升格为县。县级政区的设立是一个由未开发到开发成熟的过程，而其中间阶段正是佐杂的设立。

在新疆佐杂建置过程中，府属巡检的设立具有一定的代表性。就巡检司而言，仅仅是从九品的卑微小官，它一般是从属于州县厅等县级政区的。但文献中往往会有属于府的巡检存在。巡检司为何要直接归属知府管理而非知州、知县或同知、通判？这一制度安排背后的因素是什么？属府对巡检司辖区的政治地位影响如何？都是值得探讨的问题。

**表 8-2　光绪《会典事例》中府属巡检一览**

| 省别 | 府别 | 巡检司 | 省别 | 府别 | 巡检司 |
|---|---|---|---|---|---|
| 直隶 | 承德 | 张三营 | 山西 | 大同 | 二道河村 |
| | 宣化 | 多伦诺尔 | | | 丰镇厅 |
| | | 多伦白岔 | 台湾 | 台湾 | 澎湖 |
| | 天津 | 卢台 | | 台南 | 噶玛兰头 |

续表

| 省别 | 府别 | 巡检司 | 省别 | 府别 | 巡检司 |
|------|------|--------|------|------|--------|
| 福建 | 邵武 | 拏口 | 江苏 | 江宁 | 江东 |
| 湖南 | 永顺 | 古丈坪 | | | 江淮 |
| 云南 | 永昌 | 施甸 | | | 秣陵关 |
| | | 龙陵 | 陕西 | 兴安 | 砖坪 |
| | | 杉木和 | 广东 | 潮州 | 南澳 |
| | 顺宁 | 猛缅 | 四川 | 雅州 | 泸定桥 |
| | 普洱 | 思茅 | 贵州 | 贵阳 | 扎佐 |
| | 昭通 | 盐井渡 | | 安顺 | 羊肠塘 |
| | | 古寨 | // | // | // |

资料来源：光绪《会典事例》卷 26《吏部·各省知府等官》及卷 148—157《吏部·各省吏额》。

光绪《会典事例》卷 26《各省知府等官》中列有众多巡检设置，但细究之，多数实际上是厅属巡检，因直隶厅、散厅长官同知、通判，乃府之佐贰官[1]，故列于知府官缺之下。如四川泸定桥巡检系雍正七年因打箭炉百番丛集，故设立同知、巡检各一，巡检归同知统辖，打箭炉已设立厅，泸定桥巡检当系于打箭炉厅下，但《会典事例》仍将其系于雅州府下。又如南澳巡检，实际上属于南澳同知统辖，并不直属潮州府，台湾澎湖巡检属澎湖通判统辖，并不直属台湾府，宣化府多伦诺尔、多伦白岔早已设立厅治，此二巡检也当直属于同知统辖，湖南古丈坪设立厅，该巡检也属于厅统辖，因此，该《会典事例》所记实际上大多并不是真正意义上的府属巡检。

光绪《会典事例》记载的府属巡检虽断限至光绪二十二年，但缺漏甚多，主要是对清末边疆设立省治以后新设立的若干巡检并不明了。这一时期，新疆出现了真正意义上的府属巡检，包括莎车府属回城、焉耆府属布告尔、温宿府柯坪巡检。以柯坪巡检为例，光绪二十八年奏设柯坪县丞，属温宿县，"钱粮词讼，悉归县丞征收经管。惟命盗重案，则归由

---

① 傅林祥：《清代抚民厅制度形成过程初探》，《中国历史地理论丛》2007 年第 1 辑。

温宿县审理"①。但宣统三年又奏请改为巡检。巡检较县丞的品级为低，柯坪县丞改为巡检并不意味该地区的衰落，而主要是为了符合"成例"。光绪二十八年升温宿直隶州为温宿府后，并未于原州直辖地设置附郭县，而是将其继续成为府直辖地，另外领温宿、拜城二县。其中柯坪县丞属温宿县管理，但该地"居温宿府西南，壤地相接而县治远在府境东北，与该处中隔四站，东西南北均不交界，实属区划不便"，因此宣统三年藉由民政部令各省整理插花地之机奏请改属温宿府。但县丞属于县佐贰官，如径改为府属，则显然违反制度，"查黑龙江直隶等省均有巡检径隶知府者，新省莎车府亦设回城巡检，又昌吉县属现改县丞之呼图壁巡检，向收钱粮"，故拟请援案将柯坪县丞改为分防巡检，隶温宿府管辖，而"其余分管各项事件及书役工食悉令仍旧，似此量为整理，不必多所更张，而于行政机关已极为敏活"②。

**图 16　《柯坪县丞图》**

改属府属以后，柯坪巡检仍领旧有辖地未变。如果单从行政隶属关系而定，柯坪巡检与拜城、温宿县平级，因此，其独立性愈来愈强，事实上成为"准县级"政区。这从清末新疆各州县编纂乡土志，《柯坪乡土志》成为其中一种得以体现，也可以从清末《新疆全省舆地图》的编绘中，"柯坪县丞图"成为其中政区图之一得到证明。1928 年于此设县佐，1930年建柯坪县，正式完成设县全过程。

---

① 见宫碧澄：《杨增新时代新疆增设道区县治县佐考略》，《边事研究》第五卷第六期，1937 年。

② 朱批：宣统三年二月二十七日新疆巡抚联魁奏，档号：04-01-01-1111-019。

东北地区与新疆情况类似，都是在设省以后新置了大量州县，其中以县辖区和同知、通判辖地作为县域来源的并不少。而且，对于佐杂的设置，清廷与设置州县一样重视，光绪年间，奉天进奏府厅州县设置时，还特意将佐杂分防处所与州县绘制在一张地图上进奏朝廷，并以颜色区分，"谨将添改新设府州县治及佐贰杂职分防处所绘具简明图式，图内标记：黄色作新设府治，绿色作新设州治，红色作新设县治，蓝圈作移驻分防，黑圈作新设分防，分别粘签恭呈御览"①。

在设省之初规划时，如吉林省，政务处会同吏部商议后，打算采用新的体制，即"东三省事宜请设问刑官及乡官，意在使下情上达。前已议由直隶先行试办，今吉林新设各府州县正当建置之初，一切与民更始"，故希望吉林将军筹议地方办理办法，但吉林将军并不认同政务处和吏部的意见，而是希望在吉林这一特殊地域仍然采用原有的分防体制：

> 特是吉林情形迥殊内地，三姓又边荒初辟，其员未耜而至者，大都客籍居多，本无乡望，即开化稍久之伯都讷地方，亦苦于民智未开，程度尚浅。其在平时充一练长、里约之属，尚复鱼肉乡民，擅作威福，倘竟畀以佐理之责，更难保不假公济私，为害闾里。况吉林府经巡检等官均兼司监狱，关系綦重，似不能有专官。奴才等斟酌安筹，与其袭用乡官之名而指臂不能相使，何若暂沿佐杂之例，俾大小得以相维？②

有的佐杂在设置之初就展望着未来开发成熟设置正印官的前景，吉林敦化县南冈地方，"系冲要之区，前岁奏请设立县丞时曾声明，该处居民仅有四百余户，只宜设一县丞分司其事。俟数年后体察情形，改设正印，即以哈勒巴岭分界等因。一俟将来该处荒地放齐，商贾辐辏，民户繁多，再行奏请改设县治"③。再如光绪二十八年新置县治时，吉林将军

---

① 录副：光绪二十九年呈《奉天改设添设府州县治暨佐贰杂职分防处所简明图》，档号：03-5094-039。

② 朱批：署理吉林将军达桂、署理黑龙江将军程德全奏，档号：04-01-02-0012-016。

③ 铭安：《边疆紧要请添设道府厅县以资治理疏》，载盛康《皇朝经世文续编》。

长顺奏"查磨盘山州同辖境宽阔，地势袤延，从前所放之荒大半开垦，民户较前繁庶，应即改建县治以资治理"，"玛延河在宾州厅东，距厅二百二十里，为宁古塔、三姓通衢，地方数百里，仅设烧锅甸分防巡检，难期控制，自宜改设县治为便"，且提及"磨盘山前奏设州同时曾经声明，俟数年后查看情形，地方果能富庶，再行改设州县"①。后磨盘山州同所设定名为盘石县、烧锅店巡检所辖定名为长寿县。再如长春府，"原划四乡，曰恒裕、抚安、怀惠、沐德，设长春厅于宽城子以管理之。光绪二十八年，奉、吉、黑改建行省，升长春为府治，增设分防昭（照）磨于朱家城子，分防怀惠、沐德二乡。宣统二年即以该二乡由长春划出，设县治于大房身，曰德惠县。"②

表 8-3　东北三省由县辖政区升州县一览

| 县辖政区 | 州县 | 时间 | 资料依据 |
|---|---|---|---|
| 烧锅店巡检 | 长寿县 | 光绪二十八年 | 朱批：光绪二十八年八月二十九日吉林将军长顺奏，档号：04-01-01-1052-055 |
| 磨盘山州同 | 盘石县 | 光绪二十八年 | 朱批：光绪二十八年八月二十九日吉林将军长顺奏，档号：04-01-01-1052-055 |
| 富克锦巡检 | 富锦县 | 宣统元年 | 录副：宣统元年闰二月十九日《呈酌拟改设添设各员缺分别即设缓设清》，档号：03-7440-004 |
| 和龙峪经历 | 和龙县 | 宣统元年 | 录副：宣统元年闰二月十九日《呈酌拟改设添设各员缺分别即设缓设清》，档号：03-7440-004 |
| 穆棱河知事 | 穆棱县 | 宣统元年 | 录副：宣统元年闰二月十九日《呈酌拟改设添设各员缺分别即设缓设清》，档号：03-7440-004 |
| 朱家城照磨 | 德惠县 | 宣统二年 | 民国《德惠县乡土志·沿革》 |

与新疆、东北类似的地方还有清初的陕西北部地区，备录于此。明代于陕西北部与蒙古交界地区，设立了榆林卫，属陕西都司管理，属于军管型政区，沿边修筑边堡，构筑北部边防。至清初，榆林卫辖属三厅，

①　朱批：光绪二十八年八月二十九日吉林将军长顺奏，档号：04-01-01-1052-055。

②　民国《德惠县乡土志·沿革》。

各厅有分辖各堡，负责屯田等事宜。至雍正初年，年羹尧奏请改设州同、巡检司等分而辖之，正式开始卫所改置郡县的历程。"延属沿边各堡粮草词讼向系堡弁经理。据前任榆林道杨文乾请设文职兼专管民事，署延绥镇臣李如栢亦以钱谷刑名请归文员管理等情"，又据布政司胡期恒详奏具体方案，"延属东路黄甫川等十营堡向属州县管理外，中路十堡内双山、常乐、保宁、归德、鱼河五保俱环绕榆林镇城，请将鄜州州同移驻镇城，将榆林并双山等五堡俱交该州同经管。其响水、波罗、怀远三堡，波罗为适中之地，今西安都司、经历既裁，应改为葭州州同，驻扎波罗，兼管响水、怀远二堡。又清平、威武二堡应在威武设巡检司一员，兼管清平堡，将榆林税课大使移驻威武暂管巡检事。西路十堡惟靖边、定远为扼要，定边东有砖井堡，西有盐场堡，请将宜川县县丞移驻定边，兼管砖井堡。西有盐场二堡，况盐场堡原系延属地方，盐务改归靖边厅经管。又靖边堡东为镇罗堡，西为宁塞堡，请将延安府经历移驻靖边兼管镇罗、宁塞二堡。再镇靖堡应设巡检司兼管龙州堡，将榆林驿丞移驻镇靖暂管巡检司事。至安边、柳树涧二堡幅员辽阔，将宁州州同改为绥德州州同移驻安边兼管柳树涧"①。十一月吏部议覆后批准②。由此初步实现了榆林卫由军事管理改为文员管理的过渡阶段。

在这一过渡阶段中，佐贰官似乎有钱粮征收之责。据雍正四年陕西巡抚图理琛的奏疏，将"靖边所地丁钱粮，归并附近之镇乐、宁塞二堡，令靖边经历司征收。定边所地丁钱粮，归并附近之砖井、盐场二堡，令定边县县丞征收。"③隐约透露出改制以后的这些佐贰官至少是征收钱粮的。而陕西粮盐道杜滨的另一份奏折里，这些佐贰官有了统一的名称"堡官"，而其中所言及的职责更是极其广泛，"陕属延安以北地方广阔，有延半陕之说。沿边中东西三十堡，依附边墙，实要地也。其习俗悍野，鲜知礼仪，棍徒更多妄行。官设三厅，止司塘站而地方事则杂用州同、县丞、经历、巡检等员主之，谓之堡官。凡钱粮、词讼皆堡官所理，其职任与正印官等，但官卑职微，抚绥无术，钤束无权，百姓不知敬畏，

---

① 雍正二年十月十三日年羹尧题，《清代吏治史料》第1册，283～284页。

② 《清世宗实录》卷26雍正二年十一月壬子，409页。

③ 《清世宗实录》卷50雍正四年十一月癸丑，758页。

堡官亦自以为杂职，呼应不灵，苟且塞责，遇有紧要事，常多贻误。夫无州而谓之州同，无县而谓之县丞，顾名思义，已为未协。况有钱粮属此官管而词讼又属彼官管，尤不可解"①。该段文字明确指出了这些佐贰官所具有的职责之广泛，几等同于一知县。而雍正八年即改靖边经历地置靖边县，定边县丞地置定边县，榆林州同地置榆林县②，其实从本质上而言，改佐贰辖地为县，仅仅是长官调整而已，于地域则维持了雍正二年的基本区划，佐贰的设立成为设县前的中间步骤。

## 二、改土归流、地区开发与云贵县辖政区

以上是西北、东北边疆新开发地区，佐杂辖区在郡县化过程中所起的作用。对于西南边疆新开发之地尤其是改土归流地区而言，佐杂辖区同样起到类似的作用。即使在清代未最终升置为县，其所具有的独立性也等同于一个"准县级"政权。

云南东川府原为土府，康熙三十八年因东川土知府病故，清朝改土归流，设置流官，并于雍正四年将东川府由四川划归云南，同时着手在府下设立县级政区。至雍正五年，设附郭会泽县。因东川府疆域辽阔，设一知县显然无法应对，但出于谨慎的目的，并未新设另外的县，而是利用了县辖政区的灵活形式，分设驻者海典史、则补巡检、歹补巡检。

> 吏部议覆云贵总督鄂尔泰疏言：东川一府，地方辽阔，实非一知府、一经历所能遍理。查巧家营逼近乌蒙，去府甚远，应立一县，设知县一员，管辖马书、弩革、米粮坝、以扯汛等处。者海地方，素通乌蒙，暗行不法，应设典史一员，管辖革舍、阿固、伙红等处，驻扎者海。其歹补地方，离府百里，山深箐险，应设巡检一员，管辖五龙、毕七、法戛等处。又则补地方，远在江外，亦应设巡检一员，管辖阿木、可俎、普毛、杉木箐等处。……均应如所请。从之。

---

① 雍正七年闰七月二十日陕西粮盐道杜滨奏，《宫中档雍正朝奏折》第十三辑，902～903 页。

② 《清世宗实录》卷 100 雍正八年十一月壬午，331～332 页。

寻定巧家营新设县曰会泽①。

典史、两巡检皆有明确辖区，在乾隆《东川府志》中记载更为详细：

> 分防待补巡检司 在府治西南一百里。北距一濯河大桥四十五里，东距阿克五十五里，西距三江口一百二十里，南距小龙潭一百三十五里，领乡一、里二。
>
> 分防则补巡检司 在府治西北三百五十里。东距那姑二百里，西距法戈二百里，南距五庵汛三百里，北距外江建昌三百里，领乡一、里二。
>
> 分防者海典史 在府治东九十五里。东距威宁州界一百四十里，南距宣威州界六十六里，北距宣威州界八十五里，领乡一、里二②。

云南其他地区也有类似现象，其中大多佐杂驻地与辖区设于原改土归流地区，独掌一块地域，较全国其他地区仅仅将佐杂官视作州县属官不同的是，其经常将佐杂等县辖区与州县等建置同等看待。在四库全书所收录的雍正《云南通志》卷4《建置》中，在州县中夹杂了非州县名称，同等记述，其中一部分是同知、通判辖区，另有一部分是属于佐杂辖区。如《广西府属州县建置》中列有"邱北"，该地原即元代的维摩州地，康熙八年裁，分归广西、广南、开化三府，仅以三乡四嶂地置三乡县。九年裁三乡县并入师宗州。雍正九年设州同驻其地，辖属日者乡及十四寨地，可知，"邱北"实乃州同辖地；而《东川府属县建置》所列县辖区更多，"彝良，本朝雍正六年设州同驻其地，隶镇雄州"；"威信，本朝雍正六年设州判驻其地，隶镇雄州"，分别为州同辖地、州判辖地。《楚雄府属州县建置》中碍嘉，"康熙八年裁入南安州，雍正十年设州判驻其地，隶南安州"；《姚安府属州县建置》，"普溯，本朝雍正十年设州判驻其地，隶姚州"，《鹤庆府属州建置》，"中甸，……雍正五年添设州判驻其地，隶剑川州"。

这些佐杂辖区具有相当程度的自治权力，如邱北州同，有征收钱粮之责，"阿迷州额外田一十四顷八十二亩三分改归广西府师宗州邱北州同

---

① 《清世宗实录》卷59雍正五年七月辛巳，908～909页。

② 乾隆《东川府志》卷5《城池》。

就近征收"①。乾隆《广西府志》记载更详："雍正九年将附征地方仍割还，改设分防邱北州同，其地方事宜、田土、钱粮俱归治理，仍隶师宗州"②。邱北州同经征钱粮并非唯一，而是带有相当普遍性。雍正十二年，云南全省为祭祀建造先农坛，除各府州县外，布政使陈宏谋亦奏"其分防之邱北、大关、鲁甸、攸乐、碍嘉、维西、中甸俱系经管钱粮"，应一体建造。其中大关、攸乐、鲁甸、维西俱系同知或通判辖区，大关、鲁甸、维西在牛平汉《清代政区沿革综表》中被当作"厅"来处理；"碍嘉"则为南安州州判，中甸则为剑川州州判。道光四年，还曾免除"彝良州同、五嶍、威信、普洱三州判，邱北、副官村二县丞所属正额额外孤贫四百十二名口粮"③。这些佐贰辖区因实际上等同于县级单位，故朝廷还颁发他们正式关防，根据乾隆二十六年的一份奏疏知道其时云南省享有这些待遇的佐贰辖区有昆阳州海口州同（乾隆四十三年裁④）、师宗州邱北州同、南安州碍嘉州判、姚州普澎州判，永善县副官村县丞及新增的镇雄州彝良州同、威信州判⑤。

为何不设县而仅设佐杂？主要考虑的是经费问题。设县要设立州县正印官及佐杂官，必须建造城池、仓廒，花费极大，如果该地必须设官弹压，附近州县兼管不易，而该地形势又非极端紧要的情况下，设立佐贰并划分辖区是一个选择。待该地开发成熟，再升为县；若相安无事，则保持现有县辖区状态。如邱北州同设立时，鄂尔泰就奏称："臣巡视粤西，由广南经过，细加咨访，邱北一带，皆重山叠岭，地方辽阔，最易藏奸。且远征遥运，往来跋涉，不便于民，若仍设州县，所出粮赋无几，一切官役俸工养廉等项不无繁费，臣再三筹酌，请于师宗州添设州同一员，驻扎邱北地方，一切钱粮归与征收起解，户婚、田土、细事令其就近审理"⑥。《邱北县志》对鄂尔泰设立州同，复归官治，感激尤甚，"康

① 雍正《云南通志》卷10《民赋》。
② 乾隆《广西府志》卷10《建置》。
③ 《清宣宗实录》卷76道光四年十二月丙寅，230页。
④ 《清高宗实录》卷1052乾隆四十三年三月癸亥，61页。
⑤ 录副：乾隆二十六年五月二十八日云南巡抚刘藻奏，档号：03-0103-107。
⑥ 《请复维摩州疏》，乾隆《广西府志》卷24《艺文一》。

熙八年吴逆以私广南，不计地方要害，裁并归界，汩为夷地。六十年来，声教未通，旧州父老流离分宵，迄今犹有睹古墓而悲伤者。而总制鄂公一旦更始维新之，不独慰此邦人士之望，其经理区划为全滇金汤，永固捍卫。今七载以来，叠蒙各宪指其兴学校，设官司，义学繁多，名师云集，先农而民知力田，创文宫而始劝学，以及城池、文庙次第并举，会馆乡祠、商贾辐辏，城郭建而保障严，兵卫聚而守御固，经制定而苛派除，夫役严而供应绝，起视吾邑民已喁喁向风慕义，绰有可观"①，分明就是一个县官治理县政的景象。乾隆三十五年，师宗州改为师宗县，州同亦改为县丞而原领事宜不变，"其征收支放，并地方一切事宜，即归县丞管理，命盗案仍归县审拟。"②钱粮仍予征解，嘉庆六年时云南巡抚曾题请云南全省嘉庆四年带征二年分缓征本折银米案内，邱北县丞未完本色米石已据续解全完，请求将对县丞参处，照例开复③，可见邱北县丞的钱粮之责与原邱北州同并无二致。此外，关于词讼方面，邱北县丞对于命案具有验报之权，嘉庆十七年时，邱北地方民人张遇美殴死其母，犯逆伦重案，时张家即是"前赴邱北县丞衙门报验"，该县丞当即差拘犯证，一面带领件作前去检查尸身。但因该犯脱逃，县丞惧怕遭受处分，并未详报知县，因此遭致革职处分④。可知，县丞虽无命案审理之权，而有缉捕罪犯，验报并详报知县之任。到了道光二十年，以邱北县丞地置邱北县，兼护云贵总督颜伯焘在解释置县原因时称："从前民稀事简，尚可弹压。自改设县丞至今七十余年，生齿日繁，民俗犷悍"⑤，正是由于人口增长，导致该地形势较前为重，故而升置为县。

　　到了民国时期，不少分州、分县都被改置为县。民国时人回忆清代云南省制时曾提及这一制度变迁，"有清抚中夏，计二百六十八年，于云南之郡县，其间不无变更之事，惟是有增置无裁削耳。民国则因其原有之一百零六治，一律改置为县，且扩张原日之分州分县而为县治。于是

---

①　《开州立城碑》，民国《邱北县志》卷12《艺文部》。
②　《清高宗实录》卷872乾隆三十五年十一月甲辰，695页。
③　题本：嘉庆六年十月二十六日户部尚书成德题，档号：02-01-04-18322-007。
④　录副：嘉庆十七年十二月十八日云南巡抚孙玉庭奏，档号：03-2316-007。
⑤　录副：道光二十年四月十九日兼护云贵总督颜伯焘奏，档号：03-2695-041。

滇中县治竟有一百三十余县之多也。今者，郡邑之名，又多变易矣。展阅舆图，数典其可忘祖乎？而且旧乘上多有某分府、某分州、某分县之诸名目，在隔朝异代之人读之，当然不易了然。更不知此分府、分州属于何郡，此分县属于何邑也。"①其他类似的情况还有：

1. 楚雄府大姚县属苴却巡检司。原属土司地区，"每年纳马，故地以马名，每马彝长一名，曰马头，各辖数村或数十村不等，皆谓之马脚庄"，明初以后地亩钱粮实由土司征收，但不过"羁縻之而已"，自康熙二十一年以后直接归大姚县管理②，将"十马"之地改为"十六里"。道光元年平定由陈天培等领导的傈僳族人民起事后，于此设苴却巡检司，弹压其地③。苴却巡检司之地在清代独立性已相当之高。民国二年设行政委员，民国十三年正式由大姚县析出成立永仁县④。

2. 昭通府永善县副官村县丞。原属乌蒙土府，雍正改土归流；六年设永善县，同时于副官村旧蛮夷副长官衙署所在地置巡检司，乾隆元年将巡检司改升为县丞，至是为副官村分县。该分县在清代时行政运作就颇为独立，户部的一份档案证明，乾隆八年时，因副官村县丞所属火盆里因濒临大江，沿江一带坍陷，房屋被毁，就是由副官县县丞李苍霖奏报昭通知府并转而通过云南省向户部奏请赈恤的⑤。宣统元年试办"靖江县"，宣统二年批准。民国以后因与江苏靖江同名而改为绥江县。

3. 永北直隶厅旧衙坪经历、华荣庄经历。旧衙坪经历为道光元年所设，与大姚县苴却巡检司皆为处理傈僳族起事后的善后之策，该地"距永北厅城二百余里，其东北一百余里与川省盐源县及□□司、中所、左所各土司接壤，系北胜土知州、土州同分管地界。该处一带地方辽阔，自

---

① 《[前清之时]云南省制概略》，罗养儒撰、王槱等点校《云南掌故》，22～23页，昆明，云南民族出版社，1996。

② 道光《大姚县志》卷2《地里》。

③ 《清宣宗实录》卷20道光元年六月庚子，366页；道光《大姚县志》卷2《地里》。

④ 云南省永仁县志编纂委员会：《永仁县志》，455～456页，昆明，云南人民出版社，1995。

⑤ 户部题本：乾隆九年六月十四日户部尚书海望等题，档号：02-01-04-13790-003。

乾隆二三十年以后，土司即陆续将地土典卖，与黔粤川楚□民耕种。至嘉庆初年川楚军兴，各省民人□逐来滇，日聚日多，近更生齿日繁，汉民与夷人均于旧衙坪贸易，遂成市集"，故将永北直隶厅经历移驻旧衙坪，"除重大事件仍归同知办理外，凡遇汉夷斗殴及汉民寻常词讼均令该经历就近管理，仍申报该厅查核"①。光绪十三年时云南巡抚谭钧培上奏称，考虑到旧衙坪经历所属"客民典当北胜州、高亨二土司田地耕种，验其契据及完纳土司粮票，均已在百余年数十年不等，核与入籍之例相符，造具各原籍清册咨准部覆，准其入籍考试"，因援例给予永北厅旧衙坪经历所属客民学额②。华荣庄经历为光绪十六年所设。1913 年取华荣庄之"华"与旧衙坪之"坪"而设"华坪县"。

图 17　"永北直隶厅经历"官印

4. 开化府文山县江那县丞。嘉庆二十四年设，其原因是"文山县所管之江那里与广南府属之宝宁县及广西州属之邱北县丞地方接壤，为开化入境咽喉，地广人稠，五方杂处，周围八百余里，汉夷民人二百余寨，距县较远，每遇场期贸易，聚集数千人，必须专员弹压"，故于江那里添设县丞，"遇有盗窃等案，作为捕官，责令缉拿。如遇该县公出，报有命案，照例准令该县丞代为验填尸格送县，仍由该县讯供通报招解，将代验缘由据实声叙，赌博斗殴等事即由该县丞就近查办完结"③。民国元年于此设县佐一员，民国二十二年废江那县佐，并将广南县属小维摩县佐并入，成立砚山设治局，民国二十四年正式设砚山县④。

---

①　录副：道光元年六月初二日闽浙总督庆保等奏，档号：03-4018-018。其官印见云南省少数民族古籍整理出版规划办公室编：《云南少数民族官印集》，128 页，昆明，云南民族出版社，1989。

②　录副：光绪十三年十二月初二日云南巡抚谭钧培奏，档号：03-5231-042。

③　朱批：嘉庆二十四年四月二十八日云贵总督伯麟、云南巡抚李尧栋奏，档号：04-01-01-0586-005。

④　钟其昌：《概述砚山设治经过》，中国人民政治协商会议云南省文山壮族苗族自治州委员会文史资料研究委员会编：《文山州文史资料选辑》第二辑，54～58 页，1984。

5. 镇雄州彝良州同。雍正六年乌蒙土府改土归流时所置，民国二年置彝良县①。

6. 镇雄州威信州判。雍正六年乌蒙土府改土归流时所置，属镇雄州，民国二十一年设威信设治局，民国二十三年设威信县。

贵州亦处极边之地，自改土归流后，所设州县无多，每县辖域过大。因此，贵州往往设置一些分防佐杂官员，其性质实质上和州县功能类似。贵州布政使郑大进就曾言"黔省跬步皆山，匪特府厅州县多系苗疆，即州同、州判、经历、县丞、吏目、巡检等官原定苗疆，三年五年俸满者计共二十缺，该缺均分任地方，有刑名钱谷之责，与州县无异。"②这些分防佐杂在设置之初就承担了相当于州县正印的功能。

图 18 "镇雄州分防彝良州同"官印

雍正五年，广西、贵州省界调整。云贵总督鄂尔泰奏以红水河为界，江以南属广西、江以北属贵州。

> 凡广西西隆州所属罗烦、册亨等四甲及泗城府所属上江、长坝、桑郎、罗斛等十六甲，俱在江北，应请割隶贵州。其地南北约三百里，东西径六七百里，势既辽阔，民复凶悍，请于泗城对江之长坝地方建设州治，添知州一员、吏目一员、学正一员管理之。东北罗斛四甲，与贵州定番、永宁二州相连，土苗凶顽，山溪尤险，请于罗斛甲地方设州判一员分理之。西隆州所割四甲，距长坝窎远，请于册亨甲地方设州同一员分理之。……黄草坝民居稠密，汉多夷少，且距州遥远，请于普安州添设州判一员，分驻其地，稽查奸宄，即将贵州按察司经历裁汰，改设普安州判，均应如所请。从之。寻定

---

① 其官印见云南省少数民族古籍整理出版规划办公室编：《云南少数民族官印集》，126 页。印长 8.7 厘米，宽 5.6 厘米，厚 1.5 厘米。纽呈椭圆柱形，印背和两侧刻楷书铭文，左侧"乾字一万二千六百七十六号"，右侧"乾隆二十七年八月□日"。

② 朱批：乾隆四十一年十二月十二日贵州布政使郑大进奏，档号：04-01-12-0177-138。

长坝新设州曰永丰①。

新设立之永丰州罗斛州判管辖东北罗斛四甲之地，册亨州同管辖罗烦、册亨等新划归四甲，具有明确辖区。黄草坝州判同样具有辖地，在《实录》中并未明确记载，但在《黔南职方纪略》中，黄草坝州判辖属"黄平、布雄、捧鲊三营并左右二里"②，嘉庆三年即以该州判所辖置兴义县。

**图 19　《苗蛮图册》中所绘罗斛之地"葫芦苗"③**

罗斛州判、册亨州同其权限尤大，雍正七年，贵州巡抚奏请将一切命盗案件俱令佐贰专司，而知州不过兼辖而已④。由于该二员佐贰具有明确辖区，又具有几乎全部行政职能，与州县并无差别，"其册亨州同、罗斛州判，虽系佐杂，均有钱粮命盗专责，实与州县不殊。"⑤其毗邻的安顺府在绘制舆图时，府界处所标是"东南至罗斛州判界二百六十五里"⑥，而非"至贞丰州某某里"⑦，可以说，该二员佐杂辖区至迟于雍正

①　《清世宗实录》卷 60 雍正五年八月癸卯，919～920 页。

②　道光《黔南职方纪略》卷 2《兴义府》。

③　《苗蛮图册》图像旁有图说，"葫芦苗在定番州之罗斛，性情凶暴，连群聚党，专事抢劫，不务农业。近皆守法"，1786 年刻本。

④　《清世宗实录》卷 80 雍正七年四月庚辰，47 页。

⑤　《清世宗实录》卷 141 雍正十二年三月，783 页。

⑥　《安顺府总辖舆图》，见咸丰《安顺府舆图》，中国国家图书馆藏刻本。

⑦　嘉庆二年，永丰州改为贞丰州。

七年便具有了县辖政区的性质。至于命盗案件，虽令永丰州兼辖，恐怕亦属虚词。册亨州同、罗斛州判虽属佐贰分防地，但与州县行政地位似乎并无不同，其行政地位具有独立于所属州县的特殊性。以光绪《兴义府志》中《考正贞丰州图》、《考正册亨图》图说可见一斑：

> 州地东界永宁州归化厅，西界府亲辖地，南界册亨州同亲辖地，北界安南县、普安县，东南界广西凌云县及罗斛州判分辖地，西南界府亲辖及册亨分辖地，东北界永宁州，西北界府亲辖地及安南县地，凡为甲四、为汛三：田高坎汛、王母汛、定头汛。

> 册亨地东界州亲辖地，西界府亲辖地，南界广西西林县、西隆州，北界府亲辖地及州亲辖地，凡为甲五：册亨、罗烦、龙渣、剥弼、本州半甲，汛三，曰：三道沟、八渡、沓年①。

光绪七年移长寨同知驻，升为罗斛厅，而罗斛将州判移设长寨地方②。到了清末，贵州全省类似长寨州判、册亨州同一样具有特殊性的县辖政区还包括大塘州判、锦屏县县丞、三脚屯州同。宣统元年所绘《贵州全省地舆图说》中单单附"大塘州判表"、"长寨州判表"、"锦屏县丞表"、"册亨州同表"、"三脚屯州同表"，与府州县地图并列的情况来看，这几员县丞、州判、州同均具有相当大的独立性，类似于知县、知州。其中大塘州判设于乾隆四年，"将都匀府属之丹平、丹行二土司土舍苗民钱粮改隶定番州新设州判就近管理征收，由州转解，其一切户婚田土斗殴缉捕等事，亦令该州判就近剖断办理，命盗大案仍报定番州验审"③，该通判"有管束寨苗及经理地方之责，系属苗疆要缺"④；锦屏县丞则是废除锦屏县之后所设；三脚屯州同设于雍正十二年，辖烂土土司、普安土舍属地，隶属都匀府独山州⑤。民国二年，长寨州判地改设长寨县，

---

① 咸丰《兴义府志》卷1《图说》。

② 录副：光绪七年二月十五日贵州巡抚岑毓英奏，档号：03-5159-003。

③ 户部题本：乾隆六年十二月初七日吏部尚书协理户部事务讷亲、户部尚书海望题，档号：02-01-04-13385-009。

④ 朱批：乾隆三十二年三月二十四日护理贵州巡抚良卿奏，档号：04-01-12-0124-002。

⑤ 民国《三合县志略》卷7《前事略·年纪》。

锦屏县丞地恢复为锦屏县，三脚屯州同地设为三合县；三年，大塘州判地设为大塘县，册亨州同地改设册亨县，完成设县全过程。

在清代时，贵州还有一部分佐杂辖区虽无上述几员佐杂辖区的独立性，但亦经多年驻扎及开发，于民国初年纷纷升为县治，亦可为地区开发之一例。在民国二年公文中曾提到贵州佐杂分防的不同类型，"从前设有州判、州同地方，如大塘、长寨两州判，册亨、三脚屯两州同，皆有丁粮辖地者，拟请列为小县。其无丁粮辖地如设府经历、县丞、弹压委员、吏目、主簿分治等处，或系地面辽阔，或系汉夷杂居，既未便一律裁撤而地方人民复呈请改设县治者，如沿河、后坪、省溪等处拟请改为县，其余拟请暂改设分县，俟派员调查情形，划拨插花或改县或合并，再行规定。"①民国初年，部分原无丁粮辖地的部分佐杂也改设县治，如：

1. 兴义府普安县属新城县丞。1912 年以新城县丞地置新城县，1913 年改名新县，同年改名兴仁县。

2. 镇远府镇远县邛水县丞。1913 年以邛水县丞地置邛水县，1924 年改为灵山县，1927 年又改为三穗县。

3. 铜仁府省溪吏目。原为省溪土司。嘉庆二年设置省溪吏目管理，驻扎江口，实施土流并治。光绪八年移铜仁县驻扎江口后，对该地实施直接管理后，省溪吏目又移驻至万山司一带。1913 年以省溪吏目辖地置省溪县。

4. 思南府沿河司吏目。原为沿河祐溪长官司地，雍正五年置沿河司吏目，兼州同衔，"土流并治"。乾隆七年又废除。同治九年增设弹压委员，但"沿河地当川黔之要冲，商旅云集，纠纷时起，案情较重者赴郡候结，动辄经年，驯致奸民玩法，故酿事端，弹压无所，施□司官尤不敢过问"，故宣统元年经奏请改弹压委员为分治委员，"□刑案牍直接处理"②。1913 年以原沿河司吏目辖地置沿河县。

除此之外，清代所设置的各巡检司及县丞有的在民国以后未改为县，但仍置分县，保留了一段时期，多数最终仍然被并入其所在州县，未能彻底完成州县化的过程。

---

① 民国《三合县志略》卷 2《地理略·县治》。
② 民国《沿河县志》卷 4《建置》。

表 8-4　清至民国贵州部分县辖政区沿革

| 所属府县 | 县辖政区 | 民国后沿革简况 |
| --- | --- | --- |
| 安顺府郎岱厅 | 羊肠塘巡检司 | 1914 年改为羊肠分县，属郎岱县，1936 年裁撤，并入盘县。 |
| 都匀府清平县 | 凯里县丞 | 1914 年置凯里分县，隶属炉山县，1936 年裁撤，并入炉山县。 |
| 镇远府黄平州 | 旧州巡检司 | 1914 年置旧州分县，隶属黄平县，1936 年裁撤，并入黄平县。 |
| 镇远府施秉县 | 胜秉县丞 | 1914 年置胜秉分县，隶属施秉县，1936 年裁撤，并入施秉县。 |
| 镇远府天柱县 | 远口巡检司 | 1914 年改为远口分县，隶属天柱县。1936 年裁撤，并入黎平县。 |
| 黎平府 | 洪州吏目 | 1914 年置洪州分县，隶属黎平县，1936 年裁撤，并入黎平县。 |
| 黎平府永从县 | 丙妹分县 | 1914 年置丙妹分县，隶属永从县。1936 年裁撤，并入永从县。 |
| 黎平府开泰县 | 郎洞县丞 | 1914 年置郎洞分县，隶属榕江县。1936 年裁撤，并入榕江县。 |
| 镇远府天柱县 | 柳霁县丞 | 1914 年置柳霁分县，隶属剑河县。1936 年裁撤，并入剑河县。 |
| 都匀府荔波县 | 方村县丞 | 1914 年置方村分县，隶属荔波县。1936 年裁撤，并入荔波县。 |
| 兴义府兴义县 | 捧鲊巡检司 | 1914 年置捧鲊分县，隶属兴义县。1936 年裁撤，并入兴义县。 |
| 安顺府永宁州 | 募役巡检司 | 1914 年改为募役分县，隶属关岭县。1936 年裁撤，并入关岭县。 |
| 大定府威宁州 | 得胜坡巡检司 | 1914 年置得胜坡分县，隶属威宁县。1918 年移驻赫章，称赫章分县，1936 年裁撤，并入威宁县。 |
| 铜仁府铜仁县 | 正大营县丞 | 1914 年置正大营分县，隶属松桃县，1936 年裁撤，并入松桃县。 |
| 镇远府 | 四十八溪主簿 | 1914 年置四十八溪分县，隶属松桃县。1927 年改为甘龙口分县，1936 年裁撤，并入松桃县。 |

资料来源：贵州省档案馆编《贵州名胜旧览》附录《民国时期贵州市县沿革变化简表》，中国档案出版社，2008 年，341～342 页。

其实，将县辖区升置为县，是清代基于地方形势紧要程度而进行的调整而已。县辖区的设置是设县前的准备阶段，因其灵活多样，行政成本极低而得到广泛应用，尤其是在边疆地区，县辖区行政职能广泛，几乎成为与州县同级的另一种政区形式。这种政区形式节约了行政资源，同时又保证了地方有宜而适度的控制。这些县辖区在以后的发展中不少升格为州县，也代表着国家对于边疆的控制与开发逐步拓展。对于内地而言，县辖区的设置同样是部分设立县级政区的先决步骤，如山东博山县的设立之前，就先有驻扎颜神镇的通判与巡检①，只是不如边疆地区表现得如此明显而集中。研究县辖区的增置过程，和谭其骧所提出的以县的设置作为研究地区开发的替代指标一样，是透析区域发展的另一种视角。

## 三、清代州县裁撤、善后处置与县辖政区

政区地理研究较多注意新县设置与地区开发之间的紧密联系，然而，县的裁撤这一地方行政制度史上屡见不鲜的现象却少人关注。诚然，一县之裁废对于整个国家行政而言无关宏旨，时至今日，几乎每年都有类似分分合合的故事在上演，然而对于世世代代生于斯、长于斯的居民而言，县的裁撤直接关系当地居民的切身利益，无异于一场悲欢离合的大戏。

县制自春秋始创，一直是中国最稳定的基层行政区划，其"建置之始，或以版籍之蕃庶，或以讼诉之浩穰，或以防寇盗之变，或以示形势之重，皆有意谓，不徒置也"②。故就全国视域观之，县级政区变动最小，历代调整的重点在于统县政区与高层政区，清代亦然。清代对于州县的政区调整，主要是新置，裁并的并不多。这类撤并的州县可以分为两类，一类是裁并后直至清末再未恢复的，共有41个；一类是裁并后不

---

① 设县过程可参李嘎：《雍正十一年王士俊巡东与山东政区改革》，《历史地理》第二十二辑。

② 吕陶：《浮德集》卷4《奉使回奏十事状》，文渊阁《四库全书》集部别集类，第1098册，36页，台北，台湾"商务印书馆"，1986。

久就加以复置者，共有 26 个。

表 8-5　清代撤并未复之县

| 省 | 废县→所入 | 废置时间 | 省 | 废县→所入 | 废置时间 |
|---|---|---|---|---|---|
| 直隶 | 漷县→通州 | 顺治十六年 | 四川 | 保县→理番直隶厅 | 嘉庆六年 |
| | 兴济→青县 | 顺治十六年 | | 威州→保县 | 雍正五年 |
| | 永宁→永宁卫 | 顺治十六年 | | 安居→合州 | 康熙元年 |
| | 蔚县→蔚州 | 乾隆二十二年 | | 武隆→涪州 | 康熙七年 |
| | 魏县→大名、元城 | 乾隆二十三年 | | 大昌→巫山 | 康熙九年 |
| | 新安→安州 | 道光十二年 | 贵州 | 新贵→贵筑 | 康熙三十四年 |
| 山西 | 清源→徐沟 | 乾隆二十八年 | | 锦屏→开泰 | 道光十二年 |
| | 平顺→潞城、壶关、黎城 | 乾隆二十九年 | 湖北 | 文泉→沔阳州 | 乾隆三十年 |
| | 乐平→平定州 | 嘉庆元年 | | 上津→郧西 | 顺治十六年 |
| | 马邑→朔州 | 嘉庆元年 | 云南 | 归化→呈贡 | 康熙七年 |
| 江苏 | 海门→通州 | 康熙十一年 | | 三泊→昆阳州 | 康熙八年 |
| | 福泉→青浦 | 乾隆八年 | | 碌嘉→南安州 | 康熙八年 |
| 安徽 | 临淮→凤阳 | 乾隆十九年 | | 亦佐→罗平州 | 康熙八年 |
| | 虹县→泗州 | 乾隆四十二年 | | 阳宗→河阳 | 康熙八年 |
| 甘肃 | 庄浪→隆德 | 乾隆四十二年 | | 维摩州→三乡 | 康熙八年 |
| | 漳县→陇西 | 道光九年 | | 三乡→师宗 | 康熙九年 |
| | 新渠→平罗 | 乾隆三年 | | 新化州→新平 | 康熙五年 |
| | 宝丰→平罗 | 乾隆三年 | 河南 | 河阴→荥泽 | 乾隆二十九年 |
| 奉天 | 泰宁 | 雍正七年 | | 仪封厅→兰阳 | 道光四年 |
| | 长宁→永吉州 | 乾隆元年 | | 胙城→延津 | 雍正五年 |
| | 永吉州→吉林厅 | 乾隆十二年 | | | |

资料来源：牛平汉《清代政区沿革综表》，北京，中国地图出版社，1990。

　　先说第一类情况。41 处撤并州县中，39 处是整县撤并，这种情况并不需要重新对县界、学额、田赋等进行划分，也是清代裁并州县最常用的模式。还有两例分县裁并的情况，一是魏县并入元城、大名两县，一是平顺并入潞城、壶关、黎城三县。魏县共 337 村①，拨给大名 306 村，元城 31 村，故称"地十之九归大名，一归元城"②。平顺的情况较为特

———————

① 《清高宗实录》卷 565 乾隆二十三年六月甲戌，162 页。

② 同治《元城县志》卷 1《年纪》。

殊，平顺乃明时所置，嘉靖八年置于潞城县青羊里①，拨潞城县编户十
六里，壶关县编户十里，黎城县编户五里，共编户三十一里，隶平顺管
辖。乾隆二十九年因居民稀少裁县，原拨三县之地各归原属②。以地域
而言，共有 11 省曾裁并，以云南、直隶、四川三省最多，分别达 8、6、
5 处；以时间计之，多发生于康熙、乾隆年间，均有 13 处，充分证明康
熙、乾隆时期乃政区变革时代。

表 8-6　清代省而复置之县

| 省 | 废县→所入 | 废置时间 | 复置时间 | 废置年限 |
|---|---|---|---|---|
| 直隶 | 阜平→行唐、曲阳 | 顺治十六年 | 康熙二十二年 | 24 |
| 河南 | 南召→南阳 | 顺治十六年 | 雍正十二年 | 75 |
| 贵州 | 清平→麻哈州 | 康熙七年 | 康熙十年 | 3 |
| 广东 | 新安→东莞 | 康熙五年 | 康熙八年 | 3 |
| | 澄海→海阳 | 康熙五年 | 康熙八年 | 3 |
| 四川 | 罗江→德阳 | 顺治十六年 | 雍正七年 | 70 |
| | 彰明→绵州 | 顺治十六年 | 雍正七年 | 70 |
| | 双流→新津 | 康熙元年 | 雍正七年 | 67 |
| | 崇宁→郫县 | 康熙七年 | 雍正七年 | 61 |
| | 彭县→新繁 | 康熙七年 | 雍正七年 | 61 |
| | 华阳→成都 | 康熙九年 | 雍正五年 | 57 |
| | 罗江→绵州 | 乾隆三十五年 | 嘉庆六年 | 31 |
| | 江油→平武 | 顺治十年 | 康熙元年 | 9 |
| | 璧山→永川 | 康熙元年 | 雍正七年 | 67 |
| | 大足→荣昌 | 康熙元年 | 雍正七年 | 67 |
| | 铜梁→合州 | 康熙元年 | 康熙五十九年 | 58 |
| | 定远→合州 | 康熙元年 | 雍正七年 | 67 |
| | 大宁→奉节 | 康熙七年 | 雍正七年 | 61 |
| | 新宁→梁山 | 康熙七年 | 雍正七年 | 61 |
| | 岳池→广安州 | 康熙七年 | 康熙五十九年 | 52 |
| | 射洪→潼川州 | 顺治十年 | 康熙元年 | 9 |

---

① 《明史·地理志》，967 页。

② 录副：乾隆二十九年二月十九日山西巡抚和其衷奏，档号：03-0345-045。

续表

| 省 | 废县→所入 | 废置时间 | 复置时间 | 废置年限 |
|---|---|---|---|---|
| 四川 | 遂宁→蓬溪 | 顺治十年 | 顺治十七年 | 16 |
| | 安岳→蓬溪 | 康熙元年 | 雍正七年 | 67 |
| | 威远→荣县 | 康熙六年 | 雍正七年 | 62 |
| | 彭山→眉州 | 康熙元年 | 雍正七年 | 67 |
| | 青神→眉州 | 康熙元年 | 雍正七年 | 67 |

资料来源：牛平汉《清代政区沿革综表》，北京，中国地图出版社，1990。

　　第二类情况中，以四川为多，共21处，这主要是因为经过明末清初长时期战乱，四川人口大量减少，明代所设置的县份因人口稀少，不得不加以合并，以节民费，以纾民困。待到康熙、雍正年间，经济恢复、人口增长，加上移民因素的影响，因此陆陆续续加以恢复。从时间上而言，这26处中，除了乾隆年间撤并罗江外，废于顺治年间的7处，康熙年间的18处，顺治年间即复置的1处，康熙年间的8处，雍正年间的16处。废置时间50年以上的有18处，10年以下的5处。对于那些因战乱造成的裁并，废置时间的长短正反映出经济、人口恢复的快慢。

　　以清代撤并州县而论，大致有以下几个主要原因：

　　1. 人口稀少，以四川表现得最为明显。明末清初，经过连年战乱，四川人口大量死亡。康熙时四川巡抚张德地奏报四川保宁府"民人凋耗，城郭倾颓，……重属为督臣驻节之地，哀鸿稍集，然不过数百家。此外州县，非数十家或十数家，更有止一二家者。寥寥孑遗，俨成空谷"①。明代后期四川人口约五百万，到了清朝初年，仅剩下五十万左右。因"地广人稀、政事简少"，顺治、康熙年间，清政府裁并了大量州县。如康熙元年"四川巡抚佟凤彩疏言：川省初定，土满人稀，请将岳池县归并南充、江油县归并平武。"②而随着清初招抚移民，四川人口逐步恢复元气，对清初撤并的州县又陆续恢复，如雍正七年，一次性恢复双流、崇宁、彭、彰明、罗江、大足、璧山、定远、大宁、新宁、安岳、彭山、青神、

────────────

① 康熙《四川总志》卷10《贡赋》。
② 《清圣祖实录》卷6康熙元年四月乙巳，110页。

威宁等十五县①。再如直隶的潞县，元朝时本为潞州，明朝因其居民减少，已将其降州为县，顾梦圭《疣赘录》中有一首长诗《潞县行》，生动逼真地描写了这个小县的贫困情景："入城半里无人语，枯木寒鸦几茆宇。萧萧酒肆谁当垆？武清西来断行旅。县令老羸犹出迎，头上乌纱半尘土。问之不答攒双眉，但诉公私苦复苦。雨雹飞蝗两伤稼，春来况遭连月雨。县城之西多草场，中官放马来旁午。中官占田动阡陌，不出官租地无主。县中里甲死诛求，请看荒坟遍村坞。"②到了顺治十六年，潞县被撤并入通州。河南南召县并入南阳县，初亦是因经明末战乱，"人丁仅有六百，熟地仅存百顷，民稀粮少"，到了雍正十二年人口增长、经济恢复后又复置县③。再如平顺县，该县之所以被裁，与县城居民寥落关系最大，"设立县治必须幅员相称、形势相辅，方足以设官分职而资治理，若县治广袤不及百里，城中烟户不满百家，宛同寥落村墟，似毋庸多设官吏，徒增糜费而多滞碍"④。平顺县原属潞城县青羊里，明嘉靖三年因该地陈卿起事为患，故平定后设县治镇抚⑤，其设置具有特殊的政治背景，一旦维持县治存在的特殊政治背景消失，则其存在的必要性亦复不存，如和其衷所言，"我朝武备修明，地方整饬，况系腹里不成村落之区"。人口稀少，是裁县另一诱因，设治时"拨潞城县编户十六里、壶关县编户十里、黎城县编户五里"共三十一里，"不及中邑之半"，且县城居民"不满百户"，等同村落⑥。县城不止人口稀少，因该地位于太行山麓，取水亦是一大难题，"环城皆山，并无井泉，乡民每多不便"⑦。

　　2. 自然灾害尤其是水患。如直隶魏县，乾隆二十二年卫河水溢，浸

---

　　①　《清世宗实录》卷87雍正七年十月己酉，162页。

　　②　《明诗综》卷44，四库全书本。

　　③　《为恭请复设县治以利民生以彰教养事》，雍正《河南通志》卷76《艺文五》。

　　④　乾隆二十九年二月十九日山西巡抚和其衷奏，《宫中档乾隆朝奏折》第20辑，614页。

　　⑤　顾鼎臣：《创建平顺县记》、夏言《请处置青羊山胁从居民疏》，见民国《平顺县志》卷9《沿革考》。

　　⑥　乾隆二十九年二月十九日山西巡抚和其衷奏，《宫中档乾隆朝奏折》第20辑，614页。

　　⑦　《清高宗实录》卷709乾隆二十九年四月乙巳，921页。

损城垣而魏县城郭于是年被漳水冲塌，经前督臣方观承奏准将魏县裁汰，分归大名、元城二县管辖①；安徽临淮县，乾隆十九年因频遭水患、城署冲坍，归并凤阳县辖②；江苏海门县临近长江入海口，田土坍塌严重，县有"原额田一百四十七顷九十一亩，奉行清丈，坍江田一百二顷七十七亩零，经前抚臣韩世琦请除丈坍等事案内题请。经前督臣亲勘具题部覆，永蠲在案。清丈之后，又坍江田五顷五十九亩零，止存田三十九顷五十四亩零，人丁九千二百四十七丁，除逃亡外，止存丁二千二百有奇"，忧虑"坍逼临城，目前危险情状，无术抵制"③，果然不出其然，康熙十一年海门县城"为城所坏"，不得不归并通州，县民迁于永安镇，省县为海门乡④。胙城位于黄河沿岸，自古是黄河泛滥受灾最严重地区，清初胙城县已是"飞沙四集，壕堑不明，居人仅数百家，备极萧条之甚"，顺治年间县志编纂者便感慨，"邑之有村落也，不独胙邑之有村落而实□村落也，则惟胙全废者，无论矣。仅存者亦□将曙之星。大村数十家、小村数家而已，守土之吏所为夙夜焦劳而太息也"⑤。仪封厅也与黄河水患有关，"迨清嘉庆二十四年黄河溃决仪城，没于水，县治并于兰"⑥。也有因地震灾害而裁县的，宁夏府宝丰、新渠二县就是因乾隆三年发生于宁夏府的特大地震而被裁，"十一月二十四日地忽震裂，河水上泛，灌注两邑，而地中涌泉，……地上低陷数尺，城堡房屋倒塌，户民被压溺而死者甚多。臣等逐处查阅，现在新渠县城南门陷下数尺，北城门洞仅如月牙，……至新渠而起二三十里以外，越宝丰而至石嘴子，东连黄河，西达贺兰山，周回一二百里，竟成一片水海。宝丰县城郭仓廒亦半入地中，户民无栖息之所，大半仍回原籍，尚有依栖高阜，聊图苟活者。"⑦直隶阜平县，顺治十六年并入行唐、曲阳。早在顺治十二年时，该县即遭受过水灾，损失惨重。据当时奏请蠲免时所言，全县原额征粮地228.1835

① 录副：乾隆五十九年七月八日直隶总督梁肯堂奏，档号：03-0269-012。
② 《清高宗实录》卷 477 乾隆十九年十一月丙申，1161 页。
③ 《两江总督马祜海坍逼近城垣疏》，道光《静海乡志》卷下《艺文志》。
④ 道光《静海乡志》卷上《地理志》。
⑤ 顺治《胙城县志》卷上《地理篇》。
⑥ 乾隆《仪封县志》民国重印本序言。
⑦ 班第：《请裁新宝二县疏》，道光《平罗记略》卷 8《艺文志》。

顷，顺治十年、十一年因水灾七分成灾的有 127.54731 顷，荒地无人耕种者达 32.8643 顷，一片白沙十分成灾者 6.86274 顷，受灾面积占总耕地面积的 73%，全县人丁 6675 丁，死亡、逃丁共计 2008 丁，"赋役之制，原出于地丁，若人丁逃亡，地土荒芜，赋税差徭，孰为办纳?"况且，"阜平小邑边山，残疲称最，兼之连岁兵火灾伤，以故荒亡益甚，见在孑遗尚苦自顾不暇"①，再加之战乱频仍，尤其是"顺治十六年晋贼高鼎陷阜平，焚官署，民舍殆尽，因是废县二十余年"②，阜平被裁正受水灾、战乱之苦，也与县域狭小、人口稀少有一定关系。康熙二十二年阜平的恢复有一定的偶然因素，时年康熙巡幸五台山，路经阜平废县时，士民"遮道上，言废县后输税苦远，愿复旧治"，康熙怜悯之下下令恢复阜平③，但其实"其居民寥落如晨星，计其户籍，仅足当名都之一大聚落耳，虽不县可也"④。

3. 地域狭小。如清源县"界仅三十里，徐沟县地方不过三十余里，请将清源县裁汰，统归徐沟县管理"⑤。河南河阴县，"开封府属河阴县，东西仅广二十八里，南北袤二十二里"⑥。福泉县本系雍正时因江南赋重而自青浦分出，至乾隆八年，因"地狭事简"⑦，又重新合并。

4. 同城二县的合并。直隶蔚州与蔚县，虽为两个县级政区，但实质上州县同治一城，且地域犬牙交错，故加以合并。贵州贵筑县与新贵县亦是因同城而治，且为贵阳府附郭县，以事务较简之贵州分设两附郭县，"虽征收地丁、承办驿站，似各有职掌，并行而不相碍，然此外如编甲捕盗，通行案缉等件，奉文转发，不得不两县互行，往往朝奉新编，夕承

---

① 题本：直隶山东河南总督李荫祖顺治十二年四月初二日题，原档号：1967-17，编号：03-00150。

② 同治《阜平县志》卷 4《武事》。

③ 高士奇《扈从西巡日录》，丛书集成续编第 65 册，279 页，上海，上海书店出版社，1994。

④ 同治《阜平县志》卷 2《地理》。

⑤ 《清高宗实录》卷 693 乾隆二十八年八月戊申，767 页。

⑥ 《清高宗实录》卷 724 乾隆二十九年十二月丙戌，1069 页。

⑦ 《清高宗实录》卷 189 乾隆八年四月庚子，430 页。

筑缉,一事而受两番之约束,恒多未便"①,反而导致互相推诿,于行政并无便宜,故加以合并。

5. 迁界令。有两例,即清初为防止沿海居民与台湾郑氏政权联系,清政府颁布"迁界令",广东新安、澄海二县因此被并省入他县②。此类调整具有临时性,故而三年后就得以复置。

通常而言,县的设置均在一县紧要之地。虽由种种原因,需要在行政管理中加以调整,但仍不会放松对该地的控制。清代对旧县的裁撤有了新的管理方式,这既是因地制宜而采取的新举措,也是清代行政管理体制下的必然选择。

1. 重划行政区域。县的划割当有历史依据,否则便不易维持,且启地方争端。县的裁撤,涉及两种情况:第一,整县并入他县,不涉及行政区域的重新划割;第二,一县分入多县,清代仅有两例:平顺、魏县。平顺于明代嘉靖八年设治时是从潞城、壶关、黎城分别划拨,撤县后各归原属,处置较为简易,"所有平顺一县应请裁汰。……所辖编户三十一里及应征钱粮各归原拨之潞城、壶关、黎城三县经管征收"③。平顺虽分为三,然而,此三处仍被整编为"平顺乡",不仅乡学学额依旧,而且在捐资、摊派等事项中,旧平顺之地仍有协同之举。如平顺废县后重修文庙,潞城知县黎宗干"申请府宪行檄壶、黎二邑,合原辖三十一里,按钱粮多寡分别捐项,轻重一律均摊"④。另外一例是直隶魏县。直隶总督方观承所奏是:"魏县裁汰,归并大名、元城管辖,应办各事宜。查魏县既裁,其原属三百三十七村额赋及杂项银两,划分大名、元城二县征收。大名县治准其移驻府城,与元城同为附邑,员缺改为繁难,在外调补。至魏县教谕、训导、典史亦裁,所支官俸役食,亦宜裁存报部。魏县县丞准驻扎旧制,改为大名县管理漳河县丞。大名县县丞仍驻大名旧治,管理卫河一切工程"⑤。

---

① 《并县专治仍添通判疏》,乾隆《贵州通志》卷35《艺文》。
② 雍正《广东通志》卷5《沿革志》。
③ 录副:乾隆二十九年二月十九日山西巡抚和其衷奏,档号:03-0345-045。
④ 《重修文庙碑记》,民国《平顺县志》卷10《金石考》。
⑤ 《清高宗实录》卷565 乾隆二十三年六月甲戌,162页。

《实录》中所载方观承所奏主要还是对治所、钱粮、官俸的善后处置，而对如何划分魏县县境一事含糊不清，只言魏县原属"三百三十七村"。在同治《元城县志》中，这次切分县境以稍微明晰的方式加以呈现，"乾隆二十三年戊寅春裁魏县，其地十之九归大名，一归元城。"①其中归并元城者为"柏村地方、王儿庄地方、马儿庄地方、魏现屯地方，以上四处均系乾隆二十三年裁汰魏县新并地方，共计三十一庄村"②，归并大名者有三百零六庄村。之所以归并大名者，远过于元城，其主要原因是此次划分辖区是依照漳河走向划分所致，据直隶总督方观承奏请的划分原则："查魏县漳河以南二百八十八村，河以北十八村共计三百零六村，均与大名县地界切近，应划归大名管辖。又东北三十一村与元城县地界毗连，应拨归元城管辖"③，主要依照里距和地形而划。

2. 旧县之地的控制。旧县之地虽然裁撤，然而原有县治均当一县之要，且筑有城墙，商贾辐辏，若不加以控制，恐成盗贼之渊薮，故往往移县佐治之。此为清代处置废县问题的一般做法，亦为清代佐杂分防的一种形式。

如山西省，清代共裁撤四县：清源、平顺、乐平、马邑。早在徐沟知县秘密筹划裁撤清源时，便已"洞见"对旧县之地的处置问题，议设巡检一员驻扎清源旧城。废县之初，并未立即实施，直到乾隆三十二年才将太原府阳曲县天门关巡检司移驻清源，"就近稽查"④。马邑和乐平裁撤后，随即各设巡检与州判，嘉庆元年"移平定州州判驻乐平城内，添设巡检一员驻马邑城内。从巡抚蒋兆奎请也"⑤。平顺的情况与此稍异。平顺被裁撤后，县治之地划拨潞城，"县城仅止里许，城内居民不满百户"，故撤县之后并未移设佐贰分防。然而，清代对这一地区的控制丝毫没有削弱。原平顺县治东北有石城里、虹梯关两处要隘，处直隶、山西交界。虹梯关原设巡检司，乾隆九年曾移驻长治县西火镇驻扎。平顺裁县时，

① 同治《元城县志》卷1《舆地志·年纪》。
② 同治《元城县志》卷1《舆地志·疆域》。
③ 乾隆《大名县志》卷1《图说一》。
④ 《清高宗实录》卷792乾隆三十二年八月乙丑，712页。
⑤ 《清仁宗实录》卷6嘉庆元年六月戊子，125页。

西火镇巡检司重新移驻虹梯关，另将黎城县吾儿峪巡检司移驻石城里①。两巡检司互成犄角之势，这是朝廷力图维持原有控制力度的举措。其余39处被裁旧县处的控制大多分驻佐杂职官以作控驭，见表8-7统计：

表 8-7　旧县被裁后佐杂官的移驻情况

| 省 | 废县 | 废置时间 | 分驻佐杂 | 移驻时间 |
|---|---|---|---|---|
| 直隶 | 潮县 | 顺治十六年 | 管河州判 | 顺治十六年 |
| | 兴济 | 顺治十六年 | 兴济镇巡检 | 顺治十六年 |
| | 永宁 | 顺治十六年 | 永宁巡检 | 雍正十二年 |
| | 魏县 | 乾隆二十三年 | 管河漳河县丞 | 乾隆二十三年 |
| | 新安 | 道光十二年 | 州判驻旧县 | 道光十二年 |
| 江苏 | 海门 | 康熙十一年 | 通州沙务州同 | 乾隆年间 |
| | 福泉 | 乾隆八年 | 七宝镇县丞 | 乾隆十年 |
| 安徽 | 临淮 | 乾隆十九年 | 临淮巡检 | 乾隆十九年 |
| 甘肃 | 庄浪 | 乾隆四十二年 | 庄浪县丞 | 乾隆四十二年 |
| | 漳县 | 道光九年 | 陇西县丞 | 道光十年 |
| 四川 | 保县 | 嘉庆六年 | 理番厅照磨 | 嘉庆时 |
| | 安居 | 康熙元年 | 安居镇巡检 | 雍正十年 |
| | 武隆 | 康熙七年 | 武隆镇巡检 | 康熙七年 |
| 贵州 | 锦屏 | 道光十二年 | 锦屏乡县丞 | 道光十二年 |
| 云南 | 碚嘉 | 康熙八年 | 南安州州判 | 雍正九年 |
| | 三乡 | 康熙九年 | 州同 | 雍正九年 |
| | 新化州 | 康熙五年 | 杨武坝巡检 | 雍正十年 |
| 河南 | 河阴 | 乾隆二十九年 | 河阴巡检 | 乾隆二十九年 |
| | 仪封厅 | 道光四年 | 仪封管河经历 | 道光四年 |
| 湖北 | 文泉 | 乾隆三十年 | 州同驻旧县 | 乾隆三十年 |
| | 上津 | 顺治十六年 | 上津堡巡检 | 乾隆十九年 |

资料来源：《清实录》等。

可以看出，裁县以后在原县之地设置佐杂进行管理是清代裁县过程中常常采用的应对管理方式之一。这其中既有直接驻扎于原县址者，也

① 录副：乾隆二十九年八月一日山西巡抚和其衷奏，档号：03-0112。

有原县不适宜设置而改置县境别处者。比如江苏省海门县，前已述及，该县是因河水冲坍县城，居民流离失所，"群迁于永安镇"，原县城已不具备设治的基本条件，故清廷并未在原县境内设治。直到乾隆年间，由于长江泥沙淤积，"沙地由渐涨出计百数十里，通州及崇明县居人分领垦种，设太通巡道以统辖之。旋裁巡道，于崇明设半洋司巡检，通州添设州同专司沙务"①。乾隆三十三年，由于沙洲渐多，清廷移设苏州府海防同知驻扎，割通州安庆、南安等十九沙，崇明县半洋、富民等十一沙及续涨之天南沙置海门厅②。另外一种形式是新县治的迁徙。裁县之后，该县治并未废置不用，而是将临近县治移设于此。如安徽泗州，本治于淮河与洪泽交汇处，受明代"束水攻沙"治黄策略的影响，洪泽湖水位不断抬升，康熙十九年泗州城湮没于洪泽湖底。自旧治沉没，"泗无城池者数十年"，先后提出几种方案：一是移驻五河县，但五河县治也是紧邻淮河，"汇聚众流"，非一劳永逸之计。二是移设双沟，以该地处于泗州之中，但该地亦紧邻洪泽湖，且无高阜可供建城，双沟地方居民不及万户，不足以成方州重镇；三是移设盱眙。乾隆二十四年建署于盱山之麓，更以盱眙为附郭首邑。但泗州全境地形以淮河为界，北较南为广，自泗州治湮没于洪泽湖下，盱眙位于洪泽湖及淮河之南，原渡淮渡口尽毁，北渡不易，故亦非最佳选项。四是移设虹县，虹县远离淮水、洪泽湖，可免水灾，且该县邑小事简，裁置较便。故乾隆四十二年时裁撤虹县，并将泗州迁治于此③。四川威州与保县的裁并类似于此。雍正五年裁威州，移保县治此。

然而，控制效果并非如制度所设计的那样有效，尤其是地处山西、直隶交界"两不管"区域的平顺、乐平二县更是如此④。平顺、乐平均处于太行山脉区域之中，群山错处，地形复杂，本身就难于控制。平顺所

———————

①　道光《静海乡志》卷上《地理志》。

②　道光《静海乡志》卷上《地理志》。

③　《为请裁县缺移设州治以便管辖以垂永久事》，乾隆《泗州志》卷2《建置志·城池》。

④　关于政区交界地带的地方控制，可参唐立宗：《在"盗区"与"政区"之间——明代闽粤赣湘交界的秩序变动与地方行政演化》，台北，台湾大学出版委员会，2002。

设虹梯关巡检"畏东匪之吓，避居潞城"①，以致控扼不力，史载"乾隆二十九年裁汰平顺县，延及道光年间，不逞之徒孟姚、秦戒、马鸣、侯三等又复稍稍群聚，乘机劫掠"②，即是撤县后控制力度有所松弛的明证。尤其是咸同以降，临近的河南林县因"人稠地窄，乏田可耕"，入平顺境耕地置业，以致冲突不断，地方控制形势更加严峻③。乐平乡于同治七年发生"二字会"等"盗匪"事件，访知此事的御史郭从矩也承认"乐平地方南近河南武安，东界直隶赞皇，道路丛杂，易为盗薮"④，皇帝慨叹乐平"平日之捕务废弛已可概见"⑤，这与县治被裁有很大关系。

3. 学额分配。学额是一种有限的教育资源。县被裁撤之后，如何对旧有学额作出适当安排，极大关系到当地居民情绪。清源县民京控时就曾忧虑，"县治一并，合两邑之儒士，只入学十二名，士子欲步青云，不亦难乎？"⑥事实上，清代早已有一套具体的变通之计，即是将旧县之地单独设置乡学，学额不变。早在康熙十一年，江苏海门县裁归通州，原县学统改为海门乡学⑦。乾隆十九年裁撤安徽凤阳府临淮县即援引施行并著为例，据两江总督鄂容安奏，以"临淮县频遭水患，城署冲坍，请归并凤阳县辖"，而"凤阳额取二十五名，临淮十六名，若归一学取进，于额制未协。应将原隶临邑生童，另编为临淮乡学字样，照数取进。其廪、增出贡，悉依旧例。武童一体办理。并将凤邑训导，分拨临淮"⑧。所谓的"额制"，是指清朝规定的学额数量。以临淮县归并凤阳县计之，凤阳额取二十五名，临淮十六名，合计四十一名，而归并之后合为凤阳县，按照额制，县学最多二十五名，这势必会损害两县学子的利益。故裁县

---

① 民国《平顺县志》卷 9《沿革考》。

② 民国《平顺县志》卷 4《名宦录》。

③ 《人民复杂情形》，民国《平顺县志》卷 3《生业略》。

④ 《清穆宗实录》卷 247 同治七年十一月丁酉，438 页。

⑤ 《清穆宗实录》卷 258 同治八年五月戊戌，588 页。

⑥ 录副：乾隆二十八年七月《控告徐沟县令裁汰归并徐沟状词》，档号 03-0345-013，内多漫灭难识之字。状词后抄录有徐沟县民胡应铨控告徐沟县令朱昱发乾隆二十六年采买仓谷，按亩摊派的状纸。

⑦ 光绪《会典事例》卷 372《礼部·学校》，81 页。后因江苏又设海门厅，厅乡同名，道光十二年改名静海乡，见道光《静海乡志》卷上《地理志》。

⑧ 《清高宗实录》卷 477 乾隆十九年十一月乙未，1161 页。

后另编乡学，并设乡学训导、教谕等治之，保持了原有学额的稳定。如清源于裁县之初即设乡学，并移徐沟县训导驻扎管理①；乐平、马邑亦设乡学，并分设教谕、训导②。因两县同城而合并的案例中，将被裁之县的学额编为乡学，亦属清代律例所定。如直隶蔚州裁入蔚县时，直隶总督方观承奏："宣属文风，两蔚为盛，今蔚县裁归蔚州管辖而读书士子不减于前，请将原住蔚县生童另编乡学字号，岁科两试取进，额数及考补廪增出贡之处照旧办理。所有蔚州学正仍管本学事，其训导一员专司乡学，另颁学记，以专责成。部议应如所请。从之。"③不仅学额保留，与科举有关的费用仍然照旧留支，如直隶新安县归并安州后，"学额仍循其旧，自应将带办二年一次之贡生花红、旗□，三年一次之乡会试盘费、牌坊等银照旧留支。至春秋两祭暨修理学宫以及行香、纸烛并应用吹手、斋膳夫、门斗等项均按款支给"④。

在一县分隶多县的例子中，学额处理呈现出不同的方式。其中山西省平顺县分隶潞城、黎城、壶关三县，但原县学额并未划割三县，而是整编为"平顺乡学"，附于潞城县学之下，"凡平顺所属地面，胥赴潞城应童子试，榜发则另标曰平顺乡学。其系之以平顺者，从其初也。其别之以乡者，统于县也"⑤。直隶魏县则有一定调整。

　　改定大名元城等学取进童生额数及魏县为乡学各例。直隶魏县裁缺，就近改并大名、元城二县管辖。魏县原额十八名、武童十五名内，拨文、武童生各二名；大名县原额文童十八名、武童十五名内，拨文、武童生各一名，俱归入元城县。将元城县学额定文童二十一名、武童十八名，大名县学额定文童十七名、武童十四名，其拨剩之魏县原额文童十六名、武童十三名另编乡学字样考试取进，大名县训导一员专管乡学事务。

---

① 《清高宗实录》卷792乾隆二十九年八月庚寅，990页。

② 光绪《会典事例》卷366《礼部·学校一》，10页。

③ 《清朝文献通考》卷71《学校考九》。

④ 朱批：道光十七年八月初二日署理直隶总督琦善奏，档号：04-01-35-0960-001。

⑤ 《平顺志附入潞城小序》，民国《平顺县志》卷1《小序》。

此次调整设计到魏县、大名、元城三者之间的学额分配。其原因是此次魏县被裁，同时大名县治移驻元城县原驻的府城，故牵涉到大名、元城之间的疆界调整。据乾隆《大名县志》所载，府城本系大名县所辖，此次将"府城内之街道关厢划半分管，其大名旧管之府东关、北关三里店十三村与元城毗连，俱拨归元城县，余仍隶大名"，因大名划归元城十三村，故各拨文童、武童学额各一人予元城①。

将旧县之地学额另建乡学，是清代的创举（见表8-8）。然而，就新县与旧县的融合而言，这一政策的弊端显而易见。旧县之地即是乡学所统之地，旧县虽裁，其区域范围并未打破。直隶魏县裁入大名、元城后，地方意识长期存在，其原因正始于乡学。"查魏县系于乾隆二十三年裁并入大名，当时因学额仍旧，故独留学宫、教官于旧城，名曰乡学，以别于大名固有之县学，讵此端一开，百事踵仿，凡钱粮、差徭、词讼、胥吏等项，原属大者曰县，亦曰本邑。原属魏者曰乡，亦曰新并，界限截然，百余年来，牢不可破"②。在山西四县中，类似议论亦有可见。同治三年，清源创立梗阳书院，徐继畲在碑记中就称"清源，故太原大县也。乾隆中移县治于徐沟驿，因以徐沟名县而改清源为乡，仍有学宫，两地界画判然，风气亦迥异"③。各废县乡绅对学宫抱有的特殊感情，一方面是对教育的重视，另一方面也在于学宫成为旧县"硕果仅存"所具有的特殊象征意义。清源建梗阳书院，乡绅"踊跃输将，集银一万五千余两"，在地瘠民贫的清源，乡民之踊跃令徐沟知县甚感意外④。乐平重修乡学学宫，原拟募款三百缗，乡人"奔走相告，不数月，民之乐助以钱者，数及两千缗"⑤。又如马邑，"裁县后，百年来寂然无闻焉。深幸邑之有官，掌司教化，能造士、能作人也"⑥，霍百龄为马邑贡生，曾言"马邑既县

---

　　①　乾隆《大名县志》卷1《图说一》。
　　②　民国《大名县志》卷1《沿革》附《民国三年大元归并办法》。
　　③　《创立梗阳书院碑记》，光绪《清源乡志》卷17《艺文》。碑记中对清源、徐沟的裁置关系有所误解。
　　④　光绪《清源乡志》卷5《学校》。
　　⑤　《重修乐平乡学碑记》，光绪《平定州志补》之《艺文》。
　　⑥　民国《马邑县志》之刘清泰《序》。

为乡矣，所有一线遗留者独此学校耳"①，学宫成为维系地方认同的纽带，而乡学也成为官方办学体系中自成一体的学区。河阴裁并入荥泽后，"于文庙、学舍、县署卒不少改，以示每岁礼神、校士、饮射、读法诸仪，官斯土者，仍当于旧治行之"②。直隶漷县虽并入通州，然而学宫礼制未曾废弃，"漷虽归并，学宫犹存。今春秋祭费，漷人以学田所入充之。驻漷州判主其事。诸生亦敬襄执事也焉。旧制不容泯也"③。

　　当然，也并非所有裁县之地都建立了乡学之制。如宝丰、新渠二县，因地震之灾而满目疮痍，不具备设治之条件。而且因该地系新开发之地，多外来移民，故裁县后令各童生各依本籍参加科考，并将该二县原有学额分配到临近州县，宁夏府学拨增八名、灵州中卫二县各增四名、宁夏宁朔二县各增三名、平罗加赠二名，共计二十四名④。

表 8-8　清代乡学设置

| 乡学 | 设置时间 | 学务官员 | 管辖学区 |
|---|---|---|---|
| 临淮乡学 | 乾隆十九年 | 训导 | 原临淮县学额 |
| 虹乡学 | 乾隆四十二年 | 训导 | 原虹县学额 |
| 清源乡学 | 乾隆二十八年 | 训导 | 原清源县学额 |
| 平顺乡学 | 乾隆二十九年 | 训导 | 原平顺县学额 |
| 马邑乡学 | 嘉庆元年 | 训导 | 原平顺县学额 |
| 乐平乡学 | 嘉庆元年 | 教谕 | 原乐平县学额 |
| 河阴乡学 | 乾隆三十年 | 教谕 | 原河阴县学额 |
| 庄浪乡学 | 乾隆四十三年 | 训导 | 原庄浪县学额 |
| 海门乡学 | 康熙四十一年 | 训导 | 原海门县学额 |
| 延庆州乡学 | 乾隆二十六年 | 训导 | 原延庆卫学额 |
| 蔚州乡学 | 乾隆二十二年 | 训导 | 原蔚县学额 |

① 《清例授修职佐郎霍公教思碑记铭》，民国《马邑县志》卷4《续艺文》。
② 民国《河阴县志》卷17《杂记》。
③ 乾隆《通州志》卷5《学宫》。
④ 朱批：乾隆四年十二月初四日陕西学政嵩寿奏，档号：04-01-38-0060-044。

294/皇权不下县？——清代县辖政区与基层社会治理

| 乡学 | 设置时间 | 学务官员 | 管辖学区 |
|------|----------|----------|----------|
| 魏县乡学 | 乾隆二十三年 | 训导 | 原魏县学额 |
| 仪封乡学 | 道光四年 | 教谕 | 原仪封厅学额 |
| 锦屏乡学 | 道光十二年 | 教谕 | 原锦屏县学额 |
| 漳县乡学 | 道光九年 | 训导 | 原漳县学额 |
| 新安乡学 | 同治十一年 | 训导 | 原新安县学额 |
| 安居乡学 | / | 训导 | 原安居县学额 |

资料来源：光绪《会典事例》卷 366～380《礼部三》。

## 四、佐杂分防与新县、旧县的地域融合

撤县不仅是行政运作的结果，更是地域融合的过程。裁县是否成功，不仅在于裁撤过程是否顺利，更在于新、旧二县能否融为一体，从而构建出新的地域认同。然而，清代撤县之后特殊的学额政策和管理模式强化了地域隔阂，"虽合实分"，复县思潮时时萌动。而佐杂的分防在一定程度上承担起原知县所应尽的各类职责，正如直隶新安县被裁后，民人杨溥等人在京控的状纸上所写，"向有旧章，安州兼管新安，新安士民自应以事父母者事之。而州判驻新安，亦新安之父母也，民亦应事父母者事之"①。虽在品级上位于知县以下，而有的实际上职任与知县并无太大差别。从史料来看，在裁县后，分驻佐杂的辖区及其职责有一定程度的差异。

第一种是将刑名钱粮完全交割佐杂管理。如庄浪县，乾隆四十二年归并隆德县，但"距县较远村落，凡遇完粮诉讼等事，往返维艰"，故并

---

① 录副：道光十二年十二月十八日直隶新安县民人马金宝、杨溥等《呈请仍设新安县事》，档号：03-2852-020。

未"全归隆德"①，该县丞头衔为"庄浪分县兼理粮捕事务"②。民国二年复县时，其理由即是"向征钱粮，且词讼繁多"③。漳县亦如此，道光九年裁并入陇西县，同治二年时籍隶漳县的河南布政使为恢复本籍，上疏奏请复设漳县县丞，在追记道光年间裁废事宜时称"县丞系佐贰人员，不过弹压地方，无钱谷兵刑之责。延自改设以来，惟县试文武生童尚赴陇西应试，其余仓库、钱粮，一切命盗词讼均属县丞管理而陇西县一若督催审转之官，于是地方知有县丞而不知有县令矣"④。漳县县丞承担刑名诉讼，见于实证，如县丞李忠翰，史载其"筑县望族也。光绪二十六年署，居官急毅，听断明允，案无积牍，士民称能吏也"⑤。

第二种是佐杂仅负责治安，刑名钱粮归新并之县经理。如直隶新安县归并安州，"自道光十二年奉旨裁汰新安归并安州，将知县、县丞、典史、教谕、训导尽行撤回，归部另选，以安州州判移驻新安，总管河道堤工并弹压地方街道，以安州训导移驻新安为安州乡学，所有入学、出贡、补廪人数仍依旧额，至于赋税讼狱俱归知州办理"⑥。如河南河阴县，裁入荥泽，"至该地稽查保甲、缉拿盗匪等事，照集镇分员弹压例，添设巡检一员管理，给与印信，以专职守。俸廉役食，照例于裁存项下支给。仓廒谷石仍贮本城，便民借籴完纳，责成巡检守看，仍听知县经理。"⑦

第三种是仅管河道等专项事务。魏县初裁入大名、元城时，所设魏县县丞其职责是"魏县县丞，准驻扎旧制，改为大名县管理漳河县丞。"⑧这实际上是试图将旧县之地与新并之县融合管理的尝试，而将驻扎旧县之佐贰职责严格限制在专项事务上。但这一设置职官的方式并未能持久，

---

① 《清高宗实录》卷 1027 乾隆四十二年二月甲寅，767 页。

② 《重修龙眼山碑记》碑文署衔，见《庄浪县志》第十八编《艺文》第一章《金石》，中华人民共和国地方志丛书，682 页，北京，中华书局，1998。

③ 《政府公报》第 354 号，1913 年 5 月 2 日，第 13 册，343 页。

④ 同治二年十一月河南布政使王宪《请复设漳县知县疏》，《陇西分县武阳志》卷 5《艺文》。

⑤ 《陇西分县武阳志》卷 3《名宦》。

⑥ 道光《安州志》之《凡例》；又见朱批：道光十三年二月十一日军机大臣穆彰阿奏，档号：04-01-02-0008-003。

⑦ 《清高宗实录》卷 724 乾隆二十九年十二月丙戌，1070 页。

⑧ 《清高宗实录》卷 565 乾隆二十三年六月甲戌，162 页。

乾隆五十九年就将"大名县管理漳河县丞"改为分防县丞，将除命盗、田土、词讼以外的轻微案件交予魏县县丞办理。

> 直隶总督梁肯堂跪奏为管河县丞今昔情形不同，奏请酌改分防，以裨地方事。窃照大名县管理漳河县丞原属魏县所辖，大名县旧治本在郡城之南缘，乾隆二十二年卫河水溢，浸损城垣，而魏县城郭亦于是年被漳水冲塌。经前督臣方观承奏准将魏县裁汰，分归大名、元城二县管辖，并将大名县移治郡城，与元城县同为附郭所有。魏县之丞系管理漳河之务，仍驻扎魏县旧治，归于大名县所属，其关防改铸"大名县管理漳河县丞字样"。查大名县原管并魏县拨归统计，大小六百四十五村庄，地方辽阔，闻见难周。其西路又与清丰、广平及河南之临漳、内黄等县邻封交错，最易藏奸。该县相离窎远，稽查弹压实属鞭长莫及。惟大名县丞驻扎旧魏，正系大名西南适中之地。该县丞所管漳河，春夏二季，全自涸澈，惟夏秋之交，大雨时□，河水泛涨，应须回护。此外别无应办事件。此缺系管河，并无地方之责，不足以资弹压，将该县丞改为分防，除户婚、田土、词讼一概不准干预外，其盗贼、匪徒、赌博、奸拐、斗殴等事，责成该县丞就近查拿，解县审办，似与地方大有裨益。①

清代裁并的不少县份，赋税和学额基本上仍然维持了旧有格局而未稍加重置，虽有益于裁县过程的顺利推行，然亦使得原有区域认同不断以学额等形式得以强化，遂有"本邑"与"新并"之分。前如魏县裁入大名，"自清乾隆二十一年县城汜于漳水，当其时，炎余黎民，无力恢复现状，裁并大名（大名指旧县而言）名义上分大名为本邑，魏县为新并，共隶一县，公署之下，而实际上一切政务如征收钱粮、契税及入学名额、书院膏火、奖赏，下至各科、各班书役等仍均系各自为政，毫不牵混"②，其畛域分明至此。其中，所谓"入学名额"自然是指由分驻的乡学训导所统领的学区，而其他政务如"征收钱粮、契税"乃至"各科书役"仍各自为政，其隐含之意是分驻于原魏县的县丞承担起了该地域范围内的几乎全部行

---

① 录副：乾隆五十九年七月初八日直隶总督梁肯堂奏，档号：03-0269-012。
② 民国《大名县志》卷1《沿革》。

政职务。山西亦如是，清源虽并入徐沟，然"学额仍旧，疆域虽合而赋税、词讼、士习、民俗界画判然，风气亦异，官斯地者，顺人之情，因地之宜，一切政事遂有东、西之分，吏役亦分设焉"①，所谓政事之东即是指"徐沟县"而言，而政事之西即指由清源乡巡检构成的分辖区。行政管理上的分头而治导致了地域上的"貌合神离"，以至于光绪年间修志，"集绅耆公议，而徐沟人不知清源之事，清源人亦不知徐沟之事，众论纷如"，只好分修《徐沟县志》与《清源乡志》，所谓"清源之宜为志，非敢求异，亦势之不得不然者也"。清源与徐沟难以融合，有谓"清源襟山带水，士秀而文，民勤而朴，自隋置县，历千有余年，循良接迹，教化之所成，政令之所道，有不能强而同者"，但根本原因在于清代特殊的并县政策并未打破反而是强化了地域隔阂。地方志修撰中，俱可见此畛域分明的地域格局。清源、徐沟各自为志，自不待言，平顺乡志附于《潞城县志》后，《平定州志》、《朔州志》每卷内容下，均先列本州事宜，而后单列乐平、马邑乡。志书处理方法符合行政上合并的现状，也符合事实上的畛域分明，光绪《清源乡志》的编纂者就认为"补修清源乡志，附于徐沟邑志之末，顺绅耆之性而符并辖之制"②。又如南召曾并入南阳，在纂修《南阳县志》时，志书编纂者言"南召并入南阳，虽合为一县而昔固有南阳、南召之分矣。其山川、人物等必以其类附于各条之后所以示办，亦以俾阅者披览之下，知何者为南召而何者为南阳也"③。

　　"本邑"与"新并"的称呼本身就包含着一种地域差别，如于裁县之后，推进地域融合，不分彼此，则此种关于地域差别的微妙感觉当逐渐消失。然而，清代特殊政策造成的地域隔阂，强化了被裁之县的不公之感。《马邑县志》序言即称"洎乎晚清专治恶啖愈演愈激，地方兴革要政，马邑以乡之名义不克自专，种种受人支配，动涉牵掣，无异周末之附庸小邦，东西各国之保护属土。官民俯首听从，坐视成败，无可如何。其情殊可伤也"，直言朔州有"近水楼台"之利，又云"裁县为乡，我以乡人自居，

----

① 《补修清源乡志叙》，见光绪《清源乡志》。
② 以上见王勋祥《补修清源乡志叙》、王效尊《清源乡志跋》，均载光绪《清源乡志》。
③ 康熙《南阳县志》之《凡例》。

人即以乡人待我"①；平顺原攀瀛尝曰"吾平分隶三县，不平待遇之苦"②；清源，"官斯土者，亦因徐地近情亲而于清稍疏阔，迹罕至焉"③。平顺县原有常平仓谷一万二百四十九石有奇，社仓一千八百一十八石，义仓二百九十八石九斗有奇，自光绪初年移送潞城县管理，"某年潞属崇道等村荒，借食一次，某年平阳府饥，又借食一次"，而"事非经平顺人手借食，是否归还则不可知"④，亦引发潞城、平顺间的相互猜忌。而遇有摊派事宜，本邑与新并之地更是你争我夺，唯恐多增赋税，相争的结果往往是只能依照废县前旧例办理，这无疑仍在强化各自的区域意识。平定州是由直隶入山西驿路所在，设置驿站三处，所费皆由当地摊派。乐平被废前，平定本州负担平潭、甘桃两驿差务。柏井驿虽在平定本州境内，然而由于平定本州承担两驿差务已较沉重，故将柏井驿差务交由乐平县办理。嘉庆元年乐平被裁时，蒋抚所执的一条关键理由就是柏井驿不在乐平县境，照应不周⑤。然而，裁县后，州民唯恐乐平乡人借此变故不承应差，以致州民、乡民互控，嘉庆十一年不得不勒石规制，仍按废县前旧例办理。现存于平定县柏井村法华寺的《东路布铺遵规结状碑文》记载此事甚详：

> 　　平定为三省通衢，差务甚繁，向来止有平潭一驿。雍正二年，梅州主将辽州之甘桃驿拨入，平定一州办两驿差务，民力已难支持。嘉庆二年，乐平改县为乡，州民恐乐民抗差推驿，复蹈甘桃之故辙，州民与乡民互控院宪。蒙饬令，出具甘结，依奉遵结，到大人案下恩断，得平定州旧办平、甘二驿草束并一切杂项差使，并不与乐平相干；乐平乡办理柏井驿草束并一切杂项差使，并不与平定相干；俱依旧规，各办各差，永不相推，情愿息词，遵结是实。高州主又恐两地人民互相推诿，出示晓谕，已镌诸石。两地人民相安已久，

---

①　民国《马邑县志》之《序》。

②　民国《平顺县志》卷6《孝义传》。

③　《邑候范公德政序》，光绪《清源乡志》卷17《艺文》。

④　民国《平顺县志》卷2《赋税》。

⑤　录副：户部《奏为山西库生焦元龙等呈请乐平县仍归旧制事》，档号：03-1644-055；录副：山西乐平县监生李映东等呈文，档号：03-1644-054。原折并未注进呈时间，据户部所奏，当在嘉庆元年六月十五日至七月十九日间。

今年秋间，布行恒隆号等忍以抗不办公等词□案，蒙批候转案，核饬遵办。东路铺户以不遵旧规等词具诉，仁天洞悉情由，批：即着遵旧规办理。该差即取两处布行甘结送案，毋迟，黏单附于是，出具甘结。缘小的东路布铺仍照旧规办理。西郊、槐树铺、旧关三处茶尖棚布，不敢违抗，结状是实。蒙批准结，仰见仁天一视同仁，毫无偏佑东路人民。愿洪恩永传不朽，因勒诸石，以昭定制云①。

复县思潮无时无刻不积郁于新并之地，最典型者莫如平顺石璜。石璜系平顺乡人，少有才名。清末厉行新政，废科举，设学堂，平顺风气锢蔽，就学山西大学堂者仅有石璜一人。每至放假往返途经潞城，平顺士绅原攀瀛尝问其新政梗概，并嘱曰"吾平分隶三县，不平待遇之苦，吾尝之久，观汝少年英俊，颇有可为，嗣后遇有复县机会，幸勿交臂失之，谨志吾言"②。清朝覆亡后，政治形势的改变，使得废县之后一直萌动的复县思潮得到付诸实践的时机。其时被选为临时省议会议员的石璜立即发表了《恢复县治通告书》："土地若不能独立，人民即不能平等。人民即不能平等，其权利义务之关系又曷能平等乎。故乡之附于县为最不平等之制也久矣。同此人也而仆隶焉，同此地也而附属焉。受绅民歧视，任胥吏之重索，种种现状，笔难罄书"。③ 此文生动揭示了乡人为附庸之苦，与马邑乡人将县、乡关系比喻为"周末之附庸小邦，东西各国之保护属土"是同一道理。同样，在甘肃漳县④、贵州锦屏县⑤早在清代就不断有恢复旧制的呼声，但由于种种原因，并未实现。这不仅是由于该地地

① 张正明、[英]科大卫、王勇红编著：《明清山西碑刻资料选》(续二)，18～19页，太原，山西经济出版社，2009。

② 民国《平顺县志》卷6《孝义传》。

③ 《民国元年临时省议会议员石璜恢复县治通告书》，民国《平顺县志》卷9《沿革考》。

④ 同治二年十一月河南布政使王宪《请复设漳县知县疏》，《陇西分县武阳志》卷5《艺文》。

⑤ 录副：咸丰十年六月二十七日云贵总督张亮基、贵州巡抚刘源灏奏，档号：03-4156-053。此事经吏部遵旨议论，同意锦屏复县，然而却遭到咸丰皇帝的直接否定，其理由是"前既奉有圣谕，断无复还之理。况该处距附郡首邑不过百余里，得人为治，不必添设一官。该督等所请着勿庸议"，见朱批：咸丰十一年正月十八日吏部尚书全庆、吏部尚书陈孚恩奏，档号：04-01-01-0872-052。

域意识脱离于现实行政区划而长期延续的结果,也与佐杂进驻和乡学保留有关。

政区变化与基层社会变动之间存在着复杂的关系,无论是政区边界的调整等相对微小之事,还是政区的归并等,都会引发基层社会的反弹。而清代尤其是雍正时期,基层政区的大规模调整中,民间社会的反应如何,如何处理政区调整后的地方关系,正是目前研究中缺失的地方。本质上而言,这主要归因于目前的研究取向主要是一种中央的视角而缺少地方关怀,更多是从上而下的眼光去看待地方政区调整的合理性,或者说是"大一统"观念下地方对中央政策的绝对服从,但居民地域意识以及由此引发的对政区调整的对抗性因素则尚少人关注。周振鹤在《建构中国历史政治地理学的设想》一文中,曾提出历史政治地理研究在行政区划方面三个步骤的内容:第一是复原疆域政区变迁的全过程;第二是就疆域政区本身的要素进行分解式及政治学角度的研究;第三是研究政治过程对地理区域的变迁过程①。要之,在行政区划研究中将政治过程与地理因素结合起来,是历史政治地理学研究的基本趋向。发掘政区变革中隐藏于官方叙事之下底层民众的声音,将政区变动与政治运作、地方社会史结合起来,将进一步丰富我们对行政区划变革的认识。

---

① 周振鹤:《建构中国历史政治地理学的设想》,《历史地理》第十五辑,上海,上海人民出版社,1999。

# 第九章　清代佐杂的新动向与乡村治理的实际

## ——质疑"皇权不下县"

## 一、何谓"皇权不下县"

　　传统中国社会的权力体系是金字塔式的，塔顶是皇帝，谓之"皇权"，又或有"国权"、"王权"之称。"君主之国权，由一而散于万"①，尤其是在大一统时期，由行政区划层级构成的权力结构成为皇权向下延伸的象征，其中最为稳定的是县级行政权力。从历史上看，县以下多属乡官或职役性质，其职能也多以赋税、治安为主，一般不被视为职官系统②。仅就职官设置而言，县下似乎出现"行政真空"，那么国家对县以下是如何控制的，以及由此引发的国家与社会的关系就成为学术界长期关注的话题。

　　1993 年，以研究"三农问题"著称的温铁军首次针对历史时期国家基层治理策略提出"皇权不下县"的主张，但在当时并未引起太多关注。直到 20 世纪末，"三农问题"日益引起最高领导层、学术界、媒体的广泛关注，温铁军于 1999 年发表了被引频次很高的《半个世纪的农村制度变迁》一文③，对新中国成立以后土地制度变化、乡镇企业改制、农民收入、城乡二元结

---

① 《法意》按语，《严复集》第四册，937 页，北京，中华书局，1986。

② 可参考赵秀玲《中国乡里制度》一书相关论述。

③ 《南方周末》2000 年 8 月 24 日第二版《温铁军：以综合改革解决"三农"问题》报道："我们（指温铁军等）在 1993 年曾经提出过解决农民负担问题的观点和建议，认为中国自秦朝设立"郡县制"以来 2000 年的封建社会都是'皇权不下县'，政府对于小农经济最低成本的管理方式是乡村自治，而不是国家针对每一个农户的税费管理"。但 1993 年提出以后，无论在学界和报刊均未引起太多反响。检索中国期刊全文数据库与重要报纸全文数据库，"皇权不下县"首次出现于 1999 年温铁军《半个世纪的农村制度变迁》一文中（《战略与管理》1999 年第 6 期）。

构、农村政治体制等问题全面阐述了其见解及应对措施。在这篇文章中，温铁军再次议及传统社会对基层的管理模式，论述了"皇权不下县"这一概念：

> 由于小农经济剩余太少，自秦置郡县以来，历史上从来是"皇权不下县"。解放前县以下虽然设有派驻性质的区、乡公所，但并不设财政，不是一级完全政府。农村仍然维持乡村自治，地主与自耕农纳税，贫雇农则只交租。这种政治制度得以延续几千年的原因在于统治层次简单、冗员少，运行成本低。

温氏认为历史时期"皇权不下县"，县以下有自治传统，其原因是小农经济高度分散，政府直接面对小农的交易成本过高。在这一历史依据下，温氏提出了改革乡镇体制的设想。在 2000 年出版的《中国农村基本经济制度研究——"三农"问题的世纪反思》一书中，温铁军针对其时正在试点的"税费改革"阐述历史时期税费制度的特征时再次指出：

> 历史上由于农村人口庞大、农业剩余少，农民作为纳税主体，不仅数量多而且过度分散；政府征收农业税费的交易成本高到无法执行的程度。因此，统治者才允许农村基层长期维持"乡村自治"。自秦代建立"郡县制"以来 2000 多年里，政权只设置到县一级，国家最低管理到县级。这是我们这个农业剩余太少的农民国家能够维持下来的最经济的制度①。

平心而论，温铁军虽然最早提出"皇权不下县"，但并未有过系统的学术论证。但他将这一对传统社会基层治理的认识与广受关注的农村体制改革联系起来，以故甫经提出，便引起强烈反响②。研究者围绕乡镇一级政

---

① 温铁军：《中国农村基本经济制度研究——"三农"问题的世纪反思》，411 页，北京，中国经济出版社，2000。

② 2014 年 12 月 6 日零点据中国知网全文数据库统计"皇权不下县"出现频次，1999 年，1 次；2000 年，1 次；2001 年，7 次；2002 年，11 次；2003 年，24 次；2004 年，53 次；2005 年，63 次；2006 年，75 次；2007 年，92 次；2008 年，83 次；2009 年，81 次；2010 年，126 次，；2011 年，144 次；2012 年，154 次；2013 年，135 次；2014 年，134 次。

府的去留展开论战，赞成者以之作为取消农村基层政权的理论依据，而反对者亦以古今形势不同，时移事易应之。然而，双方却对历史时期是否是"皇权不下县"这一重大命题和理论前提不曾展开交锋，似乎均予以默认，如以《我向总理说实话》一书闻名的原湖北省监利县棋盘镇党委书记李昌平撰文称："有的人引用'皇权不下县'来要求撤销乡镇，实行乡村自治。殊不知'皇权不下县'的时代与现今的时代不同"①，也默认了这一命题的合理性，只是对由该命题所推导出的具体农村政策有所质疑。

秦晖是较早对该理论提出质疑的学者之一。他对温铁军的这一概念先作了进一步的引申发挥，认为完整表述应为"国权不下县，县下惟宗族，宗族皆自治、自治靠伦理，伦理造乡绅"。这是对温铁军"言而未尽"之处的补充，从而使得孤零零的"皇权不下县"变成一个逻辑上首尾相连的体系，并将学界有关乡村社会研究的几大话语如宗族化、乡绅社会、自治体系、传统礼治等纳入其中，环环相扣，构成一个新的宏大命题。秦晖的引申并不意味着他对这一命题的认同，相反，该命题是如此宏大，以致从任何时代选取个别案例都可以形成有效质疑。秦晖利用走马楼出土的吴简所反映的魏晋时期乡村状况，提出两点质疑：一是宗族化是否存在？即使是世家大族最为兴盛的魏晋时期，乡村宗族化也并不明显；二是县以下存在着发达的基层组织，上级衙署委派乡级的乡吏职责十分广泛，不仅不能体现"乡村自治"，反而可被视作国家政权延伸至乡的产物②。他更进一步，反其道而行之，认为并非是"国权不下县"，应该是"国责不下县"③。王奇生也提出了类似观点，他承认帝制时代中国官僚机构末梢是县级衙门，县官是封建官僚系统中最低一级的"朝廷命官"，但这并不意味着县以下基层社会完全处于"天高皇帝远"的权力真空状态，一方面基层社会本身在地缘、血缘的基础上不可避免地衍生出一些权力，另一方面，历代统治者亦建立了各种

---

①　引自李春根：《农村制度变迁中的乡镇财政与政权建设研究》，152页，南昌，江西科学技术出版社，2006。

②　秦晖：《传统中华帝国的乡村基层控制：汉唐间的乡村组织》，载黄宗智主编《中国乡村研究》第1辑，北京，商务印书馆，2003。

③　秦晖：《权力、责任与宪政：中西历史中关于自由放任与国家管制的两种论争》，载高全喜主编《大国》第四期，北京，北京大学出版社，2005。

非正式的基层政治组织①。统观以上诸论点,皆以历史时期基层社会的各类非正式组织的存在来反驳"皇权不下县",其实并不能从根本上动摇其理论根基。这是因为"皇权不下县"中的"皇权"二字是取其狭义定义,专就国家正式委派的职官和行政机构而言的,而不是指广义的皇权及其衍生物,那是无所不在的。它真正的理论根基在于区分皇权对县以上和县以下不同的治理模式,县以上通过建立科层式的官僚机构进行直接统治,而对县以下借助三老等乡官或里甲、保甲等带有职役性质的基层组织进行间接统治,从而缓解了传统社会资源不足的困境,并因介入力度较弱而为宗族、士绅留下了运作空间。这类基层组织是不是属于官僚系统,是有很大争议的,王奇生也承认"这些基层组织的负责人不是正式的官员,也不享受官员的待遇,所以只能称为准政权组织或附属政权组织",无疑承认了县以下的确不曾存在正式职官。秦晖举出吴简中记载的大量乡吏,认为他们承担了大量行政职能,是代表皇权的。但承担的行政职能多少与是否是官僚机构不能画上等号,就如同清代县衙存在的大量攒典、吏员一样,承担的职能几乎无所不及,但这并不妨碍我们认为他们仅仅是吏而不是官,即使在清人眼中,他们也有明显的区别。历史学界有不少学者对"皇权不下县"一说持有保留态度,经常有较激烈的争论,但就笔者所见,大多并未形成有针对性的系统的文字表述,这或许是认为这一概念明显不符合历史实际,无澄清之必要。其质疑的依据仍然和王奇生等人一样,着眼于基层行政组织的性质上,而其力度稍弱,难以定谳。不能在县以下寻到言之凿凿的职官,对"皇权不下县"就难以构成有实质意义的质疑。笔者所见,将视角投向县以下的官僚人员的仅有两位,一位是魏光奇,他在《清代"乡地"制度考略》一文中注意到广东等地区佐杂分管辖区的存在,认为"这种体制的实行,实际上意味着在州县之下划分了行政区(尽管职能单一),设置了国家正式官员,所谓'皇权不下县'的体制因此被打开了缺口"②,这一见解相当犀利,但作者仅仅点到为止,这一分防的数量如何,其职能如何(该文认为其职能单一,事实可能并非如此),与县级行政官员之间的关系怎样,该文并未论述。其中更关键的一个问题在于这种佐杂分防并统领县下基层组织的现象是何时出现的，正是认清"皇权不下县"体制是何时打破的关键，该文称"至迟在18世纪上半期就已经开始"，尚缺少例证支持，因此，需要更多实证性的研究来支撑。另一位是张研《对清代州县佐贰、典史与巡检辖属之地的考察》一文①，虽认识到佐贰等官员领有辖地，但作者认为这并不构成对"皇权不下县"的有效质疑，其理由有二：一是数量少，二是职能单一。从具体的研究来看，这两大理由仍需重新讨论。

温铁军提出的"皇权不下县"这个词虽是新的，但其表达的内容却是旧的。"皇权不下县"关涉的是两大命题，一是传统社会的"非国家化"，一是近代化带来的国家权力向基层社会的直接介入。认识传统社会的非"国家化"意味着对取代国家而成为乡村实际统治者的宗族或者乡绅地位的认知，由此延伸出"宗族化"和"乡绅社会"等命题。而对国家权力何时向基层社会直接介入，则又关系到如何评判现代化对基层社会的改造及其后果。这两大问题一直为国内外学术界所关注、讨论，并非自温铁军始。温铁军的贡献是将这一命题简约化并将之与现行农村政策联系起来，以故获得了比类似观点、理论更大的学术与社会反响。

早在20世纪40年代，费孝通在《基层行政的僵化》、《再论双轨政治》中就形成了对中国社会结构"双轨制"的全新认识。他发现牵制专制统治有两道防线，一是传统皇权的无为主义，另一个就是行政机构范围上的限制，使得皇权并不直接针对每个家庭：

> 我们以往的政治一方面在精神上牢笼了政权，另一方面又在行政机构的范围上加以极严重的限制，那是把集权的中央悬空起来，不使它进入人民日常有关的地方公益范围之中。中央所派遣的官员到知县为止，不再下去了。自上而下的单轨只筑到县衙门就停了，并不到每家人家大门前或大门之内的②。

---

① 张研：《对清代州县佐贰、典史与巡检辖属之地的考察》《安徽史学》2009年第2期。

② 费孝通：《基层行政的僵化》，收入《乡土重建》，见《费孝通文集》第四卷，337～338页。

在费孝通看来，皇权的象征是官僚制。中央所派遣的官员到知县为止，县以下没有任何行政单位。中央所做的事情是极有限的，地方上的公益不受中央干涉，由自治团体进行管理，实际上就以县为界将中国的政治结构划分为县以上的"中央集权"和县以下的"自治体制"，从"县衙门到家门口"成为中国历史上最重要也最有趣的一段路程。负责沟通两者之间的关键阶层就是绅士，由此提出中国政治结构的双轨制：一方面是自上而下的皇权，另一方面是自下而上的绅权和族权，二者平行运作，互相作用，形成'皇帝无为而天下治'的局面①。单就传统乡村治理模式而言，费孝通"双轨制"的论述与"皇权不下县"并无不同。

国外学者对中国的社会治理模式的观察也得出过类似的看法。20世纪初，德国社会学家马克思·韦伯在《儒教与道教》中注意到中国疆域是如此广阔，而正式官员的数目极小，决定了国家对社会的管理是粗放式的，"正式的皇家行政，事实上只限于市区和市辖区的行政。在这些地方，皇家行政不会碰到外面那样强大的宗族血亲联合体，——如果能同工商行会和睦相处——会大有可为的。一出城墙，皇家行政的威力就一落千丈，无所作为了"②。美国学者吉尔伯托·罗兹曼《中国的现代化》一书指出中国帝制时代晚期地方政府在县一级有它的基层组织，而农村并没有显示出有关一级政府一般假设的某些特征，农村和城镇没有正式的政府，而且缺少负责当地政治生活的或者由更高一级统治者制定的社团机构，农村不是上至中央政权的链条中的一环③。费正清在《剑桥中国晚清史》中区分了两类政府统治的方式，他认为州县官是"表面上管辖着一个约有20万～25万居民的地区"，事实上"政府统治的活动可以区别为两类：一类是往下只到地方县一级的正规官僚机构的活动，另一类是由各地缙绅之家进行领导和施加影响的非正规的网状系统的活动"，"中华帝国是一个不可思议的地方，就是它

---

① 费孝通：《再论双轨政治》，收入《乡土重建》，见《费孝通文集》第四卷，343～364页。

② ［德］马克思·韦伯著，王容芬译：《儒教与道教》，145页，北京，商务印书馆，1995。

③ ［美］罗兹曼主编、陶骅等译：《中国的现代化》，110～111页，上海，上海人民出版社，1989。

能用一个很小的官员编制来统治如此众多的人口"①。

"皇权不下县"的分析路径与西方近年来热门讨论的国家自主权也有一定相似之处。英国学者迈克·曼区分了两个层面的国家权力，其一是国家的专制权力，即国家精英可以在不必与市民社会各集团进行例行化、制度化讨价还价的前提下自行行动的能力；其二是国家基础性权力，即国家能力，指的是国家事实上渗透市民社会，在其统治的领域内有效贯彻其政治决策的能力。而传统中国社会存在着看似矛盾的两个特征：国家管辖范围宽泛，专制权力强，但另一方面国家实际渗透能力软弱，其中的一个表现便是有效的官僚制度难以建立，中央权力只能有效控制到县级②。

综而言之，"皇权不下县"这一词语的出现虽然是近十几年的事情，而它所要表达的对中国传统乡村治理模式的认识早已有之。但近年来引起的关注与讨论溢出学界之外，一方面是因"皇权不下县"以简洁的语言概括了中国传统乡村治理的特色，另一方面也与学界、社会对"三农"问题的关注有关，是现实折射于学术研究的结果。从这一概念本身的内涵与外延而言，它本在讨论皇权存在的空间范围，但事实上由此引申出乡绅社会、地方自治、国家与社会二元对立、乡村社会非国家化、市民社会等话语范式。从学术界已有质疑来看，更多局限于对传统社会基层组织与皇权关系的讨论，而这些基层组织无论是秦汉领取国家俸禄的乡官也好，抑或南宋以降形同职役的保甲、里甲组织，其身份及与皇权的直接联系始终是"暧昧不清"的，从这一角度展开的质疑总觉有"隔靴搔痒"之感。而对其最关键的一个理论前提即县以下不曾设有正式的职官，也不曾有过任何行政机构，以往的反思未曾特别关注，或关注不够，似乎都予以默认。问题在于，县以下确实不存在正式的职官吗？前文已充分证实县以下存在大量的正式官僚人员，且其数量极多；依据档案、方志等文献，证实这些官僚人员在其管辖区内承担大量的行政职能，甚至近乎与州县无疑，并成为县以下的行政划分，

---

① ［美］费正清、刘广京编：《剑桥中国晚清史》(1800—1911 年)上卷，20～22页，北京，中国社会科学出版社，1985。

② 参见英国学者迈克·曼(Michael Mann)与约翰·豪(John Hall)有关国家能力、国家权力的分析，引自李强《评论：国家能力与国家权力的悖论》，收入张静主编《国家与社会》，18～19页，杭州，浙江人民出版社，1998。

得到官方和民间的双重认可。

## 二、县以下的职官体系及其性质

职官是政治制度史所要研究的内容，传统学界对此着力甚深，大体而言，中央官制研究的较多，地方官制研究的较少。而且，在地方官制研究中，又集中于正印官。一个县级行政机构，除了正印官外，还存在其他辅助职官，通常称作佐贰官、杂职官，统称佐杂官或僚属官，但学术界对他们的存在不是视而不见，便是认为无足轻重。以清代官制史研究而言，佐杂官所受的忽略由来已久，由瞿同祖大作《清代地方政府》中的相关论述可见一斑。全书仅在其中的一小节论述了《佐贰官的卑微》，篇幅远不及衙役、书吏等低级吏员。瞿同祖认为僚属官在地方政府中只扮演着卑微的角色，除了那些被委以特定职责（如河务、邮驿、治安、典狱）的僚属官员外，他们大多仅有一些琐碎的、有时甚至不确定的职责，所以常常被称为"闲曹"或"冗官"，在地方行政中仅占非常次要的地位①。瞿同祖对僚属官行政地位的忽略并非偶然，这是一种带有相当普遍性的看法。问题是：既然僚属官在地方行政中是如此卑微，以致其职能完全可以被幕友和长随取代，为什么它们还会在清代行政制度设计中长期存在，要知道清代的行政理念一向注重裁革冗员。对佐杂官的忽视当然也有客观因素，史料尤其是细节性史料的缺失是其中之一。官文书中少有记载，就是在地方志甚至州县志、乡镇志中，僚属官都是可有可无的，大多仅限于姓名的著录与律令条文的摘引、抄录，以至于他们在基层行政中起到何种作用，很难知晓。笔者注意到瞿同祖在论述僚属官的职能及其在基层社会的作用时，所使用的材料大多是官文书，如《清会典》、《户部则例》等，问题恰恰就在这里。官文书中所载只是出自制度设计，实际运行的却未必如此。因此，拘泥于制度条文的勾勒与梳理，远远不能看出僚属官在地方行政中的实际作用，更不能有效解释这些看似完全无用的职官为何会在基层社会长期存在。

据《大清会典》的记载，作为州县政府的佐贰、首领、杂职官有：

① 瞿同祖著，范忠信译：《清代地方政府》，18～28页，北京，法律出版社，2003。

州佐贰为州同、州判，县佐贰为县丞、主簿，所管或粮、或捕、或水利。凡府州县之佐贰，或同城、或分防。其杂职内之巡检皆分防管捕，或兼管水利①。

这些佐杂官是知县政府的组成部分，从制度设计上，各自分管特定职责，拥有品级，其任命经由吏部，且有一定的升迁空间，属于官僚体制的末端，分享皇权，这应当是无可置疑的。自秦汉施行郡县制以来，全国大致设有一千多个县，其"建置之始，或以版籍之蕃庶，或以讼诉之浩穰，或以防寇盗之变，或以示形势之重，皆有意谓，不徒置也"②，大体稳定。虽然每县管理的幅员很广、人口又多，但国家所设立的县级政府班子却是非常薄弱，以清朝为例，一个州县，一般只有正印官一人，设县丞、主簿、巡检司等僚属官的并不多，平均每县只有一两个不等。这当然是受到了传统社会资源不足的制约，不得不通过间接管理与意识形态控制手段等节约机制作为补充③。

佐杂官驻地和辖区的选择决定了其权力行使的中心与控制范围，也是探究他们在基层社会所发挥的实际作用的关键。从历代正史《职官志》、《地理志》中我们很明显的发现，知县与佐杂官基本上是同城而治，甚而同署办公，很少有例外的情况发生，清代以前基本如此，巡检司除外。巡检司相当于地方政府的治安机构，是警政系统。它最早产生在唐末五代时期④，宋元时期陆续有所发展，其职能也逐渐固定，成为隶属于州县政府的治安机构，一般设在州县位置重要、人口众多的要地，这实际上已经突破了国家行政机构不在县下设治的惯例。到了明代，巡检司尤其发达，遍布天下，总数达到传统社会的顶峰⑤。明末清初其设置有所收缩，但仍然保持了千

---

① 嘉庆《大清会典》卷 4《吏部》。

② 吕陶：《浮德集》卷 4《奉使回奏十事状》，文渊阁《四库全书》集部别集类，第 1098 册，36 页。

③ 彭勃、金柱演：《国家与乡村社会关系的发展沿革——"资源—体制"框架的可行性分析》，《中共福建省委党校学报》1999 年第 1 期。

④ 刘琴丽：《五代巡检研究》，《史学月刊》2003 年第 6 期。

⑤ 王伟凯：《试论明代的巡检司》，《史学月刊》2006 年第 3 期。

余个左右。虽然平均来讲，大概两县才设置一处，但因为分布不均，长江以北的省份数量较少，而南方各省平均每县一处，故从整体而言，每县设于县下的巡检司不多，但在广东、江南等地，其数量依然非常可观。

如果说清代巡检司一般设于县下只是沿袭了前代做法，在制度上并无新意的话，那么佐贰官的分防便是清代地方制度的特色。这一分防对基层社会带来的影响尚少人关注，其意义至今仍未能予以充分揭示。

这些佐贰官在清代之前，是与正印官——知府、知州、知县共同驻扎于府城、县城的，《明史·地理志》中我们看不到有驻扎在县以下的记载。但是到了清代，这些佐贰官发生了微妙的变化，出现了明显的分流，一部分仍然驻扎府城、县城，另一部分则逐渐移驻乡村，清代文献中常称作"分防地方"，这就是《大清会典》中所说的佐贰官"或同城"、"或分防"的由来。这一过程是从清初开始的，由于佐贰官的总量在清代未发生太大变化，分防的越多，同城的越少，到了晚清，大部分佐贰官都分防到了乡间，史籍中这样的记载屡见不鲜。

府的佐贰分防大致可分两种情形：一种是驻扎所属州县的县城，由于与知县同城，其权力行使仍以县域为最小单位，故此处不再讨论；另外一种是驻扎到所属州县下的乡村，如山西省汾州府介休县张兰镇，因地居冲要，原设巡检不足弹压，乾隆二十一年移汾州府同知驻此，管理张兰镇及附近村庄事务①。台湾府彰化县鹿港，因是台湾与大陆贸易的重要港口，为便于管理，于乾隆五十一年设同知驻此②。乾隆三十五年福建延平府通判移驻瓯宁县上洋口③。这些同知、通判品级高于知县，驻扎在县以下的重要港口、市镇，代表了国家权力对乡村要地的严密控制。清代四大名镇——广东佛山镇、河南朱仙镇、江西景德镇、湖北汉口镇等皆有府同知或通判驻扎。而州县一级的佐贰分防，前文已有详细揭示，此处不再赘述。

除了以上所讲的杂职官与佐贰官外，还有其他一些僚属官虽然数量不多，但也有分驻乡村的，有的因无辖区而不在"县辖政区"的讨论范围之内，

---

① 《清高宗实录》卷 528 乾隆二十一年十二月庚午，650 页。

② 王云洲：《清代北路理番同知研究》，台湾政治大学历史研究所硕士论文，2003 年度，未刊。

③ 朱批：乾隆三十五年四月十三日福建巡抚温福奏，档号：04-01-02-0138-009。

但仍不失为乡村社会的重要政治力量之一,如:

1. 训导、教谕。清代非常重视科举,地方上设有专司学校的职官。"司学校者:府曰教授,州曰学正,县曰教谕,其贰皆曰训导,修四术、造士以倡四民,共成治化"①。这些学正、教谕、训导都在县城办公吗?大多是,但也不尽然,这其中尤其应当注意而经常为研究科举制度史者所忽略的一种现象:乡学。在本文第八章论述州县裁撤时,已提到清代特殊的并县政策,是将旧县之地学额另建乡学。训导、教谕等官也因此驻扎乡间,并单独治理一个学区。

2. 河泊所、税课司大使、闸官。这几种僚属官各有专管事务,或司盐、渔课税,或司河务,均有专责,一般不予民事。有与知县同城者,也有驻扎县城以外的。

3. 府经历、照磨。这两类本属府的首领官,极个别的分驻在县下。根据《清史稿·地理志》的记载,清末尚存的分防经历就有奉天昌图府同江口、吉林五常府山河屯、黑龙江绥化府上集厂、肇州直隶厅肇东、大赍直隶厅塔子城、景星镇,湖南永顺府永顺县刘家寨、四川宁远府越嶲厅大树堡、云南顺宁府顺宁县右甸、广南府保宁县普厅塘、镇沅直隶厅恩乐故城、普洱府宁洱县通关哨、威远厅猛戛,贵州遵义府仁怀县温水场等。分防照磨有奉天昌图府八面城、洮南府干安镇,吉林长春府朱家城、贵州黎平府古州等。

4. 驿丞。清代驿站管理曾发生重大变革,州县直接经理者增多,故而裁撤了大量驿丞。驿站按照驻扎地点可分为两类,一类是驻扎州县城者,称"州驿"、"县驿",一类驻扎于县城之外。一般而言,驿丞专管驿站,不予民事,但也有少数例外。如驿丞兼巡检事者,也往往专管一定辖区,参与民事,与一般驿丞职能稍异,如"直隶总督那苏图疏称:永平府属村庄分隶不均,请将迁安县沙河堡八十七村庄、卢龙县附近沙河堡等六村庄归七家岭驿丞兼巡检管辖;抚宁县深河堡四十村庄、临榆县小车家七十七村庄,归榆关驿丞兼巡检管辖。"②

以上皆是分驻在乡村的佐杂官。此外,较为复杂的是驻于县城的典史、

---

① 乾隆《大清会典》卷 4《官制四》。

② 《清高宗实录》卷 280 乾隆十一年十二月乙丑,653 页。

吏目等典狱官，一般每个州县都设立一员。他们的职能按照典章制度的规定负责监狱事务。但我们在史料中往往会看到典史、吏目分管县城及近城地带的例子。为数甚多，且从第一章论述中，明显看出典史、吏目具有分辖区在全国相当数量的省份均存在。

从表9-1粗略统计来看，嘉庆末居于县城之外的佐杂官至少有一千四百名左右，再加上部分虽驻于县城但分管乡村辖地的典史、吏目，其数量甚为可观。

从本书前述诸章节对各个区域佐杂及其职能的细致分析中可以看出，佐杂尤其是分防佐杂在县以下所从事的行政工作是复杂的，涉及面广，几及县政各个领域。佐贰初设时，均授予一种或几种有限的行政内容，但由于县以下长期缺少职官的存在，这些分防佐贰又具有一定的分防区域，故而在其辖区内具有"国家唯一代言人"的身份，逐渐具有超越其本身官方授权的职能，这一职能的转变是自然发生的。制度上对佐贰最大的约束体现在刑名和钱粮上。刑名方面，佐杂处理辖区内一般性案件基本得到官方认可或默认，一部分佐杂进而具有户婚、田土等案件的裁量权，而另有一些佐杂甚至可处理命案。钱粮方面，从史料而言，似乎大多并不直接参与，但从少量的事例来看，部分佐杂具有协助知县处理粮务的实践，少数地区分防佐贰对辖区内的征粮事宜负有全责，"代县完粮"。可见，佐杂的行政职能并非如制度规定一般是单一的、不定的，而是逐渐超越了制度表达，在实践领域具备了较全面的行政职能，少数地区的佐杂甚至与知县毫无区别。

表9-1　各省佐杂官分驻乡村数量

| 省份 | 同知 | 通判 | 州同 | 州判 | 县丞 | 主簿 | 巡检司 | 训导或教谕 | 驿丞 |
|------|------|------|------|------|------|------|--------|------------|------|
| 直隶 | 7 | 6 | 1 | 8 | 16 | 7 | 51 | / | 9 |
| 盛京 | / | / | / | / | / | / | 6 | / | / |
| 江苏 | 6 | 4 | 2 | / | 16 | 15 | 96 | / | / |
| 安徽 | 1 | 1 | 2 | 2 | 3 | 2 | 65 | 1 | / |
| 山西 | 5 | 1 | / | 1 | 2 | 1 | 31 | 4 | 6 |

续表

| 省份 | 同知 | 通判 | 州同 | 州判 | 县丞 | 主簿 | 巡检司 | 训导或教谕 | 驿丞 |
|---|---|---|---|---|---|---|---|---|---|
| 山东 | 3 | 4 | 1 | 1 | 12 | 3 | 27 | / | / |
| 河南 | 4 | 3 | 2 | 1 | / | / | 19 | 1 | 7 |
| 陕西 | 2 | / | 4 | 1 | 12 | 3 | 13 | / | 5 |
| 甘肃 | 1 | 1 | 3 | 5 | 5 | 2 | 13 | 2 | / |
| 浙江 | 6 | 2 | / | 1 | 6 | 2 | 40 | / | 4 |
| 江西 | 4 | 1 | 1 | 1 | 10 | 2 | 84 | / | 1 |
| 湖北 | 8 | 3 | 3 | 2 | 1 | 3 | 82 | / | / |
| 湖南 | 1 | 2 | 1 | 1 | 9 | 1 | 65 | / | / |
| 四川 | / | 3 | 3 | 5 | 16 | 3 | 28 | / | 3 |
| 福建 | 2 | 4 | 1 | / | 28 | 1 | 76 | / | / |
| 广东 | 6 | 3 | 1 | 3 | 17 | 3 | 149 | / | / |
| 广西 | 4 | 2 | 3 | 1 | 5 | 2 | 68 | / | / |
| 云南 | 2 | 3 | 1 | 3 | 4 | / | 23 | / | / |
| 贵州 | 3 | 6 | 2 | 2 | 9 | 1 | 8 | / | / |
| 总计 | 65 | 49 | 31 | 36 | 171 | 51 | 944 | 8 | 35 |

资料来源：《嘉庆重修一统志》之《各省统部》。

　　或许有人质疑：即便承认县下佐杂具备较完整的行政职能，但至多可说它不过是具备较多行政职能的县级僚属，事实上并不存在这样独立的有着行政运作的县下地理单元存在，也未必得到官方与民间的认可。此说亦有未妥。前述各区域和个案研究已证明佐杂辖区逐步成为县下具备行政实体的运作单元，并在官方与民间层面得到认可。

　　清代县辖政区未经过全国统一的规划，大致存在着设置上的疏密和行政职能的多寡，由此形成了不同区域不同县份之间管理模式的差异。这种差异是由地方管理难度不同而引起的，但就全国范围内而言，由于职官总额保持了相对稳定，故而县辖政区无论如何移驻、新设与裁汰，清代财政收入中佐杂官俸经费近似"定额"。这种定额观念与清代财政收支中"量入为出"是一致的，不仅体现于钱粮征收，也体现于职官设置上。这种"定额"观念通过巡检司职能的不断完善和县丞等原居于县城的职官不断移驻乡村，而实现了清代国家权力向乡村的进一步渗透，但另一方面又使得这种渗透受到"定额"观念的约束，无力更大规模地进入，也由此注定了整个有清一代，政府权力虽适度扩张，但基本上仍算是一个传统社会，一个未对基层社会进行全面控制的时代。

清代县辖政区依据其长官行政职能的差异，可以被大致归纳为以下几类：

第一是警区。笔者在所见到的设置佐杂的奏折中，大多数对这些佐杂划定了一定辖区，授予其在辖区内对盗窃、私宰、私贩、窝娼等行为的弹压之责，而户婚、田土等词讼之事，不得干预等，大体上，仍算作是一个"警区"，这也是清代大多数县辖政区的基本功能。也足以说明，中国历史上基层设治，最早就是由警政引起。唐末五代，巡检司的设置是其始，而到了清末民初，各地巡警的广泛建立是现代警政建立的标志。

第二是分征区。这类县辖政区是由征收钱粮引起的，单独划分一块辖区，令其单独征收，钱粮或径自运送布政使司，或与县域其他地区钱粮合为一体上缴省府。除了上文所谈到的福建、甘肃等地的"分征佐贰"外，其他地区零零星星也有一些类似的现象。尤其是这些分征县丞除了分征钱粮以外，一般仍具有弹压地方之责，甚或具有部分司法审理权，比知县的职责略小。

第三是司法区。这类县辖区一般不具有分征钱粮之责，但与警区性质县辖区不同的是，官方授权其审理一般的诉讼案件。或可受理一般民间细事，或可审理户婚、田土之案，但一般不能直接审理命案，如前文所提及的南部县县丞与巡检辖区，均是此类司法性质的县辖政区。这类也较为常见。

第四是准县区。这是职责最完善的县辖区形式之一。不仅具有钱粮之责，而且基本除命案以外的所有司法刑名案件均可审理，有的命案也可审理，如贵州册亨州同之类。在众多行政活动中，这类县辖区是被视作与州县平级的单位，如甘肃省的分征县丞与边疆地区的县辖区。

另外还有一类并不单独存在的学区，主要是指乡学而言。乡学通过建立一个单独的学额区并设置乡学训导、教谕等官，从而在县域之外新形成一个学区。但与上述其他各类县辖区不同的是，学区往往并不单独存在，而总是和警区、分征区等同时并存，从而形成警、学合一的县辖区。

由于全国各地佐杂设置的密度不同，从而使得这种行政划分有疏密，管理层次有宽严。笔者浅见，大概有以下两种方式：

一是特殊管理区模式。一县之地，分部分地区归分防佐杂专管，其他地方仍归知县直接管理，实际上是在一县要地增加一个管理层级。这种模式相当之多，尤其是佐杂官设置较少的县份。

二是全县分辖模式。适用于那些分防佐贰较多的县份，足以分辖四乡之地。如广东省广州府，南海县"凡六十八堡，分隶督捕、九江二厅，金利、三江、神安、黄鼎、江浦、五斗口六司"；顺德县，全县设都三：东涌、马宁、西淋，分隶典史、县丞、四名巡检司分辖；龙门县，领都三，"西林计三十堡十二约，捕属三十堡七约，司属五约；曰平康，计三十一约，捕属十二约，司属十九约；曰金牛，计八约，均司属"等①。只设置一员分防佐贰的也有采用此模式的，如湖北长乐县，"湖广总督鄂弥达疏称，宜昌府长乐县县丞，改驻湾潭，办理兵米，前经奏准遵行。查该县丞原驻渔洋，在县之极东，今改驻湾潭，在县之极西。应请从长乐县城分划，自北门外仁育之西半乡霞口溪起并礼教、智慧、信孚三乡，归县丞分管。自县起并仁育之东半乡以及义正一乡，归典史分管。凡清查保甲、缉拿逃盗匪类等事，均照调换界内管理。从之。"②刚好以县城为中心划界，县丞、典史分辖其半。山东聊城县，县丞移驻沙镇，"专司缉捕弹压，以距城二十里铺为界，管辖二百余村庄，遇有疏防承缉等案。界东仍责成典史，界西则责成县丞。至命盗、钱粮、词讼等案，仍归聊城县审办"③，典史、县丞二员同样分辖全县地域。

---

①　光绪《广州府志》卷1《舆地略一·都堡》。

②　《清高宗实录》卷269乾隆十一年六月庚辰，491～492页。

③　朱批：光绪朝，无具折人，《奏为聊城县西沙镇地方通衢杂处请以聊城县同城县丞分防沙镇专司缉捕弹压事》，档号：04-01-02-0032-016。

## 三、国家在乡村的政权建设始于何时? ——基于中国本土实践的考察①

如果"皇权不下县"是传统社会的基本特征之一,紧跟而来的另一个问题是这种特征是在何时被打破的? 温铁军将其时限定在中华人民共和国成立以后,而对民国时期的区乡行政建制予以否认,理由是"县以下虽然设有派驻性质的区、乡公所,但并不设财政,不是一级完全政府",问题恰恰在于何谓"完全政府"? 从温铁军的论述来看,似乎只有具备了财政、人事、司法等全能职能的政府才是完全政府,才代表国家对乡村社会的全面渗透,但这样的"全能政府"是不曾普遍存在过的。即使在今天,许多乡镇至少是不具备完全司法权力的,数个乡镇才设立一个乡镇法庭,是否就代表今天仍然是一个"国权不下县"的时代? 这恰恰与温铁军提出这一问题的出发点相悖。从学界一般的观点来看,国家对基层的组织化渗透是从晚清的现代化转型开始的,确切地讲是从清末新政,建立县以下的区乡政权开始的。杜赞奇认为"从20世纪之初就开始的国家权力的扩张,到40年代时却使华北乡村改观不小——事实上,它改变了乡村社会中的政治、文化及社会联系。国家权力企图进一步深入乡村社会的努力始于清末新政"②。萧凤霞在《华南的代理人与受害者》一书中通过对镇、乡、村的个案研究发现传统时代的社区具有较大的自主性,国家利用地方精英分子控制民间社会与社区生活,而20世纪以来,国家行政权力不断地向下延伸,使社区"细胞化",造成社区国家化的倾向③。王铭铭认为萧的论点,基本上符合吉登斯民族—国家的理论框架,即以社区控制力度的强弱来区分传统国家与现代的

---

① 本节原标题为"国家权力向乡村的渗透始于何时?","渗透"一词并不严谨,此点经包伟民教授指正,谨此致谢。

② 杜赞奇:《文化、权力、国家——1900—1942年的华北农村》,1页,南京,江苏人民出版社,1996。这种对基层组织现代变革给予的负面评价,费孝通在《基层行政的僵化》等论文中已有相当明确的认识,参杨念群:《中层理论——东西方思想汇通下的中国史研究》,148页,南昌,江西教育出版社,2001。

③ 引自王铭铭《小地方与大社会——中国社会的社区观察》,《社会史研究》1997年第1期。

民族国家①。他在对溪村社区的个案研究中，也得出过类似的结论，晚清时期为应对内外社会危机，采用过强化国家政权与地方控制权的政策，到了民国时期，政府对基层社会的干预有所发展，1949 年以后进一步强化②。此外，费孝通、黄宗智、张仲礼等学者，都曾以不同的方式指出，20 世纪以来国家强化自身权力，向基层摄取资源过程的推进，改变了基层秩序。

回到清末新政，这次改革自然在中国地方行政史上具有转折意义，它规定了在县下建立区级政权，推行自治。每县分作若干区，设立区官。对这次政区改革，学术界的关注还很不够，尤其对这次推行的基层政权改革的背景与渊源缺少深入探究，对如何划分区乡不甚了了，对新划定的区乡边界与传统社会固有的名目繁杂的地域单元如乡、堡等如何匹配与平衡不予关注。这次改革是在"五大臣出洋考察"归来之后，因此很自然的，这次基层行政制度改革，被赋予了"现代化"的帽子。但事实果真如此吗？这次基层政权建设仅仅是西方再一次"施法"于这块古老国度的产物吗？

学习清史的人，几乎无人不注意到和前代相比，清代一个显著的特征是人口膨胀，由此带来的种种生态的、管理的压力，学界探讨已有不少，并将之称为"人口压力"。对于行政管理而言，人口膨胀意味着每县管理的人口将增加若干倍。随之而来的必然是管理难度的大大增加。令人疑惑的是全国县级行政单位并没有比前代有明显增长，县级正式官员数量也是如此。清代面临着这样一个特殊的局面，它是如何应对并相对较为稳定的持续下去的呢？

一个解释可以是乡绅的调节作用。官方通过"无讼"尽量避免民众对行政资源的利用，而乡绅在一定程度上充当乡村社会和谐发展的润滑剂，从而规避了由于人口压力带来的管理难度。这是大量论述乡绅的著作中常常提到的，也是"乡绅社会"论者所执的乡绅在历史时期的积极作用之体现。

但另一个可能的也是较有说服力的解释却常常被忽略，而且是清代政府主动的统治策略的调整：区别式管理。笔者浅见，至少有三种手段，第

---

① 王铭铭：《社会人类学与中国研究》，55 页，北京，三联书店，1997。

② 王铭铭：《社区的历程——溪村汉人家庭的个案研究》，84、94 页，天津，天津人民出版社，1997。

一是政区分等，将政区按照"冲"、"繁"、"疲"、"难"四字区分为"最要"、"要"、"中"、"简"缺，治理难度最大的州县由督抚拣选有经验者调补，而"中"、"简"等治理较易之州县由吏部从初任中拣选，如此则保证了具有最丰富行政经验的州县官任职最难治理的地区①；第二是僚属官数量不等，治理艰难之区可酌情添设县丞、主簿、巡检司等，而简易之区则不必或甚少添设，可保证有限的官僚资源优先于要区。这两种手段前代同样采用过，主要适用于县际之间的区别式管理，虽然具体制度之间略有差异。第三便是本书所论述的佐杂的分防与职能的完善，也是清代特有的，适用于一县之内的区别式管理。这些佐杂被派驻乡间，划定一定区域，赋予部分或全部行政职能，且随着地域管理难度的不同，调整分防佐杂的数量与驻地，在部分治安恶劣、商业繁荣、人口繁多之处重点派驻，从而使有限的行政资源最大限度地用在管理难度最高的地区。通过分防，有效实现了知县与佐杂之间权力的分配，使几成"冗官"的佐杂获得一定专管之权，也使得"一人政府"的知县减少了一定的行政工作。我们从表 9-1 中注意到，分防的佐贰官以长江以南和直隶地区最多，而它们也正是清代管理难度最高的地区，正反映出清代面对人口压力在行政管理体制上所作出的主动调整，代表了国家权力向乡村的扩张。

　　另一个层次的问题是佐杂分防的成本。由于分防仅仅代表驻扎地点的变动，因此，对于整个官员的缺额来讲，其实是一定的，俸禄总额也大体不变，国家财政并不会因此产生额外的压力。同时，佐杂分防多未建衙署，方志中有很多租赁民舍办公的例子，个别虽建有衙署，然而也大多十分简陋，因此，建造衙署的支出也并非是大数目，总体上仍在清代国家财政可以承担的范围之内，这也是佐杂分防得以顺利推行的原因之一。

　　那么，清代的这种扩张具体是何时开始的呢？因为佐杂中的巡检司自设立时就与知县分治，如果说它们在清代的改变更多是职能上的话，那么佐贰的分防则是清代独有的，也是国家权力向乡村进行政权建设的"风向标"，统计它们分防的时间和数量将有助于我们看到国家作用于乡村的强

---

　　① 　关于清代等第、缺分，最全面、深入的研究是刘铮云《"冲、繁、疲、难"——清代道、府、厅、州、县等级初探》，"中研院"《历史语言研究所集刊》第六十四本第一分，1993。

度。此处仅以《清实录》所载的县丞分防的不完全记录来相对反映这种扩张的时限与强度。

顺治年间未见有县丞移驻乡村的记载。康熙年间有一例：康熙二十九年顺天府密云石匣设立县丞，这是《清实录》所载第一次设于县下的县丞①。到了雍正年间，县丞自县城移驻乡村的趋势大大增强，《清世宗实录》一共记载了五十四例移驻或新设事件。

雍正时期，县丞自县城移驻乡村或直接设治于乡村的例子与康熙时期相比明显增多，但也可分为两个时段。雍正七年以前，六年时间仅有五例，平均每年不到一例。雍正七年及其后，移驻例子明显增多，七年共四十九例，每年平均七例（见表2-3）。联想到雍正朝巡检司数量变化的趋势，也是在雍正七年及以后出现了剧烈的变动，从清前期逐步减少到此时大规模设置。这不能不让人觉得，雍正中期以后清代基层管理策略发生了较显著的变化。雍正年间的政区改革不仅仅表现为直隶州等统县政区和县级政区的大规模调整上，也在于对县级以下管理体制的重大调整上，其表现是：佐贰官开始大幅度的从县城移驻乡村，并在乡村新设置了若干佐贰官并各自划分辖区；与知县异地而治的巡检司从清代前期的裁撤趋势中，逐步转为增置直至乾隆及其以后趋于稳定。这一基层管理上的调整增加了县下管理层次，从而加强了乡村治理并进而巩固了治理力度，这是之前研究雍正朝政区改革所未寓目的地方。

但这种调整又是不完全的。在传统社会条件下，对乡村进行直接而全面的统治会陷于资源不足的陷阱。清代常简单将县分为四乡，东南西北，设若依此将每县分为四个基层行政单位，每个行政单位仅设立一名佐杂，如巡检司，则全国将近两千个县，就要一万个左右基层职官。以巡检司为例，岁支俸银十二两②，养廉银一般有三十一两五钱二分、四十两、六十两、八十两、九十两之分，取中间值六十两为率，则一年清政府支出将多增加七十二万两。如果再加上添设佐杂衙署、攒典、弓兵等项，恐怕不下百万两白银之巨，这是清朝财政所不能承受的。因此，清代虽然向乡村进行了国家权力的扩张，但这种扩张又是不完全的、不普遍的，和清末新政

① 《清圣祖实录》卷148康熙二十九年九月丙辰，642页。

② 光绪《会典事例》卷251《户部·俸饷·文武外官俸银》。

直至民国、新中国时期的扩张强度不可同日而语。既看到佐杂分防所代表的进入乡村的意图，又要看到其不足和有限性，这是认识清代分防佐杂的总体思路。

清代确曾有过增加县以下的官僚体系来更为深入乡村的议论，其中之一就考虑到扩大佐杂官规模，如冯桂芬《校邠庐抗议》中名篇《复乡职议》。该文中他谈到了"合治"与"分治"，也就是集权与分权的关系。"治天下者，宜合治亦宜分治。不合治则不能齐亿万以统于一，而天下争；不分治则不能推一以及乎亿万，则天下乱"。所谓"分治"，就是分权，冯桂芬引柳宗元《封建论》曰"天子不能独治天下，任之大吏；大吏不能独治一省，任之郡守，郡守不能独治一郡，任之县令；县令不能独治一县，任之令以下各官，此分之说也"。因此，县以下需要官员来治理。那么清代是什么情况呢？"今州县设佐四五人，拨二三人分治各乡，至都图则有地保总司民事，其流品在平民以下，论者亦知其不足为治也。于是有保甲之法"，然而，"地保等贱役也，甲长等犹之贱役"，非官而不能控驭。冯桂芬的建议是"满百家公举一副董，满千家公举一正董"，由里中人荐举，得票多者当选，可以说已经具有地方自治思想的萌芽。然而这些乡职，"不为官，不为署"，以本地土神庙为公所，其上司为巡检，遇有诉讼，先由副董折中公断，不服则送之正董，又不服则送巡检，罪之五刑则送县，严禁越诉。这样一来，乡村普设乡职，而又将巡检作为乡与县之间的桥梁，则势必要再增加佐杂以作承转。冯桂芬建议，"满五千家（地广人稀之县量减）设一巡检"，为最低官职①。从本质来看，冯桂芬对基层治理的规划思路是全县设立若干巡检，并分划辖区，这是官治系统，至巡检而止。巡检以下设立正董、副董等职，由当地居民公选产生，不为官，但需由政府给予一定俸禄。如果联系到清代雍正以后佐贰进驻乡村的新动向和巡检司等杂职官的调整趋势，似乎冯桂芬的乡村建设思路是将数量不足的基层佐杂官进一步扩大，达到每五千家设立一员的标准，并由此增加"治民之官"，减少"治官之官"，促进基层行政建设。毋庸讳言，当时并没有实现的可能，其原因上文已简要作了分析。以其时四亿人口，姑且以人户比 1∶5 比例，当有八千万户，五千家设

---

① 冯桂芬：《复乡职议》，载《校邠庐抗议》，11~13 页，上海，上海书店出版社，2002。

一员巡检，当有一万六千名巡检，加上正董、副董的俸银，这是屡屡陷入财政收支困境的晚清政府无论如何难以承受的沉重开支。

到了清末新政，清政府开始调整基层治理策略，准备在各县广设区官，推行地方自治，"分一县为若干自治区域，废一切都图、里甲之名，别定名称，以变其向来之积习"①，具体办法后来定为"各直隶州、直隶厅及各州县，应将所管地方酌分若干区，各置区官一员，承本管长官之命，掌理本司巡警事务，其原设之分司巡检，应即一律裁撤"②。区官之设，本为警政，但此后诸如社会管理、自治事务皆附加其上，逐步变为一级行政组织③。"区官"之设是传统社会国家权力第一次以无可置疑的、普遍的、成规模的方式进入乡村社会，在地方行政制度史上具有转折意义。但如果忽略"区官"与"司"（清时代指佐杂辖地）名称上的区别，这种普设的"区官"又与上述冯桂芬建议的"五千家设一巡检"有何本质区别？这并非仅仅是我们事后的臆测，当时人亦有类似的观点。时任军机章京的鲍心增就对裁撤巡检而改置区官颇为惋惜，"章京前数年在籍，往来郊野之时颇多，及甲辰灾祸，又为乡民筹办善后，至今未已，习知本县丹徒斜袤百五十里，设分司巡检三，考其所为，不过收受赌规、寿礼以糊其口，奸黠固无所畏，然小事犹能弹压，消息赖其察报。若一旦裁去，则远郊之民不知有官，出城数十里便同化外矣。又考其分辖之地不广，乡村耆老随时可入署往见。当时曾设想，若每员虽筹养廉至少二千金，又悉得正途中贤员以任之，则官民相亲，情意通达，数十里中何患不治，由是合为一县、一郡，充极于各行省，治乱视此矣"④。

如果深入到县下设区的细微处，我们更可以看到传统的延续。县下设区，区的范围和界限并不是混乱无序的，它只规定了按照"固有之疆界"，但何为"固有"，不同地区有着不同的理解。但可以想见，这种划分离不开对传统上得到认同的基层组织区域的利用，这其中就包括佐杂辖区，尤其

---

①　故宫博物院明清档案部编：《清末筹备立宪档案史料》（上），400 页。

②　《清末筹备立宪档案史料》（上），510 页。

③　可参魏光奇《官治与自治——20 世纪上半期的中国县制》，北京，商务印书馆，2004。

④　《清末筹备立宪档案史料》（上），516 页。

是在一些佐杂辖区长期固定并得到民众认同的地区。仅举番禺县的例子，有清一代，除县属地区外，番禺县共分沙湾、茭塘、鹿步、慕德里四巡检司辖区。民国元年，清朝灭亡，广东省废除广州府，番禺县直隶，仍沿旧制划分为沙湾、茭塘、鹿步、慕德里四司①。民国二十年设区、乡，全县划分为8区、55乡、623村。原沙湾司为第一区，原茭塘司为第二、三区，鹿步司为第四区、五区，慕德里司为第六、七、八区。可以看出，民国初期的区乡规划是将巡检司辖区划小、拆分的结果。民国以后番禺县基层区域形态又发生了多次变迁，并最终形成今日的乡镇格局②。但追根溯源，番禺县基层区划的源头正是清代的巡检司辖区，经过民国、新中国时期的不断调整形成今日格局，其总的趋势是划小辖区、增加乡镇数量。再如民国北洋政府时期曾广设县佐，其与清代分防佐贰、杂职又有何本质区别？这些典型案例再次表明，在"现代化"浪潮背后，"传统"始终顽强的"活着"。

清代乡村并非如先前所认为的那样，是一个皇权远离、绅权统治的区域。自雍正中期开始，原本驻扎在县城的佐贰官纷纷进驻乡村要地，并分管一定区域；本与知县异地而治的巡检司等杂职官分管一定辖区，并逐步具备了较完整的行政职能，不仅一般的行政性事务经常参与，命案和钱粮也时有所及，制度所规定的不许佐杂参与刑名、钱粮的规定在基层实践中几成空文；驻于县城的典史也分管了城郭及其周边的区域，从而使得乡村社会拥有了众多基层官员，并进而对基层治理模式产生深刻影响。佐杂官较少的县份施行"特殊管理区模式"，由佐杂分管一定区域，知县管理另外县域，佐杂官较多的县份施行"全县分辖模式"（见第四章），全县区域被几个佐杂官分管。这种新型的基层管理模式实际上是一种分权模式，将清代"一人政府"的知县部分权力以析分县下辖区的形式予以分割，既使得原本居于县城，几成冗官的佐杂职官获得一定的专管之权，增加了治民之官，有效缓解了由于人口压力带来的管理负担，是"乡绅"之外支撑乡村有效运行的另外一种补偿机制。同时，佐杂辖区的长期延续，得到了中央模糊的承认，从而在赋税减免等事件中被单独提及并与州县同列，在地方上也在一定程度上构成新的地域认同，成为民众表述地理单元时的一种选择；个

---

① 新编《番禺县志》之《大事记》，广州，广东人民出版社，1995。
② 番禺县基层区划变迁情况系根据新编《番禺县志》第一编《建置·区划》。

别地区由于分县志的编纂大大强化了这一地域认同；个别佐杂辖区可与县级政区相嬗替，暗含了其在地域和职能上具有转变为县级政区的"潜能"。佐杂的这一新动向真正体现了清代基层治理的"特色"，也否定了"皇权不下县"有关县以下不存在行政机构这一理论根基。更进一步，国家权力在乡村的政权建设也由佐杂的分防得以体现，这一趋势不是始于晚清新政，而是始自清初尤其是雍正中期以后，只是这种政权建设是不全面的，受到了传统社会资源不足的制约。

以一语结束，国家权力在乡村的政权建设始于清初，尤其是雍正中期以后。当然，本文对于"皇权不下县"的质疑只是集中于清代尤其是清代雍正中期以后，至于在此之前，"皇权不下县"之说是否仍然适用，仍需在细致研讨各个时代具体情况的基础上再作讨论。同时，对于皇权下县以后，与绅权的关系如何，仍需在今后的研究中予以拓展。

# 第十章　清代县辖政区实践与当代"县下辖市"改革臆想

## 一、当代"县下辖市"改革的讨论

1978 年以来，中国小城镇发展迅速，尤其是在二十世纪八十年代乡镇企业快速发展中，"小城镇"发展战略被视作中国城市化可能的发展路径之一，当时包括费孝通在内的不少学者积极呼吁加强小城镇建设。这就带来了如何处理小城镇在行政建置中的地位问题。在八九十年代相当长的一段时间内，中国在小城镇发展过程中一直采用的是"撤乡建镇"的政策，即将少数经济较发达的乡升格为镇，以此来解决乡镇发展不均衡导致的地位等差问题①。

但随着镇级发展之间的差异日益凸显，特别是东部有些市镇经济规模很大，但受困于镇级建置，经济权限弱小，行政编制有限，项目的审批权限不够、对外协作资格不足、对上申请级别不够等问题，经济发展遇到很大障碍。不少省份只能通过"强镇扩权"的方式来适当增加部分超级市镇的经济管理权限，但始终存在名不正言不顺的问题。不通过整个行政区划体系的制度改革，困扰这些经济强镇的体制弊端始终无法消除。学术界尝试从多个角度破解这一难题，由此将目光投向了在国外包括我国台湾地区已在实行的"县辖市"体制。

---

① 笔者家乡所在的河南省上蔡县党店乡就是在 20 世纪 90 年代被改置为党店镇的，笔者在党店二中读书时曾参加了在学校大操场举行的撤乡建镇大会和在镇政府院内举办的第一届镇人民代表大会开幕式。

　　2005 年，著名行政区划研究专家刘君德在该年《决策》第 4 期上发表《县下辖市：尝试一种新的政区制度》的文章，呼吁改进现有乡镇体系，创设"县辖市"。刘君德在文中探讨了现有我国市制、镇制存在的种种弊端，主要表现在单一的"镇"政区体制已不适应形势发展。该文指出截至 2003 年，中国大陆有 38290 个乡镇，其中镇 20226 个，占乡镇总数的 52.8％。它们均属于同一级最基层行政区，但实际上随着经济发展的不均衡，乡镇之间的规模、实力发生分化，尤其是东部地区的乡镇差异显著，若干中心镇人口规模超过 10 万，显然，现有的乡镇政区管理体制已不适应，权力小、责任大、能力弱这些通病严重影响这些中心乡镇的施政能力。为此，刘君德提出"县下辖市"的设想，即根据各县域的经济水平、空间格局、城镇体系布局、交通网络系统和未来发展前景等条件，按照一定标准，选择县以下个别规模较大、条件优越的乡镇改设为市。县辖市不是乡镇政区的替代品，而只是发展和完善。

　　随后，学术界关于县下辖市的讨论迅速开展，发表了一系列的论文，如顾朝林、浦善新合写的《论县下设市及其模式》总结了县下设市模式的优点：保持县级政区相对稳定；有利于实行市县分等、分类管理；减少同级行政区分割；有利于实现地方政府目标等，也提出了县下设市可能出现的问题，包括导致辖区内贫富悬殊、两极分化等现象，由县下设市导致的行政分割还可能出现效率、公正等方面的问题等①。

　　刘君德的学生贺曲夫继续深入探讨了这一问题，出版了专著《县下辖市与推进自治：我国县辖政区的发展与改革研究》②。该书系统阐述了县辖市的相关理论、历史演变、乡镇体制存在的问题、县辖市改革总体思路、海外市镇制度经验等内容，并以浙江苍南县龙港镇、江苏省吴江县等为案例具体分析了县辖市的改革设想。该书将"县辖市"的改革理论与相关实践向前大大推进一步，提出了十分具体的方案。

　　最近，随着十八届三中全会以来，国家提出"新型城镇化"的发展战略，十八届三中全会公报《中共中央关于全面深化改革若干重大问题的决

---

　　①　顾朝林、浦善新：《论县下设市及其模式》，《城市规划学刊》2008 年第 1 期。
　　②　贺曲夫：《县下辖市与推进自治：我国县辖政区的发展与改革研究》，北京，中国经济出版社，2012。

定》中，关于县级以下行政改革论述为"对吸纳人口多、经济实力强的镇，可赋予同人口和经济规模相适应的管理权。"这就意味着今后对乡镇一级的改革方向将是差异化管理，不再是单一的城镇体系。在此基础上，采取何种改革体系才能够使得"新型城镇化"适应新时期经济体制的变化，就成为各级科研机构和智库探讨的重点，"县辖市"作为在台湾地区和国外得到一定成功实践的制度改革举措得到了进一步的重视。刘君德于2014年发表《论中国建制市的多模式发展与渐进式转换战略》对行政区划中的"市"制改革前景进行了高屋建瓴的构想，再次呼吁在若干经济实力强的强镇施行"县下辖市"的改革试点①。此外，姚中秋等也呼吁将县辖市作为行政区划改革的突破口，认为县辖市改革具有几大优势：一、镇的建制的确在部分地区妨碍了镇的发展；二是县辖市建制并未将强镇从县域中剥离，可以化解县政府的抵触情绪；三是县辖市改革可以推动地域型的县制与切块型的市制两类政府的分流；四、县辖市有助于基层自治发育，实现县、乡、镇、市自治的复合治理结构②。

学者的一系列讨论为决策提供了参考，2014年8月国务院发改委联合十一个部委印发了《关于开展国家新型城镇化综合试点工作的通知》，其中引人瞩目的是第四条，"建立行政创新和行政成本降低的设市模式，选择镇区人口10万以上的建制镇开展新型设市模式试点工作"，媒体将其形象地称作"镇改市"。可以想见的是，"县下辖市"作为新时期中国乡镇体制综合改革的重头戏已拉开帷幕。

历史总是惊人的相似，今天的"县辖市"改革并非只有国外和台湾的经验可循，从中国广阔历史发展脉络中，可以看到先人们也曾经对这一问题进行了思考和尝试，并取得了不错的实践效果。站在一个新的起点上，有必要梳理中国古代尤其是清代关于县下行政体制设计的经验，以更好地服务于今天的改革进程。

---

① 《江汉论坛》2014年第3期。

② 《以县辖市为突破口重构市制》，《小康》2013年第6期。

## 二、清代"县辖政区"的实践经验分析

以往探讨"县辖市"改革经验的人，往往注意的是海外尤其是台湾县辖市的经验，即使追溯历史，也不过是把中国传统设置在县以下的各类基层组织如乡里、保甲当作比较的对象而已。但事实上，两者是截然不同的两类建置。县辖市是一个行政机构，而各类基层组织则主要是自治机构，传统上并不在行政体系的序列之内；县辖市的官员是国家正式官僚机构，而各类基层组织则几乎从来都不被视作官僚机构的成员，他们大部分来自本地，也不参与整个官僚系统的流转，有的论著将其称作"自治组织"也是有一定根据的。

真正和县辖市类似的其实只有宋代的建置镇和清代的分防佐杂官辖地，也即是清代的县辖政区。宋代部分镇设置的有"镇将"等官员，实质上已是将部分乡镇纳入到行政管理体系之中了，不过这套制度并未能坚持太久，明清时期，"镇"的行政长官基本消失了。清代的县辖政区从清初一直延续到了清末，尤其从雍正年间以后，将多数佐杂官分派到县以下的重要聚落，划定单独区域进行治理，从而实现了整个县域的差异化管理，重要区域实行知县——分防佐杂官——基层组织的三级管理，而其他地域则是知县——基层组织的两级管理。清代县辖政区的行政实践，其优势是非常明显的：

第一，差异化管理。清代一个极大的制度优势就是善于将有限的资源进行最大化的合理利用。就整个官员配置而言，清代每个县正式编制是极少的，普通的县往往只有一知县、一典史加一到两三个分防佐贰官不等的配置，不要说和今天的政府机构相比，就是和之前的明朝相比，其人数都要小得多，官民比例也大大下降。而清代整个人口出现了剧增的局面，高峰时期，清代人口已接近今天三分之一。这样一个人口规模，在传统的政府管理效率下，要实现无差异化的全面管理，注定将是失败的，不得不考虑的是如何将有效的行政资源用到最紧要的地方。清代实行的最重要的配套政策即是这套县辖政区的设置，将官员最大化的分散出去，同时将其长期驻扎于最需要治理的地区，而普通地区则依然实行

最大化的自治。这就是清代县辖政区设置的最大意义。

第二，发育地方自治。除了县辖政区所管理的地域之外，清代政府因行政资源非常有限，因此不得不采取收缩策略，主要依靠地方乡绅来维持地方的基本秩序，由此，地方自治得到广泛发育。研究今天小城镇战略的学者大多都认同传统乡绅阶层在基层治理中发挥着举足轻重的作用，直到民国以后，随着国家权力向基层社会的广泛渗透，地方自治才日渐失去活力。而清代县辖政区的实施，在保证国家对于县域重点区域的重点管理之外，对其他地域则一仍其旧，不得不说为基层自治的发育与稳固提供了足够的空间。今天，我们发展小城镇，当然一是解决经济增长问题，二来也是试图培育基层自治的空间。如果说传统时期，国家对基层战略是收缩的，民国以来直至今天，我们对基层社会一系列所谓"国家化"的进程和权力扩张使得基层自治丧失活力，那么，今后应当采取的政策概括言之，就国家权力而言，实质上是要退回到传统时期"国家"的位置上去，但也不可能是完全的撤离。"县辖政区"正是在保留、强化和退回"国家"存在的一个最合适的平衡点。

第三，多中心发展。清代各县大多设置有县辖政区，其治所所在地一定程度上构成了除了县城之外的另一次级中心。这些中心往往是贸易比较发达、人员比较繁多、交通比较发达的地区，同时，由于官员的进驻，这些中心往往又具有了超越一般市镇的功能，实现了县城之外的多中心发展。这种多中心发展一定程度上促进了清代县域内的地域开发，不少新的县治正是在这一次级中心设立的。

## 三、"县下辖市"改革臆想

古人在地方治理上取得了非常丰富的实践经验，这些经验，对于今天同样有极强的借鉴意义。具体到"县辖市"改革上，笔者从清人的实践中，认为应当注意以下事项：

第一，要避免官员增置。设置"县辖市"立意本是好的，但切记地方上以此为借口，增置过多县辖市官员。应当尽量利用已有的官员编制，进行调配而不可新设。"县辖市"往往都设置在一些经济强镇，设置"县辖市"后，为适应其经济地位，必须在官员设置上比普通乡、镇要略高一些，才可调动地方工作积极性。考虑到我国目前县级政府副县长设置往往过多，因此，建议参考清代将县丞、主簿、巡检司等类似今天的副县长一级的官员分防到地方上的案例，将若干副县长调任"县辖市"的市长。对于副县长而言，调动的积极性还是很高的，因有些副县长往往只是分管一定领域，实权性不够，而调任"县辖市"市长则具有全面行政权力，且职级保持不变，对官员个人而言，利显然要大于弊。

第二，要实行"县辖市"定额制度。县辖市改革刚刚试点，切记的是各地一哄而上，纷纷将镇改为市制。这样的教训以往不是没有过，在县改市刚刚试点时，的确效果较好，所改的也是一些经济强县，但后来各地一哄而上，反而导致其背离了当初改革的目标。今天，"县辖市"的改革也应注意避免再次出现类似情况。建议借鉴清代的经验，实行"县辖市"的定额制度，即在首次建置"县辖市"时，由国家有关部门综合考核其经济实力、区位因素等条件后，确定各省"县辖市"的设置定额，并基本固定下来。如今后各地经济实力发生显著改变，部分乡镇要重新升格为"县辖市"时，必须将原有的"县辖市"取消，回到乡镇地位上，从而保持"县辖市"数量和结构的稳定性。一来，县辖市不会出现一哄而上的局面，从而真正保证县辖市在乡镇体系中的独特地位；二来，也消除了部分省政府不断提出新增县辖市的要求，也必将使其在申报县辖市时更加慎重。五年或十年之后，可由国家根据彼时情况综合考量，重新增加各省县辖市配额。

第三，"县辖市"应排除县政府所在地。目前，县政府所在地往往也是镇，这些镇从经济上讲，往往在全县居于前列。县政府所在的镇如设置为"县辖市"，将带来一系列问题。如名称混乱，若干县级市所在镇将成为"某某市某某市"。清代县辖政区设置的一般经验就是将这些副县级官员分防到县城之外，统领一块辖区，与知县所在地并不重叠，保证了权力之间的合理划分。"县辖市"改革也应借鉴这一经验，不在县政府所在地改市。

第四，"县辖市"权限宜逐个单独授权，保持区域特色。我国行政区划面临的一个问题往往是各地千差万别的地方特色与全国整齐划一的区划体系之间的矛盾。在"新型城镇化"尤其是"县辖市"改革中，需要避免再搞一套整齐划一的"县辖市"制度。应该允许各省根据每个"县辖市"的特色，逐个给予特定的、合理的、有差异的权限。清代县辖政区保持了极高的差异性，有的县辖政区的功能与县级政府并无区别，有的则只管钱粮和普通民间细事诉讼，而有的可参与更高一层的案件管理，保持了足够的"因地制宜"的治理策略。今天，"县辖市"改革也应当予以借鉴。

# 附录 《清史稿·地理志》分防佐杂项校正

　　《地理志》是新修《清史》典志项目之一。要编纂一部充分吸收现有研究成果、代表新世纪研究水平的《清史·地理志》，必须对清代有关地理沿革的文献进行系统的梳理。《清史稿·地理志》虽成于众手，成书仓促，质量难尽人意①，但毕竟对有清一代地理资料作了整理、排比，采辑宏富，兼征集地方咨送材料，至今仍是研治清史必备的参考书之一，故对其进行注释、疏通、校正仍具有学术意义。台北"国史馆"集众人之力所编《清史稿校注》一书，对"关于清史稿之取材、撰写、印校等方面，有待检校、查考、补注、订正之处"进行校注，仅"地理志"部分就出注 3124处②，嘉惠学林不浅。《清史稿订误》及其他一系列考史札记，或针对整部"地理志"③，或集中于某一省区④，或聚焦某一具体专题⑤，甚至只是

---

　　① 前后参与《地理志》修纂、校订的至少有 20 人。纂修过程及其经验教训，可参笔者《〈清史稿·地理志〉纂修考》一文，《文史》2011 年第 1 辑。

　　② 张玉兴：《评〈清史稿校注〉》，《清史研究》2003 年第 1 期。

　　③ 佟佳江《清史稿订误》中《地理志订误》，长春，吉林大学出版社，1991。

　　④ 谭其骧：《〈清史稿·地理志〉校正（直隶、奉天）》，原载《禹贡》半月刊第 3、9 期，后收入《长水集》；华林甫：《清直隶省地理沿革考辨释例》，载《谭其骧先生百年诞辰纪念文集》，上海，上海人民出版社，2012；吴声军：《〈清史稿·贵州地理志〉校勘举要》，《乐山师范学院学报》2011 年第 7 期；马国君编著、杨庭硕审订：《清史稿·地理志·贵州 研究》，贵阳，贵州人民出版社，2011。

　　⑤ 主要有李世愉：《清代土司制度论考》第 4 章《〈清史稿·地理志〉中关于改流建置时间之订误》，北京，中国社会科学出版社，1998；刘铮云：《〈清史稿·地理志〉府州厅县缺分繁简订误》，"中研院"《历史语言研究所集刊》第六十五本第三分，1994，《〈清史稿·地理志〉失载厅县补遗》，《大陆杂志》第 87 卷第 4 期；杨曾辉：《〈清史稿·地理志〉所载经纬度数据偏差成因分析》，《吉首大学学报》2010 年第 2 期。

一处地名①，对所涉政区沿革、地名用字、等第缺分、经纬度值作出大量精详的考订，使其得到相当程度的修订和完善，但其中仍存在较多疏误亟待校正，尤其是关于分防佐贰、首领、杂职官的记述，因官职卑微，少人关注，前人考订多未寓目。笔者拟对其中的分防佐贰、巡检司项作专题校正，其中巡检司基本是分防在县城之外的，所涉及的佐贰、首领官分别指府佐贰——同知、通判，首领官——经历、照磨；州佐贰——州判、州同，首领官——吏目；县(含直隶州亲辖地、散州、散厅)佐贰——县丞、主簿等②。这些佐贰、首领官，或与正印官(知州、知县)同城，或分防于治所之外；其中分防地方者依惯例是《清史稿·地理志》需记述的内容，也是本文所要校正的对象。共校得141条，今依照致误原因初步将其归纳为七大类，每类之下又分若干种。

# 一、不明废置年代而误

## (一)误入前代旧设

卷65浙江湖州府长兴县："有四安、合溪二巡司"。按：《明史·地理志》卷44浙江湖州府长兴县："又西有合溪，南有和平二巡检司，废"；《嘉庆重修一统志》卷289："合溪镇，在长兴县西二十五里，宋设酒库，元改设税务，又置巡司，明初俱废"；同治《长兴县志》卷3："谭志云：按劳府志，元设巡检司二所，曰四安，曰皋塘，韩县志云又有合溪、和平巡检二司，明初裁合溪、和平二所，国朝顺治十七年裁皋塘一所，今止设四安一所"，是合溪巡司元时所设，明初裁，《清史稿》误。

卷65浙江温州府泰顺县："池村、三魁二镇。有巡司"。按：乾隆《瑞安县志》卷2："池村巡检司，原在义翔乡池村，明正统建，景泰三年改隶泰顺，……嘉靖乙丑裁革"，嘉靖乙丑即嘉靖四十四年(1565年)，《明史·地理志》已不载。《读史方舆纪要》卷94："三魁镇，在县南三魁山，洪武初置洋望巡司，属平阳县。二十四年改置三魁巡司，景泰三年

---

① 王社教：《〈清史稿·地理志〉校补一则》，《中国历史地理论丛》1990年第2期；学舟：《〈清史稿·地理志〉地名勘误一则》，《中国历史地理论丛》2006年第1期。

② 嘉庆《大清会典》卷4《吏部》，115页。

改今属";《嘉庆重修一统志》卷304《温州府·关隘》:"池村镇,在泰顺县北七十里,有巡司,明初置,属瑞安县,景泰三年改属县境,今废";"三魁镇,在泰顺县三魁山,明洪武初置洋望巡司,属平阳县,二十四年改置三魁巡司,又雅阳巡司,在县东南雅阳山,明宣德八年置,属平阳县,景泰三年俱改属泰顺,隆庆中废";同治《泰顺分疆录》卷3:"旧巡检衙,一在三魁龟岩溪南,隆庆二年裁,基辟为田,……三魁则设于洪武初年,或有记为洪武十四年设,误也"。池村、三魁二巡检司设于明初,裁于明末,再无复置,《清史稿》误。

## (二)清末已废而误为仍存

卷54直隶正定府灵寿县:"有叉头镇巡司,乾隆中移慈峪镇"。按:《嘉庆重修一统志》卷28《正定府·关隘》:义头口①,"在灵寿县北五十里慈峪镇,有土城,旧置巡司于县西北七十里义头口,后移慈峪镇,仍曰义头口巡司,本朝乾隆三十九年裁",同书卷5《直隶统部·文职官》灵寿县已无巡检,光绪《会典事例》、《清国史·地理志》②、《大清搢绅全书》③、《宣统三年冬季职官录》均同,《清史稿》误。

卷54直隶赤峰直隶州:"县丞驻西北大庙镇"。按:清末该县丞改置为乌丹城州判。《光绪朝朱批奏折》第1辑《官制》载光绪三十四年热河都统廷杰奏改升赤峰县为直隶州,"该州所属之乌丹城在州治东北一百八十里,东连开鲁,西接林西,为来往通衢,一切递文解犯均以该城为适中之地,亟应扼要设官,以资佐理。赤峰县原有分防大庙县丞一缺,拟将

---

①　该地名在典籍中至少有四种写法:《大明会典》卷138《关津一》、康熙《灵寿县志》卷1《地理》、雍正《畿辅通志》卷27《公署》、康熙初修《大清一统志》、乾隆《续修大清一统志》、《嘉庆重修一统志》、光绪《畿辅通志》卷30《职官表》及卷68《舆地略·关隘二》称"义头口"、"义头镇";《明史·地理志》、同治《灵寿县志》卷2《建置》、《清史稿》称"叉头镇";光绪《畿辅通志》卷50《舆地略·灵寿县图》作"岔头口";清后期彩绘《灵寿县属河图》称"汊头镇"(《水道寻往——天津图书馆藏清代舆图选》,257页,北京,中国人民大学出版社,2007)。从各书所附舆图来看,无论是义头口、叉头镇、汊头镇还是岔头口,均处汊河出山口,其所指是同一地点。

②　《清国史》第3册,据嘉业堂抄本影印,北京,中华书局,1993。

③　《大清搢绅全书》,宣统三年夏季荣禄堂刊本,不分卷。以下简称《搢绅全书》。

该县丞改升为赤峰直隶州州判，移驻乌丹，而大庙地方，亦该州扼要之区，拟改设巡检一员，分防驻扎。"①《宣统政纪》卷 4 光绪三十四年十二月条、《清朝续文献通考》卷 135 亦记此事。《大清新法令》所收录之《民政部议覆热河都统奏赤峰直隶州乌丹城州判大庙巡检管理事宜折》还明确记载了民政部所批复的乌丹州判、大庙巡检的辖境②。《清史稿》当改为"州判驻乌丹城、巡检司驻大庙"。

卷 56 吉林长春府："朱家城照磨，光绪十六年由农安徙"。按：宣统二年三月初九日吉林巡抚陈昭常《奏为吉林添设绥芬厅等缺酌情更易名制并请添设双阳德惠两县事》："又长春一府之区域，其宽广虽逊于吉林府，而繁盛过之。光绪十六年间已有分防朱家城照磨之设。迄今生聚教养又二十年，人民富庶，较昔为倍。且其地形狭长，东西四百六七十里，府治偏于西南，宜于东面分沐德、怀惠两乡与东夹荒之地，以为县治，而名曰德惠县。而原有朱家城照磨一缺，即可裁撤"③，政务处议覆的结论是"按之地势，察之民情，非此不足以裨治理，并应准如所请办理。"④该照磨于设德惠县时裁去。《清史稿》既已列德惠县条，此处当云"朱家城照磨，光绪十六年由农安徙，宣统二年废"方妥。

卷 58 江苏扬州府东台县："水利同知驻东台场"。按：该水利同知系雍正八年添设⑤，驻扬州府泰州东台场，乾隆三十三年时裁，设东台县⑥。嘉庆《重修扬州府志》卷 5《沿革》东台县："先是（乾隆）三十二年两江总督高晋等奏扬州所属之泰州地方濒海襟江，民繁事剧，请增设一令以资分理，上允其请，裁水利同知改设县治"，嘉庆《东台县志》卷 6《建

---

① 《光绪朝朱批奏折》第一辑《官制》，611 页。

② 上海商务印书馆编译所编纂：《大清新法令》(1901—1911)点校本，何勤华等点校，第 10 卷，476～477 页，北京，商务印书馆，2011。

③ 录副：宣统二年三月初九吉林巡抚陈昭常奏，档号：03-7442-006。引文中"□"表示无法辨识之字。

④ 《政治官报》第 32 册宣统二年四月分第 922 号，《会议政务处奏议覆吉林巡抚陈昭常奏酌易吉省添设民官各缺并请添设双阳德惠两县折》，308 页，台北，文海出版社，1965。

⑤ 《清世宗实录》卷 99 雍正八年十月癸亥，314 页。

⑥ 《清高宗实录》卷 817 乾隆三十三年八月己卯，1072 页。

置沿革》:"雍正元年置水利同知,驻东台镇。乾隆三十三年省东台同知,析泰州地置东台县,与分司同治,属扬州府,隶江宁布政使司"所记同。又据咸丰《续纂扬州府志》卷6《秩官》、光绪《江苏全省舆图》东台县、《宣统三年冬季职官录》,知此同知自裁汰后未曾复置,《清史稿》当删此条。

卷58江苏扬州府兴化县:"安丰巡司一"。按:《清文宗实录》卷322咸丰十年六月庚辰:江南"阜宁等管河巡检十六缺"一并裁撤,光绪《会典事例》卷31备载该十六巡检名:阜宁海南,山阳童家营,宿迁刘马、归仁,阜宁洋寨、庙湾、大套、马逻,富安水利,清河马头,安东五港、长乐,兴化安丰,瓜洲斗虎店,邳州新安、直河巡检;同治《续纂扬州府志》卷6:"(咸丰十年)奉旨裁汰河员,安丰司巡检改为巡缉弹压差缺";民国《续修兴化县志》卷1:"巡检署在县东北安丰镇,咸丰十年缺裁,改为巡缉弹压署,址现为警察分所"。《清史稿》此条衍。

卷59安徽宁国府南陵县:"鹅岭镇巡司一"。按:《清世宗实录》卷67雍正六年三月乙亥:"裁安徽南陵县鹅岭司巡检一员,从安徽巡抚魏廷珍请也";《嘉庆重修一统志》卷108、光绪《会典事例》卷30同。民国《南陵县志》卷17《职官》:清"巡检司一人:鹅岭,雍正六年裁"。《清史稿》误。

卷60山西汾州府汾阳县:"冀村巡司"。按:《清朝续文献通考》卷135:"光绪三十三年以汾阳县冀邨巡检移驻碛口,改名碛口巡检"①,碛口即汾州府永宁州之碛口镇。民国四年所编之《山西财政说明书》尚有碛口巡检②,民国初所编《山西全省各府厅州县地方经历各款说明书》之《临县·各铺帮巡警饷》:"宣统元年碛口巡检以该处巡兵尚无成效,请将该处巡兵裁撤,由城派拨巡兵四名,在该镇常川巡察"③。《清史稿》当删冀村巡司,并于汾州府永宁州下补入碛口巡司一。

卷60山西太原府阳曲县"王封镇,同知驻"、汾州府介休县"张兰镇,同知驻"、泽州府阳城县"东冶镇,同知驻"、蒲州府永济县"同知驻永

① 刘锦藻编:《清朝续文献通考》,8949页。所引文中"邨"俗作"村"(考辨可参光绪《顺天府志》卷27《邨镇一》),冀邨即冀村。
② 北京经济学会编:《山西省财政说明书》,民国四年(1915年)印行。
③ 山西清理财政局编:《山西全省各府厅州县地方经历各款说明书》,出版时间、地点不详,人大图书馆藏。

乐"。按：该四同知均于光绪末新置归绥诸厅时裁去。中国第一历史档案馆所藏理藩院档："光绪二十九年十一月当饬照该司等所请，以太原府同知移驻归绥道属丰镇厅治东一百八十里之二道河，拟名兴和厅……以汾州府同知移驻归绥道属萨拉齐厅治西三百六十里之大佘太，拟名五原厅……以泽州府同知移驻归绥道归化厅治北二百一十里之翁滚旧城，拟名武川厅，……以蒲州府同知移驻宁远厅，拟仍名宁远厅"①，《清朝续文献通考》卷135《职官二十一》亦载此事，《大清搢绅全书》、《职官录》均不载此四同知官缺，《清史稿》当尽数删去。

卷61山东临清直隶州武城县："甲马营巡司，又驿"。按：宣统《山东通志》卷50："旧设甲马营管河巡检、驿丞各一员，均裁"，《搢绅全书》、《职官录》均无，《清史稿》误。

卷63陕西汉中府留坝厅："巡司驻南星"。按：道光朝录副奏折《道光元年十月十一日大学士曹振镛等奏》："查留壩厅南星巡检系属闲曹，应即以该厅巡检裁抵改为砖坪巡检，兼管司狱事务"②，《清宣宗实录》卷24道光元年十月戊子、光绪《会典事例》卷67均记此事，《清史稿》当删南星巡司，并于兴安府砖坪厅下补入砖坪巡检司③，《清穆宗实录》卷98同治三年三月丁卯："补铸陕西兴安府知府、照磨，砖坪厅通判、巡检各印信关防"，是其明证。民国《砖坪县志》卷2《公署五则》记砖坪司最后一任巡检为徐沛泽，宣统三年五月署。

卷65浙江湖州府安吉县："乾隆十七年移州判驻南溪"。按：清初安吉为州，设州判一员。乾隆十二年移驻梅溪镇④，乾隆三十九年降安吉州为县，州判改为县丞，仍驻梅溪镇⑤。乾隆《湖州府志》卷2《官署·安吉州》：州判署，旧在州厅西，今移驻梅溪镇。由上，《清史稿》三误：一是据乾隆《湖州府志》，该州判仅移驻梅溪镇，更无乾隆十七年移驻南溪

---

① 中国第一历史档案馆藏理藩院档，第187号。

② 档号：03-2502-020。

③ 《清史稿》失载砖坪厅，见刘铮云《〈清史稿·地理志〉失载厅县补遗》，台湾《大陆杂志》卷87第4期。

④ 录副：乾隆五十年八月二十四日暂署江西巡抚舒常奏，档号：03-0197-015；《清高宗实录》卷302乾隆十二年十一月壬辰，951页。

⑤ 《清高宗实录》卷952乾隆三十九年二月乙酉，902页。

之事，且乾隆三十九年安吉州降为县时，州判仍驻梅溪，故知《清史稿》所言之"南溪"实是"梅溪"之误；二是移驻时间有误，当为乾隆十二年；三是该通判既已裁去，应不写或加"乾隆三十九年裁"，否则易造成该州判清末仍存在的误解。

卷 65 浙江处州府龙泉县："安仁庄，县丞驻"。按：清末该县丞已移驻青田县。处州府青田县旧设县丞一员，乾隆二十六年移驻龙泉县安仁庄①。光绪十一年时又移驻青田县黄坛镇②。《清史稿·地理志》此条当删，并于青田县补"县丞驻黄坛镇"句。《清国史·地理志》既于青田县下书"县丞分驻黄坛"，又于龙泉县下书"县丞分驻安仁庄"③，二者实为同一官缺，当删去龙泉县下条。

卷 66 江西南昌府南昌县："三江口、市汉二巡司"。按：《清高宗实录》卷 1091 乾隆四十四年九月壬寅："地当适中之南昌县三江巡检、新建县吴城巡检二缺均改为主簿"，光绪《会典事例》卷 31 同。当删"三江口巡司"。

卷 66 江西南昌府武宁县："高坪市巡司"、饶州府德兴县："白沙巡司"、临江府新淦县："杯山巡司"。按：《清宣宗实录》卷 218 道光十二年八月壬寅："裁……武宁县、新淦县、德兴县巡检八缺。从巡抚周之琦请也"，光绪《会典事例》卷 31 同。据《嘉庆重修一统志》卷 307，武宁、德兴、新淦县下仅且有巡检一，分别为高坪市、白沙、杯山。又同治《南昌府志》卷 24《职官》：武宁县"巡检，道光十二年裁，以县丞兼摄"、民国《德兴县志》卷 2《建置志》："白沙巡检司，……道光十二年缺裁"、同治《新淦县志》卷 2《建置志》："杯山巡简司，……道光十二年缺奉裁"④，则《清史稿》误。

卷 66 江西南昌府义宁州："八叠岭镇有巡司，与排埠塘、杉市为三"、建昌府广昌县："白水、秀岭二巡司"、赣州府长宁县："新坪、黄

---

① 《清高宗实录》卷 648 乾隆二十六年十一月壬寅，254 页。

② 录副：光绪十一年十一月十一日浙江巡抚刘秉璋奏，档号：03-5093-013。

③ 分见《清国史》第 3 册《地理志》，282、283 页。

④ "巡检"改称"巡简"系明末避崇祯皇帝朱由检名讳而改，其事见《崇祯实录》，清代方志不当避讳。同书卷 6《职官志》即作"杯山巡检"。

乡堡二巡司"。按：《清高宗实录》卷725乾隆二十九年十二月戊戌："原驻已成闲地应请裁七缺：宁州杉市司巡检，归州同兼管；……广昌县秀岭司巡检……各归本县兼管，长宁县黄乡司巡检，归新坪司兼管，以上应请裁"，光绪《会典事例》卷28、《职官录》义宁州下无杉市、广昌县下无秀岭、长宁县下无黄乡巡检司，《清史稿》误。

卷66江西南安府上犹县："浮龙巡司"。按：《清高宗实录》卷425乾隆十七年十月戊申："兵部议覆、署江西巡抚鄂容安奏称：上犹县……向设浮龙司巡检……至浮龙司巡检微员，不足弹压，应改为上犹县县丞，仍驻营前。……应如所请，得旨，依议速行"，光绪《会典事例》卷29、《职官录》均不记该巡检，《清史稿》误。

卷67湖北宜昌府归州："有南逻口、牛口巡司"。按：康熙《湖广通志》卷17：归州，"南逻口巡检司，州东十五里。牛口巡检司，州西九十里。兴山巡检司，州南九十里，裁"；嘉庆《湖北通志》卷14：归州："南逻口在州东南二十五里，明初设南逻关于古丹阳城置巡司，后移于此，今裁。牛口在州西七十里，接巴东县界，前设巡司，今裁"；民国《湖北通志》卷26：归州，"牛口巡检司署在州城西六十里，后废。南逻口巡检司署在州东十五里，后废"。证以《清世宗实录》卷129雍正十一年三月庚戌、光绪《会典事例》卷28，二巡检司废于雍正十一年，《清史稿》误。

卷68湖南长沙府湘阴县："新市、大荆镇二巡司"、浏阳县："梅子园一巡司，澄潭江，后迁县西永安市"、攸县："东北有凤岭巡司，雍正十一年置"、茶陵州："有视渡口巡司，治州南视渡关，后迁高冈南关"，宝庆府武冈州："峡口、石门司二巡司"，岳州府临湘县："东南有桃林、长安巡司。城陵矶，乾隆二十六年徙长安镇，更名，寻复故"，永州府宁远县："九疑鲁观巡司"，郴州直隶州宜章县："东赤石、西南白沙二巡司"、桂阳县："有益将、文明市二巡司"，辰州府沅陵县："有马底镇、船溪二巡司"，靖州直隶州会同县："西南堡子巡司"，晃州直隶厅："晃州、凉伞二巡司"。按：宣统朝录副奏折《宣统二年九月十九日湖南巡抚杨文鼎酌裁同通佐贰各缺由》："凤凰厅得胜营知事、晃州厅凉伞巡检、茶陵州视度巡检、武冈州石门巡检、湘阴县大荆巡检、浏阳县永安巡检、攸县凤岭巡检、宁远县九疑巡检、宜章县赤石巡检、桂阳县益明巡检、湘阴县桃林巡检、沅陵县马底巡检、会同县堡子巡检，十三缺所驻之地，均距各厅州县城六七十里，……并非必不可少之员，……应请分别裁撤，以符定章"①，其中涉及巡检者十二缺，《清朝续文献通考》卷135、《宣统政纪》卷42宣统二年九月己未湖南巡抚杨文鼎奏裁各缺，全同录副奏折所载，《职官录》不载此十二巡检，当尽数删去。

卷68湖南宝庆府邵阳县："通判驻桃花坪"、城步县："乾隆六十年置长安营，同知驻"。按：宣统二年湖南巡抚杨文鼎《酌裁同通佐贰各缺由》："又宝庆府长安营同知、宝庆府桃花坪通判、桂阳州州同三缺，名虽佐理分防，实则无所职掌，在昔固称繁要，近今已成闲官。……应请分别裁撤"②，《清朝续文献通考》卷135、《宣统政纪》卷42宣统二年九月己未所载杨文鼎奏裁各缺，全同此，《职官录》亦不载桃花坪通判、长安营同知，均当删。

卷68湖南常德府桃源县："新店、郑家店二巡司，又高都、郑家店二废巡司"。按：《宣统政纪》卷7宣统元年正月乙亥湖南巡抚岑春蓂奏裁桃源郑家巡检一缺，下部议。《清朝续文献通考》卷135与此同。《职官录》桃源县下已无，郑家店为废巡司甚明。

卷69四川重庆府铜梁县："有安居镇巡司"。按：光绪《铜梁县志》卷2："巡检司署即明县治，国朝雍正十年知铜梁县黄陶创修巡检，张芳督建，道光十三年裁"，光绪《会典事例》、《职官录》均不记，当删。

卷69四川宁远府盐源县："阿所拉场巡司"。按：《宣统政纪》卷26宣统元年十一月壬戌四川总督赵尔巽奏："请将盐源县属阿所拉巡检改升为盐边厅抚夷通判"，宣统三年吏部会奏的结果是"应如所请办理"③，《职官录》已不载，当删。

卷69四川保宁府南部县："县丞、巡司驻富村驿"。按：佐贰、杂职官同驻一地较为少见。查南部县于乾隆三十二年裁西河口盐大使缺，改

①　宣统朝录副奏折，内政类553号，7445—40号。宣统朝录副奏折、《宣统政纪》桂阳县均作"益明"巡检，恐是"益将"之误。桂阳县原有益将、文明市二巡检，宣统二年裁益将巡检后，仍保留文明市巡检至宣统三年，见《职官录》。

②　录副：内政类553号，7445—40号，宣统二年九月十九日。

③　《清朝续文献通考》卷135，8952页。

设县丞移驻富村驿，兼理盐务①。道光四年移县丞驻新镇坝，同时为保持对富村驿的控制，改保宁府广元县朝天镇巡检驻此②。《清史稿·地理志》实际上是把不同时期的佐杂分防混在一起，当改作"县丞驻新镇坝，巡司驻富村驿"。

卷 69 四川泸州直隶州："州判驻九姓乡"。按：此说误。该州判系道光十二年移设③，清末该地改设古宋县时裁去州判，清末民初人周询在《蜀海丛谈》一书中记载，"清末，九姓乡改设古宋县治，州判即裁撤"④。即以《清史稿·地理志》本文证之，古宋县下载，"旧泸卫。明设九姓长官司，属永宁卫，后属泸州。顺治四年归附，仍明制。康熙二十四年并入泸州。雍正四年设州同，后改州判，光绪三十四年裁，升县改今名"，知该州判于光绪三十四年改置古宋县时裁去，况且九姓乡一地也不再属泸州管辖，《清史稿》此条当删。

卷 72 广东广州府三水县："有胥江、三水二巡司"。按：《光绪朝朱批奏折》光绪三十四年九月二十一日两广总督张人骏奏："请旨将广东南雄直隶州州同及三水县三水司巡检二缺即行裁撤"⑤；《清朝续文献通考》卷 135："（光绪）三十四年两广总督张人骏奏准裁撤南雄州州同及三水县三水司巡检两缺"；民国四年所编《广东全省财政说明书》之《岁出部·行政总费各州县及佐杂各官衙门经费》三水县下巡检仅胥江司一员⑥，《职官录》中亦无三水巡司，《清史稿》误。

卷 72 广东肇庆府高要县："县丞驻金利墟"、潮州府海阳县："县丞一，治庵埠镇"。按：海阳县县丞于乾隆十五年移驻安埠镇，高要县县丞于嘉庆二十一年移驻金利墟⑦。光绪三十四年，"两广总督张人骏奏广东

---

① 录副：乾隆三十二年八月二十二日四川总督阿尔泰奏，档号：03-0122-043；《清高宗实录》卷 798 乾隆三十二年十一月丙申，767 页。

② 《清宣宗实录》卷 77 道光四年十二月戊寅，241 页；道光《南部县志》卷 2《公署》；又见《南部档案》，Q1-4-368。

③ 光绪《泸州九姓乡志》卷 1《沿革》。

④ 周询：《蜀海丛谈》，127 页，成都，巴蜀书社，1986。

⑤ 《光绪朝朱批奏折》第一辑《官制》，607 页。

⑥ 北京经济学会编：《广东全省财政说明书》，26 页，1915。

⑦ 《嘉庆重修一统志》卷 440《广东统部·文职官》。

雷州府海防同知及望江、高要、海阳、归善等县县丞应请一并裁撤，以昭核实。依议行"，① 宣统《高要县志》卷14《职官篇》："嘉庆二十一年以县丞分防金利，光绪三十四年裁"，至民国初广东编查清末财政时所列全省《各州县及佐杂各官衙门经费》已无高要、海阳县丞②，《清史稿》均当删。

卷73广西桂林府龙胜厅："西：广南巡司。又有龙胜巡司，本桑江，改驻城"。按：宣统朝录副奏折《宣统二年十一月二十二日广西巡抚魏景桐拟裁官缺由》："前抚臣张鸣岐督同三司详加体察，请将柳州府通判，郁林州州判、布经历、按经历、各府经知事，各土州土县所设州同、州判、吏目、典史，龙胜厅之龙胜巡检等三十缺先行裁撤"③；《宣统政纪》卷11宣统元年三月丁卯："广西巡抚张鸣岐又奏：议裁柳州府通判、郁林州州判、布经历、按经历、各府经历、知事、各土州、土县、州同、州判、吏目、典史、龙胜厅之龙胜司巡检等三十缺，下所司议。寻宪政编查馆奏：裁撤各缺均属可行。从之"，《清朝续文献通考》卷135同，则龙胜巡检司宣统元年裁撤甚明。

## (三)清末仍存误作已废

卷68湖南沅州府黔阳县："石桥、安江二巡司，道光十二年废"。按：《清宣宗实录》卷222道光十二年闰九月丁酉："裁湖南岳州府同知，常德府、永顺府通判，郴州、道州州判，祁阳县永隆市、东安县石期市、永明县桃川市、邵阳县黑田铺、黔阳县安江司、桂阳县镇安司、通道县播阳司巡检，沅江县、桂东县、通道县、石门县、慈利县、嘉禾县训导十八缺。从巡抚吴荣光请也"，黔阳县只裁安江巡检司，光绪《会典事例》卷29、《职官录》下均有"石桥"巡检。

卷70福建漳州府海澄县："海门、濠门、岛美三废巡司"。按：《宣统政纪》卷11宣统元年三月丁卯尚记海澄县海门巡检黄翰文嗜利妄为而被革去官职，《搢绅全书》、《职官录》海澄县仍有海门巡检，则海门巡检

---

① 《清德宗实录》卷586光绪三十四年正月己酉，750页。
② 《广东全省财政说明书》，26页，1915。
③ 录副：内政类宣统朝553号，7447—135号。

宣统时犹存，《清史稿》误，当作"海门巡司，濠门、岛美二废巡司"。

卷72广东阳江直隶州："有太平巡司、那龙巡司，后废"。按：此处有两误：一是阳江设立直隶州后，太平司并未裁废，《清朝续文献通考》卷135："（光绪三十二年）又政务处吏部议覆署两广总督岑春煊奏请改阳江直隶同知为直隶州知州，……原设太平司、海陵岛司两巡检均归管辖"；民国《阳江县志》卷23："光绪三十二年改直隶厅同知为直隶州知州，教谕本系复设，裁去，训导改学正、县丞改州判，司狱改吏目，原设太平、海陵两司巡检如故"，据同卷《职官表》，太平司最后一任巡检为王永精，宣统二年署任；二是阳江另有海陵岛司巡检一员，最后一任巡检为冒庚飚，江苏常州人，宣统二年十一月署任。《职官录》阳江直隶州下即有太平司、海陵岛司巡检，民国四年所编《广东全省财政说明书》之《行政总费各州县及佐杂各官衙门经费》阳江直隶州有太平、海陵岛二司①，《清史稿》应表述为"有太平、海陵岛二巡司，那龙废司"。

## （四）已废与新置重出

卷54直隶保定府唐县："横河口巡司"、宣化府延庆州："东有永宁城巡检"。按：此二巡检为同一官缺。《嘉庆重修一统志》卷13《保定府·关隘》："横河口，在唐县西，旧设巡司于倒马关，后移置此，以守唐县曲阳之界，今仍移驻倒马关"；《光绪朝朱批奏折》光绪十三年十二月十九日直隶总督李鸿章折："兹据该司等查有保定府唐县之倒马关巡检，该处民居即少，吏事极简，正可移驻永宁城，俾资弹压"②；《清德宗实录》卷250光绪十三年十二月甲辰与此同。光绪《会典事例》卷253光绪十四年："又奏准直隶省唐县倒马关巡检，改为延庆州永宁城巡检"。《清史稿》当删"横河口巡司"。

卷59安徽庐州府庐江县："冷水关有汛一，巡司一"、庐州府舒城县："晓天镇巡司一"。按：此二巡检为同一官缺。《清高宗实录》卷963乾隆三十九年七月丁丑："查有庐江县冷水关地方，离城三十里，后设巡检一员……有名无实，请将该巡检改设舒城县之晓天镇建设衙署，就近

---

① 《广东全省财政说明书》，41页。
② 《光绪朝朱批奏折》第一辑《官制》，133页。

驻防,应如所请,从之"。《清史稿》当删"冷水关巡司"。

卷59安徽颍州府霍邱县:"洪家集、三河尖二巡司。开顺集巡司、典史各一"。按:洪家集、开顺集巡检系同一官缺。《清德宗实录》卷143光绪八年二月丙戌:"安徽巡抚裕禄奏会查皖豫交界地方情形,拟请仿照成案,将原设颍州府之粮捕通判移驻霍邱之叶家集,原驻叶家集之开顺巡检改驻距叶家集七十里之洪家集,并将六安原设之直隶州州同移设六安之金家寨,以资控制",洪家集巡检司系移驻开顺集巡检司而来,当删"开顺集巡检司"。

卷59安徽安庆府宿松县:"其复兴、泾江口二镇有巡司二"、池州府建德县:"南:永丰镇。有汛一。巡司一"。按:《嘉庆重修一统志》卷108:安庆府"嘉庆二十四年裁宿松泾江口一员,改设池州府建德县永丰镇",光绪《会典事例》、《皖政辑要》、《职官录》宿松县下皆无泾江口巡检,其与永丰镇巡检系同一官缺,当删"泾江口巡司"。

卷66江西宁都直隶州石城县:"捉杀寨巡司"、九江府德化县:"巡司三:大姑塘、小池口、城子镇"。按:捉杀寨巡司,原驻石城县城西赤江桥,乾隆四十三年改为赤江司巡检①,乾隆五十二年因离县较近,加以裁汰移设城子镇②。城子镇位于九江府德化县。捉杀寨、城子镇巡检系同一官缺,当删"捉杀寨巡司"。

## 二、不明归属而误

卷54直隶承德府丰宁县:"郭家屯、大阁儿、黄姑屯、土板四巡司",隆化县:"有巡司管典史事。与郭家屯、黄姑屯二"。按:郭家屯、黄姑屯巡检司并见丰宁、隆化二县,必有一误。隆化县系宣统元年于张三营地置③,《宣统政纪》宣统二年二月甲午热河都统诚勋奏:"并将丰宁县所属之郭家屯、黄姑屯两巡检,改隶该县(隆化)管辖",《清朝续文献通考》卷135同,郭家屯、黄姑屯巡检司当系于隆化县下。

---

① 《清高宗实录》卷1062乾隆四十三年七月丙申,201页。
② 《清高宗实录》卷1275乾隆五十二年二月戊辰,78页。
③ 牛平汉:《清代政区沿革综表》,13页。

卷 59 安徽太平府芜湖县:"河口镇巡司"、繁昌县:"河口镇、三山司、荻港巡司三"。按:河口镇巡检司并出芜湖、繁昌两县。据《嘉庆重修一统志》卷 108、道光《繁昌县志》卷 3、光绪《湖南通志》卷 38、民国《芜湖县志》卷 11、光绪《会典事例》卷 29、《职官录》,河口镇巡检司当系于芜湖县下。

卷 59 安徽池州府铜陵县:"池太分防同知一"、太平府当涂县:"池太分防捕盗同知一"。按:该同知分处两县,必有一误。据两江总督沈葆桢、安徽巡抚裕禄光绪二年七月二十一日《奏请将太平府同知移设和悦洲事》:"现查太平府江防同知向驻芜湖县,事务既简,应请将该同知即移设和悦洲,改为池太二府江防捕盗同知,专司巡缉稽查",和悦洲属池州府铜陵县大通镇地方,该镇"仅隔箭许之江面,旧有芦洲一片,地段较宽,四围皆水,俗呼荷叶洲,所居洲户,初不过是土著,寥寥数家。迨至水师入江,先清江路,即就此洲屯扎,以为水营,贼不敢犯,于是,四处商民亦纷纷避居于此,贸易其间,遂名之曰和悦洲"①,《清国史·地理志》卷 35《安徽》池州府铜陵:"和悦洲镇在县西南,本名荷叶洲,向系芦厂,咸丰间商贾辏集,遂成巨镇。池太分防同知旧驻芜湖,今移于此",《清史稿》当删当涂县下同知条。

卷 66 江西南昌府义宁州:"八叠岭镇有巡司,与排埠塘、杉市为三"、瑞安府铜鼓厅:"排埠塘巡司"。按:排埠塘巡检司并出义宁州、铜鼓厅。事实上,排埠塘巡检司初属义宁州,光绪三十二年江西义宁州、萍乡县因辖境辽阔,军机大臣吴士鑑等奏请析疆分治,经端方、张之洞等议未允,遂就原奏酌量变通,改铜鼓营同知为铜鼓厅抚民同知,而以排埠司巡检隶之。改袁州府同知为上栗市厅抚民同知,而以案乐司巡检隶之,添设大安司巡检一员,均毋庸设县,以免窒碍②,则排埠塘巡司清末划归铜鼓厅,宣统二年"改铸分巡南瑞袁临兵备道关防并铜鼓厅排埠司巡检印信。从江西巡抚冯汝骙请也"是其明证③。

---

① 录副,档号:03-5749-051。

② 《清穆宗实录》卷 568 光绪三十二年十二月丙子,516 页;《清朝续文献通考》,8950 页。

③ 《宣统政纪》卷 45 宣统二年十月壬午,782 页。

卷66江西赣州府信丰县："杨溪堡巡司"、虔南厅："巡司驻杨溪堡"。按：杨溪堡巡检司并出信丰县、虔南厅。据《光绪朝朱批奏折》光绪三十年正月初七日署理江西巡抚夏旹奏："其龙南县教谕、赣州府照磨、信丰县杨溪堡巡检均改设虔南厅"①；《清朝续文献通考》卷135："（光绪二十九年）又议覆两江总督魏光焘奏请将江西赣州府分防观音阁通判改为虔南厅抚民通判，……原设杨溪堡巡检改隶通判统辖"，《职官录》置杨溪堡巡检司于虔南厅下，当据改。

卷65浙江宁波府象山县："有南田、竹山二巡司"。按：《宣统政纪》卷16宣统元年六月癸卯浙江巡抚增韫奏请设立南田抚民厅，并移驻原四明驿丞兼甬东巡检为南田巡检兼司狱，《清朝续文献通考》卷135同，《职官录》宁波府南田厅有巡检兼司狱事，《清史稿》误系南田巡检于象山县，当移于南田厅下。

卷59安徽徽州府歙县："阮溪司、黄山、街口渡巡司三"。按：阮溪司、黄山司实是同一巡检。嘉庆时歙县属巡检司二：黄山、街口②，有清一代未曾改置，最后一任黄山司巡检为滕楷，宣统二年十一月任③。《皖政辑要》称黄山巡检，光绪《会典事例》、《清国史·地理志》、《职官录》称阮溪司，民国《歙县志》既称黄山司，又称阮溪司，实际上是因为黄山司巡检驻阮溪④，二者是同官异名，《清史稿》将一巡检司误为二。

卷60山西萨拉齐直隶厅："有巡司兼司狱一，驻包头镇"。按：据《清国史》、光绪《山西通志》、光绪《会典事例》、《职官录》，萨拉齐直隶厅有二巡检司，一驻厅治兼司狱，或称萨拉齐巡检司；一驻包头镇，《清史稿》将二巡检司误为一。

卷75贵州贵阳府定番州："大塘、长寨州判二"，广顺州"长寨州判一"。按：长寨州判同见定番州、广顺州，必有一误。《贵州全省地舆图说》定番州："按原设州判二，一驻大塘，一驻罗斛，光绪六年以长寨同知改设罗斛，罗斛州判移驻长寨，隶广顺州"，广顺州："州判一：分驻

---

① 《光绪朝朱批奏折》第一辑《官制》，401页。
② 《嘉庆重修一统志》卷108《徽州府·关隘》。
③ 民国《歙县志》卷2《官司志》。
④ 光绪《安徽通志》卷37《舆地志·公署》。

长寨"，广顺州下附《长寨州判分辖地》①，故知长寨州判实隶广顺州，定
番州下当删去。

卷 75 贵州黎平府："洪州吏目一。有黎平汛。东南洪州、北潭溪、
欧阳、湖耳司正副长官一。……同知及理苗照磨驻古州。通判驻下江。
吏目驻洪州。泊里长官司。"按：一句之中，"洪州吏目"、"吏目驻洪州"
重复，当删其一。

## 三、不明名称而误

### (一) 误以治所为名

卷 54 直隶顺天府宛平县："西路厅驻卢沟桥，有巡司。县丞驻门头
沟。又庞各庄、青白口、东斋堂巡司三"。按：《清国史·地理志》亦称
"卢沟桥在县西三十里，西路厅治，有巡检司。……庞各庄、青白口旧治
石港口、东斋堂旧治齐家庄"。查光绪《会典事例》卷 29："卢沟桥、齐家
庄、庞各庄、石港口"巡检，《缙绅全书》、《职官录》同，又据光绪《顺天
府志》卷 27：石港司驻县一百三十五里青白石镇，齐家庄巡检驻县一百
七十里东斋堂，则《清国史》、《清史稿》皆误以驻地为巡检司名。

卷 54 直隶顺天府永清县："有信安镇巡司，兼隶霸"，霸州："有信
安镇巡司，兼隶永清"。按：《清国史》直隶顺天府永清县、霸州下均作
"信安镇巡检司"，光绪《会典事例》、《职官录》则作"霸州霸永巡检"，光
绪《畿辅通志》卷 30：霸州"霸永巡检一员，驻信安镇"。该巡检司因处霸
州、永清交界之信安镇，且兼隶霸州、永清而得名，"霸永"一名更为合
理。又据光绪《顺天府志》卷 22："霸永巡检署在城东南五十里信安镇，
道光十九年移礼贤巡检于信安，为霸永分司。信安镇街东西向，中街道
北为永清界，道南为霸州界，同治五年巡检刘凝钧详借养廉霸州四百两、
永清二百两，于永清界买民人郑绍卿庄基改造"，霸永巡检衙署在永清
县，当置于永清县下。

卷 58 江苏江宁府江浦县："浦口巡司一"。按：据嘉庆《新修江宁府

---

① 《贵州全省舆地图说》上册《府州县分图表》，宣统元年，中国国家图书馆藏。

志》卷3《官署》、同治《续纂江宁府志》卷7《建置·署廨》、光绪《江浦埠乘》卷6《建置下·衙署》，江淮司巡检署在江浦县浦口，《清史稿》误以驻所为巡检司名。光绪《会典事例》卷26、《搢绅全书》、《职官录》并作"江淮司"巡检。

卷58 江苏松江府华亭县："亭林巡司一"。按：《清国史·地理志》亦作"亭林"。然光绪《松江府续志》卷8："金山巡检司署，在亭林"，光绪《会典事例》卷29、《职官录》并作"金山司"巡检，《清国史》、《清史稿》皆误。

卷70 福建延平府永安县："安沙、小陶二巡司"。按：同治《永安县续志》卷3："湖口镇巡检司署治西三十都，今移小陶墟"，则驻小陶之巡检司实名"湖口镇"，光绪《会典事例》卷29、《职官录》同。另"安沙"，《清德宗实录》卷394光绪二十二年八月丙戌："永安县安砂巡检胡颐龄疲弱因循"，同治《永安县续志》卷3、光绪《会典事例》卷29、《职官录》均作"安砂"，当据改。

卷70 福建建宁府瓯宁县："吉阳、营头二巡司"。按：《清高宗实录》卷366乾隆十五年六月癸未："瓯宁县岚下街，烟户三百有奇，将现驻城内之县丞移驻，该县吉阳街、叶坊驿，各距县治七十里，将现在议裁之南平县大历巡检、移驻叶坊"，乾隆十六年四月议准，该巡检名为叶坊驿，民国《建瓯县志》卷6："叶坊巡检署原驻叶坊驿，后移吉阳街，今废"，治所虽有迁移而名称不改，光绪《会典事例》卷29、《职官录》均作叶坊驿巡检，当从之。

卷70 福建建宁府松溪县："渭田巡司"。按：康熙《松溪县志》卷1："二十四都巡检司，在豪田里，元皇庆间设为寨，明洪武二年改为巡检司，旧去县八十里，嘉靖间巡检徐宽申请改建渭田"，《明史》卷45"二十四都巡检司"，巡检司治所迁移，名称不改，《嘉庆重修一统志》卷424、光绪《会典事例》卷29、《职官录》均称"二十四都巡检"，可据改。

卷70 福建漳州府平和县："有琯溪巡司"。按：光绪《漳州府志》卷5："漳厅巡检司，原设小溪巡检司，设县后改为漳汀巡检司，奉文移驻芦溪，今又移驻琯溪"。《明史·地理志》、康熙《平和县志》、《嘉庆重修一统志》、光绪《会典事例》、《职官录》俱作漳汀巡检，当据改。

## (二)误用旧名

卷 60 山西大同府应州："安东卫巡司"。按：《清史稿》同卷明确记载："应州，……顺治十六年安东中屯卫省入"，安东卫至此已不复存在，光绪《山西通志》、光绪《会典事例》、《职官录》并作"安东巡检"，可取。

卷 61 山东登州府福山县："奇山所巡司"。按：《清史稿》误，当改为海口或烟台巡司。奇山所即烟台，顺治十二年归并宁海卫①，原奇山所之称已不存。该巡检有二名，光绪《会典事例》、《职官录》、宣统《山东通志》称"海口巡检"，《清穆宗实录》称"烟台巡检"②。

卷 73 广西浔州府平南县："有大同乡、秦川乡二巡司，因明旧置"。按：《明史·地理志》浔州府平南县有大同、秦川巡检司，雍正十二年移大同乡巡检驻大乌墟③，光绪《会典事例》、《职官录》称大乌墟巡司，当据改。

## (三)误字、别字

卷 56 吉林省五常府："蓝采桥巡司"。按：《光绪朝朱批奏折》光绪七年八月铭安奏："再奉部咨以吉林添设宾州厅、五常厅巡检管司狱各一缺，敦化县巡检管典史事一缺，玛延河之烧锅甸、兰彩桥分防巡检各一缺"④；《清朝经世文续编》卷 33《户政·建置》光绪六年铭安《通筹吉林全局请添设民官疏》称："查兰彩桥在小山子西南，相距二十里，由兰彩桥至五常堡九十余里，询系扼要之区，自应添官驻守，以资镇抚，惟吉省尚无汛官，碍难设立，兹拟在兰彩桥地方，设立巡检一员，亦归五常厅统属"；《清国史·地理志》卷 19 吉林五常厅、光绪《会典事例》卷 148 均称"兰彩桥"；《宣统政纪》卷 6 宣统元年正月乙酉称五常厅兰彩桥巡检，只有《清史稿》作"蓝采桥"，故以"兰彩桥"为名较妥。

卷 59 安徽池州府东流县："香河镇，明置巡司，今移驻青阳镇"。

---

① 《清世祖实录》卷 93 顺治十二年九月壬寅，734 页。
② 《清穆宗实录》卷 325 同治十年十二月壬戌，299 页。
③ 《清世宗实录》卷 147 雍正十二年九月丙申，830 页。
④ 《光绪朝朱批奏折》第一辑《官制》，37 页。

按：嘉庆《东流县志》卷 4、《嘉庆重修一统志》卷 108、光绪《会典事例》卷 29、《皖政辑要》卷 8、《职官录》并作"吉阳镇"巡检。吉、青形近致讹，当据改。又据《明史·地理志》卷 40 东流县："有香口镇巡检司，后移于吉阳镇"，移驻事在明代，移驻地为吉阳镇。吉阳镇之得名是因位于吉阳河入江口，形势险要，故于此设巡检以资控制。《中国历史地图集》第八册《清时期·安徽》东流县东北标有吉阳镇。

卷 61 山东莱州府潍县："固底镇巡司"。按：康熙《山东通志》卷 22、《嘉庆重修一统志》卷 161、光绪《会典事例》卷 29、宣统《山东通志》卷 38、《职官录》并作"固堤店巡检司"，当据改。

卷 67 湖北汉阳府黄陂县："大成潭、滠口镇二巡司"。按：大成潭，《读史方舆纪要》卷 76："黄陂县：又县有大城镇，在县北大城潭上，今有巡司"；康熙《湖广通志》卷 17、雍正《湖广通志》卷 13、嘉庆《湖北通志》卷 14 作"大城镇巡检司"，《嘉庆重修一统志》卷 334、民国《湖北通志》卷 26、光绪《会典事例》卷 29、《职官录》并作"大城潭"巡检，"大成潭"可据改为"大城潭"。

卷 70 福建邵武府邵武县："水口、拿口巡司二"。按：《清高宗实录》卷 794 乾隆三十二年九月癸卯："吏部议覆闽浙总督苏昌奏称……查有邵武府司狱一员，专管府监，一无所事，应裁改为巡检一员，驻扎拏口，将县丞所管十都村乡归设巡检管辖，……应如所请，从之"，《嘉庆重修一统志》卷 432、光绪《会典事例》卷 26、《职官录》均作"拏口"，当据改"拿口"为"拏口"。

卷 71 台湾台湾府云林县："林圯埔，县丞驻"。按：该县丞驻地当作"林圯埔"，《清史稿·地理志》形近而讹。据连横《台湾通史》卷 29《林圯、林凤列传》，林圯为郑成功参军，郑经治台时，率所部赴斗六门开垦屯田，被"土番"杀害，故命"林圯埔"名以志纪念①。该参军事迹见于《台湾雾峰林氏族谱·林氏仕籍续考》，内称"圯公，福建同安人。延平郡王部将，累功至参军，死于水沙连番变，民人至今祀之，易其地名为林圯埔"②。该地原为光绪十三年设云林县时县治，十九年时县治迁斗六门，

---

① 《台湾文献丛刊》第 128 种，757～758 页，台北，文海出版社，1980。
② 《台湾文献丛刊》第 298 种，57 页。

二十年添设县丞驻于此地。据台湾巡抚邵友濂光绪二十年四月十九日奏《林圯埔添设县丞以资分防由》："臣查林圯埔地方空虚，既据该府查明，拟请添设县丞一员，分防缉捕，实为因地制宜起见，似应准予所请"①，《清德宗实录》卷341光绪二十年五月丁酉："福建台湾巡抚邵友濂奏：请添设云林县林圯埔分防县丞一员，下部议行"，均作"林圯埔"。检索台湾瀚典《台湾文献丛刊》所收录的309种文献中，"林圮埔"仅出现14次，分别见于《台湾采访册》、《台湾诗乘》、《无闷草堂诗存》、《新竹县采访册》、《雅言》、《雅堂文集》、《台湾诗钞》、《台湾海防并开山日记》、《台湾府舆图纂要》、《台湾通志》等10种文献中，"林圯埔"则出现高达102次，且《清高宗实录》、《清宣宗实录》、《清德宗实录》、《清朝续文献通考》、《清会典事例》、《光绪朝东华录》、录副奏折均用"林圯埔"，权威可靠。《中国历史地图集》第8册《清时期》台湾1894年图作"林圮埔"，亦误，均当改从"林圯埔"。

卷76新疆迪化府奇台县："旧城，巡司驻"。按：《清高宗实录》卷1023乾隆四十一年十二月丁巳："东吉尔玛泰巡检，归奇台县管辖，移驻古城，称古城巡检司"；宣统《新疆图志》卷100《奏议十》光绪九年十一月初四日，刘锦棠"请将奇台县治移建古城片"称："其古城巡检应请移置奇台兼管驿丞事务"，光绪《会典事例》262、《职官录》奇台县下均作古城巡检，当据改。《清史稿》之所以致误，缘误将光绪二十九年升温宿县之旧城巡检系于奇台县下②。

## (四)缺字、土流不分

卷72广东广州府香山县："黄梁都城，都司、巡检驻。又淇澳、香山、黄圃三巡司"。按：黄圃当作小黄圃。1978年广西蒙山县出土了一

---

① 庄吉发：《从故宫档案看清代台湾行政区域的调整》，所附录副奏折及录文，《清史论集》第十四，台北，文史哲出版社，2004。

② 中国第一历史档案馆藏：政务处27号，"关于地方区划，设省之议复奏折"，光绪二十八年七月初二日，新疆巡抚奏请增设厅州县折："旧城巡检距府二十余里……拟请升为县，曰温宿县"。《光绪朝朱批奏折》第一辑《官制》光绪二十九年七月二十二日甘肃新疆巡抚潘效苏奏折，385页。

方铜印。铜印为正方形，边长 6 厘米，厚 1.2 厘米(见图 20)，此印一半刻汉文"香山县小黄圃巡检司印"，一半刻同内容的满文，印背右刻汉文两行"香山县小黄圃巡检司印"、"礼部造"，左刻与汉文内容相同的满文，印边两处刻汉文"宣统元年十一月"、"宣统九十八号"，此印现为蒙山县文物管理委员会收藏①。

图 20 广东香山县
小黄圃巡检司印

《清史稿·地理志》卷 74 云南大理府浪穹县："蒲陀崆、凤羽乡、上江嘴、下江嘴巡司四"。按：据光绪《会典事例》卷 32，该四巡检均为土官，《清国史·地理志》卷 168 云南大理府浪穹县："有蒲陀崆、凤羽乡、上江嘴、下江嘴四土巡检"，《清史稿》当漏一"土"字。

## (五)官缺名称误

卷 59 安徽泗州直隶州："双沟镇，同知驻"。按：泗州本设州同一员，乾隆二十六年州守王如玖以州境辽阔，双沟镇控扼淮、湖，奏请移建州同署于双沟镇②。成书于光绪二十二年《安徽舆图表说》卷 10《泗州直隶州》："州同一员，驻双沟集"③，光绪《安徽通志》卷 38《舆地志·公署》泗州："州同署在双沟镇"。《清国史·地理志》、《大清搢绅全书》、《职官录》均作双沟州同而不载同知，《清史稿》误州同为同知。

卷 66 江西南昌府义宁州："查津，同知驻"。按：义宁州原名宁州，乾隆五十年移宁州州同驻渣津④。嘉庆六年，宁州改为义宁州，宣统三年曾拟裁此州同⑤，但《职官录》仍有"渣津州同"一员，或是迟至清末仍

---

① 何秉：《清末广东香山县小黄圃巡检司印和韦乃伦》，《广东社会科学》1985 年第 2 期。篇中图片即转引自该文。

② 光绪《泗虹合志》卷 2《公署》。

③ 《安徽舆图表说》，1896 年印行，国家图书馆藏。

④ 《清高宗实录》卷 1243 乾隆五十年十一月庚午，715 页；《嘉庆重修一统志》卷 307《南昌府·关隘》亦作"渣津"。虽未知其与"查津"究系何种写法更为妥当，但所指显系一地。

⑤ 录副：宣统三年闰六月二十六日江西巡抚冯汝骙呈《拟裁藩司属官并各属同城佐贰佐杂教职各缺清单》，档号：03-7440-063。

未施行。《清史稿》误州同为同知。

卷 54 直隶易州直隶州："二驿：清苑、上陈。有丞，兼巡司。又州判驻"。按：《清史稿》误有二：一是驻上陈之佐贰当为州同而非州判，据道光五年六月初三日直隶总督蒋攸铦《奏请宣化等县驿丞分别添改裁汰事》："其易州上陈驿应添文职。查易州州同、州判均在同城，应办事件无多，应请即将该州同移驻，作为分驻上陈州同。至上陈既设州同，原设驿丞并无所事。……应请即行裁汰"①，《清宣宗实录》卷 87 道光五年八月丙寅条记"改直隶易州州同，为分驻上陈州同"，光绪《畿辅通志》卷 130《经政略·公署》："州同廨在州城西北六十里上陈镇"；二是道光五年，裁上陈驿丞改置州同，据光绪《畿辅通志》卷 130《经政略·公署》、《大清搢绅全书》、《职官录》，直至清末易州再无上陈驿丞，更不能兼管巡司。

## 四、漏记

《清史稿·地理志》各府州县下巡检司往往记载不全，今列表如下：

| 所属各省、府、州、县 | | | 漏记之巡检司 | 资料依据 |
|---|---|---|---|---|
| 直隶 | 顺天府 | 大兴县 | 黄村 | 光绪《会典事例》卷 29、光绪《顺天府志》卷 22、光绪《畿辅通志》卷 30、《搢绅全书》、《职官录》 |
| | | 武清县 | 河西务 | 光绪《会典事例》卷 29、光绪《顺天府志》卷 22、光绪《畿辅通志》卷 30、《搢绅全书》、《职官录》 |
| | | 蓟州 | 子牙河、中营 | 光绪《会典事例》卷 29、光绪《顺天府志》卷 22、光绪《畿辅通志》卷 30、《搢绅全书》、《职官录》 |
| | 承德府 | 丰宁 | 海留图 | 《清德宗实录》卷 567 光绪三十二年十一月癸丑、《搢绅全书》、《职官录》 |
| | 朝阳府 | 建平县 | 九道湾 | 《清德宗实录》卷 567 光绪三十二年十一月癸丑、《搢绅全书》、《职官录》 |

---

① 录副，档号：03-2503-017。

续表

| 所属各省、府、州、县 | | | 漏记之巡检司 | 资料依据 |
|---|---|---|---|---|
| 直隶 | 赤峰直隶州 | | 大庙 | 《光绪朝朱批奏折》第一辑《官制》光绪三十四年十二月初三日热河都统廷杰奏、《宣统政纪》卷4光绪三十四年十二月己未、《清朝续文献通考》卷135光绪三十四年、《搢绅全书》、《职官录》 |
| | 永平府 | 迁安县 | 建昌营 | 光绪《会典事例》卷29、光绪《顺天府志》卷22、光绪《畿辅通志》卷30、《搢绅全书》、《职官录》 |
| 山西 | 代州直隶州 | | 广武城 | 光绪《会典事例》卷29、《清国史》卷51、光绪《山西通志》卷13、《搢绅全书》、《职官录》 |
| | 陶林直隶厅 | | 科布尔 | 《光绪朝朱批奏折》第一辑《官制》光绪二十八年九月二十三日山西巡抚赵尔巽奏、光绪二十九年四月二十一日赵尔巽又奏、《清朝续文献通考》卷135、光绪三十年、三十四年荣禄堂《爵秩全览》、《搢绅全书》、《职官录》 |
| 山东 | 泰安府 | 东平州 | 彭家集 | 光绪《会典事例》卷28、《职官录》 |
| 河南 | 开封府 | 祥符县 | 朱仙镇、祥陈 | 光绪《会典事例》卷148、《职官录》 |
| | 归德府 | 考城县 | 考城 | 道光朝录副奏折:《道光元年十月初二日河南巡抚姚祖同奏》、《清宣宗实录》卷27道光元年十二月乙未、光绪《会典事例》卷148、民国《考城县志》卷4 |
| | 陕州直隶州 | 卢氏县 | 朱阳 | 光绪《会典事例》卷29、《职官录》 |
| 甘肃 | 固原直隶州 | 平远县 | 同心城 | 《清穆宗实录》372同治十三年十月己丑、光绪《会典事例》卷323、《职官录》 |
| 浙江 | 绍兴府 | 余姚县 | 中村 | 光绪《会典事例》卷29、《职官录》 |
| 四川 | 叙州府 | 雷波厅 | 黄螂 | 《嘉庆重修一统志》卷302、光绪《会典事例》卷26、光绪《雷波厅志》卷8、《职官录》 |
| | 龙安府 | 江油县 | 中坝场 | 光绪《会典事例》卷26、光绪《江油县志》卷2、《职官录》 |
| | 绥定府 | 太平县 | 黄钟堡 | 光绪《会典事例》卷150、《职官录》 |

续表

| 所属各省、府、州、县 | | | 漏记之巡检司 | 资料依据 |
|---|---|---|---|---|
| 福建 | 兴化府 | 莆田县 | 迎仙寨 | 光绪《会典事例》卷 29、光绪《莆田县志》卷 3、《职官录》 |
| 广东 | 高州府 | 电白县 | 水 东 | 《清德宗实录》卷 499 光绪二十八年五月辛酉、《广东全省财政说明书》之《岁出部·行政总费各州县及佐杂各官衙门经费》、《职官录》 |
| 广西 | 太平府 | 永康州 | 猛郎、小猛统 | 《清朝续文献通考》卷 135、《职官录》 |
| 云南 | 永昌府 | 龙陵厅 | 龙 陵 | 《嘉庆重修一统志》卷 476、光绪《续云南通志稿》卷 26、光绪《会典事例》卷 67、《职官录》 |
| | 广南府 | 土富州 | 剥隘 | 《光绪朝朱批奏折》第一辑《官制》光绪二十六年二月初三日云贵总督云南巡抚丁振铎奏、《职官录》 |

另外，《清史稿》关于盐巡检的记载比较混乱。清代盐巡检共五员，分属长芦张家湾，两淮白塔河、乌沙河，山西盐池、长乐①。按照依治所所在县级政区撰写的原则，当分别置该五处巡检于所在州县下。《清史稿》既于《职官志·外官·盐运使》载长乐、盐池二盐巡检，又于《地理志》山西解州直隶州下复记，张家湾、白塔河、乌沙河三盐巡检则仅系于《职官志》下，前后体例之不纯若是。

关于分防佐贰、首领官项，也有不少遗漏。

卷 59 安徽六安直隶州缺州同。按：六安直隶州州同旧驻州城，光绪八年始移驻金家寨②，《清国史·地理志》六安直隶州："州同驻金家寨"，《大清搢绅全书》、《职官录》均载有该州同，《清史稿》当补入。

卷 61 山东兖州府滕县："泇河，通判驻"，阳谷县下无通判。按：据宣统《山东通志》卷 38《建置·衙署》兖州府仅一通判建置，即阳谷县"运河通判署在县东二十里张秋镇，即安平镇，为东阿、阳谷、寿张三县交

---

① 光绪《会典事例》卷 32《吏部十六·官制十六·各省盐政等官》，405 页；《清史稿》卷 116《职官志三·外官·盐运使条》同。

② 《清德宗实录》卷 143 光绪八年二月丙戌，31 页。

治之地",而滕县"泇河通判署,今废",宣统《滕县续志稿》卷2《职官志》总捕分府①列最后一任为苏龙瑞,"光绪三十一年任,三十二年缺裁",《职官录》亦仅列"驻张秋镇粮捕水利通判",故《清史稿》当删滕县通判条,并于阳谷县下补"张秋镇,通判驻"。

卷62河南许州直隶州缺州判。按:乾隆六年降许州府为直隶州时,添设州判,与知州同城②,光绪末始分防地方。据《清德宗实录》卷536光绪三十年十月丁未:"吏部奏议覆河南许州州判移驻繁城镇。依议行",《职官录》许州下有驻繁城镇粮捕水利州判一员,《清史稿》当补"州判驻繁城镇"。

卷67湖北安陆府缺同知。按:安陆府同知于雍正七年移驻沔阳州黄蓬山③,乾隆十一年移驻荆门州沙洋镇④,五十七年时荆门州升直隶州,同知改驻钟祥属臼口⑤。民国《湖北通志》卷26《建置二·廨署》安陆府:"同知署在臼口镇,旧在府署东北,清雍正七年移驻沔阳州黄蓬山,乾隆十一年移驻荆门州沙洋镇,五十六年总督毕沅题请升荆门州为直隶州,同知遂移今地",同《实录》所载,光绪二十五年安陆府同知盛勋还曾因擅受纵役被革职⑥,《职官录》中安陆府也载有该同知,《清史稿》当于钟祥县下补"同知驻臼口镇"句。

卷67湖北宜昌府归州缺同知。按:据光绪《归州志》卷3《职官表一》称"宜昌府同知虽驻新滩,非州所得辖,不著录",虽该同知属府的官员而《归州志》不载,但赖此可确知该同知之存在,且驻于归州新滩。该同知系嘉庆十五年添设,该年湖广总督汪志伊、湖北巡抚常明奏:"现查归州新滩最为要隘,且滇黔等省运铜铅必由此处起剥,该处仅有州判,职分较小,办理每有掣肘,必须移驻郡佐以资稽查照料,查宜昌府同知分驻长乐县海洋关,……自应因地制宜,量为改移。"⑦《清国史·地理志》

---

① 通判、同知均称分府。此处即指泇河通判。
② 《清高宗实录》卷157乾隆六年十二月丁未,1242页。
③ 《清世宗实录》卷88雍正七年十一月丁亥,184页。
④ 《清高宗实录》卷259乾隆十一年二月乙丑,358页。
⑤ 《清高宗实录》卷1396乾隆五十七年二月庚戌,748~749页。
⑥ 《清德宗实录》卷446光绪二十五年六月辛巳,880页。
⑦ 录副:嘉庆十五年正月十八日湖广总督汪志伊、湖北巡抚常明奏,档号:127-1341。

卷110宜昌府归州："分防同知驻新滩"，民国《湖北通志》卷26《建置二·廨署》宜昌府归州："分防同知署，旧在长乐县海洋关，嘉庆十五年改驻归州新滩"，《职官录》宜昌府有驻扎归州新滩分防同知一员，当补。

卷67湖北汉阳府下缺通判。按：民国《湖北通志》卷26《建置志·廨署》汉阳府："通判署旧在府城西，清雍正十二年建，后移建汉镇公迎巷，八年由善后项下拨款协建。二十四年移驻蔡甸"，《大清搢绅全书》、《职官录》均有汉阳府驻蔡甸通判一员，当补入。

卷67湖北汉阳府沔阳州："州判驻仙桃镇"。按：当另补"州同驻新隄"句。乾隆三十年，"吏部议覆……请将新设文泉县裁，新隄等处，仍隶沔阳。即移该州州同驻扎"①，是为州同分防新堤之始，至清末仍驻。光绪《沔阳州志》卷3《建置·公署》："州同署旧在州署左，后移驻新隄河岸"，民国《湖北通志》卷26《建置·廨署》汉阳府沔阳州："州同署在新隄"，《职官录》沔阳州下有"驻新隄州同"。

卷67湖北汉阳府夏口厅缺县丞。按：当补"县丞驻刘家庙"句。光绪二十六年十月十九日湖广总督张之洞《奏请汉阳县丞为夏口厅分防县丞事》："查汉阳县县丞向系要缺，自将县境分拨厅治以来，事务较简，且该县丞本与汉阳府县同城，即以该县丞之事由府县就近督令汉阳典史、经历，足资兼顾。拟即援照河南淅川厅县丞、广东阳江厅县丞之案办理，相应请旨准将汉阳县丞移设刘家庙，改为夏口厅分防县丞，由部另颁夏口厅县丞条记，所有通济门外地方，统归该县丞汛地，饬令遍查保甲、实力弹压巡稽，仍作为要缺，由外拣选调补"，②十一月"从之"③。厅辖县丞较为特殊，夏口厅为其中一例。民国《夏口县志》卷4《职官志·县丞》称光绪二十五年"由汉阳移驻刘家庙"，微误，当为光绪二十六年。

卷68湖南靖州直隶州缺州判。按：据清末《湖南全省舆地图表》靖州直隶州《表·职官》："州判一员，驻洪江。其署系洪江驿故址"④，《职官

① 《清高宗实录》卷729乾隆三十年二月壬寅，30页。
② 录副，档号：03-5094-004。
③ 《清德宗实录》卷475光绪二十六年十一月辛巳，256页。
④ 《湖南全省舆地图表》系光绪二十二年绘，中国国家图书馆藏。

录》亦有移驻洪江州判一员，洪江系属会同县①，《清史稿》靖州直隶州会同县下当增补洪江州判一员。

卷 69 四川重庆府涪州缺州同。按：民国《涪陵县续修涪州志》卷 9《秩官志·文职》记载了自嘉庆七年后任涪州州同一职的人员，其中光绪三十一年署任的是史悠彦，其后几任是高应枢、良俊、程杏书、杨承纶、张望龄，因衙门文卷损失，故记载缺略甚多，仅有名姓而无署任之年，但即便是每任任期一年，宣统三年时仍有较大的可能在任，宣统三年的《大清搢绅全书》、《职官录》涪州均有"分驻鹤游坪镇州同"，时任州同正是张望龄。又据同治《重修涪州志》卷 3《建置志·公署》："州同署在治北百五十里鹤游坪保和砦"，民国《涪陵县续修涪州志》卷 5《建置志·廨署》："州同署在州治北百五十里鹤游坪保和寨"，和上述史料正相印证，《清史稿》宜补"州同驻鹤游坪"句。

卷 69 四川成都府简州缺州判。按：光绪《简州续志》卷上《人物志·职官》列有石桥州判一员，《职官录》简州有驻石桥井州判，民国《简阳县志》卷 6《官师篇·职任》列清朝简州属州判九十一人，自乾隆元年首任至宣统三年最后一任李雨仓，《清史稿》当补"州判驻石桥"句。

## 五、误驿丞兼巡检事为巡检司

驿丞，未入流，清初曾大量裁撤驿丞，由巡检司兼管，又有驿丞兼管巡检事。前者是以本官巡检司兼管驿站，巡检司存；后者是以本官驿丞兼管巡检事，巡检司废。试以山西泽州府凤台县星轺驿为例：

《清高宗实录》卷 612 乾隆二十五年五月甲寅："凤台县拦车镇巡检事务，请仍前归并星轺驿驿丞兼管，将该巡检移驻山阴县之岱岳站，兼管驿务，均应如所请。从之"，星轺驿驿丞虽兼管巡检事务，并加驿丞兼巡检衔，但实无巡检司；光绪《山西通志》卷 13 列山西巡检三十八员，并无星轺，只称山西有"驿丞四人：太安、柏井、史村、星轺各一人，初制驿皆设驿丞，雍正九年定驿务归州县管理，驿丞以次裁省，其存者于乾隆

---

① 《清国史》第 3 册《地理志》，344 页。

二十五年皆兼管巡检事"，可见纂修者将星轺驿丞兼管巡检事视为驿丞缺；光绪《会典事例》卷29《各省知县等官》巡检司项山西凤台无巡检，驿丞中有凤台星轺驿丞，驿丞兼巡检同样被视为驿丞缺；《职官录》例列各省吏额，仅据山西省下所列巡检、驿丞数目与各府州下具体巡检、驿丞对应关系来看，以驿丞兼巡检事者均被视为驿丞而非巡检。因此，可以大胆推测，驿丞兼巡检者，巡检司已废，《地理志》或不列，或书"驿丞兼巡检事某"，径作"巡检司某"则误，《清史稿》中有数处此类错误。

卷54直隶天津府天津县："丰财场东南葛沽与西沽、杨青巡司三"。按：《清史稿》此条同《皇朝地理志》。然据《清世宗实录》卷135雍正十一年九月乙酉："议覆天津县杨青驿兼巡检职衔，从之"；《清高宗实录》卷535乾隆二十二年三月己未："天津县属之西沽，距县仅止三里，毋须专员弹压，请裁西沽巡检，移设乌兰哈达，即铸给乌兰哈达巡检司印，俸工养廉，均如三座塔巡检之例，应如所请。从之。"西沽、杨青二巡司俱裁。《嘉庆重修一统志》卷25、光绪《会典事例》卷29、《搢绅全书》、《职官录》天津县下仅有葛沽巡检司。

卷60山西平定直隶州："柏井，巡司驻。其甘桃，裁"。按：明末即有甘桃、芹泉、太安三巡检司，乾隆二十七年改三处驿丞兼管巡检事①，故《一统志》中平定直隶州已无巡检。道光九年裁甘桃驿驿丞，由柏井驿兼管，并兼巡检事②，《职官录》亦载柏井马驿丞兼管巡检，此柏井巡司当删。

卷60山西霍州直隶州灵石县："驿丞兼巡司驻仁义镇"。按：《清史稿》云驿丞兼巡司驻仁义，此当据光绪《山西通志》卷27："霍州灵石县，驿丞兼巡检司在仁义镇"，但同书卷13已写明驿丞兼巡检司者四：太安、柏井、史村、星轺，并无仁义，且据《职官录》，灵石县并无驿丞兼巡司事，《清国史·地理志》、光绪《会典事例》卷29、《职官录》皆只作仁义巡检，可从。

卷65浙江衢州府江山县："有清湖镇巡司，兼管广济水驿"。按：《清高宗实录》卷626乾隆二十五年十二月辛巳："移浙江江山县县丞，驻

---

① 《清高宗实录》卷671乾隆二十七年九月甲申，500页。

② 《清宣宗实录》卷153道光九年三月甲午；卷166道光十年三月丙申。

二十八都；广济驿驿丞，驻清湘，兼巡检事务"，同治《江山县志》卷2：
"江山县驿丞署，旧在县城，乾隆二十五年奉文移建清湖（裁并广济驿驿丞
兼管巡检)"，是驿丞兼管巡检事而非巡检兼管驿丞，《职官录》亦称"广济
水马驿丞兼管巡检事"，《清史稿》误。

## 六、存疑

卷54直隶遵化直隶州："巡司二：驻州及石门"。按：《嘉庆重修一
统志》遵化直隶州仅有"半壁山巡司"一员①，石门镇则为州同驻地，光绪
《畿辅通志》、光绪《会典事例》、《职官录》遵化直隶州均无石门巡检司。

卷54直隶遵化直隶州丰润县："丰台镇西南，有主簿、巡检"。按：
光绪《会典事例》、光绪《畿辅通志》、光绪《顺天府志》、《职官录》丰台镇
皆仅有主簿，无巡检。此误同《皇朝地理志》，据《皇朝地理志》而成之《清
国史·地理志》卷10直隶遵化直隶州丰润县："丰台镇在县西南一百二十
里，管河主簿治，有巡检司"。

卷58江苏淮安府安东县："佃湖巡司一"。按：光绪《淮安府志》卷4
《城池·安东县》、光绪《安东县志》卷2《建置·公署》、光绪《会典事例》、
《职官录》均未记。光绪《安东县志》卷9《秩官下》："安邑向无专设武员，
只由庙湾营拨派千把一员巡防城守，雍正五年始于城内专设把总一员巡
防，六年于佃湖镇设立千总一员，仍归庙湾营游击兼辖，乾隆元年将□
港营都司移驻佃湖，改为佃湖营都司"，在佃湖之公署仅且有佃湖营都
司，疑《清史稿》误营都司为巡检司。

卷61山东济南府历城县："有巡司：申公集"②。按：中国第一历史
档案馆国史馆编纂类461号《历城县地舆全图》：县城东之龙山贴有红色
标签曰"巡检"，光绪《会典事例》卷29、《职官录》均作龙山巡检，宣统

---

① 四库本《续修大清一统志》、光绪《会典事例》、光绪《畿辅通志》、《职官录》
等皆作"西半壁山"，《清高宗实录》卷14乾隆元年三月上亦作"西半壁山"。

② 《清史稿》，2046页。按：《清史稿校注》所引《清史稿》原文标点为"有巡司。
申公集主簿"。校注云：案清史馆骆成昌、秦树声辑山东地理志稿皆作"中公集"，清
国史馆皇朝地理志、嘉庆重修一统志卷一六三同。

《山东通志》卷 38："巡检署在龙山镇"。

卷 65 浙江杭州府仁和县："汤镇、塘栖镇巡司二"。按：《嘉庆重修一统志》卷 281 杭州府下巡检一员：仁和属塘栖，卷 282《关隘》："汤镇，……有盐课司驻此"。光绪《会典事例》、《职官录》、民国《杭州府志》卷 19，仁和县仅塘栖巡检司一。

卷 65 浙江温州府瑞安县："大岚、江岸二巡司"。按：据乾隆《瑞安县志》、《嘉庆重修一统志》、光绪《会典事例》、《职官录》，瑞安县无江岸巡司。

卷 70 福建漳州府龙溪县："有新岱巡司"。按：《清高宗实录》卷 759 乾隆三十一年四月壬戌：闽浙总督苏昌奏请将漳州府所裁仓大使亦改为巡检，移驻龙溪县江东地方。《嘉庆重修一统志》、光绪《会典事例》、《职官录》均作江东巡检，光绪《漳州府志》卷 5："江东巡检司，在角尾，国朝乾隆三十一年新设"，龙溪县仅江东巡检司一，不知此"新岱巡司"何来。

# 七、点校之误

《清史稿》的初刊是由袁金铠主持、金梁经办的，于 1928 年出书，共印 1100 部。其中 400 部由金梁运往东北发行，习称"关外一次本"。后来清史馆的人发现金梁对原稿私自做了改动，他们不同意金梁的增删，于是把北京的存书又做了一些抽换，这批书通称"关内本"。以后东北又印过一次，内容有所改动，被称为"关外二次本"。二十世纪七十年代，中华书局以"关外二次本"为底本、以分段和标点为工作重点出版的点校本①，是目前文史学界最通行的一个本子。该书初版印行后，香港学者汪宗衍曾对标点方面提出一些意见，重印本已参考他的意见作了若干修改，但仍存在一些标点错误②。近日点校本"二十四史"及《清史稿》修订工作已经启动，笔者就《清史稿·地理志》中八处标点提出修改意见，供

---

① 《清史稿·出版说明》。

② 佟佳江：《清史稿订误·绪言》；管成学：《标点本〈二十四史〉、〈清史稿〉、阮元〈畴人传〉中的误断和错讹举要》，《史学集刊》1984 年第 2 期等。

学界参考。

卷54奉天兴京府辑安县："西岔沟门巡检，光绪三年置，驻通沟口，二十八年移驻"、临江县："北：三岔子，即长白山西南分水岭，浑江所出，西南流，左受红土崖河，入通化，旧所称佟家江也，西北入道江。巡检，光绪二十八年自帽儿山移驻，属通化，宣统元年来属"。按：《光绪朝朱批奏折》光绪二十九年八月二十五日增祺、志彭奏："将通化县帽儿山巡检于八道江，于帽儿山添设临江一县，怀仁县之通沟巡检移驻岔沟门"①，《清德宗实录》卷521光绪二十九年九月丁亥同，《奉天通志》卷90《廨署四》：辑安县"分防外岔沟门巡检旧署，光绪二十九年建，自通沟口移"、临江县："分防八道江巡检旧署，光绪二十九年建"。据上述史料可知：一、清代官书及方志均明确记载辑安县巡检司正名为"岔沟门"，《清史稿》中"西岔沟门"之"西"乃就其方位而言，当断为"西：岔沟门巡检"；二、浑江即入通化，当于通化县下接续其支脉，如何又云"西北入道江"？《续修四库全书》影印之关内本、浙江古籍出版社《二十五史》影印之关外二次本《清史稿》，此处均作"西北入道江"，颇疑《清史稿》稿本誊写或刊印时误"八"为"入"，点校者亦未能理校之，当作"西北：八道江巡检，光绪二十八年自帽儿山移驻，属通化，宣统元年来属"，于理方通。

卷62河南开封府祥符县："吹台，县丞驻。陈桥镇"。按：据《清高宗实录》卷1199乾隆四十九年："至祥符县县丞，移驻北岸陈桥，改设兰阳县县丞，应驻扎北岸铜瓦厢，从之"②，祥符县丞驻地为陈桥镇，《职官录》开封府祥符县下仍记"驻陈桥县丞"。至于吹台，相传此地乃是师旷吹律之地，故名吹台，上建六贤祠，祭祀李白、杜甫、高适等文人③，清时已为古迹，乾隆帝曾驻跸开封府，"上幸古吹台"④，故馆臣记此，非谓此为县丞驻地，当标点为："吹台。县丞驻陈桥镇"。

卷67湖北武昌府江夏县："有金口镇巡司……西南：鲇鱼套、南山坡二巡司"。按：嘉庆《湖北通志》卷17："江夏县：山坡镇巡司在城南一

---

①　《光绪朝朱批奏折》第一辑《官制》，388页。

②　《清高宗实录》卷1199乾隆四十九年二月癸未，38页。

③　光绪《祥符县志》卷14《古迹志》。

④　《清高宗实录》卷374乾隆十五年十月戊寅，1130页。

百二十里",民国《湖北通志》卷26:"山坡镇巡检司署在城南百二十里山坡镇"。《清史稿》所言"南"乃指称其方向,光绪《会典事例》卷29、《职官录》并称"山坡"巡检。当断为:"西南:鲇鱼套,南:山坡二巡司"。

卷67湖北汉阳府汉阳县:"有沌口镇巡司,后移下蒲潭。又西蔡店镇,西南新滩口镇、汉口镇、仁义、礼智四巡司。光绪二十四年,移礼智司属夏口厅"。按:蔡店镇、新滩口镇、汉口镇、仁义、礼智共五巡检司,《清史稿》称"四"巡司岂非大谬?据《嘉庆重修一统志》卷388,汉口镇在县北,分仁义、礼智二司,汉口镇仁义不当断开。另据光绪《汉阳县识》卷2《营建略》:"仁义巡检署在汉口镇居仁坊天主堂废址",光绪《会典事例》卷150《吏部一三四·各省吏额三·湖北》汉阳县下为汉口镇仁义、礼智巡检司,《职官录》同,汉口镇与仁义间亦不当断开。正确断句应为:"又西蔡店镇,西南新滩口镇、汉口镇:仁义、礼智四巡司"。据民国《夏口县志》卷4:清光绪二十五年八月改夏口武汉水利同知为抚民厅,分治后仁义、礼智二司俱改归夏口厅,宣统三年礼智巡检为王方中、仁义巡检为邵星森,民国《湖北通志》卷26夏口厅公署有仁义、礼智二巡检司,可依。

卷67湖北德安府随州:"环潭,梅丘巡司驻。高城镇,总巡司驻"。按:清代从未设置过"总巡司"一职,德安府随州下何来此官?查《清高宗实录》卷885乾隆三十六年五月辛酉:"吏部议准湖北巡抚梁国治奏称德安府属随州,幅员辽阔,出山店巡检驻扎祝林总地方,隔州城二百里,应设州同一员弹压。请将鹤州分驻五里坪州同改隶随州祝林总地方,出山店巡检移驻高城总地方。其新移州同巡检关防印信,均照改隶字样铸给,从之",同治《随州志》卷3:随州分为六总,分属州判、巡检、吏目及梅邱、合河、高城镇三巡检司分辖,以"某总"代称管辖区,如祝林总为州判辖区、高城镇总为高城镇巡检辖区,点校本标点恐误,当断为"高城镇总,巡司驻"。

卷72广东广州府顺德县:"有紫泥、江村、马宁,又北都宁四巡司"。按:《嘉庆重修一统志》卷338《广东统部·文职官》作:"江村、都宁、紫泥、马宁"巡检司,光绪《会典事例》卷29、《职官录》、民国《顺德县志》卷7均同,《嘉庆重修一统志》卷442:"都宁巡司,在顺德县北四十里都占堡"，《清史稿》所云"北都宁"之"北"乃指都宁巡检之方位，当断为："有紫泥、江村、马宁，又北：都宁四巡司"。

卷74云南广西直隶州："五嶆，州判驻白马嶆"。按：该官缺旧为五嶆通判，雍正五年设①，属广西府。乾隆三十五年，广西府降为直隶州，五嶆通判改属曲靖府②，四十一年时又改为州判，仍隶广西直隶州。据《清高宗实录》乾隆四十一年十一月丙申："吏部议准，署云贵总督图思德奏称曲靖府属五嶆通判，向隶广西府。因广西改州，通判归曲靖府管辖，五嶆距曲靖八站，查察难周，请裁通判，改直隶州判，隶广西州。从之"；光绪《云南通志》卷40《建置志·官署》五嶆州判署"通判署原在府署内，……乾隆三十五年裁归曲靖府，四十二年改为直隶州判，仍归广西州统辖"；《清国史·地理志》广西直隶州五嶆通判条："州南一百五十里，驻白马嶆，乾隆三十五年置"，可见该通判名为五嶆，驻地为白马嶆，当标点为"五嶆州判，驻白马嶆"。

---

① 光绪《续云南通志稿》卷13《舆图表·广西州》。
② 《清高宗实录》卷852乾隆三十五年二月庚戌，408页。

# 征引文献

说明：

1. 征引文献共分五个部分：档案文献、古代典籍、总志方志、近今论著、硕博论文；

2. 档案文献包括中国第一历史档案馆、台北故宫博物院、台湾中研院所藏各类已刊及未刊宫中档、录副奏折、题本等；清代留存至今的淡新、南部、巴县等县级衙门档案，青海、阿拉善档案；后人整理的各种稿本、碑铭等史料；

3. 古代典籍指 1911 年前所编撰、刊刻的各类文献，包括后世各类点校本；大致按时代和类别顺序排列；

4. 总志方志总体上按全国总志、地方志书排列，其中地方志书又依清代政区分省予以整理；志书信息可参《中国地方志联合目录》；

5. 近今论著指 1911 年后所编撰的各类著作、论文。按作者姓氏拼音顺序排列。

6. 硕博论文依提交时间排列。

## 甲、档案文献

中国第一历史档案馆所藏各类宫中档奏折、录副奏折、题本、吏科史书等

台北"故宫博物院"藏部分奏折

台北"中研院"傅斯年图书馆藏部分奏折

台北"故宫博物院"编：《宫中档雍正朝奏折》，台北"故宫博物院"，1978—1980

台北"故宫博物院"编：《宫中档乾隆朝奏折》，台北"故宫博物院"，1982

中国第一历史档案馆编:《光绪朝朱批奏折》,北京,中华书局,1995

阿拉善档案,内蒙古阿拉善左旗档案馆藏(中华文史网"数字图书馆")

青海循化厅档案,青海省档案馆藏(中华文史网"数字图书馆")

淡新档案,台湾大学图书馆藏数位成果

南部档案,四川省南充市档案馆藏(中华文史网"数字图书馆")

巴县档案,四川省档案馆藏(中华文史网"数字图书馆")

中国第一历史档案馆编:《雍正起居注》,北京,中华书局,1993

中国第一历史档案馆编:《雍正朝汉文谕旨汇编》,桂林,广西师范大学出版社,1999

中国第一历史档案馆编:《清末筹备立宪档案史料》,北京,中华书局,1999

《清代吏治史料》,北京,线装书局,2004

《东乐草稿簿》,《清代边疆史料抄稿本》第 16 册,北京,线装书局,2003

《毛目分县稿簿》,《清代边疆史料抄稿本》第 16 册,北京,线装书局,2003

《福建政事录》,《清代边疆史料抄稿本》第 42 册,北京,线装书局,2003

"中研院"近代史研究所编:《中国近代史资料汇编·矿务档第一册〈一般矿政·直隶〉》,1960

中国人民大学清史研究所、档案系中国政治制度史教研室合编:《清代的矿业》(下),北京,中华书局,1983

广东省社会科学院历史研究所中国古代史研究室等编:《明清佛山碑刻文献经济资料》,广州,广东人民出版社,1987

顾廷龙主编:《清代硃卷集成》,台北,成文出版社,1992

广东文史馆、中山大学历史系编:《广东洪兵起义史料》,广州,广东人民出版社,1992

政协北京市门头沟区文史资料委员会编:《京西碑石纪事》,香港,

香港银河出版社，2003

    潘惠楼编著：《京煤史志资料辑考》，北京，北京燕山出版社，2007

    庄建平主编：《近代史资料文库》，上海，上海书店出版社，2009

**乙、古代典籍**

    徐松：《宋会要辑稿》，北京，中华书局，1959

    吕陶：《浮德集》，文渊阁《四库全书》集部第 1098 册，台北，台湾"商务印书馆"，1986

    谢深甫：《庆元条法事类》，北京，中国书店，1990

    朱彝尊：《明诗综》，文渊阁《四库全书》集部第 1459—1460 册

    吕坤：《吕坤全集》，王国轩、王秀梅整理，北京，中华书局，2008

    申时行等修：万历《明会典》，《续修四库全书》史部第 789—792 册

    张廷玉等：《明史》，北京，中华书局，1974

    朱国桢：《皇明史概》，台北，文海出版社，1984

    章潢：《图书编》，扬州，江苏广陵古籍刻印社，1988

    佘自强：《治谱》，《续修四库全书》史部第 753 册影印明崇祯十二年胡璿刻本

    霍韬：《渭厓文集》，《四库存目丛书》集部第 69 册影印明万历四年霍与瑕刻本

    顾祖禹：《读史方舆纪要》，施和金点校，北京，中华书局，2005

    《清国史》，复旦大学图书馆藏嘉业堂抄本影印，北京，中华书局，1993

    赵尔巽：《清史稿》，北京，中华书局，1976

    《清实录》，北京，中华书局，1985—1987

    朱寿朋：《光绪朝东华录》，北京，中华书局，1958

    《大清五朝会典》（康熙、雍正、乾隆、嘉庆、光绪五朝），北京，线装书局，2006

    昆冈等修、刘启端等纂：光绪《大清会典事例》，北京，中华书局，1991

    清高宗敕撰：《清朝文献通考》，"十通"本，上海，商务印书馆，1955

刘锦藻：《清朝续文献通考》，"十通"本，上海，商务印书馆，1955

《福建省例》，收入《台湾文献丛刊》第 199 册

贺长龄：《皇朝经世文编》，收入沈云龙主编《近代中国史料丛刊》初编第 731 册

盛康辑：《清朝经世文续编》，收入沈云龙主编《近代中国史料丛刊》初编第 835 册

葛士浚：《皇朝经世文续编》，收入沈云龙主编《近代中国史料丛刊》初编第 741 册

徐栋：《牧令书》，《官箴书集成》第 7 册，合肥，黄山书社，1997

戴肇辰：《从公三录》，收入《官箴书集成》第 8 册

姚锡光：《吏皖存牍》，收入《官箴书集成》第 9 册

樊增祥：《樊山政书》，收入《官箴书集成》第 10 册

不著撰人：《佐贰须知》，收入《四库未收书辑刊》第 4 辑第 19 册

《刑案汇览三编》一，北京，北京古籍出版社，2004

《清人文集地理类汇编》第 1 册，杭州，浙江大学出版社，1990

顾炎武著、黄汝成集释：《日知录集释（外七种）》，上海，上海古籍出版社，1985

顾炎武：《天下郡国利病书》，四部丛刊三编本

魏元枢：《与我周旋集》，清乾隆五十八年清祜堂刻本，收入《四库未收书辑刊》第 9 辑第 23 册

丁绍仪：《东瀛识略》，《台湾文献丛刊》第 1 种

蓝鼎元：《平台纪略》，《台湾文献丛刊》第 14 种

姚莹：《东溟文集》，《台湾文献丛刊》第 17 种

《台案汇录甲集》，《台湾文献丛刊》第 31 种

陈澧：《东塾续集》，《近代中国史料丛刊》初集第 762 册

卢文弨：《抱经堂文集》，《四部丛刊》初编本

陶宝廉撰、刘满点校：《辛卯侍行记》，兰州，甘肃人民出版社，2002

严复：《严复集》，北京，中华书局，1986

高士奇：《扈从西巡日录》，《丛书集成续编》第 65 册

徐珂：《清稗类钞》，北京，中华书局，1984

叶春及：《石洞集》，文渊阁《四库全书》集部第 1286 册

冯桂芬：《校邠庐抗议》，上海，上海书店出版社，2002

聂尔康：《聂亦峰先生为宰公牍》，梁文生、李雅旺校注，南昌，江西人民出版社，2012

《驳案新编》，故宫珍本丛刊本，海口，海南出版社，2001

《台湾雾峰林氏族谱》，《台湾文献丛刊》第 298 种

《福建财政沿革利弊说明书》，见《清末民国财政史料辑刊》第十二册，北京，北京图书馆出版社，2007

《广东全省财政说明书》，民国四年(1915)印行

《大清搢绅全书》，宣统三年夏季荣禄堂刊本，不分卷

《宣统三年冬季职官录》，《近代中国史料丛刊》第 290 册

《关氏族谱》附控案，《北京图书馆藏家谱丛刊·闽粤(侨乡)卷》第 27 册，北京，北京图书馆出版社，2000

关蔚煌：《南海关树德堂家谱》，中国国家图书馆藏光绪十五年刻本

张炳楠等：《广东番禺沙湾司岐山张氏族谱》，中国国家图书馆藏 1915 年铅印本

蒋彤：《武进李先生年谱》，北京图书馆编：《北京图书馆藏珍本年谱丛刊》第 131 册，北京，北京图书馆出版社，1999

**丙、总志方志**

1. 总志

康熙《大清一统志》，乾隆九年刻本，人大图书馆藏

乾隆《大清一统志》，文渊阁四库全书本

嘉庆《重修大清一统志》，《四部丛刊》续编本

2. 直隶

雍正《畿辅通志》

光绪《畿辅通志》

光绪《顺天府志》

同治《元城县志》

同治《阜平县志》

乾隆《通州志》

乾隆《永定河志》

乾隆《大名县志》

民国《大名县志》

道光《安州志》

乾隆《沧州志》

万历《宛署杂记》

康熙《宛平县志》

《齐家司志略》、《齐家司续志略》，收入《门头沟文物志》，北京，北京燕山出版社，2001

3. 江苏

乾隆《江南通志》

光绪《江苏全省舆图》

正德《姑苏志》

同治《苏州府志》

嘉庆《重修扬州府志》

同治《续纂扬州府志》

乾隆《震泽县志》

乾隆《吴江县志》

嘉庆《东台县志》

光绪《青浦县志》

民国《青浦县续志》

光绪《通州直隶州志》

光绪《江浦稗乘》

乾隆《长洲县志》

万历《嘉定县志》

道光《昆新两县志》

光绪《娄县续志》

道光《川沙抚民厅志》

光绪《川沙厅志》

光绪《南汇县志》

雍正《昭文县志》

乾隆《元和县志》

民国《续修兴化县志》

嘉庆《新修江宁府志》

同治《续纂江宁府志》

光绪《淮安府志》

光绪《安东县志》

道光《静海乡志》

咸丰《甘棠小志》

道光《震泽镇志》

道光《平望志》

咸丰《增修紫堤村志》

同治《盛湖志》

光绪《周庄镇志》

光绪《重辑枫泾小志》

民国《法华乡志》

民国《重辑张堰志》

4. 广东

大德《南海志》

《苍梧总督军门志》

嘉靖《广东通志初稿》

万历《广东通志》

康熙《广东通志》

雍正《广东通志》

乾隆《广东通志》

同治《广东通志》

同治《广东图说》

光绪《广东舆地图说》

《广东全省舆图局饬发绘图章程》

万历《雷州府志》

光绪《广州府志》

同治《韶州府志》

康熙《惠州府志》

光绪《惠州府志》

道光《琼州府志》

道光《肇庆府志》

乾隆《南雄府志》

道光《直隶南雄州志》

道光《佛冈直隶军民厅志》

乾隆《顺德县志》

咸丰《顺德县志》

民国《顺德县志》

道光《龙门县志》

道光《香山县志》

光绪《香山县志》

道光《恩平县志》

道光《开平县志》

雍正《罗定州志》

乾隆《陆丰县志》

乾隆《丰顺县志》

光绪《丰顺县志》

民国《丰顺县志》

光绪《茂名县志》

嘉庆《海康县志》

道光《遂溪县志》

道光《阳江县志》

民国《阳江县志》

道光《钦州志》

咸丰《琼山县志》

光绪《清远县志》

民国《清远县志》

咸丰《兴宁县志》

康熙《东莞县志》

嘉庆《东莞县志》

民国《东莞县志》

嘉靖《增城县志》

康熙《增城县志》

嘉庆《增城县志》

乾隆《始兴县志》

嘉庆《始兴县志》

民国《始兴县志》

民国《海康县续志》

乾隆《揭阳县志》

崇祯《博罗县志》

乾隆《博罗县志》

乾隆《番禺县志》

同治《番禺县志》

宣统《番禺县志》

民国《文昌县志》

同治《连州志》

嘉庆《龙川县志》

乾隆《鹤山县志》

光绪《化州志》

嘉庆《新安县志》

嘉庆《平远县志》

乾隆《澄海县志》

万历《南海县志》

康熙《南海县志》

乾隆《南海县志》

道光《南海县志》

同治《南海县志》

宣统《南海县志》

道光《广宁县志》

康熙《三水县志》

嘉庆《三水县志》

万历《新会县志》

康熙《新会县志》

乾隆《嘉应州志》

乾隆《翁源县志》

乾隆《阳山县志》

民国《阳山县志》

康熙《英德县志》

康熙《花县志》

道光《阳春县志》

乾隆《保昌县志》

光绪《德庆州志》

道光《电白县志》

民国《文昌县志》

嘉庆《龙川县志》

光绪《海阳县志》

宣统《高要县志》

同治《南海九江乡志》

道光《佛山忠义乡志》

民国《佛山忠义乡志》

《茶山乡志》

《桑园围总志》

《广东各府州所属相距里数册》

5. 陕西

雍正《陕西通志》

光绪《续修平利县志》

万历《续朝邑县志》

康熙《朝邑县后志》

光绪《朝邑县乡土志》

民国《砖坪县志》

6. 河南

雍正《河南通志》

顺治《胙城县志》

乾隆《仪封县志》

康熙《南阳县志》

嘉庆《正阳县志》

乾隆《桐柏县志》

光绪《祥符县志》

民国《河阴县志》

咸丰《淅川厅志》

7. 云南

雍正《云南通志》

光绪《续云南通志稿》

乾隆《广西府志》

乾隆《东川府志》

光绪《东川府续志》

道光《大姚县志》

8. 安徽

光绪《安徽通志》

《安徽舆图表说》

光绪《凤阳府志》

乾隆《泗州志》

光绪《泗虹合志》

乾隆《灵璧县志略》

光绪《霍山县志》

民国《南陵县志》

道光《繁昌县志》

民国《歙县志》

9. 山西

雍正《山西通志》

光绪《山西通志》

光绪《平定州志补》

民国《平顺县志》

民国《马邑县志》

光绪《清源乡志》

10. 甘肃

光绪《甘肃新通志》

乾隆《宁夏府志》

道光《兰州府志》

宣统《固原州志》

光绪《海城县志》

道光《平罗记略》

《陇西分县武阳志》

宣统《硝河城志》

《打拉池县丞志》

《花马池志》

《红水分县采访事略》，高启安校注本，收入《景泰与丝绸之路历史文化》，兰州，甘肃人民出版社，2008

11. 湖北

雍正《湖广通志》

民国《湖北通志》

光绪《沔阳州志》

同治《竹溪县志》

民国《夏口县志》

乾隆《随州志》

同治《随州志》

乾隆《鹤峰州志》

同治《江夏县志》

12. 湖南

《湖南全省舆地图表》

光绪《湘阴县图志》

13. 四川

雍正《四川通志》

道光《南部县志》

《南部县舆地图说》

乾隆《巴县志》

光绪《续修叙永永宁厅县合志》

民国《涪陵县续修涪州志》

光绪《简州续志》

民国《简阳县志》

14. 福建

淳熙《三山志》

雍正《福建通志》

乾隆《福州府志》

乾隆《泉州府志》

乾隆《漳州府志》

乾隆《延平府志》

乾隆《福宁府志》

乾隆《汀州府志》

同治《金门志》

民国《金门县志》

民国《周墩区志》

道光《龙岩州志》

康熙《宁洋县志》

民国《长乐六里志》

嘉靖《建宁县志》

同治《永安县续志》

民国《建瓯县志》

康熙《松溪县志》

康熙《平和县志》

民国《平潭县志》

15. 广西

雍正《广西通志》

嘉庆《广西通志》

民国《邱北县志》

16. 贵州

乾隆《贵州通志》

宣统《贵州全省地舆图说》

道光《黔南职方纪略》

咸丰《安顺府舆图》

咸丰《兴义府志》

民国《三合县志略》

民国《沿河县志》

17. 山东

雍正《山东通志》

宣统《山东通志》

宣统《滕县续志稿》

18. 新疆

乾隆《西域图志》

嘉庆《三州辑略》

宣统《新疆全省舆地图》

光绪《分防柯坪乡土志》

宣统《新疆图志》

19. 浙江

乾隆《浙江通志》

嘉靖《宁波府志》

乾隆《湖州府志》

康熙《嘉兴县志》

道光《丽水县志》

光绪《平湖县志》

光绪《黄岩县志》

同治《长兴县志》

乾隆《瑞安县志》

同治《泰顺分疆录》

同治《江山县志》

乾隆《瑞安县志》

20. 吉林

光绪《吉林通志》

21. 江西

同治《兴国县志》

同治《南昌府志》

民国《德兴县志》

同治《新淦县志》

22. 新出方志

佛山市博物馆编：《佛山市文物志》，广州，广东科技出版社，1991

福建省地方志编委会：《福建省志·粮食志》，福州，福建人民出版社，1993

《松溪县志》地方志编纂委员会编：《松溪县志》第三章《行政区划》，北京，中国统计出版社，1994

番禺市地方志编纂委员会：《番禺县志》，广州，广东人民出版社，1995

云南省永仁县志编纂委员会：《永仁县志》，昆明，云南人民出版社，1995

《庄浪县志》编委会：《庄浪县志》，北京，中华书局，1998

**丁、近今论著**

戴炎辉：《清代台湾之乡治》，台北，联经出版事业公司，1979

费孝通：《费孝通文集》，北京，群言出版社，1999

樊树志：《明清江南市镇探微》，上海，复旦大学出版社，1990

冯尔康：《雍正传》，北京，人民出版社，2004

葛剑雄：《中国人口发展史》，福州，福建人民出版社，1991

贵州省档案馆编：《贵州名胜旧览》，北京，中国档案出版社，2008

贺曲夫：《县下辖市与推进自治：我国县辖政区的发展与改革研究》，北京，中国经济出版社，2012

华林甫：《英国国家档案馆庋藏近代中文舆图》，上海，上海社会科学院出版社，2009

李伯重：《江南早期的工业化（1550—1850）》（修订版），北京，中国人民大学出版社，2010

李文海、夏明方编：《民国时期社会调查丛编》（二编），福州，福建教育出版社，2009

李春根：《农村制度变迁中的乡镇财政与政权建设研究》，南昌，江西科学技术出版社，2006

李凤鸣：《清代州县官吏的司法责任》，上海，复旦大学出版社，2007

李世愉：《清代土司制度论考》，北京，中国社会科学出版社，1998

李翔凌主编：《平川史话》，兰州，甘肃文化出版社，2008

李友仁主编：《云南地方文献概说》，昆明，云南美术出版社，2005

李治安：《元代行省制度》，北京，中华书局，2011

连横：《台湾通史》，台北，大通书局，1984

刘君德：《中国行政区划的理论与实践》，上海，华东师范大学出版社，1996

刘君德等：《中国政区地理》，北京，科学出版社，1999

刘石吉：《明清时代江南市镇研究》，北京，中国社会科学出版社，1987

刘子扬：《清代地方官制考》，北京，紫禁城出版社，1988

吕思勉：《吕思勉读史札记》，上海，上海古籍出版社，1982

吕进贵：《明代的巡检制度——地方治安基层组织及其运作》，宜兰，明史研究小组，2002

罗尔纲：《绿营兵志》，北京，中华书局，1984

罗养儒：《云南掌故》，王樵等点校，昆明，云南民族出版社，1996

缪全吉：《清代幕府人事制度》，台北，"中国人事行政月刊社"，1971

牛平汉：《清代政区沿革综表》，北京，中国地图出版社，1990

钱穆：《中国历代政治得失》，北京，三联书店，2001

瞿同祖：《清代地方政府》，范忠信译，北京，法律出版社，2003

四川省档案馆：《巴蜀撷影——四川档案馆藏清史图片展》，北京，中国人民大学出版社，2009

听风堂主人选编：《醒世恒言续编》，北京，北京十月文艺出版社，1994

佟佳江：《清史稿订误》，吉林，吉林大学出版社，1991

王明伦选编：《反洋教书文揭帖选》，济南，齐鲁书社，1984

王铭铭：《社会人类学与中国研究》，北京，三联书店，1997

王铭铭：《社区的历程——溪村汉人家庭的个案研究》，天津，天津人民出版社，1997

王奇生：《革命与反革命——社会文化视野下的民国政治》，北京，社会科学文献出版社，2010

魏光奇：《官治与自治——20世纪上半期的中国县治》，北京，商务印书馆，2004

闻钧天：《中国保甲制度》，上海，商务印书馆，1935

温铁军：《中国农村基本经济制度研究——"三农"问题的世纪反思》，北京，中国经济出版社，2000

吴万善：《清代西北回民起义研究》，兰州，兰州大学出版社，1991

吴滔：《清代江南市镇与农村关系的空间透视——以苏州地区为中心》，上海，上海古籍出版社，2010

萧公权：《中国乡村：论十九世纪的帝国控制》（Rural China：

Imperial Control in the Nineteenth Century），张皓、张升译，台北，联经出版事业公司，2014

徐秀丽：《中国近代乡村自治法规选编》，北京，中华书局，2004

杨念群：《中层理论——东西方思想汇通下的中国史研究》，南昌，江西教育出版社，2001

叶显恩主编：《清代区域社会经济研究》，北京，中华书局，1992

云南省少数民族古籍整理出版规划办公室编：《云南少数民族官印集》，昆明，云南民族出版社，1989

张剑：《莫友芝年谱长编》，北京，中华书局，2008

张正明、[英]科大卫、王勇红编著：《明清山西碑刻资料选》（续二），太原，山西经济出版社，2009

赵秀玲：《中国乡里制度》，北京，社会科学文献出版社，1998

中国人民政治协商会议安阳市委员会文史资料委员会、中国人民政治协商会议滑县委员会文史资料委员会编：《〈暴方子〉事迹题咏集》，内部资料，1997

庄吉发：《清史论集》第十四，台北，文史哲出版社，2004

[美]罗兹曼主编：《中国的现代化》，陶骅等译，上海，上海人民出版社，1989

[德]马克思·韦伯：《儒教与道教》，王容芬译，北京，商务印书馆，1995

[日]真水康树：《明清地方行政制度研究——明两京十三布政使司与清十八省行政系统的整顿》，北京，北京燕山出版社，1997

[美]费正清、刘广京主编：《剑桥中国晚清史》（1800—1911 年）上卷，北京，中国社会科学出版社，1985

[美]杜赞奇：《文化、权力与国家：1900—1942 年的华北农村》，王福明译，南京，江苏人民出版社，2003

[美]卫三畏：《中国总论》，陈俱译、陈绛校，上海，上海古籍出版社，2005

[美]王业键：《清代田赋刍论》，高风等译，高王凌、黄莹珏审校，北京，人民出版社，2008

［英］科大卫：《皇帝与祖宗：华南的国家与宗族》，卜永坚译，南京，江苏人民出版社，2009

包世轩：《灵水举人刘增广事略》，载北京市门头沟区委员会文史资料研究委员会编：《门头沟文史》第 4 辑，1993

陈春声：《走向历史现场》，《读书》1996 年第 9 期

陈春声：《从〈游火帝歌〉看清代樟林社会》，载潮汕历史文化研究中心、汕头大学潮汕文化研究中心编《潮学研究》(1)，汕头，汕头大学出版社，1993

陈祺助：《清代台湾县丞与巡检司设置研究》，《高市文献》1995 年第 1 期

陈贤波：《明代中后期粤东增设新县的地方政治背景——以万历〈普宁县志略〉为中心》，《中国历史地理论丛》2010 年第 1 期

程森：《雍正年间山西民众"闹县"与县级政区调整——以临晋分县为例》，《清史研究》2014 年第 1 期

丁一：《新安镇设置过"分防主簿"》，《长岭文史》第 4 辑，长岭县政协文史资料委员会编辑，1999

邓庆平：《卫所制度变迁与基层社会的资源配置——以明清蔚州为中心的考察》，《求是学刊》2007 年第 6 期

邓庆平：《卫所与州县——明清时期蔚州基层行政体系的变迁》，"中研院"《历史语言研究所集刊》第八十本第二分，2009

傅林祥：《清代的次县级政权与辖区》，载孙进己主编：《东北亚历史地理研究》，郑州，中州古籍出版社，1994

傅林祥：《古代上海地区的次县级行政机构》，《上海市历史博物馆馆刊》，第一辑，2002

傅林祥：《清康熙六年前守巡道制度的变迁》，《历史地理》第二十五辑，上海，上海人民出版社，2011

傅林祥：《清雍正年间的次县级行政机构及其职能探析》，《清史研究》2011 年第 2 期

傅筑夫：《人口因素对中国社会经济结构的形成和发展的重大影响》，

《中国社会经济史研究》1982 年第 3 期

葛美玲、封志明:《基于 GIS 的中国 2000 年人口之分布格局研究》,《人口研究》2008 年第 1 期

宫碧澄:《杨增新时代新疆增设道区县治县佐考略》,《边事研究》第五卷第六期,1937

顾朝林、浦善新:《论县下设市及其模式》,《城市规划学刊》2008 年第 1 期

顾诚:《明帝国的疆土管理体制》,《历史研究》1989 年第 3 期

顾诚:《卫所制度在清代的变革》,《北京师范大学学报》1988 年第 2 期

韩虎泰:《晚清广州府巡检司的地域分布特征初探——以〈宣统三年冬季职官录〉的记载为中心》,《地方文化研究》2014 年第 1 期

贺跃夫:《晚清县以下基层行政官署与乡村社会控制》,《中山大学学报》1995 年第 4 期

胡恒:《〈清史稿·地理志〉纂修考》,《文史》2011 年第 1 辑

胡恒:《关于清代县的裁撤的考察——以山西四县为中心》,《清史研究》2011 年第 2 期

胡焕庸:《中国人口之分布》,《地理学报》1935 年第 2 期

胡仲恺、徐林:《明清广州府巡检司设置变迁初探》,《兰台世界》2013 年第 6 期

华林甫:《新修清史〈地理志〉的学术理论与编纂实践》,《清史研究》2008 年第 3 期

华林甫:《关于〈皇朝地理志〉的几点初步认识》,台湾《故宫学术季刊》第二十四卷第三期,2007 年春季

华林甫:《清前期"属州"考》,载刘凤云等编:《清代政治与国家认同》,北京,社会科学文献出版社,2012

黄忠怀:《明代县以下区划的层级结构及其功能》,《史学月刊》2003 年第 4 期

黄宗智:《集权的简约治理——中国以准官员和纠纷解决为主的半正式基层行政》,载《经验与理论:中国社会、经济与法律的实践》,北京,

中国人民大学出版社，2007

何平：《论清代定额化赋税制度的建立》，《中国人民大学学报》1997年第1期

何文平：《被舆论化的历史："粤东盗甲天下"说与近代广东匪患》，《中山大学学报》2005年第1期

李伯重：《简论"江南地区"的界定》，《中国社会经济史研究》1991年第1期

李克勤：《清代广州府属巡检司研究》，《广东史志》1994年第3期

李强：《评论：国家能力与国家权力的悖论》，收入张静主编《国家与社会》，杭州，浙江人民出版社，1998

李治安：《元代巡检司考述》，收入《来新夏教授学术研讨会纪念集》，乌鲁木齐，新疆人民出版社，2002

李尚英：《雍正行政区域的变化》，收入《清代政治与民间宗教》，北京，中国工人出版社，2002

李嘎：《雍正十一年王士俊巡东与山东政区改革》，《历史地理》第二十二辑，上海，上海人民出版社，2007

梁松生：《南海县捕属的由来》，南海县政协文史资料委员会编：《南海文史资料》第15辑，1982

梁松生：《捕属称谓由来》，《穗郊侨讯》1997年第2期

林绍明：《明清年间江南市镇的行政管理》，《华东师范大学学报》1987年第2期

刘君德：《县下辖市：尝试一种新的政区制度》，《决策》2005年第4期

刘君德：《论中国建制市的多模式发展与渐进式转换战略》，《江汉论坛》2014年第3期

刘琴丽：《五代巡检初探》，《史学月刊》2003年第6期

刘义全：《宛平县抗日烈士纪念碑迁移》，载中国人民政治协商会议北京市门头沟区委员会编：《门头沟文史》第12辑，2003

刘义全：《京西修路碑》，载中国人民政治协商会议北京市门头沟区委员会文史资料委员会编：《门头沟文史》第13辑，2004

刘铮云：《〈清史稿·地理志〉府州厅县缺分繁简订误》，中研院《历史语言研究所集刊》第六十五本第三分，1994

罗庆泗：《明清福建沿海的宗族械斗》，《福建师范大学学报》2000年第1期

鲁延召：《海防地理学视野下官富巡检司建置沿革研究——基于广东新安县的考察》，《中国历史地理论丛》2014年第3辑

茆巍：《万事胚胎始于州县乎？——从命案之代验再论清代佐杂审理权限》，《法制与社会发展》2011年第4期

苗书梅：《宋代巡检初探》，《中国史研究》1989年第3期

牛润珍、张慧：《〈大清一统志〉纂修考述》，《清史研究》2008年第1期

彭勃、金柱演：《国家与乡村社会关系的发展沿革——"资源—体制"框架的可行性分析》，《中共福建省委党校学报》1999年第1期

乔素玲：《基层政区设置中的地方权力因素——基于广东花县建县过程的考察》，《中国历史地理论丛》2010年第1期

秦晖：《传统中华帝国的乡村基层控制：汉唐间的乡村组织》，载黄宗智主编《中国乡村研究》第1辑，北京，商务印书馆，2003

秦晖：《权力、责任与宪政：中西历史中关于自由放任与国家管制的两种论争》，载高全喜主编《大国》第四期，北京，北京大学出版社，2005

任放：《学术规范与中国经济史研究——以明清长江中游市镇经济研究为例》，收入《人文论丛》2003年卷，武汉，武汉大学出版社

饶伟新：《明清时期华南地区乡村聚落的宗族化与军事化——以赣南乡村围寨为中心》，《史学月刊》2003年第12期

申万里：《元代学官选注巡检考》，《中央民族大学学报》2005年第5期

谭其骧：《浙江省历代行政区域——兼论浙江各地区的开发过程》，收入《长水集》上册，北京，人民出版社，2009

谭其骧：《〈清史稿·地理志〉校正》（直隶、奉天），收入《长水集》上册，北京，人民出版社，2009

谭标：《略谈清末民初南海县的辖区及捕属问题》，《南海文史资料》

第 18 辑，1991

王尚义、张慧芝：《关于创建历史流域学的构想》，《光明日报》2009
年 11 月 19 日

王泉伟：《明代县巡捕官初探》，《江苏警官学院学报》2010 年第 5 期

王泉伟：《论明代州县幕官的职权转变》，《史学月刊》2013 年第 9 期

王伟凯：《试论明代的巡检司》，《史学月刊》2006 年第 3 期

汪宗衍：《试谈"捕属"》，载《艺文丛谈》，中华书局香港分局，1978

卫恭：《两间浓厚地方主义的中学："八桂"和"禺山"》，《广东文史资
料存稿选编》第 4 卷，广州：广东人民出版社，2005 年

温铁军：《半个世纪的农村制度变迁》，《战略与管理》1999 年第 6 期

文中：《"捕属"考》，《羊城今古》2002 年第 3 期

吴滔：《清至民初嘉定宝山地区分厂传统之转变——从赈济饥荒到乡
镇自治》，《清史研究》2004 年第 2 期

吴滔：《明清江南基层区划的传统与市镇变迁——以苏州地区为中心
的考察》，《历史研究》2006 年第 5 期

吴佩林：《万事胚胎于州县乎：〈南部档案〉所见清代县丞、巡检司
法》，《法制与社会发展》2009 年第 4 期

吴佩林、邓勇：《清代四川南部县井盐业概论——以〈清代四川南部
县衙门档案〉为中心的考察》，《盐业史研究》2008 年第 1 期

伍跃：《明朝初年的福建沿海巡检司》，载北京大学中国古代史研究
中心编《舆地、考古与史学新说——李孝聪教授荣休纪念论文集》，北京，
中华书局，2012

谢湜：《清代江南苏松常三府的分县和并县研究》，《历史地理》第二
十二辑，上海，上海人民出版社，2007

谢小华编选：《光绪朝各省绘呈〈会典·舆图〉史料》，《历史档案》
2003 年第 2 期

徐晓望：《试论清代闽粤乡族械斗》，《学术研究》1989 年第 5 期

徐一士：《一个小型方志》，《逸经》1936 年第 4 期

姚中秋：《以县辖市为突破口重构市制》，《小康》2013 年第 6 期

尹章义：《新庄巡检之设置及其职权与功能——清代分守巡检之一个

案研究》，载氏著《台湾开发史研究》，台北，联经出版集团公司，1987

游欢孙：《地方自治与近代江南县以下行政区划的演变——兼论商业市镇的政区实体化》，《中国历史地理论丛》2011 年第 2 辑

余蔚：《宋代的县级政区和县以下政区》，《历史地理》第二十一辑，上海，上海人民出版社，2006

张海英：《明清江南市镇的行政管理》，《学术月刊》2008 年第 7 期

张伟然：《归属、表达、调整：小尺度区域的政治命运——以"南湾事件"为例》，《历史地理》第二十一辑，上海，上海人民出版社，2006

张研：《清代县以下行政区划》，《安徽史学》2009 年第 1 期

张研：《对清代州县佐贰、典史与巡检辖属之地的考察》，《安徽史学》2009 年第 2 期

张研：《清代市镇管理初探》，《清史研究》1999 年第 1 期

赵思渊：《明清苏州地区巡检司的分布与变迁》，《中国社会经济史研究》2010 年第 3 期

赵思渊：《屏盗之迹、拯民之恫：明清苏州地区的巡检司》，《中国社会历史评论》第 11 卷，天津，天津古籍出版社，2010

郑振满：《清代闽南乡族械斗的演变》，《中国社会经济史研究》1998 年第 1 期

周振鹤：《建构中国历史政治地理学的设想》，《历史地理》第十五辑，上海，上海人民出版社，1999

周振鹤：《行政区划史研究的基本概念和学术用语刍议》，《复旦学报》2001 年第 3 期

周振鹤、陈琍：《清代上海县以下区划的空间结构试探——基于上海道契档案的数据处理与分析》，《历史地理》第二十五辑，上海，上海人民出版社，2011

钟其昌：《概述砚山设治经过》，中国人民政治协商会议云南省文山壮族苗族自治州委员会文史资料研究委员会编：《文山州文史资料选辑》第二辑，1984

左平、孔令帆：《从档案看清代前期典史衙门设置》，《四川档案》2007 年第 2 期

左平：《清代县丞初探——以〈清代南部县衙档案〉为中心》，《史学月刊》2011 年第 3 期

［日］太田出：《清代绿营的管辖区域与区域社会——以江南三角洲为中心》，《清史研究》1997 年第 2 期

［日］太田出：《清代江南三角洲地区的佐杂"分防"初探》，《中国社会历史评论》第 2 卷，天津，天津古籍出版社，2000

**戊、学位论文**

余蔚：《宋代地方行政制度研究》，复旦大学 2004 届博士学位论文

申立增：《清代州县佐贰杂职研究》，首都师范大学 2006 届硕士学位论文

张浩：《清代巡检制度研究》，东北师范大学 2007 届硕士学位论文

胡恒：《清代巡检司地理研究》，中国人民大学 2008 届硕士学位论文

孙同霞：《明清山东巡检司制度考略》，曲阜师范大学 2008 届硕士学位论文

赵思渊：《明清时代江南巡检司体制与社会控制——以苏州府的考察为中心》，华东师范大学 2009 届硕士学位论文

李小庆：《五城兵马司与明代京师治安管理》，东北师范大学 2012 届硕士学位论文

杜汇：《清代山西地区的佐杂分防与基层社会控制》，山西大学 2013 届硕士学位论文

# 后　记

　　我是相信人生的因缘际会的，冥冥之中，总会有一些潜藏的暗线将人的命运连缀在一起，看似不经意的举动、念头会在某个时刻突然显现出它的意义，而当时却浑然不觉。我在 2002 年来到北京念本科之前，一直在豫东南的一个小乡村中生活、成长，乡村生活之于我，就好似身体里流淌着的血液一样。到了北京，开始过着一种繁华、喧嚣、忙碌的都市生活，可我却时常想念起故乡的宁谧、平静甚至是百无聊赖。在我看来，中国文化之所以如此坚韧不拔，如此源远流长，其奥秘正在于这种已内化为日用而不知、无需文字记述、近乎静止的乡村生活所达致的"静水流深"。要理解中国历史、要理解中国文化，需要回到乡村世界里去，尤其考虑到眼下正被"城市化"日渐摧毁的乡村旧日生活，更迫切需要更多的人去记述、去研究、去保存那些乡土记忆。从踏入史学大门以来，我的学术兴趣逐渐转移到与乡村世界有关的问题，今后的研究计划也多与之相关，对我而言，乡村并非仅仅作为研究对象而存在，那也是我个人经历和感悟的再现，一种"我见青山多妩媚，料青山见我应如是"的洞悉之感，这大概也是一种"指引"吧。

　　这部书稿是我在 2011 年提交的博士论文《清代县辖政区研究》基础上修改而成的，我把这部书稿献给我的导师华林甫教授。从本科三年级写作学年论文开始，我在华老师指导下学习，至今已有十年，接近我人生的三分之一，所受教益，一言难尽。华老师的严谨是出了名的，对学生的要求也非常高，华老师常说的一句话是"要么不做，要做就做最好"，学生们似乎总是怕他，在交作业或报告前总是提心吊胆的，但同门之中，无论入学前习惯如何，毕业后几乎没有一个不是做事踏实、认真的人。化伟大于平凡之中，不得不说这是华老师留给我最重要的人生财富之一。

2008 年为了让我们接触到学界前沿信息，华老师带所有同门一起坐了一通宵硬座到武汉旁听历史地理年会，那是让我回想起来感到的最温暖的记忆之一，也许这就是所谓"师道"吧。

我在系里和所里接受了完整的历史学教育，上过多数老师的课程，我的历史知识都是从他们的课堂上获取的，我要感谢这里每一位老师曾经对我的帮助，尤其是黄兴涛、杨念群、夏明方三位老师对我学习、工作的诸多鼓励和帮助，拳拳于心，没齿难忘。

在参加《清史·地理志》项目过程中，经常参加项目组的研讨，受复旦大学邹逸麟、傅林祥、杨伟兵、段伟等老师的教益甚多，我的硕士和博士论文选题也是受到这个项目启发。北京大学于希贤教授、首都师范大学魏光奇教授、中国社科院边疆史地研究中心孙宏年研究员、中国社科院政治学所赵秀玲研究员、中国人民大学历史学院韩树峰教授参加过我的开题报告或论文答辩，他们的意见对拙著的写作和修改，启发很大，感谢他们。在清史编纂委员会典志组兼职工作期间，得到郭成康教授的诸多指点，也受到很大锻炼。

2009 年和 2015 年初我曾两次赴台访学，得益于政治大学文学院周惠民教授、李素琼助教，台北"故宫博物院"冯明珠院长、陈维新研究员、林天人研究员，"中研院"陈宗仁研究员、林玉茹研究员帮助甚多。吴修安、许富翔、张正田等好友给过我很多在台生活上的帮助，还曾有机会到修安学兄的台南老家做客，和他们聊天，常常感觉到时光流逝过于匆匆。

杨念群教授允准将拙稿纳入在学术界享有盛誉的"新史学&多元对话系列"丛书，实令我诚惶诚恐，宋旭景编辑对拙稿做了大量细致的编校工作，刘传飞博士帮忙审阅全部书稿，一并致谢于此。

本书部分内容曾在《清史研究》、《史学月刊》、《新史学》(中华书局版)、《中国社会经济史研究》、《中国历史地理论丛》发表，收入本书时均做过不同程度的修订。本研究曾受到国家社科基金青年项目的支持(12CZS077)。按照《中国人民大学历史地理学丛书》规划，本书被编为甲种第五号。

前些年外婆的去世，留给我无尽的悲伤。在我人生成长的路上，外婆给过我全部的爱，这些年来京读书，不能经常回家尽孝，至今仍然悔恨。外婆不识字，也从来没有去过比娘家更远的地方，她只听人说北京是一个很远很远的地方，经常会看着蓝天，问别人北行的飞机是不是就是飞往北京的。我在党店二中读了三年书，外婆也给我做了三年午饭，用她从小就裹起的小脚送了我整整三年；感谢我的母亲，辛苦操持这个家，为了子女的成长，不知付出了多少心血和汗水，她虽然只上了一个月学，识得一二十个字，但"中国"、"人民"、"大"字都认识，不知这是不是我来人大读书中那些冥冥未知的缘分；感谢我的妻子张艺琼女士，默默支持我这"不接地气"的学术研究工作；女儿筱筱的出生带给我很多欢乐，也更加体会到"幸福"一词的意义。

作者于大兴寓所
2015 年 5 月

**图书在版编目(CIP)数据**

皇权不下县？——清代县辖政区与基层社会治理/胡恒
著. —北京：北京师范大学出版社，2015.5(2024.6重印)
(新史学 & 多元对话系列)
ISBN 978-7-303-19066-9

Ⅰ.①皇… Ⅱ.①胡… Ⅲ.①县—行政管理—政治制度
史—中国—清代 Ⅳ.①D691

中国版本图书馆 CIP 数据核字(2015)第 098482 号

| 营 销 中 心 电 话 | 010-58808006 |
| 北京师范大学出版社新史学策划部微信公众号 | 新史学 1902 |

HUANGQUAN BU XIA XIAN

出版发行：北京师范大学出版社 www.bnupg.com
　　　　　北京市西城区新街口外大街 12-3 号
　　　　　邮政编码：100088
印　　刷：北京盛通印刷股份有限公司
经　　销：全国新华书店
开　　本：730 mm×980 mm　1/16
印　　张：25.25
字　　数：290 千字
版　　次：2015 年 5 月第 1 版
印　　次：2024 年 6 月第 5 次印刷
定　　价：69.80 元

| 策划编辑：谭徐锋 | 责任编辑：宋旭景 |
| 美术编辑：王齐云 | 装帧设计：蔡立国 |
| 责任校对：陈 民 | 责任印制：马 洁 赵 龙 |